24堂青少年“法庭科学”必修课

——“蛛丝马迹”追踪探秘

李法瑞　倪　铁　著

華東理工大學出版社
EAST CHINA UNIVERSITY OF SCIENCE AND TECHNOLOGY PRESS
·上海·

图书在版编目（CIP）数据

24堂青少年"法庭科学"必修课："蛛丝马迹"追踪探秘／李法瑞，倪铁著．—上海：华东理工大学出版社，2024.2

ISBN 978-7-5628-7298-6

Ⅰ.①2… Ⅱ.①李… ②倪… Ⅲ.①法制教育－中国－青少年读物 Ⅳ.①D920.5

中国国家版本馆CIP数据核字（2023）第188135号

项目统筹 / 左金萍
责任编辑 / 左金萍
责任校对 / 孟媛利
装帧设计 / 居慧娜
出版发行 / 华东理工大学出版社有限公司
地址：上海市梅陇路130号，200237
电话：021-64250306
网址：www.ecustpress.cn
邮箱：zongbianban@ecustpress.cn
印　　刷 / 上海新华印刷有限公司
开　　本 / 710 mm × 1000 mm　1/16
印　　张 / 16.25
字　　数 / 282千字
版　　次 / 2024年2月第1版
印　　次 / 2024年2月第1次
定　　价 / 88.00元

作者简介

李法瑞

理学博士，上海市延安中学教师、华东师范大学青少年与社会工作研究中心兼职研究员、上海市教育系统“双名工程”攻关计划名师基地成员、上海市中小学骨干教师德育研究实训基地成员、上海市长宁区名师培育工作室成员、上海市长宁区学科带头人。主持上海市教育科研课题多项。出版畅销书《法庭科学：让证据说话》等著作3部；在《化学教学》《现代中小学教育》等期刊上发表论文30余篇。指导学生参加全国及上海市青少年“科技创新大赛”“明日科技之星评选活动”获奖150余项。荣获上海市中小学中青年教师教学评选一等奖、首届上海市课外校外教师业务技能大赛一等奖、上海市中小学教师实验教学说课大赛一等奖、上海市青少年“明日科技之星”优秀辅导教师等称号。

倪 铁

法学博士，教授，华东政法大学刑事法学院副院长。兼任上海市经济犯罪风险防控专业委员会主任、上海市犯罪学学会副会长、上海市预防青少年犯罪研究会副会长、中国反恐与地区安全协同研究院副院长、《青少年犯罪问题》副主编。先后任荷兰鹿特丹伊拉斯谟斯大学访问学者、英国利兹大学和牛津大学客座研究员、澳大利亚国立大学访问学者等。同时，担任上海市松江区监察委员会人民监督员、上海市松江区企业合规专家库专家、上海市静安区人民检察院重大刑事案件办案团队职业导师带教专家、上海市崇明区预青中心特聘指导员等。主要研究领域为经济犯罪治理、经济犯罪侦查、证据法学、刑事司法制度、全球警务、纪检监察法学等。

序　言

习近平总书记曾多次指出，青少年是国家的未来、民族的希望。党和国家的历任领导人都高度重视青少年的健康发展，我国也较早地加入了联合国《儿童权利公约》等国际条约，并制定了《中长期青年发展规划（2016—2025年）》，积极为青少年的成长、成才创造良好条件。

“24堂青少年‘法庭科学’必修课”是一门集尚德明法理念、爱满天下情怀于一身的课程，是一门人人有必要学习、人人学有所获的课程。

本书从“法庭科学教育”出发，遵循青少年身心特点及教学规律，努力实现“科学教育、法治教育、生命教育、安全教育、道德教育”相得益彰的“一体五翼”跨学科育人追求。

作为对教育事业充满热情、充满信仰，对青少年人健康发展充满期待、充满关爱的教育者，我们深深地懂得：无论是哪个国家的教育，其所遵循的教育目标都是一致的。对个体来说，就是要让他们学会生存，在这瞬息万变的社会环境下都能平安、幸福、成功地生存。对社会来说，就是要将其培养成德智体美劳全面发展，能够承担推动社会发展重任的人。

因此，学校教育和教师的工作不仅仅是传播知识，还要教给学生学会思考，学会幸福生活，学会平安成长。正值成长发育关键时期的青少年，虽然得到了社会的关注和家长的关爱，但并不完全具备安全素养、生活经验、社会阅历、健康常识、防范意识及能力。在他们走出校门、步入社会之际，由于缺乏危险防范意识和自我保护能力，造成其受不法侵害的事件时有发生。

为此，本书希望能够借助国内外社会生活中一系列典型的法庭科学方法、事实与案例，来帮助学生主动构建自身发展所需的与科学态度、法治精神、证据意识、安全防范、犯罪预防相关的基础知识、技能与方法；同时，以“‘科学·社会·人文’跨界融合育人方式”为桥梁，培养青少年法律法规实践能力、科学探究实践能力、生命价值感知能力、安全防护应急能力和行为道德养成能力，帮助他们在追求“真、善、美”的同时，防患于未然。

这正是本书的育人特色和精彩之处，蕴含其中的价值感和使命感扑面而来，充分地展现出青少年全面发展与可持续发展的前景和未来。

因为，这本书的生命力有“三大基石”：

第一，基于“依法治国”对科学实践能力与证据意识培养需求之基石；

第二，基于“生命安全教育”与“思想道德教育”等多方面需要之基石；

第三，基于新时代对学生“核心素养和跨学科能力”发展要求之基石。

本书虽以“法庭科学”体系为载体，但你会发现，本书作者用心地深化了法庭科学的内涵——由一个科学门类出发，将其提升至面向“真实世界”的“一体五翼”理念的跨学科育人实践，深刻地体现了中华文化所蕴含的“厚德载物、天地人和、生命至上”的育人哲学精髓。与此同时，作者还致力于延伸法庭科学的外延——聚焦青少年朋友的健康安全成长。

当前，我们都关注到，2020年中央全面依法治国工作会议隆重召开。这不仅代表着习近平新时代中国特色社会主义思想和全面依法治国理念的新发展，也是新时代基础教育领域“立德树人”的重要方向和工作内容之一，可以这么说：本书是与全面依法治国时代背景紧密契合的一门科学课、法治课、生命课、安全课、道德课，也是一门实践课程、一门创新课程。

“一万年太久，只争朝夕。”“平安中国”“法治中国”“健康中国”的愿景已经公布于国家2035年远景目标和“十四五”规划经济社会重点任务之中，诚挚祝愿本书能够成为推动未成年人科学与生命安全教育的有生力量，为新时期青少年全面、卓越的发展提供新的实践借鉴与中国化的育人范式。让我们共同为祖国青少年健康平安成长，贡献一份智慧和力量！

李德元

上海市特级校长

教育部校长培训中心特聘教授

上海市延安中学校长

上海市延安中学附校校长

前　言

现代公民不仅需要掌握与时俱进的基本科学素养，更需培养符合时代精神的基本法治素养、契合公序良俗的社会美德以及尊重和敬畏生命的情怀。本书也致力于此，尝试探索符合中国式青少年科学与法治教育的新路径。

本书是“青少年跨学科探究系列”《法庭科学：让证据说话》的姊妹篇，为广大青少年读者及教育工作者提供了一个丰富的“法庭科学”学习和案例库。

本书以“少年主人公——睿奇”梦想成为法庭科学家的成长历程为线索，通过一系列面向“真实世界”的典型情境案例和学习指引设计，将“法庭科学”与青少年法治精神、生命感知、安全防范、法律法规实践等重要教育内容融合建构，形成集“法治教育、科学教育、生命教育、安全教育、道德教育”五位一体的学习体验及成长路径，帮助青少年读者提升跨学科学习能力和综合实践能力，培养青少年建立健康、健全的世界观、人生观和价值观。

同时，本书通过创设和提供一系列丰富的案件侦破情境、活动体验方案和实践“脚手架”，更好地满足读者志趣培养、职业体验及跨学科实践能力发展的需要，培养富有问题发现力、思考力、解决力和创造力的法治社会优秀公民。

- **内容介绍**

本书以“少年睿奇的学习成长”为主线，以“问题”为引领，以“故事”为贯穿，希望能够让青少年读者在思考与探究之中，深入理解法庭科学家独特的思想方法，体验调查取证、分析思考、推理断案的全过程，感受法庭科学的价值。同时，希望青少年读者能够在证据意识、安全防范、法治精神、科学探究等方面获得有益成长，养成遵守法律的自觉意识和良好行为习惯。

- **单元结构**

本书包含了法庭科学家经常使用的科学理论和技术，涉及化学、物理学、生物学、药理学、材料学、人类学、心理学及相关工程技术等领域，涵盖指纹、足迹、微量物证、血迹、毒品、毒物、昆虫学、爆炸物、文检、现场勘查等一系列跨学科主题。同时，还特意为青少年读者准备了人身安全常识、防范要领、犯罪预防措施及相关法律法规等学习内容，为青少年读者的健康安全成长保驾护航。

- **学习说明**

本书通过梳理与青少年读者能力素养发展密切相关的“法庭科学”实践主题及“法治教育”典型案例，建立符合青少年读者认知特点和能够满足生活实际需要的学习内容体系；依据“跨学科”育人理念设计“学习单元”，创设“问题情境”，组建“学习主题”，帮助青少年读者深刻地认识科学、技术和社会之间的相互关系，致力于让青少年读者在实践体验中，提升学习、思考和解决问题的能力。

- **评估说明**

本书结合不同的主题和模块学习特点，为青少年读者提供了与学习内容相互匹配的形成性评价量规。本书通过“收集、综合、解释”量规中的每一个评价指标，不仅可以为青少年读者提供展示所习得的知识和能力的机会，而且能够对青少年读者学习成果进行科学的评价。与此同时，本书注重创设多维度的阅读体验和实践机会，为全面评价青少年读者能力发展和素养提升提供了机会。

作者虽经数年积累，多年筹备，悉心行文，多方求教修正，但限于作者的专业视角和全局把握水平，缺点在所难免，不当之处热望读者予以批评指正！

李法瑞　倪铁

2023年11月于上海

目 录

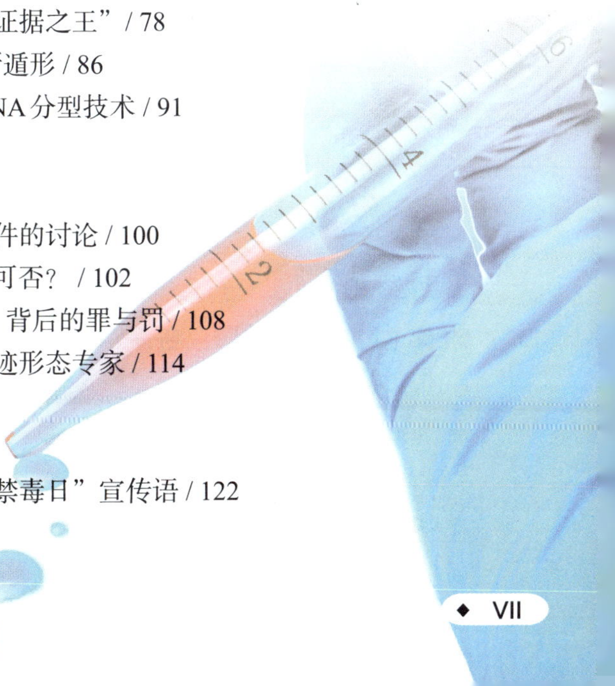

少年睿奇校园图书馆偶遇

睿奇是一名新晋中学生，从小喜欢博览群书的他，对化学、生物学、物理学、社会学、历史学、文学、哲学、天文学、地理学等领域都充满着浓厚的兴趣。

升入中学以来，功课着实繁忙了很多，不过他还是最为青睐学校的图书馆，总爱在闲暇之余泡在知识的海洋里。一天下午临近放学，睿奇又一次来到图书馆，打算多借几本书周末回家看。

正在书架旁翻阅图书的他，突然听到一句引人深思的话从身后传来："老师，究竟谁才是真正的凶手呢？"

"凶手？凶手？凶手？到底发生了什么？"睿奇大吃一惊，急忙转身，循声望去，原来图书馆讨论区的一群同学正围坐在一位老师身边争论着什么……同学们情绪高昂，满脸严肃，纷纷认真地发表着看法，一时间图书馆讨论区像炸了锅。

此时，睿奇已顾不上翻阅书架上的书了。他按捺不住自己的好奇心，急忙悄悄地走近讨论区，只见同学们七嘴八舌地问道：

"法瑞老师，请问在犯罪现场还有哪些证据？"

"对呀，对呀，难道真的没有其他证据来佐证了吗？"

"法瑞老师，您说说看，还有什么好办法吗？"

"对，可绝不能放过那个可恶的罪犯！"

…………

走到近处，睿奇这才醒悟，原来同学们在上学校里面大名鼎鼎的"法庭科学：让证据说话"拓展探究课，正在同学们中间上课的那位老师正是法瑞老师。之前听同学们介绍说，这门课很受欢迎，一个学期下来，凡是上过课的同学，都能活脱脱变成一位"大侦探"呢！

提起这门课，大家都赞不绝口！在课程中，同学们将会获得专业的特种训练，学习到自然科学、社会学、人类学、历史学和法学等一系列综合交叉、丰富多彩的学科知识，真是令人神往。

说来话长，睿奇自小就是一个侦探迷，他对市面上在售的与福尔摩斯、侦探柯南、神探狄仁杰、大宋提刑官等相关的探案故事，都爱不释手地翻看过很多遍。可他还是不过瘾，总梦想着成为一名大侦探，能大显身手，就像广播剧《刑警803》里的刘刚那样，揭开一个又一个谜案！

其实，在刚开学不久，睿奇就准备选修这门课了！只可惜他错过了选课机会。为此，他心里还郁闷了好一段时间呢！

不过，今天也真是太巧了，为了增强现场感，法瑞老师特地在图书馆讨论区精心模拟了一个“犯罪现场”，恰巧又是第一次授课，不然睿奇可能只有等到下一学期抢课成功之后，才能一睹课程的精彩了。此时，睿奇一拍脑袋，产生了一个大胆的想法：我要在课后找法瑞老师求求情，看能不能在学生名单里补录上我的名字……

学科链接

法庭科学

法庭科学，又称司法科学，是运用自然科学和社会科学的原理与方法，研究查明事件法律性质、发现犯罪、揭露犯罪、证实犯罪及预防犯罪的科学技术手段与方法的一门综合性应用学科。法庭科学一词译自“Forensic Science”。中国大陆及台湾地区较早翻译为“刑事科学”，在中国香港地区称为“法科学”。

法庭科学是自然科学和法学相交叉的边缘学科，源于法律的需要，内容范畴有广义和狭义之分。广义的概念是指运用一切医学、自然科学的理论与技术，研究并解决刑事侦查、审判及民事纠纷中有关问题的一门自然科学，包括现场勘查、取证、各种痕迹物证检验、毒物和毒品检验、各种法医学检验鉴定、精神病学鉴定，以及现代发展起来的法庭昆虫学、法庭植物学、法庭孢粉学等。狭义的概念是指刑事科学技术，即应用现代科学技术，发现和检验与犯罪有关的物证，为揭露和证实犯罪提供证据的科学，包括刑事照相技术、痕迹检验、现场勘查、刑事相貌学等，不包括法医学尸体检验、临床检验和精神病学检验。

法庭科学技术所使用的方法包括观察分析法、图像比对法、物理检验法、化学检验法、仪器分析法、数理统计法、医学和生物学检验方法。

学习单元 1 现场保护

单元概要

犯罪现场是获取犯罪信息和证据的宝库，有效地保护犯罪现场、充分地获取物证是案件侦破的关键要素。

◎ 第 1 课

本课主旨

犯罪现场保护的重要价值与方法。

你知道吗？

我国南宋著名法医学家、刑侦学家——宋慈，总结了前人的法医学智慧，撰写了世界上第一部法医学系统著述《洗冤集录》，被尊为“世界法医学鼻祖”。

对一切案件的判处都要重证据，重调查研究，不轻信口供。

培育和强化全民的现场保护意识，树立现场保护理念，对犯罪现场勘验检查极为重要。

CORDON
CROSS

让“宋慈”成为榜样

睿奇积极参与了图书馆讨论区的课堂研讨，并在课后向法瑞老师提出申请，希望能正式加入“法庭科学：让证据说话”课程的学习。法瑞老师和蔼地问：“睿奇同学，让我先来考考你。你知道‘法庭科学’是一门怎样的学科吗？”

睿奇自信地点点头，向法瑞老师灿烂地笑道：“当然啦！这可难不倒我！”

“说来听听！”

“大概就是科学地断案，让证据说话！单凭直觉和表象来做判断是万万不可的！”睿奇情绪高涨，话语坚定有力。

法瑞老师发现睿奇的学习兴趣非常浓郁，满意地点点头：“你说得不错，我们欢迎你加入课程学习！”

“太棒了！”睿奇难掩心中的喜悦，兴奋得一蹦三尺高。

随后，睿奇和法瑞老师展开了关于法庭科学学习的深入探讨。

“让我来为你介绍一位伟大的法医学家吧。”法瑞老师故作神秘地说道。

“谁呀？是哪国的？”睿奇很好奇。

“不是其他国家的，就是咱们中国的！”法瑞老师嘴角露出了自豪的笑容，“还是我国古代的呢，厉害吧！”

睿奇心中油然而生敬慕之情：“老师，老师，快说来听听！”

“他呢，就是我国古代伟大的法医学家宋慈，他于公元1235年开创了‘法医鉴定学’，被尊为世界法医学鼻祖。他是‘能让死人说话’的‘东方福尔摩斯’，机智勇敢、做事沉稳、遇事冷静，破了好多已结冤案呢！”

“哇！好厉害啊！”睿奇的嘴张得大大的，眼眸里充满着敬意与喜悦，“我也想成为像他那样的法庭科学家！”

“那你一定会认真学习好这门跨学科探究课程咯？”法瑞老师拍拍他的肩膀，殷切地说。

“那当然咯！”睿奇的眼神很坚定，“我一定会为法庭科学贡献出自己的一份力的！”在了解我国古代伟大的法医学家“宋慈”后，他亦希望能以之为榜样，成为一名少年法庭科学家。

法医学家

世界法医学鼻祖——宋慈

宋慈（1186—1249），字惠父，建阳（今福建南平）人，祖籍河北邢台市南和县，唐相宋璟后人，生于南宋孝宗淳熙十三年，南宋著名法医学家，中外法医界普遍认为是宋慈于公元1235年开创了“法医鉴定学”，因此，宋慈被尊为“世界法医学鼻祖”。

处理大批悬案积案。嘉熙三年（1239年），宋慈任广东提点刑狱官（掌管刑法狱讼的官吏）。在这之前，那里的官吏多不作为，积留大量悬案积案。他一到任，便着手处理，调查现场，验证材料，史称他“下条约，立期程，阅八月，决辟二百余”。宋慈办案严肃认真，执法如山，而且不畏权贵，决事果断，经八个月的检查，处决了一批犯人，使一批屈打成招的冤命案得到了昭雪。

取得了伟大的成就。宋慈在法医学上取得了伟大的成就，他采撷了前人著作如《内恕录》《折狱龟鉴》等书中有关记载，参以自己的实践经验，吸收了当地民间流传的医药知识，于公元1247年著成《洗冤集录》五卷（现藏于北京大学图书馆善本书室），用以指导狱事的检验。宋慈的《洗冤集录》为我国现存最早的一部比较系统的法医学专著。宋慈特别重视法医的检验工作，对一些重要问题，如暴力死与非暴力死、自杀与他杀、生前伤与死后伤等，都有不同程度的触及和探讨，其中所述的大部分内容很有价值，且有不少符合现代法医学的原理。

闻名遐迩的世界典著。《洗冤集录》是中国最早的一部比较完整的法医学专著，也是世界上最早的法医学专著，比西方的同类书籍早350年。《洗冤集录》在我国沿用了六百多年，元、明、清三代的法医学著作，大都以此书为蓝本，一直是我国刑狱官的检验指南，后来又被译成法、德、朝、日、英、俄等国文字，在世界法医学史上享有崇高的地位。时至今日，《洗冤集录》所提出的法医检验一般原则，如实事求是、不轻信口供、调查研究等要义，在今日法医检验中亦须遵循。

因此，宋慈作为“世界法医学鼻祖”是当之无愧的。同时，《洗冤集录》也是中华民族对世界法律文明发展的一大贡献。研究宋慈《洗冤集录》，对于探索司法鉴定渊源发展具有重要意义。

当你身处“犯罪现场”

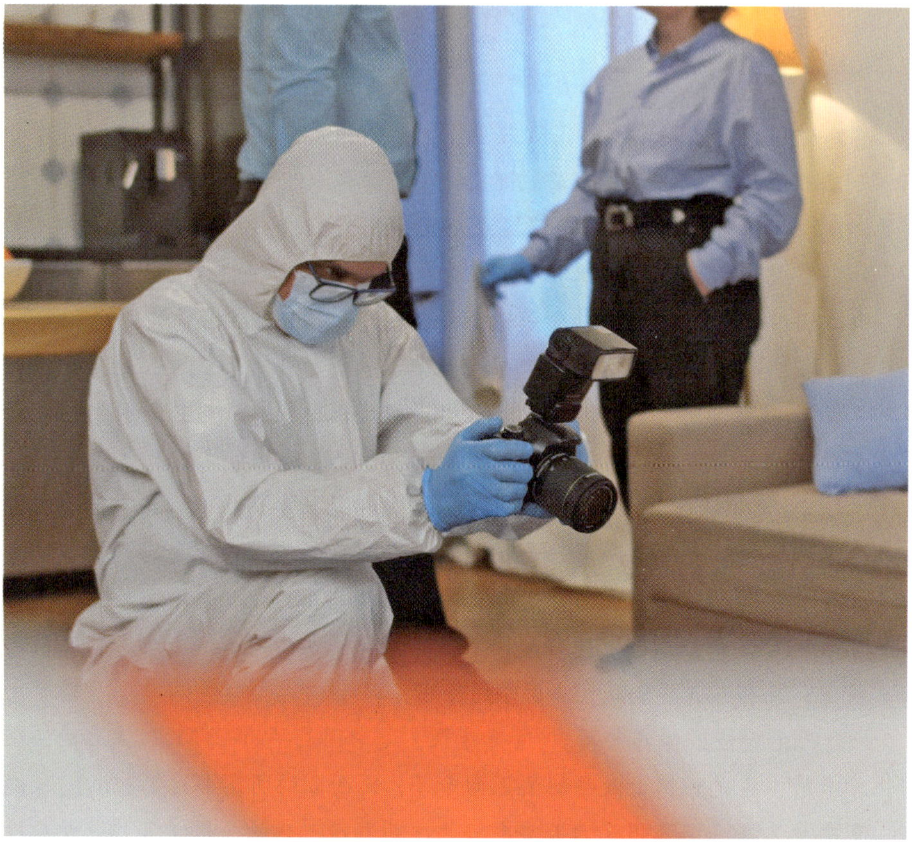

核心问题

- 为什么要全方位保护犯罪现场？
- 如何有效地进行犯罪现场保护？

关键术语

- 证据
- 法庭科学
- 现场勘查
- 现场保护
- 侦查线索

背景与目标

你认为，世界上有天衣无缝的犯罪吗？答案是“根本不存在”。倘若有的话，一定是现场勘查环节出了问题。所以，就现场勘查而言，不仅需要身处一线的侦查人员具有严密的逻辑推理能力以及开展高效的现场勘查工作，更需要相关人员，包括你我在内的广大人民群众对犯罪现场进行全方位的保护。

由此可见，在案件侦查中，犯罪现场的保护是现场勘查的前提和基础，其直接影响现场勘查的质量。有效的现场保护，有利于侦查人员认识现场，便于他们发现和充分收集证据，为他们发现侦查线索提供可靠保障。

通过模拟真实的“犯罪现场”，你将置身其中，共同走进法庭科学，从了解社会热点事件，到体验现场保护，从展开小组调研、访谈，到亲身动手实践，在这里你可以通过法庭科学家的视角审视法庭科学对人类社会发展、和谐社会构建的非凡意义。

学习领域

犯罪现场保护。

建议时间

60分钟。

学习任务

通过对轰动全国的“呼格案”的阅读与认识，初步了解法庭科学的框架体系和体验犯罪现场保护的基本方法，以深入理解法庭科学的学习意义。

一、经典案例回顾

轰动全国的“呼格案”

1996年4月9日，刚刚成年的呼格吉勒图（以下简称“呼格”）到其工作的卷烟厂附近的公共厕所上厕所时发现一名女性遇害。见此状况，呼格立即报案。当时负责该案的办案人员仅依据呼格手指甲里有被害人的血迹就主观臆断是呼格对该女子进行强制猥亵时，用手使劲掐其颈部，导致其死亡。

1996年5月23日，呼和浩特市中级人民法院开庭审理此案，判处呼格死刑，认定的是“流氓罪”和“故意杀人罪”；6月5日内蒙古自治区高级人民法院二审维持了原判，核准死刑。案发后的62天，呼格被执行了死刑。

然而，随着涉嫌犯有多项重大犯罪的犯罪嫌疑人赵志红的落网，他于2005年10月23日主动交代了1996年在呼和浩特赛罕区邻近卷烟厂的公共厕所里的犯案经历，而且他供述的情节非常详细，远远超过了已被执行死刑的呼格，由此“呼格案”成为人们讨论的冤案，进而此案走上了漫漫的重审和调查程序。

思考与探究

仅凭借手指甲里的血迹证据，能够认定“呼格”就是凶手吗？

的确，破案必须要有证据！可是，缺少了可靠的证据，怎么能定罪呢？显然，在“呼格案”里，纵然呼格手指甲中有被害人的血迹，也难以断定这一切是呼格所为，必须要有其他现场证据的支持。所以，在案件侦破中，充分地寻找证据是首要任务。大多数情况下，发现证据并不是一件轻而易举的事情，案件侦破也往往异常艰辛。这考验着每一位身处一线的现场勘查员和工作在幕后的法庭科学家们。

试想，如果所获证据缺乏科学支撑、可靠性有失公允的话，显然会在法庭审判过程中饱受各种质疑和争议，以致难以得出令人信服的推理评判，甚至会对庭审双方造成不可弥补的伤害，从而让公平正义难以实现，让真正的罪犯逍遥法外。“呼格案”的发生令人心痛，它时刻警示着后人切莫小觑证据的力量。

作为普通公民，我们无法像现场勘查员那样，深入犯罪现场一线搜寻证据。然而，《中华人民共和国刑事诉讼法》(以下简称《刑事诉讼法》)却赋予了每一位公民保护犯罪现场的义务和责任。

生活中的法学

犯罪现场

犯罪现场，又称为刑事案件现场，它是犯罪行为人实施犯罪行为的场所，以及遗留与犯罪有关的痕迹和物品的一切场所。《刑事诉讼法》第一百二十九条明确规定："任何单位和个人，都有义务保护犯罪现场，并且立即通知公安机关派员勘验。"在这里"任何单位和个人"明确了现场保护的主体是中华人民共和国的所有公民。为此，任何人都有保护犯罪现场的责任和义务。

同时，《刑事诉讼法》第五十五条明确规定："对一切案件的判处都要重证据，重调查研究，不轻信口供。只有被告人供述，没有其他证据的，不能认定被告人有罪和处以刑罚；没有被告人供述，证据确实、充分的，可以认定被告人有罪和处以刑罚。"

然而，在实际案件侦破中，正因为现场保护不力使现场勘验检查未能提取到能证明犯罪事实的有价值的痕迹、物证，最终导致案件在法庭审判时重罪轻判，甚至造成冤假错案的情况屡见不鲜，为此在重证据的法治社会，培育和强化全民的现场保护意识，树立现场保护理念，对犯罪现场勘验检查显得极为重要。

进一步探究

假如身处犯罪现场，我们该如何保护现场证据呢？

犯罪现场保护是指对案发现场采取警戒及一些必要的防护措施，避免其遭到人为抑或自然的破坏，以期最大限度地保持现场原始状态的一种法律行为责任及要求。现场保护的好坏，对现场勘验检查的成败至关重要，甚至能起到事半功倍的作用。然而，在现实生活中，诸多犯罪现场却因人为抑或自然因素而遭到不同程度的破坏，甚至使后期的现场勘查工作无从开展，即使勉强完成勘验检查亦难以为侦查提供有价值的线索和方向，从而变得毫无意义。

司法鉴定小百科

刑事证据

我国《刑事诉讼法》第六十一条规定:“证人证言必须在法庭上经过公诉人、被害人和被告人、辩护人双方质证并且查实以后，才能作为定案的根据。法庭查明证人有意作伪证或者隐匿罪证的时候，应当依法处理。”

第六十二条规定:“凡是知道案件情况的人，都有作证的义务。生理上、精神上有缺陷或者年幼，不能辨别是非、不能正确表达的人，不能作证人。”

第五十条规定:“可以用于证明案件事实的材料，都是证据。证据包括:(一)物证;(二)书证;(三)证人证言;(四)被害人陈述;(五)犯罪嫌疑人、被告人供述和辩解;(六)鉴定意见;(七)勘验、检查、辨认、侦查实验等笔录;(八)视听资料、电子数据。证据必须经过查证属实，才能作为定案的根据。”

除了刑事诉讼证据之外，还有民事诉讼证据。《中华人民共和国民事诉讼法》(以下简称《民事诉讼法》)第六十七条规定:“当事人对自己提出的主张，有责任提供证据。当事人及其诉讼代理人因客观原因不能自行收集的证据，或者人民法院认为审理案件需要的证据，人民法院应当调查收集。人民法院应当按照法定程序，全面地、客观地审查核实证据。”

民事诉讼证据与刑事证据有所不同，《民事诉讼法》第六十六条规定:“证据包括:(一)当事人的陈述;(二)书证;(三)物证;(四)视听资料;(五)电子数据;(六)证人证言;(七)鉴定意见;(八)勘验笔录。证据必须查证属实，才能作为认定事实的根据。”

学习为未来生活

犯罪现场保护的基本方法

犯罪现场是获取犯罪信息和证据的宝库，是追溯判断犯罪嫌疑人及其犯罪活动的物质基础。因此，及时有效地保护犯罪现场，为侦查人员在犯罪现场能够获取大量的犯罪信息和犯罪证据提供坚实保证。

室内现场的保护方法。一般可在房子周围、门窗或重要通道的适当位置，布置专人看守，不准他人进入。如果是宿舍、办公室或营业单位，应劝事主暂时离开，等勘查员到达现场后，听从勘查员的指挥。

室外现场的保护方法。通常是划出一定的范围布置警戒。拉上一条绳子，或用石灰以及其他障碍物加以标记围圈，禁止通行。标记要醒目，以防他人误入。倘若现场范围大，且分散，可采取分段保护、局部保护等方法，但必须尽力保持现场的完整性。对发生在交通要道的现场，要维护好秩序，耐心劝说围观群众离开现场，以保证车辆、行人的畅通。

学科链接

侦查学

侦查学（Science of Criminal Investigation）是一门专事侦查理论和实践研究的学问，是研究侦查主体对刑事犯罪进行侦查活动所采用的各种侦查程序、技术、措施和方法的学科。由于侦查学是研究侦查活动及侦查规律的专门学科，而侦查这一刑事司法活动又是专门针对刑事案件进行的揭露、证实犯罪并惩罚犯罪行为的国家活动，因此，侦查学是刑事法学的重要分支学科。

有趣的“桌脚破案论”

著名的刑事鉴识专家李昌钰博士对“由供到证”的侦查模式表达了担忧：“先捉人，后搜证”的办案方式面临很大的问题，一不小心抓捕错犯罪嫌疑人、造成冤狱，势必会引起被害人家属、冤狱家属及社会大众的不满，造成很大的纷争，可能付出难以估计的社会成本，并严重影响警察的声誉。

因此，李昌钰博士特别倡议“先搜证，后捉人”的侦查模式。他指出：破案的真谛在于证据齐全，让犯罪嫌疑人毫无狡辩的机会，才是犯罪侦查的真功夫。抓到犯罪嫌疑人固然值得庆贺，但绝不能本末倒置，被害人和社会大众期望的当然是将真凶缉捕到案、绳之以法，但是唯有“先搜证，后捉人”的侦查模式，方能缉获真凶……

如何证明犯罪嫌疑人的罪行，让犯罪嫌疑人无法狡辩？如何协助检察官，让他有足够的证据来起诉犯罪嫌疑人，让法官有足够的证据来判刑？这才符合大众的期许，也才是鉴识科学的最终目标。

在具体的破案方法上，李昌钰博士有一套“桌脚破案论”：侦办刑事案件就像1张桌子，4个桌脚都非常重要，不管桌面怎么漂亮，如果桌脚不稳，再好的材料也无法造就1张有用的桌子。这4个桌脚就是现场、物证、人证，还有运气，少了其中之一，都会使破案步履维艰。看看一些至今尚未侦破的案件，无不是这4个桌脚中缺了1个脚或2个脚。

人证虽然在犯罪侦查中发挥着无可比拟的作用，但是其具有自身难以克服的缺点。一方面，受各种主客观因素的影响，易使言词证据虚假或失真，不可轻易相信。另一方面，受刑事诉讼法对犯罪嫌疑人人权保障的不断增强的制约，通过“逼供”手段获取真实有效的口供是不可取的。大部分证人、鉴定人等也通常受利益关系等因素的影响，而存在着不愿出庭作证或作假证的情况。在人证的获得及真实性面临重重困难的情况下，靠运气破案显然是可遇不可求的。所以，现场与物证才是侦查破案中的关键因素。

二、任务执行与反思

犯罪现场保护行动

发布任务

请你召集并组建一个3～5人的小组，对模拟的室内犯罪现场进行保护。小组派遣一名观察员，对室内犯罪现场保护行动进行观察、记录与评价。

材料准备：现场勘查箱、防护服、鞋套、白色手套、警戒带、物证牌、照相机。

执行任务

执行任务时，请你依照评价量规对小组行动质量进行评价（表1-1），并思考以下问题：

- 为什么要保护犯罪现场？
- 如何保护犯罪现场？

表 1–1　室内犯罪现场保护行动评价量规

序号	考核维度	评　价　要　点	分值	得分
1	封锁出入口和通道	1. 现场中心所在的出入口	10	
		2. 在门口、窗口和重要通道布置专人看守	10	
		3. 若是双向通道须全部封锁，禁止一切无关人员进入现场	10	
2	封锁现场周围地带	1. 在现场周围划出一定的警戒范围，布置警戒	20	
		2. 禁止围观人员靠近现场，以防破坏现场外围的痕迹物证	20	
3	封锁后的现场保护	1. 不随便移动门窗	10	
		2. 注意门窗、门锁、窗户插销上的痕迹是否遭到破坏	10	
4	结合实际补充其他保护措施		10	
观察员评语			总分	

实践探讨

小组完成全部任务后，请你带领小组成员围绕以下问题进行探究与讨论：

- 在任务执行中，哪些保护措施是合理的？哪些保护措施是不合理的？
- 犯罪现场保护的重要意义是什么？
- 犯罪现场保护的基本要求有哪些？

进一步探究

接下来，你可以继续带领小组成员对模拟的室外犯罪现场开展保护行动。同时，对犯罪现场保护行动进行观察、记录与评价。

- 室内犯罪现场保护与室外犯罪现场保护有哪些异同？
- 评价量规（表1-1）可用于室外犯罪现场保护行动的评价吗？如何改进与优化？

三、课后实践

请以“呼格案”为例，通过网络或其他途径查阅案情信息，以小组为单位制作一份PPT，以展示与分析案件发生始末，讨论与回答以下问题：

- 为什么说“呼格案”为冤案？
- 你认为有哪些原因导致了该冤案的形成？
- 该冤案涉及“现场保护”问题吗？如果当时你在现场，你会怎么做呢？
- 你认为可以采取哪些措施来避免此类冤案的发生？

犯罪学家

武 汉 教 授

武汉（1921—2000），男，汉族，广东汕头人，中共党员，犯罪学教授，硕士生导师，华东政法学院功勋教授。1994年起享受国务院政府特殊津贴。

1944年，武汉教授本科毕业于上海圣约翰大学政治经济专业。1943年参加革命，从事为抗日根据地购买、运送医药和无线电器材的地下革命工作。中华人民共和国成立后，曾任上海市公安局政保一处侦查科长，参与破获过多起间谍案和反革命集团案。在此后的多年工作中，积累了丰富的实践经验，对大量犯罪及犯罪预防学理论进行了探索和研究。

1980年，武汉教授进入华东政法学院工作，历任刑事侦查教研室主任、青少年犯罪研究室主任、犯罪学系主任、学位评定委员会委员、校务委员会委员等职。1986年被评为教授。曾任联合国预防和控制犯罪委员会委员、联合国刑司处亚洲顾问、中国劳动改造法学会顾问、上海市犯罪学会常务副会长、上海市犯罪预防研究学会理事长、上海市劳动改造学会副会长、《刑侦研究》（后改名为《犯罪研究》）主编等职。曾应聘为联合国亚太犯罪研究所（东京）、联合国罗马研究所客座教授以及国内16个政法公安院校的客座教授。

武汉教授主要从事刑事侦查、犯罪学的教学和研究工作，主讲刑事侦查、犯罪学等课程，是中国犯罪学研究的奠基人，是中国第一个犯罪学系、第一家刑事侦查专业刊物《刑侦研究》的创始人之一。他开创性地运用现代科学的系统论、信息论、控制论剖析和阐述刑事侦查原理。出版专著《刑事侦察学》《刑事侦察原理》《武汉论文集》，其中《刑事侦察原理》获1984年上海市高等学校哲学社会科学优秀成果奖。组织编写犯罪学教材十多本，填补了中国犯罪学教材的空白。发表论文多篇，其中《犯罪行为结构》获司法部优秀论文奖。

1983年，武汉教授出任联合国预防和控制犯罪委员会第一位中国委员，为宣传中国司法制度和1985年《联合国少年司法最低限度标准规则》（后命名为《北京规则》）在联合国大会上顺利通过，做出了积极的贡献。1999年9月被授予华东政法学院功勋教授荣誉称号。

学习单元 2 痕迹证据

单元概要

痕迹证据是现场常见的犯罪信息，有利于犯罪现场重建。

◎ 第 2 课

本课主旨

指纹的细节特征是同一认定的关键信息。

◎ 第 3 课

本课主旨

足迹有利于反映犯罪嫌疑人在现场的动态行为特征。

◎ 第 4 课

本课主旨

工具与特殊痕迹形态丰富、类型多样、不可或缺。

你知道吗？

指纹具有“人各不同、终身不变”的鉴识特点。

足迹具有两大特征，分别是足迹的形象特征和步伐特征。

但凡犯罪嫌疑人使用工具，就必然会在犯罪现场留下痕迹。

为社会安全贡献力量

睿奇和法瑞老师在图书馆里交谈结束，已经日暮时分。由于想早点完成作业，睿奇就匆忙往家赶。睿奇家在9楼，当他路过邻居家门口时，突然感觉有些蹊跷。一种来自内心深处的警觉，让他嗅到一股危险的气息：邻居张叔叔家的门怎么还开着？张叔叔和阿姨昨天不是刚刚到泰国去度假吗？这么快就回来了？

一连串的疑问，加上门锁上的撬痕和门框上的灰色手印，让睿奇惶惶不安、颇感异常。于是，他小心翼翼地凑到虚掩着的防盗门旁，警惕地往门缝里瞄了一眼。屋里没有亮灯，一片漆黑。门外过道地面上，还有几处灰白色的鞋印，一直延伸到电梯门口。“不好，张叔叔家可能失窃了！犯罪嫌疑人很可能已经逃脱！”他迅速判断出情况，皱紧眉头。

可是，他没有张叔叔的手机号码，但直觉告诉他：“赶紧报警！”

睿奇立即登上电梯，准备一边跑向小区保安室，一边拨通110报警电话。很快，三名社区保安人员跟随他返回到张叔叔家门口。正当他们准备夺门而入一探究竟之时，睿奇却着急地大喊一声：“保安叔叔，且慢！”

原来，睿奇突然想起来法瑞老师今天课上的一句话——“同学们，应当记住：当你身处犯罪现场时，首要任务就是保护现场！”

不到5分钟的时间，公安局刑警大队的安队长带领刑警和刑事科学技术研究所技术员抵达现场。简短了解了现场情况后，安队长一行三人先后戴上鞋套和手套，拎起勘查箱小心翼翼地踏进了房门……

第二天，睿奇一大早就来到学校，第一时间向法瑞老师报告了昨天傍晚发生的一切。

“法瑞老师，我告诉您啊，公安局的安队长昨天临走之前，特意和我握手道别，一个劲儿地表扬我呢！”睿奇掩盖不住内心的激动，非常自豪地说。

“为什么呀？能受到公安局同志们的表扬，可不简单啊！”法瑞老师感到好奇，一边夸赞睿奇，一边急切地询问。

“因为，我们昨天第一时间保护了现场，使安队长他们在现场提取到了非常有价值的证据！”睿奇十分骄傲。

“真是太棒了！”法瑞老师露出满意的笑容。

“法瑞老师，我蛮佩服警察叔叔的！”

“你敬佩他们哪里呢？”法瑞老师问道。

“昨天我一直守在门外，时不时能看到他们勘查现场的情形，动作干练帅气！”睿奇不好意思地笑笑。

“哈哈，是吗？我们这周开始，就要学习指纹、足迹和其他痕迹证据的相关内容了，请你认真学习啊！”法瑞老师哈哈一笑，拍拍他的肩，语重心长地说道。

“好的，好的！我一定认真学。您放心吧！”睿奇拍拍胸脯，对未来的学习充满了期待，也做好了准备。

“指纹证据”光辉闪耀

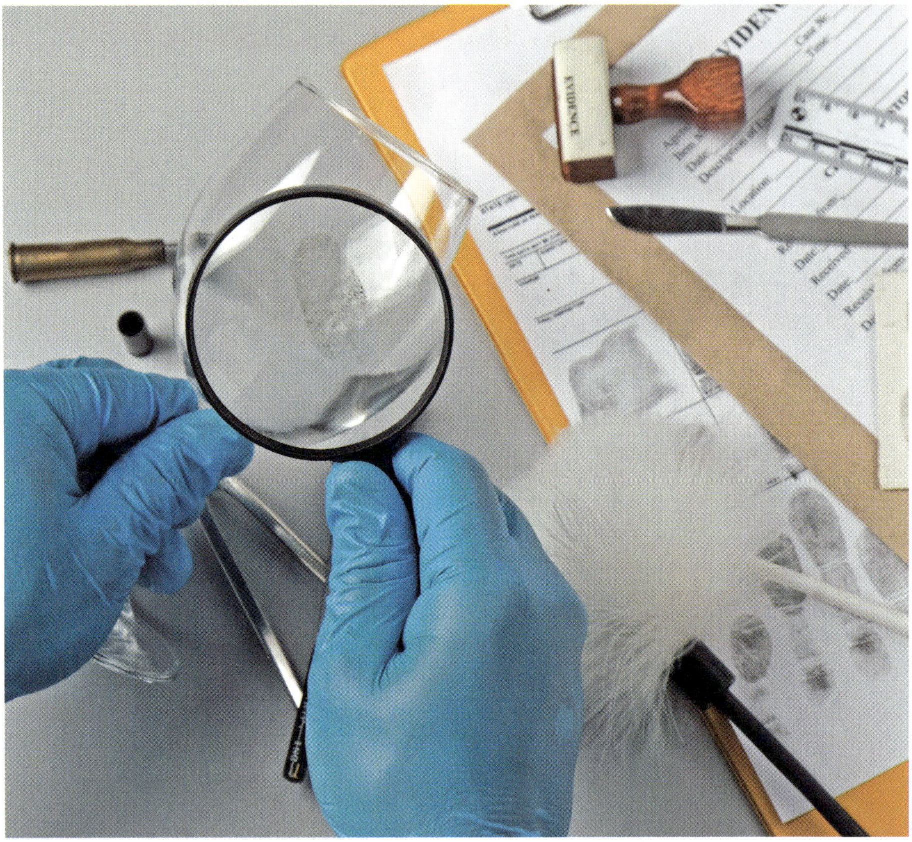

核心问题

- 为什么“指纹证据”在古今中外的司法实践中历久弥新？
- 你能既快速又准确地鉴别出不同指纹之间的异同吗？

关键术语

- 指纹证据
- 同一认定
- 细节特征
- 指纹识别技术

背景与目标

古往今来，指纹的同一认定在人类追求公平正义的司法征程和实践中发挥着不可替代的重要作用。指纹因其“人各不同、终身不变”的鉴识特点所发挥出的同一认定证据价值一直被世人所公认。

如今，指纹识别技术不仅用于打击犯罪，在揭露证实违法犯罪、解决民间纠纷、保障社会安全等方面提供了有力的科学技术支撑，而且随着社会的发展，指纹识别技术已经越来越广泛地应用于医学、体育、民生等各个领域，如个性化电脑、银行卡、门禁系统等的识别方面都运用了指纹。

相信，此刻你一定对指纹研究充满着兴趣，在本节课里，我们将重点围绕指纹的发现与提取展开深入的学习和讨论，探讨指纹显现和提取的方法与原理，探究它们是如何在“同一认定”过程中闪现指纹证据的智慧和魅力的。

学习领域

痕迹学。

建议时间

90分钟。

学习任务

通过实验探究，初步掌握指纹提取的方法及要领，在认真比对犯罪嫌疑人的指纹细节特征的过程中，理解指纹证据的司法价值及其适用范围。

一、经典案例回顾

“李奶奶家”的失窃案

李奶奶与其儿子居住在一套东西两间卧室的临街平房内。一天，她的儿子去外地参加朋友婚礼，留下李奶奶一人在家。晚上八点左右，她在东屋看电视，房门虚掩没有落锁。

此时，王某经过，通过扒窗户从窗帘缝隙内看到东屋只有一位老人在看电视，西屋关灯无人。于是王某悄悄拉开房门进入西屋，翻动并盗窃抽屉内现金及首饰等财物共价值10 000余元后逃离现场。

第二天早晨八点左右，李奶奶的儿子回家后发现房间被翻动，经清点发现财物被盗窃，遂打电话报警。侦查人员到达现场后立即展开现场勘查，并邀请本村治安积极分子赵大爷和钱大爷作为现场勘查见证人。现场勘查中，由于室内环境和勘查条件限制，未在室内提取到可以利用的指纹、足迹及DNA等痕迹物证和生物物证。经扩大勘查范围，发现东屋窗户玻璃外侧有新鲜汗液留下的手印痕迹，侦查人员通过分析推断应为盗窃嫌疑人观察室内情况时遗留。

于是现场侦查人员运用磁性粉末刷显技术进行显现，应用指纹胶带进行提取固定，并将指纹带回公安局技术部门利用计算机指纹自动识别比对系统进行查档，很快认定了有盗窃前科的犯罪嫌疑人王某。

？思考与探究

警方分析推断盗窃嫌疑人为王某的证据是什么？该证据有价值吗？

没错！证据就是指纹。指纹是每个人身上都具有，但却独一无二的特殊纹路。正因为指纹的唯一性和稳定性，指纹成为区别个体的一个重要特征。根据指纹特殊性而形成的指纹痕迹检验也就成为案件侦破中取证的主要手段之一，也正是由于指纹痕迹检验在案件侦破中的特殊作用，也有人把指纹痕迹称为“证据之首”。

研究表明，指纹的形态主要取决于遗传基因，后天生活环境对指纹的影响仅占5%左右。目前现实中尚未发现有两个不同的人拥有相同的指纹，所以每个人的指纹都是独一无二的。指纹的唯一性，使指纹成为每个人独有的标记，这也是指纹痕迹检验存在的基础。同时，胎儿在母体内发育三至四个月时指纹就已经形成，后期稍有改变，14岁左右时已经定型，指纹定型以后只要不破坏真皮组织，指纹就不会发生任何变化。指纹的唯一性和稳定性是经过长期实验确认的，这个特性使得指纹痕迹检验在案件侦破中成为基础，并发挥着重要意义。

法庭科学家通过对140例案件进行统计并建立数字模型发现，指纹鉴定意见大多数应用于侵犯财产类犯罪、侵犯人身类犯罪和毒品类犯罪等。指纹鉴定意见适用的案件类型如表2–1所示。

- **分类** 结合表中数据，找出指纹鉴定意见适用占比较高的犯罪类型。
- **解释** 分析表中数据，为什么不同类型案件指纹鉴定意见的适用程度不同？
- **应用** 你认为建立和使用模型能够对司法实践工作提供哪些有力帮助？

表2–1 指纹鉴定意见适用的案件类型

案件类型	案件数量（共140例）	所占比例
盗窃罪	41例	29.29%
抢劫罪	18例	12.86%
毒品类犯罪	49例	35.00%
故意伤害罪	4例	2.86%
故意杀人罪	24例	17.14%
伪造货币罪	2例	1.43%
绑架罪	1例	0.71%
诈骗罪	1例	0.71%

生活中的法学

盗窃罪

《中华人民共和国刑法》（以下简称《刑法》）第二百六十四条指出，盗窃罪是指盗窃公私财物的行为。盗窃罪的行为对象是他人占有的财物，财物包括有体物、无体物以及财产性利益。“盗窃公私财物，数额较大的，或者多次盗窃、入户盗窃、携带凶器盗窃、扒窃的，处三年以下有期徒刑、拘役或者管制，并处或者单处罚金；数额巨大或者有其他严重情节的，处三年以上十年以下有期徒刑，并处罚金；数额特别巨大或者有其他特别严重情节的，处十年以上有期徒刑或者无期徒刑，并处罚金或者没收财产。”

进一步探究

法庭科学家们凭借什么原理发现与检验指纹证据呢？

通常，人类的指纹包括箕型、斗型和弓型三种不同的纹路类型。此外，指纹还具有许多细节特征，这些细节特征是进行指纹同一认定的关键。

同时，人类手指或手掌的表皮上基本布满了汗腺，并不断往外分泌汗液。当手指或手掌与其他物体直接接触时，汗液就会留在被接触的物体表面。

如果汗液中夹杂着微尘或颗粒物，这些物质就会在被接触的物体表面形成一定痕迹，这个痕迹纹路和人的指纹是相同的。如果吸附微尘和颗粒物比较多，指纹在物体上留下的印迹肉眼就可以观察到；如果用肉眼无法观察，则可以通过一些简单的物理方法进行检验或通过化学方法使其“现形”。

由此，“指纹科学”便诞生了，它在科技发展的长河中逐渐得以完备。如今，法庭科学家们可以运用皮肤学、生物化学、有机化学、高等数学、电子计算机等学科的知识和方法，通过收集指纹信息来研究它们的生理特征、纹理结构，将其显现、储存、分类与识别。

司法鉴定小百科

同一认定

技术鉴定中运用科学技术和相关手段，以确认受审查的嫌疑客体（人或物，又称为“样本”），同正在寻找的客体（人或物，又称为“检材”），是否同为一人或同为一物，或是否来源于同一人或同一物，这种鉴定原理称为“同一认定”，通常用于痕迹检验、文书检验等。

同一认定是检验客体物是否同一的过程，并非检验的结果。同一认定的结果可能得到肯定结论、否定结论、不能作出结论这三种：肯定结论称为“同一”，否定结论称为“不同一”，因为检材样本的局限性还可能是“不能作出结论”。

学科链接

痕迹学

痕迹学（Trace Science）是指运用自然科学相关原理和方法，研究利用和检验痕迹的理论、方法的学科。研究的对象是物体相互作用后外部结构变化的印迹，如手印、脚印、工具痕迹、枪弹射击痕迹、车辆痕迹、整体分离痕迹等。痕迹学包括研究发现、提取、保全痕迹的理论和方法以及技术设备的制造；各类痕迹形成的规律特点，与有关事实的相互关系；利用痕迹进行同一认定的理论和方法等。

痕迹学发展到今天，已经成为一门系统而又庞杂的综合性学科，痕迹学的分支很多，如工具痕迹学、心理痕迹学、枪弹痕迹学等。

指纹识别系统

指纹识别系统是一个典型的模式识别系统，包括指纹图像的获取、处理、特征提取和比对等模块。通过专门的指纹采集仪可以采集活体指纹图像。指纹采集仪主要有活体光学式、电容式和压感式。对于分辨率和采集面积等技术指标，公共安全领域已经形成了国际和国内标准。根据采集指纹面积大体可以分为滚动捺印指纹和平面捺印指纹。另外，也可以通过扫描仪、数码相机等获取指纹图像。

二、任务执行与反思

第一项任务：识别自己的指纹类型

发布任务

请仔细观察你的指纹痕迹，识别自己每一根手指的指纹类型及其特点。像法庭科学家那样，尝试发现你与他人指纹痕迹之间的异同。

材料准备：白色气球、印泥（红色、蓝色或黑色）、记号笔、放大镜。

执行任务

请你取出若干白色气球备用。先不要急着对气球吹气，更不要把气口扎起来。接着，将你的手指在印泥上轻轻按压，再把手指在气球表面按压出印记，并用记号笔标记出你所按压的手指的名称。

任务提示：如果指纹痕迹模糊不清，妨碍准确辨识，需要重新制作对应手指的指纹印记。

请你认真思考下列问题，并完成任务单（表2–2）。

表2–2　双手指纹类型观察记录

左手	清晰程度			类型	右手	清晰程度			类型
	清晰	尚可	模糊			清晰	尚可	模糊	
大拇指					大拇指				
食指					食指				
中指					中指				
无名指					无名指				
小指					小指				

- 请你将气球吹到适宜的大小，并将气口扎紧，你在气球表面发现了什么？
- 你能观察到指纹痕迹图像吗？它们清晰吗？
- 你能从这些指纹痕迹图像中识别它们的指纹类型吗？
- 你能从这些指纹痕迹图像中发现它们的细节特征吗？
- 在这些指纹痕迹图像中，可清晰辨识的有多少个？所占百分比是多少？

实践探讨

小组完成全部任务后，请你带领小组成员围绕以下问题进行探究与讨论。

如果需要观察指纹的细节，可以使用放大镜。

- 通过放大镜，指纹痕迹图像有什么不同？
- 你在辨识指纹类型的过程中遇到了哪些困难？
- 若存在相同的指纹类型，它们之间的指纹痕迹也相同吗？
- 比较一下你和其他组员相同类型的指纹痕迹图像，它们之间有什么异同？
- 你能从这些指纹痕迹图像中发现它们的细节特征吗？
- 借助放大镜观察那些不够清晰的指纹痕迹图像，你有什么新发现？

第二项任务：从玻璃杯上提取指纹

发布任务

请你召集并组建一个3～5人的小组，秘密安排一位组员扮演“犯罪嫌疑人”，请他/她在模拟丢弃的若干玻璃杯上，悄悄地留下自己的指纹。然后，邀请其他组员提取这些指纹信息，通过科学鉴识，指认出谁是真正的“犯罪嫌疑人”。

材料准备：清洁的透明玻璃杯、白色指纹衬纸、小毛刷、黑炭粉、透明胶带、放大镜、白色手套。

执行任务

请你小心地提取并记录玻璃杯上的指纹，体验发现和提取指纹的过程与方法。

请你认真思考下列问题，并完成任务单（表2–3）。

表2–3 玻璃杯上指纹提取与鉴识

编 号	清晰度			完整度			指纹类型
	清晰	尚可	模糊	完整	尚可	残缺	
1							
2							
3							
……							

- 用沾有黑炭粉的小毛刷在玻璃杯表面轻轻刷动，你观察到什么现象？
- 你确定刷出来的图像就是指纹痕迹吗？
- 这些指纹痕迹清晰吗？如果不清晰，可能影响清晰度的因素有哪些？
- 你一共发现了几枚指纹？它们分别位于杯子的什么部位？
- 你能推测出来，这些指纹属于犯罪嫌疑人的左手还是右手吗？

然后，请你小心地将一块透明胶带放在你刚刚刷显出来的指纹印记上，小心地将胶带揭开，把它转移到白色指纹衬纸上。

- 当你将胶带压在白色指纹衬纸上时，指纹痕迹是否会转移到衬纸上呢？
- 转移到白色指纹衬纸上的指纹痕迹图像清晰吗？怎样做才能确保指纹痕迹图像完好地转移，而不遭到破坏？

实践探讨

小组完成全部任务后，请你带领小组成员围绕以下问题进行探究与讨论：

- 你认为发现并提取指纹痕迹是一件容易的事情吗？为什么？
- 除了黑炭粉之外，你还可以选择什么材料？
- 有什么好办法，能够让指纹痕迹图像显现得更清楚？

进一步探究

接下来，你可以尝试在不同材料的表面上留下指纹。例如，塑料杯、易拉罐、A4纸、高铁车票、收据、餐巾纸等，进行上述实验操作。

- 在以上不同的材料中，在哪些材料上发现和提取指纹的效果是最理想的？

当然，你也可以尝试选择不同的粉末，刷显指纹痕迹图像。例如，石膏粉、普通面粉、糯米粉、玉米淀粉、小苏打等。

- 你认为，粉末的类型会影响你的鉴定结果吗？为什么？

三、课后实践

探究：新旧指纹证据的显现效果对比

请你取出4张白色A4纸，并编号（1～4），分别在每一张纸上留下1枚右手大拇指的“潜指纹”。然后，将这些纸张小心地放在阴暗处避光保存。

按照指定的时间（天数），依次取出4张纸，用粉末刷显，随后将刷显样本裁剪后贴在对应空格里。待第7天后，将第4张指纹样本刷显，再对这4张指纹痕迹图像进行观察、比较与分析（表2–4）。

表2–4　新旧指纹证据的显现效果

纸张编号	刷显时间	指纹样本			
		指纹痕迹图像（粘贴处）	清晰	尚可	模糊
第1张	第1天后				
第2张	第3天后				
第3张	第5天后				
第4张	第7天后				

- **观察**　观察每一张指纹样本刷显后的清晰程度。
- **比较**　比较不同指纹样本之间的刷显效果差异。
- **分析**　尝试分析是什么原因导致了刷显效果的差异。

学习为未来生活

制作“社区防盗海报”

基于有关社会新闻报道的调研分析，请走访社区民警、居委会、居民或相关人群，然后开展小组合作，为社区居民起草一份日常防盗指南，设计和制作一份宣传海报，张贴于社区宣传栏，提高社区居民的安全防范意识和能力。

- **调研**　不同的社区，有不同的特点。请在调研基础上针对性地设计海报。

- **评价**　邀请社区民警、居委会和居民共同参与海报的评价，然后进行优化。
- **应用**　根据已有设计经验，尝试为商务楼宇、公共场所设计安防海报。

第3课

“足迹证据”功勋卓著

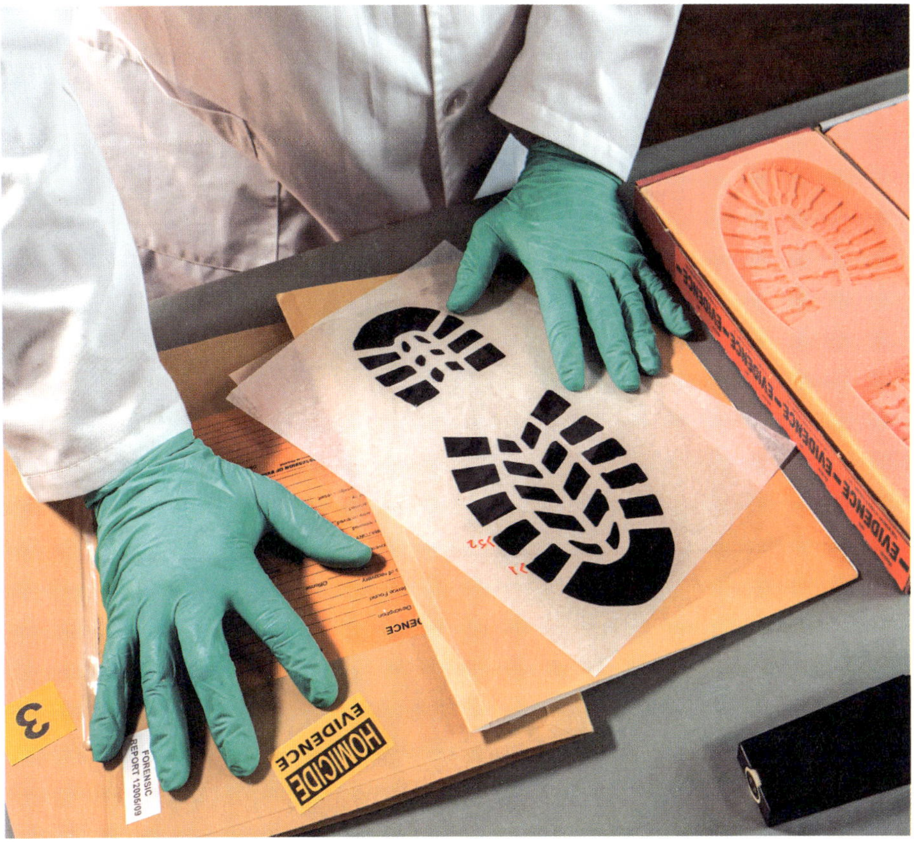

核心问题

- 与指纹证据相比，足迹证据有哪些不可替代的优势？
- 犯罪现场常见的足迹证据类型有哪些？应该如何提取？

关键术语

- 足迹证据
- 平面足迹
- 立体足迹
- 步态识别
- 犯罪现场重建

背景与目标

足迹是人在行走时足部与地面等客体接触时所留下的痕迹。像指纹一样，足迹也是一种重要的痕迹证据，它经常出现在犯罪现场。

相较于指纹而言，足迹常常能反映出犯罪嫌疑人在现场的动态行为特征，从而具有极高的证明价值。其不仅有利于重现作案过程，还有助于判断犯罪嫌疑人的运动习惯特征与人身特点（如身高、性别、年龄及体重等），对缩小侦查范围和查缉犯罪嫌疑人的意义实在是不可小觑。

本节课，你将学习到犯罪现场常见的足迹类型，并通过探究实践，像法庭科学家那样来完成模拟足迹的发现、提取与分析过程。

学习领域

痕迹学。

建议时间

90分钟。

学习任务

通过实验探究，学习与认识犯罪现场常见的足迹类型，初步掌握足迹提取的方法及要领，了解足迹证据的司法意义以及对犯罪现场重建的重要作用。

一、经典案例回顾

“系列失窃案”之一

2010年9月，江中市110指挥中心接到报案，某高校男生宿舍发生盗窃案件，丢失一台笔记本电脑，现场勘查员接到指令后火速赶往事发现场。

据宿舍管理人员介绍，最近宿舍频繁丢失笔记本电脑，学校怀疑是盗窃团伙作案。勘查员通过对现场提取的足迹进行检验比对，发现现场有4个人的足迹，分别是寝室内的4个男同学所留，再无其他人入内的足迹。

同时，勘查员发现门窗均完好无损，检验门锁芯，也未发现技术开锁的痕迹，初步判断该起案件为内部作案。后经过一些技术手段调查证实，是该寝室的孙某所为，由于前几天孙某的笔记本电脑被偷走，当天见张某的笔记本电脑放在寝室，孙某出于妒忌心理，趁别人不注意，盗取了张某的笔记本电脑，在大量证据面前，孙某承认了作案的事实，退回了笔记本电脑。

“系列失窃案”之二

2011年10月，江中市弓长岭矿区某工厂发生盗窃案，厂里铜芯电缆被人偷走。现场勘查员发现犯罪嫌疑人的足迹与常人不太一样，右足起足痕迹低，有划扫痕，且前半部分足迹明显，后半部分几乎看不见。结合现场犯罪嫌疑人逃跑出口处有三轮车压痕，判断分析后，得出初步结论：犯罪嫌疑人右足有残疾，且开一辆三轮代步车。这一结论为侦查破案提供了重要线索，通过这一线索很快就破获了案件。

“系列失窃案”之三

2012年11月，江中市多处地区发生技术开锁入室盗窃案件，在足迹检验分析比对中，发现这10多起案件中足迹的大小、形态、步伐有共性，同时，犯罪嫌疑人作案的行为特点也相似，推断为同一人所为。后经过对这些案件现场提取到的指纹及DNA等痕迹物证比对检验，发现并证实这10多起案件确为同一人所为。由此串并了这10多起案件，为侦破这些案件提供了重要线索，也节省了人力物力。

- **分析**　这三起失窃案，如果缺失了足迹证据，能够迅速得以侦破吗？
- **辨别**　这三起失窃案，足迹形态各有什么特点？
- **判定**　你认为，这些足迹形态特点对犯罪现场重建有什么帮助？

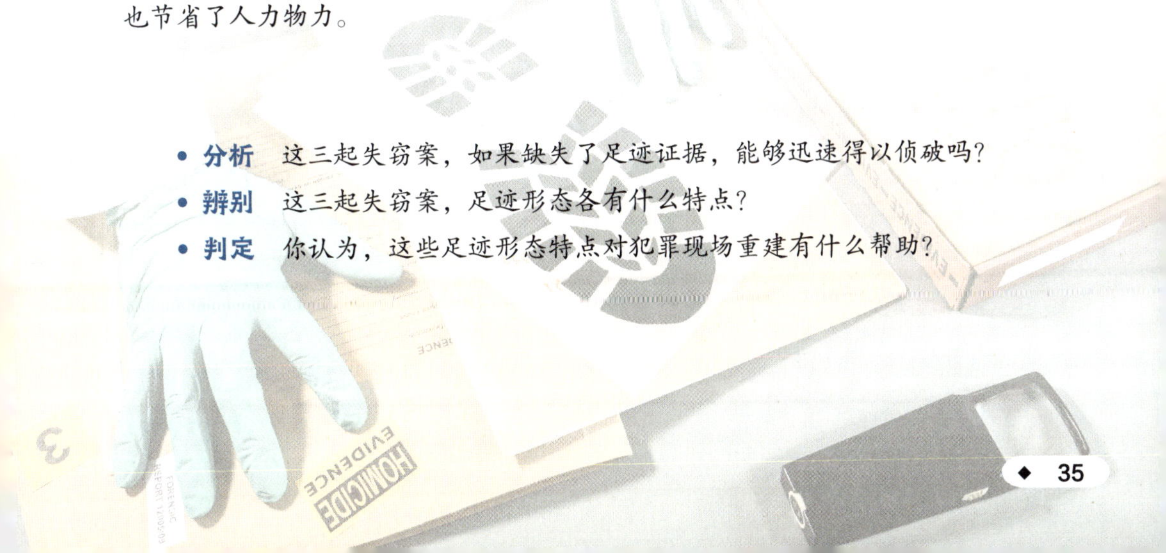

思考与探究

在司法实践中足迹分析具有哪些独特的优势?

俗话说:"千里之行，始于足下。"通常情况下，但凡到达犯罪现场的人，势必会留下足迹。成年人的骨骼一般不会发生变化，并且在行走时动力形态特征相对稳定，故足迹也具有唯一性。因此，足迹可作为犯罪现场的重要证据。

除了足印或鞋印形态之外，现场勘查员还需对现场足迹进行细致分析，以进一步推测犯罪嫌疑人大致的体貌特征。

例如，从脚印的轻重、步态、步幅、虚边、压力、带土等情况，即可分析出人的性别、职业、身材、习惯、年龄、身体特征、步态等。而且同一个人，在沙土上、硬地上、草地上、砾石地上、雪地上的足迹也会有不同的特点。此外，通过足迹形态还可以分析停留的时间、行走的方向等。在条件较好时，通过足迹也可以循迹追踪，或以足迹作为警犬嗅源，直接抓获或认定犯罪嫌疑人。因而，在现场勘查过程中，对现场足迹的发现、识别与取证是必不可少的环节。

现场勘查员常用哪些方法发现与提取足迹?

足迹是人们在站立和行走时，与地面或其他承受面接触形成的脚掌或鞋、袜等形象痕迹。通常，足迹具有两大特征：形象特征和步伐特征。形象特征是指单个足迹所反映的赤脚、鞋或袜外表结构特征；步伐特征是指单个或成趟足迹，反映人的行走习惯规律的特征。

那么，该如何发现并获取这些隐匿在犯罪现场的足迹特征呢？通常，现场勘查员使用的方法有配光观察法、静电复印法和化学显现法。根据实际情况选择拍照摄影、制模提取或原物提取等方法，将犯罪现场的足迹证据进行留存与分析。

司法鉴定小百科

犯罪现场重建

犯罪现场重建是指基于对犯罪现场的痕迹、物证的位置和状态及其相互关系的考察分析，以及对物证的实验室检验结论的利用，结合所获取的相关客观事实，合乎逻辑地以抽象、形象或实物模拟的方式，重新构筑犯罪现场所发生的犯罪内容和犯罪过程，并探明与之相关的犯罪行为人的个人特点和犯罪条件的侦查活动。

二、任务执行与反思

第一项任务：根据足印推算犯罪嫌疑人身高

发布任务

请你召集并组建一个3～5人的小组，共同布置一个小型室内犯罪现场，秘密安排1～2名组员扮演“犯罪嫌疑人”，在有灰尘的地面或桌面适宜的地方留下一些赤足印。通过测量，推算“犯罪嫌疑人”的数量及身高。

材料准备： 放大镜、卷尺、记号笔、计算器、手电筒。

执行任务

当法庭科学家身处犯罪现场，他们会小心地一一识别现场所留的足迹类型及其形态，还原犯罪嫌疑人的作案过程，这对重建犯罪现场的动态信息非常重要。请你们利用身边的笔、尺等工具，对现场足印进行仔细的测量，像法庭科学家那样推测犯罪嫌疑人的数量及身高。

请你们认真思考下列问题，并完成任务单（表3–1）。

表3–1　犯罪现场平面足印及“犯罪嫌疑人”身高推测

编　号	足长 /cm	足宽 /cm	推测身高 /cm
1			
2			
3			
……			

- 足印的长度或宽度怎样测量？
- 怎样通过足印尺寸反推身高？
- 你能找出你和组员的足印长度与身高的比例关系吗？

实践探讨

小组完成全部任务后，请你带领小组成员围绕以下问题进行探究与讨论：

- 通过足印推算身高有规律可循吗？
- 现场足印发生交错怎么处理？
- 如何避免现场足印数量疏漏？
- 足印的步态特征（如步幅、走向）对犯罪现场重建有帮助吗？

第二项任务：立体足印模型的制作与提取

发布任务

选择一个泥土松软的场地，模拟一个小型室外现场。如果没有合适的室外场地，也可以将铺设有松软泥土的旧鞋盒摆放于犯罪现场中，然后挑选对应鞋盒数量的匿名组员扮演“犯罪嫌疑人”，用力在鞋盒泥土里留下深深的足印。请利用石膏法对立体足印进行制模，并根据足印特征及大小，推测足印对应的人。

材料准备：废旧鞋盒若干、熟石膏粉、滑石粉、一次性筷子若干、底纹清晰的鞋子若干双、密封塑料袋、毛刷、剪刀、A4纸若干、松软的泥土。

执行任务

在不同的材料上，犯罪嫌疑人留下的足印通常是不同的。例如，在松软的泥土或泥浆上，留下的足印就会具有明显的立体特征，可以帮助现场勘查员识别犯罪嫌疑人。针对这样的足印，现场勘查员会逐一拍照和开展立体足印模型制作，对现场足印的特点和尺寸进行充分评估，获取犯罪嫌疑人的体重、身高、步幅等一系列有用信息。立体足印模型的制作采用的是石膏法，这种方法可以利用石膏填充足印，当石膏变硬后，就可以得到信息含量很高的立体足印了。

请你们认真思考下列问题，并完成任务单（表3–2）。

表 3–2　犯罪现场立体足印特征记录

编号	鞋印长度 / cm	鞋印宽度 / cm	鞋底底纹特征	品牌或类型推测	对应的人推测
1					
2					
3					
……					

- 为什么选择松软的泥土进行实验？
- 鞋印模型制取实验的原理是什么？
- 实验中的滑石粉有什么重要作用？
- 如果在石膏调配过程中用水过量或不足将会发生什么？
- 你认为石膏法成功的关键因素是什么？

实践探讨

小组完成全部任务后，请你带领小组成员进行讨论：

- 哪些细节可以帮你确定鞋子的款式和生产厂商？
- 你认为石膏法制取鞋印模型的优势和局限分别是什么？

三、课后实践

探究足迹线索

步行？奔跑？还是负重行进？现场勘查员可以利用犯罪现场的足迹来重现犯罪嫌疑人曾经在现场驻留过程中的举手投足。现在，你可以创建一组足迹，以调查不同的因素如何影响足迹的形态，以及探讨现场勘查员是如何发现和挖掘这些信息的。

邀请你的组员们从软沙表面走过，然后你们一起观察和分析这些脚印，指出它们的不同之处，制作一张图表来记录你们的观察结果，并思考与讨论下列问题：

- 每个人的步幅相同吗？分别有多长？
- 步幅是否与每个人的腿长和体重有关？
- 步幅还与哪些因素有关？
- 你还能如何利用足印和步幅来描述犯罪嫌疑人的特征？

进一步探究

当然，你们可以采用不同的行进方式加以尝试并观察。例如，快走、跑步、跑跳、负重前行，甚至模仿负伤前行等。

- 当变换行动方式之后，足迹形态会发生怎样的改变？
- 你能根据不同形态特征的足迹，猜测他们的行进方式吗？
- 你能根据他们的行进方式，尝试着重建犯罪现场吗？
- 你还能结合这些足迹的形态特征，揣摩他们的心理活动吗？

第4课

“工具和特殊痕迹”不可或缺

核心问题

- 工具和特殊痕迹包含哪些种类？
- 这些痕迹证据各自有哪些特征？
- 如何搜寻与发现这些痕迹证据？

关键术语

- 工具痕迹
- 特殊痕迹
- 划痕
- 压痕
- 切割痕
- 车痕
- 齿痕
- 锁上遗留痕

背景与目标

通常，犯罪现场的环境是比较复杂的，指纹或足迹勘查相对困难。此时，现场勘查员就需要搜寻新的犯罪痕迹和类型，以竭尽全力地获取犯罪线索。因此，工具痕迹和特殊痕迹正是不可或缺的“蛛丝马迹”。本节课，你将能够像法庭科学家那样，在发现与鉴识特殊痕迹的过程中，进一步提升勘查能力。

学习领域

痕迹学。

建议时间

90分钟。

学习任务

通过实验探究，学习与认识犯罪现场常见的工具痕迹和特殊痕迹，初步掌握新型痕迹的鉴识要领，了解它们的司法意义以及对犯罪现场重建的重要作用。

一、经典案例回顾

犯罪嫌疑人拒不认罪之后……

2013年3月，某小区频繁出现入室盗窃案件，案件一般发生在傍晚时段，犯罪嫌疑人通过撬门或拧锁芯的方式入屋盗窃。在刑侦部门将足迹串并及预伏之后，终于在2013年7月抓获三名犯罪嫌疑人，三名犯罪嫌疑人均是在作案时逃离现场的过程中被抓获的，同时，刑侦部门还当场缴获一批作案工具，如螺纹钢撬棍、汽车等。在犯罪嫌疑人归案之后，他们都拒不供认犯罪的事实。所有的证据只有鞋印鉴定，同时还有一名群众的辨认笔录。想完成对犯罪嫌疑人的顺利起诉会存在明显的困难，证据不足已经导致办案难以顺利进行下去。

技术部门在得知这一情况之后，第一时间组织精干力量对现场进行复勘，在门框中顺利地完成一处撬压痕迹的获取，在使用相关技术的基础上对样本进行有效的制作，进而对其进行比对，最终确定该处痕迹为现场缴获的撬棍所留。这直接为该案的零口供起诉提供了非常有效的技术基础。

思考与探究

常见的工具痕迹和特殊痕迹证据有哪些？

但凡犯罪嫌疑人使用工具，就必然会在犯罪现场留下痕迹。

工具痕迹可以是划痕、切割痕迹、沟槽，甚至是工具留在柔软物体表面上的标记或印迹，如留在木质门框或窗台上的压痕等。目前在实际案件中，常见的特殊痕迹主要有以下几类：盗窃现场的特殊痕迹、凶案现场的特殊痕迹、爆炸案件的特殊痕迹、车辆肇事现场的特殊痕迹以及其他案件现场的特殊痕迹。这些特殊痕迹有齿痕、车痕、牲畜痕、纺织物痕迹、碎玻璃、锁上遗留的痕迹等。

二、任务执行与反思

第一项任务：哪种工具痕迹？

发布任务

请你召集并组建一个3～5人的小组，邀请他们用不同的工具（如螺丝刀）做标记。然后，像法庭科学家一样，观察和比较这些痕迹，以确定它们的来源。

材料准备：若干把平头螺丝刀（大小和式样相似，但不相同）、透明胶带、标签纸、放大镜、黏土若干、尺子、纸和笔。

执行任务

给每把螺丝刀贴上一个小标签并编号，要求每一个组员任意选择一把螺丝刀（不告诉你选的是哪一把），并扮演“犯罪嫌疑人”在一块黏土上留下印迹。

然后，请这些“犯罪嫌疑人”务必做好对应的记录，记录本人所持有的螺丝刀和它对应的标记。否则，无法确保你能顺利地进行反推和准确的鉴定。

请你们认真思考下列问题，并完成任务单（表 4–1）。

表 4–1　作案工具痕迹鉴定

编　号	痕迹 1	痕迹 2	痕迹 3	……
螺丝刀 1				
螺丝刀 2				
螺丝刀 3				
……				

任务说明：请在痕迹编号对应的工具栏中打“√”。

- 鉴别这几个工具所产生的痕迹，你能发现每个痕迹与众不同的特征吗？
- 比较几个痕迹样本，你能确定犯罪现场使用的是哪把螺丝刀吗？

实践探讨

尝试将黏土换成木头、塑料或硬纸盒等不同材质，进行操作。

小组完成全部任务后，请你带领小组成员围绕以下问题进行探究与讨论：

- 能够发现其他材质所产生的痕迹，与在黏土上的遗留痕迹之间的差异吗？
- 能够轻松地推断是哪把螺丝刀所产生的痕迹吗？

进一步探究

接下来，你们可以采用不同工具加以尝试并观察。例如，十字螺丝刀、虎头钳、尖嘴钳、小锤子、小扳手、小锯条等。

- 当更换工具之后，痕迹形态会发生什么改变？

- 你能猜出哪个工具做了哪个印迹吗?
- 你能根据不同的形态特征，还原“犯罪嫌疑人”的撬压行为吗?

第二项任务：轮胎印记

发布任务

常言道，做贼心虚！通常，犯罪嫌疑人在实施犯罪行为之后，会迅速逃离现场。快捷的交通工具（如汽车、自行车等），可能会是他们逃亡的首选。现在，请你和组员们通过自行车轮胎痕迹的鉴识，来锁定“犯罪嫌疑人”使用的车辆。

材料准备：白色A4纸、蓝色复写纸、自行车若干辆。

执行任务

请你们认真思考下列问题，并完成任务单（表4–2）。

表4–2　自行车轮胎痕迹鉴定

编号	车辆1		车辆2		车辆3		……	
	前轮	后轮	前轮	后轮	前轮	后轮	前轮	后轮
备注								

选择一个安全、平整的场地，可以邀请一位组员，任意挑选一辆自行车进行骑行。让自行车先从蓝色复写纸表面通过，然后再通过一张白色A4纸，确

保自行车的前、后轮胎都在白色A4纸上留下印记。接下来，按照上述方法，在不同白色A4纸上分别形成另外几辆自行车的轮胎印记，并依次编号（不要告诉其他组员这些自行车对应的轮胎痕迹编号）。

- 检查每个轮胎印，记录你的观察，哪些细节会有帮助？
- 你是通过哪些特征来区分轮胎的呢？（宽度？花纹？还是其他？）
- 你能认出分别是哪辆自行车的印迹吗？
- 轮胎印对应的是前轮痕迹？还是后轮痕迹？

实践探讨

为了进一步调查，让几个不同体重的组员使用同一辆自行车制造轮胎印迹。

小组完成全部任务后，请你带领小组成员围绕以下问题进行探究与讨论：

- 轮胎痕迹有哪些不同？
- 用其他材料来替换白色A4纸张，会对痕迹的鉴定有什么影响？

学习单元3 微量物证

单元概要

“微量物证”是在犯罪活动中，与犯罪有关联、能认定犯罪事实真相的，物小量少，甚至用肉眼难以看见的细微物质。

◎ 第5课

本课主旨

无论何时，只要两个物体的表面发生接触，在接触面的边缘就会发生物质的转移。

◎ 第6课

本课主旨

微量物证里隐藏着犯罪线索，找到它们，就可以明确进一步的侦查方向和目标。

◎ 第7课

本课主旨

现代分析技术对司法鉴定工作发挥着不可替代的支撑作用。

你知道吗?

洛卡德物质交换原理涉及两种物质交换情形，分别是痕迹性物质转移和实物性物质转移。

微量物证可以根据化学属性、生物属性和生活属性等不同属性进行分类。

现代分析技术将洛卡德物质交换原理展现得淋漓尽致，能够让犯罪嫌疑人无处遁形。

1

隐匿在地毯里的“贼”

得知失窃的消息后，张叔叔夫妇立即结束了假期，旋即返回家里配合公安机关展开调查。据张叔叔说，他们放在抽屉里面的5 000元现金不见了。除此之外，还有总价值2万元的钻戒和珍珠项链不翼而飞了，就连他们临行前刚刚报废掉的旧手机也被偷走了。

“唉，究竟是什么人所为呢？”张叔叔越说越生气，眉头越发皱紧。

“张叔叔，您别着急，法网恢恢，疏而不漏！”睿奇一边宽慰，一边向张叔叔描述事发当天的情况。

就在此时，安队长带领干警正在紧锣密鼓地分析着手边摆放的现场证据。同时，另外一位民警专门查看辖区内调取的摄像头信息，希望能够捕捉到犯罪嫌疑人的身影。

经过一周的勘查分析，安队长似乎遇到了一些麻烦。因为，指纹证据虽然搜集到了，可是这些指纹并不完整。而且，小区里唯一的一个摄像头恰巧损坏了，没有记录犯罪嫌疑人的踪迹。另外，安队长已经安排专人分头去调查鞋印和撬门工具的相关情况，但暂时没有音信。此刻，空气仿佛凝固了起来！

没有逮到犯罪嫌疑人，张叔叔一家的心始终悬在那里，久久不能放下……

两周后，张叔叔突然接到了安队长的电话：“破案了，破案了！那个贼，我们抓到了！”

当天傍晚，睿奇放学回家，张叔叔显得万分高兴，热情地邀请他去家里做客。

财物失而复得，张叔叔一家十分开心，专门举行了小型家庭晚宴，热情款待了睿奇。

“睿奇，你这次立了大功，我们全家人都要感谢你啊！你是我们的救星！”张叔叔紧握着睿奇的手，眼神中充满感激。

“张叔叔，不用客气，我们是好邻居，这是我应该做的！请您快给我讲讲，安队长是怎么抓到那个犯罪嫌疑人的吧！”睿奇一边谦虚地摆摆手，一边将耳朵凑近张叔叔，迫不及待地听张叔叔讲述。

“哈哈……”张叔叔立马指着他家的地毯说：“就是靠它！”

“啥？靠它？”睿奇大大的眼睛中充满了大大的疑惑，满脸不可思议，“怎么可能？”

其实，这个犯罪嫌疑人在窃取了张叔叔家中财物的一周后，又在隔壁小区“施展拳脚”，不巧被主人逮个正着。安队长非常有经验，连夜带领干警们前往犯罪嫌疑人的家里搜查。一条蓝色灯芯绒的裤子引起了安队长的注意。这是一条被犯罪嫌疑人更换下来的裤子，看起来脏兮兮的，显然近期没有清洗过。

安队长随即安排一名干警，将这条灯芯绒的裤子带回取证！果不其然，在干警的细心取证下，从这条裤子上发现了3根淡黄色的纤维。谁能想到呢？这些纤维竟然和张叔叔家客厅地毯上的纤维类型完全一致！

在证据面前，犯罪嫌疑人再也无法抵赖，全招了。就这样，犯罪嫌疑人落入了法网。大家悬着的心终于放下了。

晚上，回到家里，颇具好奇心的睿奇反复琢磨着：为什么犯罪嫌疑人的裤子上会有张叔叔家地毯上的纤维呢？

看时间还早，他准备拨通法瑞老师的电话一问究竟！

法瑞老师接通电话，听完原委，向睿奇同学娓娓道来……

第5课

洛卡德物质交换原理

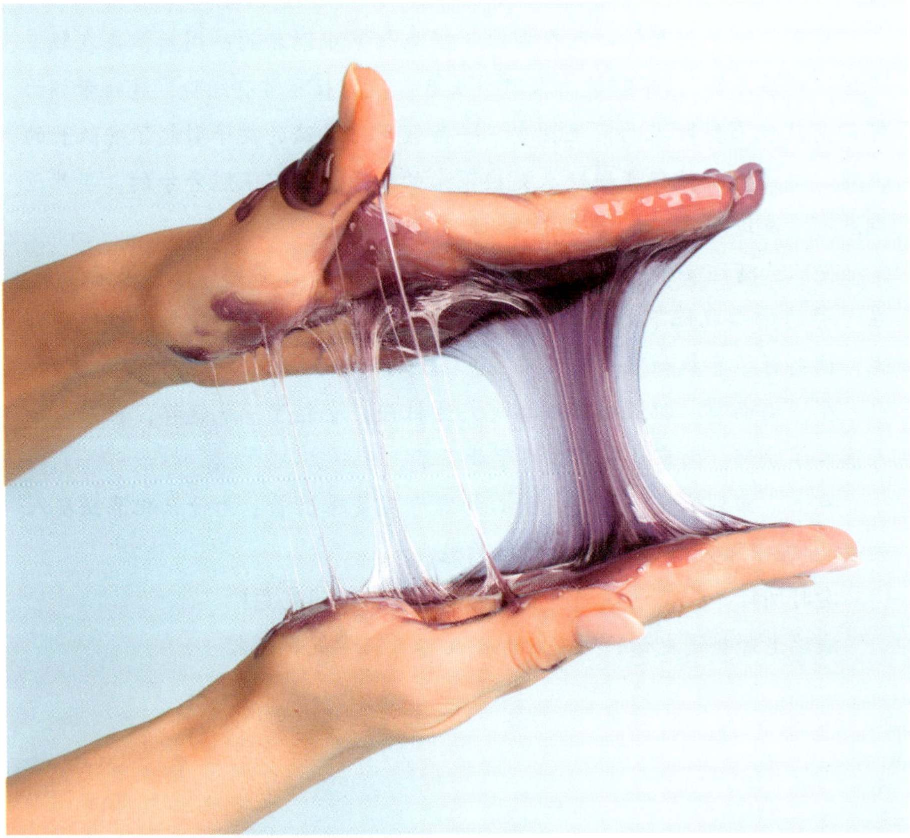

核心问题

- 洛卡德物质交换原理有何要义？
- 洛卡德物质交换原理适用于哪些侦查领域？

关键术语

- 洛卡德物质交换原理
- 物质交换
- 物质转移
- 痕迹性物质
- 实物性物质

背景与目标

许多犯罪行为人为了避免被发现，他们总会对自己即将实施的犯罪行为“精心推演”，从而想尽一切办法确保自己不会在现场留下任何痕迹！然而，犯罪行为人却错了，他们不可能不留下痕迹！本节课，你可以深入学习与掌握举世闻名的侦查学原理——洛卡德物质交换原理（Locard's Exchange Principle），并尝试运用这个原理开展科学实践，以分析犯罪现场的种种罪证。

学习领域

微量物证。

建议时间

90分钟。

学习任务

通过案例分享和原理解析，学习洛卡德物质交换原理，在实践体验中初步掌握洛卡德物质交换原理的方法及要领，了解微量物证的司法意义以及对犯罪现场重建的重要作用。

一、经典案例回顾

是1945年春？还是1953年夏？

1994年2月，在德国发掘出一座墓葬。在墓穴内，一共发现32具男性骨骼。他们究竟何时被埋葬于此？经考证，专家推测出两种可能：这些死者于1945年春被杀，或者于1953年夏被杀。

为确定这些死者被埋葬的缘由，现场勘查员对21个颅骨进行了花粉分析，在其中7个颅骨的鼻孔处，检测到大量车前草、橙树和黑麦的花粉。勘查员仔细研究了这些植物的生长规律，发现它们均在每年六七月开花释放花粉，从而最终确定了这些死者是于1953年夏被杀的。

思考与探究

从法庭科学家对这座神秘墓葬的确认过程中，你受到了哪些启发？

没错！在尘封近半个世纪之后，这个经典案例中墓穴主人的“神秘面纱”终被揭开，此案中的关键证据就是死者鼻孔里的“花粉”。

其实，现场勘查员对这些细微且隐匿证据的搜寻并不罕见。为了让你更好地理解勘查员的破案思路，请你先来认识一位著名的人物——洛卡德。

“凡有接触，必留痕迹！”这就是著名的洛卡德物质交换原理，由法国著名刑事侦查学家、司法鉴定学家和警察技术实验室先驱埃德蒙·洛卡德于20世纪初在撰写的《刑事侦查的方法》一书中提出。

洛卡德认为，犯罪行为从本质上来说是一个物质交换的过程。因为犯罪嫌疑人作为一个物质实体，在实施犯罪过程中总是与各种各样的其他物质实体发生接触。简单理解，就是只要犯罪现场的两个物体发生接触，就一定会产生物质转移现象，也就是在现场既会带走一些东西，也会留下一些东西。

该理论有以下经典表述：无论何时，只要两个物体的表面发生接触，在接触面的边缘就会发生物质的转移。例如，当一个人的手指接触到某一物体表面时，手指上的汗液等微量物质就会转移到此物体的表面，并且该表面还会留下人的指印。当两辆汽车发生碰撞时，一辆汽车上的油漆和油污等微量物质，也会转移到另一辆汽车的表面上，留在碰撞的痕迹里。

从犯罪行为的过程来看，当犯罪嫌疑人进入犯罪现场时，会留下某种物质，当他离开犯罪现场时，会带走在身上黏附的某种犯罪现场的物质。例如，在重案犯罪现场，可能会留下犯罪行为人行凶时使用的工具、手印、足迹等，而犯罪行为人又会从现场带走某种粉尘、血迹等。这些都属于物质转移的范畴。

回到神秘的德国墓葬一案，显然，现场勘查员就巧妙地运用了洛卡德物质交换原理，十分敏锐地将死者与当时案发现场的环境相互关联，从而为花粉的发现提供侦查线索。洛卡德物质交换原理为侦查人员深入进行现场勘查，运用物证信息进行犯罪现场的重建等，提供了重要的理论根据。

进一步探究

那么，物质交换方式有哪几种类型?

洛卡德物质交换原理涉及以下两种物质交换情形。

痕迹性物质转移。例如，犯罪现场中留下的手印、脚印；实施犯罪过程中遗留下的枪弹痕迹、工具痕迹等；在实施犯罪过程中，犯罪嫌疑人因受害者的反抗而被抓伤、咬伤形成特定的伤痕等，这些都属于痕迹性物质转移的范畴。

实物性物质转移。实物性物质转移又包括宏观物质转移和微观物质转移。宏观物质转移涉及犯罪嫌疑人将随身物品、作案工具等宏观物品遗留在犯罪现场中，或者从犯罪现场带走家电、衣物、现金等宏观物品；微观物质转移是指犯罪嫌疑人遗留在犯罪现场或者从犯罪现场黏走微量物质，如毛发、唾液、灰尘等。

二、任务执行与反思

第一项任务：阅读与分析（一）

发布任务

请你召集并组建一个3～5人的学习小组，共同阅读与分析以下两起案件，谈一谈洛卡德物质交换原理在打击毒品走私犯罪中的具体应用。

执行任务

“孢粉作证”系列之一

在新西兰首都惠灵顿，一户人家经常奔走于世界各地贩运物资，有人怀疑他们参与了大麻的水培种植。警方依法搜查了他们的房产与农场，发现了一个水培大麻种植场地。警方随后对他们过去5年拥有的农场建筑灰尘进行孢粉分析，发现有大麻孢粉存在。由此当局根据他们过去和现在生产大麻的总收入估计，查封了他们的财产。

“孢粉作证”系列之二

日前，纽约警方查获了一批走私入境的可卡因500 g，通过法庭科学鉴定，样品中有3组明显不同的孢粉。第一组孢粉组合显示它们来源于生长在玻利维亚和哥伦比亚的植物，显然这些植物是在采集古柯叶并加工成古柯叶糊的过程中与样本混合在一起的。第二组孢粉组合来自只生长在北美少数地区的树木，提示这批可卡因一定是在这些地区之一被切割和包装的。第三组孢粉组合来源于杂草丛，而这些杂草通常是生长在纽约空地上的，在那里它们很可能被再次切割、包装和分配。最终，警方借助孢粉分析，推断出了毒品的来源地、加工地及运输路线。

实践探讨

小组完成阅读后，请你带领小组成员围绕以下问题进行探究与讨论：

- 孢粉造成的物质转移，属于痕迹性物质转移？还是实物性物质转移？
- 在上述两起案件中，警方都发现了哪些孢粉证据？
- 警方是如何运用孢粉证据推断出毒品的来源地、加工地及运输路线的？

通过上述两个案件，不难看出，司法孢粉学是法庭科学中一项重要的研究领域。那么，什么是司法孢粉学呢？司法孢粉学是将孢粉学应用于法庭科学领域，通过检验花粉、孢子的方法解决民事和刑事等相关司法实践问题。孢粉具有体积小、分布广、形态多样、易转移、持久性等特点，而且不易被察觉，可以作为很好的痕量证据为案件侦破提供有力的调查和关联证据。司法孢粉学在法庭科学中的应用已取得了一定成果，但在大多数国家和地区，司法孢粉学还未得到充分利用。

生活中的法学

走私犯罪

走私犯罪是指以牟利为目的，违反国家海关对外贸易管理、进出口物品管理和外汇管理、关税管理的规定，非法携带或邮寄货物、金银、货币、武器、弹药、文物以及其他物品进出国（边）境，逃避海关监督、逃套外汇、偷逃关税，触犯刑法的行为。

《刑法》规定，走私罪的对象包括以下几类：（1）武器、弹药、核材料或者伪造的货币；（2）国家禁止出口的文物、黄金、白银和其他贵重金属；（3）国家禁止出口的珍稀动物、植物及其制品；（4）淫秽的影片、录像带、录音带、图片、书刊或者其他淫秽物品；（5）依法应当缴纳关税的一般货物、物品；（6）批准进口的来料加工、来件转配、补偿贸易的原材料、零件、制成品、设备等保税货物；（7）特定减税、免税进口的货物、物品；（8）固体废物、液态废物和气态废物。

同时，《刑法》规定，走私、贩卖、运输、制造毒品，无论数量多少，都应当追究刑事责任，予以刑事处罚。

第二项任务：阅读与分析（二）

发布任务

请你带领小组成员继续阅读与分析下列案件，谈一谈洛卡德物质交换原理在处理日常交通肇事逃逸案中的具体应用。

执行任务

难道，线索就这样中断了吗?

一天，江中市有一位司机驾驶小轿车将一行人撞成重伤，肇事司机将伤者送到医院后驾车逃逸。伤者家属报案后，现场勘查员到达事故现场，在现场发现并提取到一些玻璃碎片，此外再无别的痕迹。警方根据群众举报查到了嫌疑车，但车已被修理过，无任何损坏的痕迹。司机也拒不承认撞过人。难道，案件侦查工作只能到此结束了吗？还有没有可能发现新的线索?

现场勘查员又对车辆进行了仔细勘查，在汽车大灯附近发现了一些极小的玻璃碎片。提取这些玻璃碎片，用带有能谱仪的扫描电镜（SEM/EDX）对现场地面上的玻璃碎片与嫌疑车上提取的玻璃碎片进行比对检验，发现两者的元素成分一致，均为Si、Ca、K、Al和Mg，且对应含量无显著性差异。

紧接着，现场勘查员使用热台相差显微镜法测定折射率，现场玻璃的折射率为1.517 00，嫌疑车上玻璃的折射率为1.516 09。最后，又用热分析法测定玻璃化转变温度，现场玻璃的转变温度为581.69℃，嫌疑车上玻璃的转变温度为581.74℃，用统计方法判定，两者无显著性差异。

出具结果后，司机承认了驾车肇事逃逸的事实，并受到了处罚。

实践探讨

小组完成阅读后，请你带领小组成员围绕以下问题进行探究与讨论：

- 在本案中现场勘查员搜集到了什么证据？
- 采用了哪些仪器对物证进行检测分析？
- 现场勘查员通过实验得到了哪些数据？这些数据分别说明了什么？

在此次交通肇事逃逸案中，搜集到的关键证据是玻璃碎片。一些来自事发现场，另一些来自肇事车辆。勘查员使用了一系列现代分析技术，对玻璃证据进行了科学分析。案件涉及的分析仪器有具备能谱仪的扫描电镜、热台相差显微镜、热分析仪。使用这些先进的分析设备，目的在于对来源于不同地方的玻璃碎片进行“同一认定”。经科学分析，认定事发现场和肇事车辆两处的玻璃碎片，在成分、折射率及转变温度等不同变量上，均无显著性差异。

在现代司法实践中，像玻璃碎片这样体微形小的证据，又被称为微量物证。别看它们微不足道，却常常能在案件侦破中发挥出惊人的证明力。那么，什么是微量物证？我们将在第6课重点学习。

生活中的法学

交通肇事逃逸

交通肇事逃逸，是指机动车驾驶员在发生交通事故的同时，擅自逃离事故现场，使交通事故所引起的民事、刑事、行政责任无法确定，其目的在于推卸、逃脱责任的行为。随着交通运输业的迅速发展，交通事故逃逸案件也呈上升趋势，严重扰乱了正常的交通秩序。

《刑法》规定，“违反交通运输管理法规，因而发生重大事故，致人重伤、死亡或者使公私财产遭受重大损失的，处三年以下有期徒刑或者拘役；交通运输肇事后逃逸或者有其他特别恶劣情节的，处三年以上七年以下有期徒刑；因逃逸致人死亡的，处七年以上有期徒刑”。

第6课

“微量物证”无处不在

核心问题

- 为什么不起眼的微量物证，能够在司法实践中发挥巨大价值？
- 如何让微量物证的科学鉴定价值最大化？

关键术语

- 微量物证
- 纤维
- 涂料
- 苔藓
- 玻璃
- 种子
- 花粉
- 毛发

背景与目标

不出意外，犯罪行为人必然会在现场留下痕迹，或者同时将现场的痕迹带走！就像上一节课我们谈到的那样，土壤、纤维、孢粉等微量物证都将成为判定犯罪行为发生的有力证据。本节课，将从不同种类微量物证的具体特征入手，认识与了解微量物证搜集的方法与难点，为鉴识实验做前期知识储备。同时，以土壤样本分析实验为例，体验微量物证的搜集过程。

学习领域

微量物证。

建议时间

60分钟。

学习任务

通过案例分享，深入学习微量物证在司法实践中的重要价值与意义，通过实践体验微量物证的搜集与鉴定方法，感受它们对犯罪现场重建的重要作用。

一、经典案例回顾

世界名案：绞木机碎尸案

1986年，美国康涅狄格州发生了一起让刑侦专家犯难的案件，一个叫理查的人报案，说自己的妻子海伦已经失踪了一个多星期。警方调查后却发现理查行为可疑，很可能就是杀人凶手，却一直找不到凶器和尸体。

警方想到了测谎仪，但理查竟然二次通过了测谎试验。正当案件难以找到突破口的时候，一个反常情况提醒了李昌钰博士。通常，人们在用完租借的绞木机后，会将很脏的绞木机直接归还，而查理则把他租借的绞木机洗得干干净净。李昌钰博士怀疑这是一起绞木机碎尸案，凶手可能把被害人的尸体放到绞木机里绞碎，然后扔掉。李昌钰博士还推测出附近的佐沃湖就是凶手毁尸灭迹的地方。

于是，李昌钰博士和200多位同事在60多厘米深的雪地里一寸一寸地融雪，每天工作16小时，3个多星期之后，终于找到2 260根头发，再从海伦家里找到梳子，比对后确认这就是海伦的头发，后来又进一步仔细搜寻，终于找到56块小骨头。

“绞木机碎尸案”是李昌钰博士侦破的经典案件，通过对一系列微量物证的全面仔细搜寻，对犯罪现场进行了重建，发挥出微量物证的巨大作用。

思考与探究

什么是微量物证？它包括哪些种类呢？

微量物证就是在犯罪活动中，与犯罪有关联、能认定犯罪事实真相的，物小量少，甚至肉眼难以看见的细微物质。千万不要忽视或轻视这些不起眼的东西，就像主题故事里提及的纤维那样，这些细微物质往往能将犯罪嫌疑人、被害人和犯罪现场紧密联系起来，因为在这些物质里隐藏着线索，找到它们，就可以明确下一步的侦查方向和目标。

根据微量物证的不同属性可进行如下分类。

- 有化学属性的微量物证：油漆、涂料、塑料、油类、纤维、玻璃等。
- 有生物属性的微量物证：苔藓、花粉、种子、杂草、毛发、浮游生物等。
- 有生活属性的微量物证：化妆品、药品及小型的生活用品等。

进一步探究

搜寻微量物证存在哪些难度？

然而，不尽如人意的是，对于微量物证，如果在犯罪现场不仔细勘查，就难以发现，甚至就算是发现了，肉眼也难以辨识。而且，难上加难的是，除了微量物证量少、体微、难于发现之外，现场勘查员在提取微量物证时，还将面临着一系列的挑战！

- 挑战1：微量物证容易受到污染。

• 挑战2：微量物证容易遭受丢失。

• 挑战3：微量物证具有不完整性。

由于微量物证量少、体微，现场勘查员在现场往往难以立刻对这些细微证据下定论。必要的时候，需要邀请法庭科学家协助。

二、任务执行与反思

土壤样本的采集与分析

发布任务

请你召集并组建一个3～5人的小组，并预先评估3处不同的户外场地，以保证适合土壤采样。请一名组员事先选取其中一块场地的土壤作为犯罪嫌疑人私家车轮胎上残留的土壤样本。然后，像法庭科学家那样依次采集3处场地的土壤，搜集密封之后，带回实验室进行土壤样本同一认定。

材料准备：小铲子、量杯（500 mL）、塑料袋、标签、纸张（黑色和白色）、透明矿泉水瓶（1 000 mL）、漏斗、放大镜、水、记号笔。

执行任务

犯罪现场附近的泥土很容易被追踪到。通常，法庭科学家可以基于土壤证据分析，寻找犯罪嫌疑人或受害人的行动线索。此外，还可以将现场发现的土壤与犯罪嫌疑人的物品相匹配。法庭科学家可以使用许多方法来比较、识别和匹配土壤信息。

请你们认真思考下列问题，并完成任务单（表6–1）。

可以对3个不同地点的土壤样本进行采集和分析，从每个位置收集大约500 mL土壤，并把样品封在塑料袋里，再贴上标签。

先从每一个样品袋中取出250 mL土壤进行尝试分析，其余土壤样本备用。

• 每一种土壤都要在白纸上撒上少许以作对比，然后用放大镜观察，你注意到了什么？

• 在每个矿泉水瓶上标一个土壤位置，并将相应的土壤样本填满一半。加

表6–1　土壤样本分层观测信息记录

编　号	1	2	3
时　间			
地　点			
采集人			
分层情况描述			

水，直到容器将近填满，然后密封。

- 用力摇晃瓶子30秒，再静置一整天。
- 观察每个瓶子中壤沉积物的分层情况，你看到了什么？有多少层？每个样本的分层与其他样本相比如何？

实践探讨

小组完成全部任务后，请你带领小组成员围绕以下问题进行探究与讨论：

- 关于土壤分层，你还能从中捕捉到什么信息？
- 每一种土壤类型有哪些可用来区分识别的特点？
- 你能辨识出样品来自哪个瓶子吗？

进一步探究

请你们认真思考下列问题，并完成任务单（表6–2）。可以利用每一个土壤样品袋中剩余的土壤样品进行尝试。

- 将每一种土壤样品放在白纸上，然后用放大镜观察并记录，各自的粒径分布、颗粒结构、颗粒颜色、非矿物成分是怎样的？
- 3种土壤样本之间，差异明显吗？什么原因导致了这些差异？
- 根据这些特征和差异，你能够反推出来它们各自的来源地吗？
- 认真观察土壤样本，你还有其他新发现吗？

表6–2　土壤样本显微观测信息记录

编号				
采样时间				
采样地点				
采集人				
土壤样品信息	粒径分布	颗粒结构	颗粒颜色	非矿物成分
	□ 粒径均一程度：________ □ 颗粒离散程度：________ □ 粒径大小估算：________ 其他：________	□ 光滑 □ 粗糙 □ 球形 □ 长形 □ 锯齿状 □ 无定形 其他：________	□ 透明 □ 半透明 □ 不透明 □ 颜色一致 □ 颜色不一致 □ 颜色种类：________ 其他：________	□ 塑料 □ 金属 □ 玻璃 □ 花粉 其他：________
我的新发现				

第7课

“蛛丝马迹”追踪探秘

核心问题

- 常用于分析微量物证的现代化仪器有哪些？
- 你了解它们的分析原理吗？

关键术语

- 显微镜
- 分光光度仪
- 液相色谱仪
- 核磁共振仪
- 气相色谱仪
- 质谱仪
- 燃烧测试
- 位移法

背景与目标

无论犯罪嫌疑人走到哪里，无论他们接触到什么，无论他们留下什么，不管他们考虑得多么周全、多么巧妙，他们都必将遗留下证据！如指纹、血迹、毛发、纤维、油漆、玻璃、土壤等，就连不起眼的灰尘都将发挥出与其体积不相称的非常重要的作用。即便微量物证难以发现，但只要方法得当，必然能将隐匿至深的它们巧妙呈现。本节课，将带领你走进神奇的微量物证鉴识领域，了解现代化的鉴证技术，并通过实验体验微量物证鉴识的科学之妙。

学习领域

分析科学。

建议时间

90分钟。

学习任务

认识和了解现代分析科学技术，感受新技术对法庭科学发展的推动作用。同时，从纤维、玻璃物证的简易化分析实验中，体会微量物证鉴识的方法与意义。

一、经典案例回顾

铜钱究竟是谁的?

清朝康熙年间，有一位屠夫和一位盲人因为铜钱扭打在一起，争执不下，于是一同前往县衙状告说理。屠夫非常气愤地禀告说:“大人，这个人偷了我放在箩筐里的铜钱。”盲人连忙否认说:“这个屠夫是故意欺负我，想抢我的钱。”

面对此情景，只见县衙里的判官，不慌不忙地端来一盆清水，将铜钱扔在水里。即刻，水面上就浮起了油花，这时判官义正词严地说："钱是屠夫的！"

由于屠夫经常与油接触，手上有油，拿铜钱时油必然留在铜钱上，而盲人手上无油，油不溶于水，而浮于水面，因此判官得出上述结论。

办公室被盗"疑云"

1989年2月22日，江中市电子元件厂财会室及厂长室被盗。现场勘查员从办公桌上提取到了犯罪嫌疑人遗留下来的撬压痕迹附着物，同时提取了办公桌上的空白处做空白对照。侦查部门还送检了犯罪嫌疑人的一把锉刀和对照环氧树脂，刑技人员利用发射光谱仪对送检的检材进行分析检验。

检验结果表明：犯罪嫌疑人的锉刀手柄上的附着物与被盗办公桌上压痕的附着物，两者的有机成分和无机成分相同，均为环氧树脂且所接触的污染环境相同。这一检验结果为侦查部门提供了重要线索，证实了犯罪嫌疑人正是利用锉刀手柄撬压作案的。

思考与探究

以上两起案件中，古代和现代的司法人员基于证据的断案方式有何不同？

显然，现代司法人员所采用的分析鉴定技术与方法更加高效、科学与精准。毋庸置疑，现代分析技术对法庭科学工作发挥着不可替代的支撑作用，尤其是在对犯罪现场微量物证的司法实践中，现代分析技术将洛卡德物质交换原理展现得淋漓尽致，让犯罪行为人无处遁形，让公平正义得以伸张。

进一步探究

在本课第二个案例中，现场勘查员发现的关键证据是什么？刑技人员又采用了什么方法让犯罪嫌疑人供认不讳？

在此案中，现场勘查员通过缜密探查，提取到了"撬压痕迹附着物——环氧树脂"。随后，刑技人员运用发射光谱仪，对犯罪嫌疑人锉刀手柄上的附着物与被盗办公桌上压痕的附着物进行了同一认定，由此让犯罪嫌疑人哑口无言。

通常，现场勘查员采样工作结束之后，现场样本就会被送到法庭科学实验室，由法庭科学家对检材进行全面的确认和识别，例如，可以先从宏观角度分别测量它们的比重、密度、硬度或者pH等指标。然后，经过对这些物质的特性进行评估之后，对其“量体裁衣”，选择适宜的仪器和方法进行科学鉴识。

常见的现代分析仪器如下：

- 固体物证：普通显微镜、折射率仪、扫描电子显微镜、X射线分析仪等。
- 液态物证：分光光度仪、液相色谱仪、核磁共振仪等。
- 气态物证：气相色谱仪、质谱仪等。

目前，一大批先进、快速、定量化的现代分析仪器已被法庭科学研究领域广泛采用，这使得法庭科学家如虎添翼，让狡猾的犯罪嫌疑人插翅难逃！

二、任务执行与反思

第一项任务：纤维的燃烧测试

发布任务

无论走到哪里，你衣服上的纤维都会有所残留，你可以从家具、地毯、汽车座椅和其他你接触到的地方收集到纤维。法庭科学家仔细检查在犯罪现场发现的纤维，可以帮助识别犯罪嫌疑人或受害者，并追踪其行踪。由于不同纤维对火的反应不同，法庭科学家识别纤维的方法之一就是观察它们是如何燃烧的（表7–1）。

表7–1　不同类型的纤维及其燃烧特性

序号	类　型	可燃性	气味特性
1	动物纤维	容易燃烧	类似氨气或头发烧焦的气味
2	植物纤维	容易燃烧	类似纸张燃烧的气味
3	人造纤维	燃烧时融化	塑料燃烧的刺鼻气味
4	矿物纤维	不会燃烧	没有任何气味

请你召集并组建一个3～5人的小组，准备一些不同材质的旧衣物，并从这些衣物上择选些许纤维材料。随后，请运用这些材料模拟布置一个小型的犯罪现场。通过纤维燃烧测试，对模拟现场中的纤维样本与旧衣物进行同一认定。

材料准备：羊毛、棉花、人造丝、聚酯纤维、镊子、白色A4纸、彩纸、铅笔、放大镜、显微镜、载玻片、盖玻片、蜡烛、火柴、一碗水、护目镜。

执行任务

安全提示：请务必在监护人看护下进行操作，并在安全的室外场所进行测试。

请你们认真思考下列问题，并完成任务单（表7–2）。

表7–2　纤维样本燃烧实验现象记录

编号：______

项目		现象
步骤	第1步：靠近火焰	□ 燃烧　□ 卷曲　□ 融化 其他：______
	第2步：接触火焰	□ 立即燃烧　□ 缓慢燃烧　□ 不燃烧 □ 快速燃烧　□ 慢速燃烧 □ 火焰平滑　□ 火焰溅射 其他：______
	第3步：离开火焰	□ 继续燃烧　□ 熄灭 □ 火焰开放　□ 火焰低沉 其他：______
气味描述		
纤维类型推测		
其他说明		

• 用镊子将其中1根纤维样本固定在蜡烛的火焰附近，但不要直接放在火焰中，观察发生的现象。纤维会燃烧、卷曲或融化吗？

• 如果你把纤维移动到蜡烛的火焰里会发生什么？它会有什么反应？它燃烧得慢还是快？（注意：千万不要把你的手或镊子直接放在火焰上面！）

• 从火焰上移除纤维，它是立即熄灭，还是继续燃烧？如果燃烧，有气味吗？它的形态是怎样的？看起来像什么？它的灰烬是什么样的？

实践探讨

小组完成全部任务后，请你带领小组成员围绕以下问题进行探究与讨论：

- 不同类型的纤维在燃烧测试中的现象有什么不同？
- 合成纤维和天然纤维有什么区别？
- 你如何利用这些观察结果来确定犯罪现场的未知纤维？

第二项任务：使用位移法求算玻璃样本的密度

发布任务

请你和小组成员到室外，布置一个室外交通肇事案发现场，在恰当的地方摆放一些事先准备好的车窗及车灯的碎玻璃残片，模拟犯罪嫌疑人驾驶车辆时造成车辆的损伤情形。请你认定该肇事现场共涉及几种不同的玻璃类型。

材料准备：纸张、记号笔、玻璃样本（如有机玻璃、车灯玻璃、反光镜玻璃等）、滴管、量筒、电子天平。

执行任务

不同类型的玻璃具有不同的物理性质，这使得法庭科学家能够区分不同类型和来源的玻璃。他们可以测量玻璃的物理特性来帮助识别和匹配。常见的测试是测试玻璃的密度。因为有同一来源的两块玻璃会有相同的密度。

首先，用电子天平称量样本的质量。那么，体积该如何测量？密度是质量除以体积。你可以通过观察样本排出水的量来测算其体积。先在量筒中加入10 mL水，然后加入玻璃样本。如果10 mL的水没有没过样本，可再加入一定量水，直至没过样本。读取此时液面读数X mL。计算玻璃样本的体积：体积（V）= X mL − 10 mL，并计算样本密度。

请你们认真思考下列问题，并完成任务单（表7–3）。

- 如果水的密度是1.0 g/mL，与水相比，样品的密度是高还是低？
- 哪些样本有相似的密度？最大的不同是什么？

表 7–3　位移法测定并计算密度

编　号	质量 /g	初始读数 /mL	最终读数 /mL	密度 / (g/mL)
示例	10.0	10.0	12.5	4.0
1				
2				
3				
……				

实践探讨

小组完成全部任务后，请你带领小组成员围绕以下问题进行探究与讨论：

- 当玻璃材质相同、大小不同时，计算的密度是否一致？
- 更换为玻璃材质之外的物证，结果是怎样的？例如，陶瓷、硬塑料或碎石块等。

侦查学家

中国的“福尔摩斯”：“七一勋章”获得者崔道植

2019年，全国离退休干部先进集体和先进个人表彰大会上，85岁的崔道植受到习近平总书记的亲切会见，并作为受表彰代表发言。崔道植激动地说：“我一定不忘初心、牢记使命！”如今，崔道植是为数不多依然保持良好工作状态的“志愿军老战士”，他的工作历程见证了什么才是“真正的战士”——甘肃白银杀人案等一大批轰动全国的大案要案被破获的背后，都有他那清瘦的身影。正是这个清瘦的身影，有着普通刑警难以企及的张力，在数千起刑事案件鉴定中无一差错，从而撕下了一张又一张罪恶画皮。

崔道植，朝鲜族，1934年6月生，吉林梅河口人，黑龙江省公安厅刑事技术处原正处级侦查员。崔道植于1951年参加中国人民志愿军，1953年12月加入中国共产党。“我热爱自己的工作岗位，上级给我的一切工作，我都是热爱的，因为这是人民给我的……”崔道植在入党申请书上是这样写的，随后的岁月里也是这样做的。1955年，崔道植转业至黑龙江省公安厅，凭借忘我的工作精神，他从普通的刑事技术人员，逐步成长为刑事技术处处长、公安部首批特邀刑侦专家。甘肃白银杀人案、张君特大系列抢劫杀人案、白宝山袭军袭警案……一系列轰动全国的重大案件，在他的参与下成功侦破。1981年以来，崔道植在枪弹痕迹检采方面撰写了一系列论文，完成手印、足迹、枪弹痕迹等7项科研课题，开创了“指甲同一认定”“牙痕同一认定”的先河，研发现场痕迹物证图像处理、枪弹痕迹自动识别系统，填补国内多项技术空白。

“只要我的眼能看、腿能动，我就要为党的刑侦事业工作到最后一刻！”80多岁高龄的崔道植仍忘我工作，参与破获久侦未破的系列案件，整理枪弹检验教材课件，为全国同行提供参考借鉴。崔道植荣获“全国公安系统一级英雄模范”“全国离退休干部先进个人”等称号。在庆祝中国共产党成立100周年“七一勋章”颁授仪式上，习近平总书记亲自向他颁授勋章。

例如，1996年3月至1997年8月，刚出狱不久的白宝山在北京、河北、新疆等地袭击军警，先后抢劫枪支3支，打死军警和无辜群众15人，抢劫人民币140多万元。2000年12月9日，河南省郑州市，4名蒙面歹徒冲入郑州市某银行，用炸药炸开柜台的防弹玻璃后，当场抢走200多万元现金。2002年1月8日，黑龙江一对母子被害，现场只留下一枚不完整的血指印和一件血衣，因为缺乏证据，案件拖了5年才得以告破。这些骇人听闻的案件，都曾闹得人心惶惶，而这些案件真相的揭开，都离不开同一个人的付出——“七一勋章”获得者崔道植。

看痕知枪，观弹识人。在新中国公安刑侦事业中，“崔道植”三个字就是一个传奇。他是我国首席枪弹痕迹鉴定专家，被誉为中国的“福尔摩斯”、警界的“定海神针”。

学习单元4 DNA证据

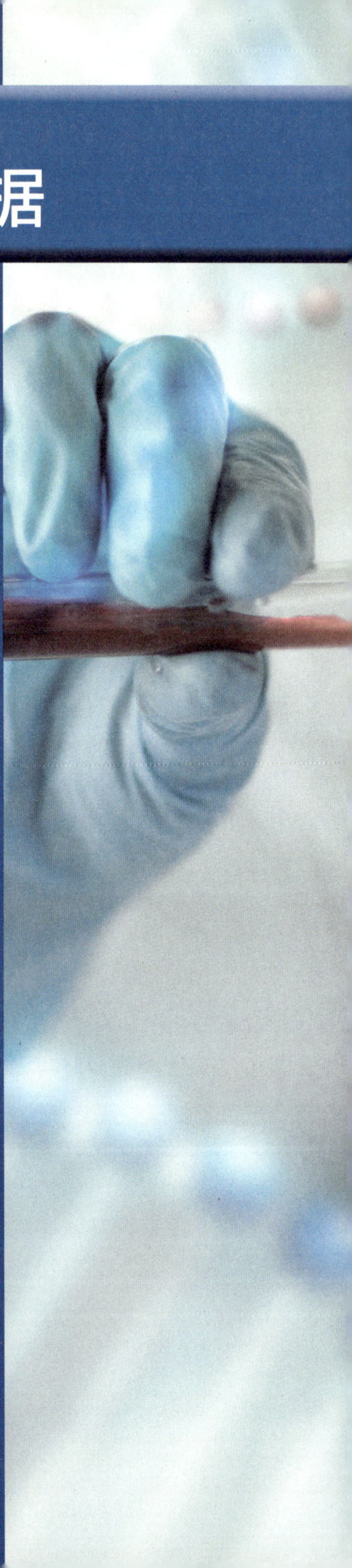

单元概要

DNA证据以其独特的科学性、精确性和排他性，为证据甄别、身份确认、犯罪嫌疑人锁定和案件侦破提供强有力的技术支撑。

◎ 第8课

本课主旨

DNA鉴定技术可以根据遗传规律和个体的特异性特点，进行个体同一性鉴定。

◎ 第9课

本课主旨

当勘查人员发现犯罪嫌疑人时，通常会获取犯罪嫌疑人的DNA样本并将其与现场DNA证据进行比较。

◎ 第10课

本课主旨

利用DNA遗传多态性，对DNA序列进行分型比对，进行个体身份识别。

你知道吗?

细胞核DNA被喻为“生命蓝图”。

但凡有可能与身体发生接触的物品都是DNA证据的来源。

遗传多态性有“长度多态性”和“序列多态性”之分。

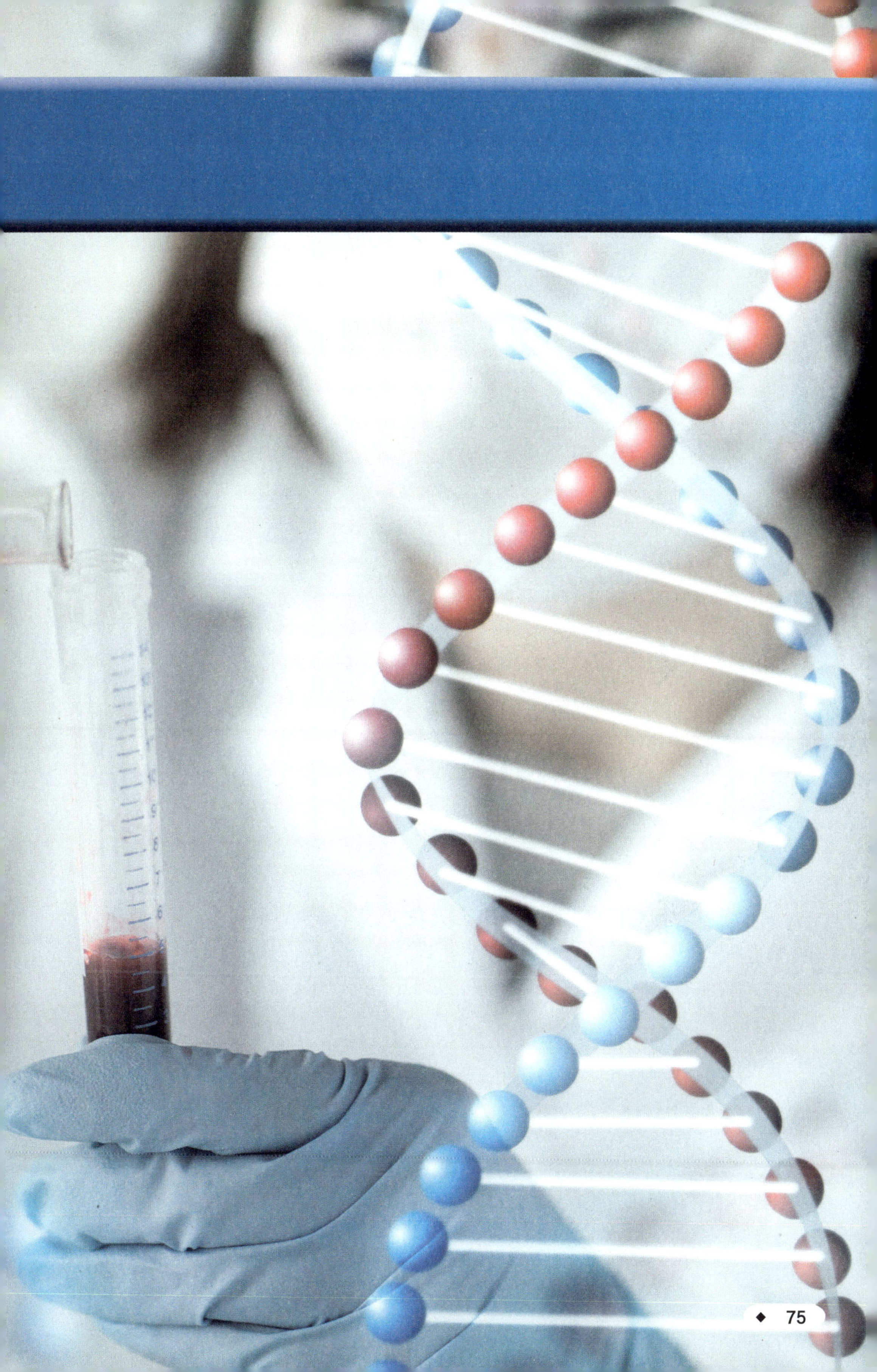

向先进科技领域进军

开学一段时间以来，睿奇已经在法庭科学课堂上，通过研修与实操，掌握了大量的法庭科学常识和本领。从指纹提取，到各种痕迹分析，从洛卡德物质交换原理，再到各种微量物证的鉴识，每一节课睿奇都踊跃发言与思考，每一个“犯罪现场”里都闪现着他积极体验和探索的身影。他总会快速找到细微的物证，仔细冷静地推理出线索。法瑞老师总夸睿奇热爱思考、机智聪慧。每次受到夸赞时，睿奇的内心真是比吃了他最爱吃的棉花糖还甜。他更加喜欢阅读了，家里书房中堆放的书籍也越来越多，因为他深深地认识到：法庭科学是一门包罗万象的交叉学科，要想逮捕罪犯，必须竭尽一切可能、突破一切困难。

从睿奇勤学好问的态度里，身边的老师们发现，他在学习上，有着使不完的劲头。

“法瑞老师，自从上次协助张叔叔家抓贼，小区里面的邻居们都认识我了，哈哈哈。”睿奇的脸上写满了自豪与兴奋。他憧憬着自己能成为大侦探，除暴安良，为社会的安宁做出贡献呢！

“哈哈，别得意太早。我们的课程才刚刚开始呢！”法瑞老师调皮地向睿奇眨眨眼，补充说道：“其实，你距离大侦探的目标，还远着呢！”

“什么？还远着？”睿奇嘟哝起小嘴，略微收敛住了骄傲的神色，显得有些不服气。

“那你知道，当今的证据之王是什么吗？”法瑞老师偏着头，微笑地看着睿奇。

“证据之王，难道不是指纹吗？我们每个人的指纹都是不一样的嘛！这一定是很好的证据！”睿奇觉得这个问题毫无难度，他双手随意地摊开，一副毫不在意的模样。

“哈哈，指纹是证据之首，但真正的证据之王可不是它啊！”法瑞老师早已料到过早高兴的睿奇一定会“中计”，轻轻弹了一下睿奇的小脑门，笑道：“来吧，接下来的课程里，我要带领你们向先进科技领域进军，让你们感受到法庭科学的神奇所在！”

睿奇不好意思地挠挠头，脸上少了些傲气，多了丝惭愧，有了更多的兴趣，“法瑞老师，您快快开始今天的课程吧！我都要等不及了解这神秘的证据之王了呢！”他迅速奔向座位，打开笔记本，竖起耳朵认真听了起来……

第8课

司法界的“证据之王”

核心问题

- 为什么DNA证据堪称司法界的“证据之王”？
- 司法实践中如何发挥DNA证据卓越的物证价值？

关键术语

- DNA证据
- 双螺旋结构
- 碱基对
- 核苷酸
- 半保留复制机制
- 遗传中心法则
- 基因
- 基因座
- 等位基因
- 人类基因组计划

背景与目标

早在20世纪80年代，随着DNA鉴定技术的发展，DNA分型技术以其独特的科学性、精确性和排他性，越来越广泛地被运用于司法鉴定中，为证据甄别、身份确认、犯罪嫌疑人锁定和案件侦破提供了强有力的技术支撑。本节课，你能够由浅入深、循序渐进地学习DNA领域的知识，科学地审视和理解DNA在法庭科学领域的卓越贡献。

学习领域

遗传学。

建议时间

90分钟。

学习任务

DNA证据被誉为司法领域的“证据之王”，它有什么非凡之处？法庭科学家又是如何鉴识它的呢？本节课，你将通过理论学习和探究体验，掌握DNA在同一认定和司法实践中的理论基础。

一、经典案例回顾

震惊全球的美国“9·11”恐怖袭击事件

2001年，美国“9·11”恐怖袭击事件造成死亡及失踪的人员多达3 000余人，其中只有不到300名死者的遗体是完整的。警方从世界贸易中心的废墟中共挖掘出21 817块遗体残骸，DNA检验人员对其中的12 811块尸块进行了DNA检验，然后通过与“9·11”恐怖袭击事件中疑似死难者家属的DNA样本进行比对，来确定死者身份。

这一工作的艰巨性远超人们的预料，技术人员在检验过程中曾发现有200

多块残骸最终都属于同一具尸体。据美国广播公司2011年5月报道，在身份已经得到确认的1 630名遇难者中，有881人的身份仅通过DNA检测就能得以确认。

思考与探究

为什么DNA可以成为法庭证据？

自1869年弗雷德里希·米歇尔分离出DNA，到1953年美国的沃森和英国的克里克提出DNA双螺旋结构的分子模型，再到1967年，遗传密码全部被破解，以及现代的DNA重组修复，人类对DNA的认知程度不断深入。

DNA鉴定技术可以根据遗传规律和个体的特异性特点，进行个体同一性鉴定，直接认定有关当事人，成为打击犯罪活动的重要手段。尤其在侦破暴力案件和疑难案件中，从现场遗留的各种生物检材（如血迹、精斑、混合斑、唾液、骨骼等）中都可提取到DNA，分析其多态性，与犯罪嫌疑人进行同一认定，可显著缩小侦查范围、大大提高破案效率，并为案件破获提供科学、准确、权威的证据。

目前，随着所发现的DNA多态位点越来越多，分析技术愈加精巧简便、快速准确。大多数国家和地区已应用DNA分析技术办案，帮助破获多种刑事案件，以及亲子鉴定、性别鉴定、交通事故鉴定等。如今，DNA鉴定在社会中的应用也越发广泛，在遗传疾病问题、传染病毒防治等方面大显身手。

进一步探究

查阅资料，你能利用所学的生物学知识绘制一份DNA双螺旋模型吗？

以“螺旋楼梯”为例，有许多横着的“台阶”将梯子两侧的螺杆彼此相连，每个台阶都是由两个互补的部分组成，它们紧密地连接在一起。在法庭科学领域，DNA两侧的螺杆并不重要，因为这是人人都有且一模一样的地方。值得关注的地方在于“台阶”。因为每一个“台阶”都是由两个碱基或核苷酸组成的，所以每个“台阶”由一对碱基对组成，而由于每个人的个体差异，“螺旋楼梯”里面所包含的台阶编码是不一样的。

一共有四个碱基可以相互配对，两两形成一个“台阶”，这四个碱基分别是腺嘌呤（Adenine，A）、鸟嘌呤（Guanine，G）、胞嘧啶（Cytosine，C）和胸腺嘧啶（Thymine，T）。由于不同碱基自身结构的影响，并不是任意两个碱基都可以结合，只有某些碱基才能相互配对。例如，A只能与T结合；而G只能与C结合。同样的原因，碱基更不能自己与自己配对结合。人体的一条DNA链包含数百万个碱基对，每一个碱基对都遵守着这个规则。

细胞核DNA被喻为“生命蓝图”，它所包含的指令和编码信息，可以指导建构细胞内其他化合物的合成，如蛋白质、核糖核酸（RNA，Ribonucleic Acid）。因此，DNA可以被看作所有生物化学分子中最基本的一类分子，影响个体的生命进程。同时，通过DNA半保留复制机制将这些信息代代相传。

表8-1呈现了人类不同生物特征在司法鉴定实践中的证据属性比较。法庭科学家从DNA、指纹、声纹证据等，到气味、视网膜证据等，逐一研究和比较了它们在唯一性、稳定性、准确性、普遍性、方便性、防伪性等方面所具有的不同鉴定效力。

表8-1　人体不同生物特征比较

生物特征	唯一性	稳定性	准确性	普遍性	方便性	防伪性
DNA	高	高	高	高	低	低
指纹	高	高	高	中	中	高
声纹	低	低	低	中	中	低
面像	低	中	低	高	高	低
虹膜	高	高	高	高	中	高
笔迹	中	中	中	中	高	中
掌纹	中	中	中	高	中	高
耳形	中	高	中	中	中	中
气味	高	高	低	高	低	低
视网膜	高	中	高	高	低	高

- **比较**　请对表8-1所列的生物特征进行横向和纵向的比较，你发现了什么？

- **解释** 为什么不同的生物特征之间具有相同程度或不同程度的属性差异？
- **判定** 哪些生物特征更有利于同一认定？哪些不利于同一认定？

二、任务执行与反思

细胞核DNA双螺旋模型的制作

发布任务

细胞核DNA双螺旋结构的提出揭示了“生命之谜”，为了更加深入地理解双螺旋的结构与功能，请你召集并组建一个3～5人的小组，充分利用身边的简易材料，搭建出一个DNA双螺旋平面模型，然后通过扭动“核苷酸双链”，使之能够呈现出三维空间模型来，比一比你们谁制作得更准确、更完美。

材料准备：卡纸（制作碱基、磷酸）、A4纸（制作脱氧核糖）、订书机（连接氢键、磷酸二酯键）、矿泉水或饮料瓶盖（圆形模具）、铁丝（如果没有适合的，可以不用）、透明胶、剪刀、铅笔、橡皮、直尺、彩笔。

执行任务

执行任务时，请你依照评价量规对小组行动进行评价（表8–2），评估每位组员在单位时间内完成作品的品质，并赋予作品相应的等级。同时思考以下问题。

表8–2 细胞核DNA双螺旋模型作品评价量规

维度	标准				
	A等级	B等级	C等级	D等级	E等级
碱基对数量	9～10对	7～8对	5～6对	3～4对	2对及以下
核糖与磷酸基团配对数量	18～20对	14～16对	10～12对	6～8对	4对及以下
双链完整程度评价	完整	大部分完整	部分完整	小部分	不完整

（续 表）

维 度	标 准				
	A 等级	B 等级	C 等级	D 等级	E 等级
作品美观程度评价	非常美观	大部分美观	部分美观	小部分美观	不美观

- 什么是细胞核DNA？它与线粒体DNA有什么差异？
- 细胞核DNA分子由两条核苷酸组成，每条核苷酸由什么分子组成？
- 在细胞核DNA中，为什么腺嘌呤能与胸腺嘧啶配对，而不是与鸟嘌呤？

实践探讨

小组完成全部任务后，请你带领小组成员围绕以下问题进行探究与讨论：

- 什么是遗传中心法则？
- 基因、基因座、等位基因分别是什么？
- 遗传疾病与DNA有关吗？为什么？
- 你了解“人类基因组计划”吗？查阅资料，向组员汇报你对该计划的理解和认识。

学科链接

遗传学

遗传学（Genetics）是自然科学领域中探究生物遗传和变异规律的科学。它主要研究基因的结构、功能，以及其变异、传递和表达规律。遗传学的研究范围包括遗传物质的本质、遗传物质的传递和遗传信息的实现三个方面。现代遗传学的目的是寻求了解整个遗传过程的内在机制。

中国法庭科学DNA数据库

中国法庭科学DNA数据库建设与管理分为国家、省、市三级。该数据库由5个子库、12类信息源组成。（1）现场物证库：储存刑事案件现场物证、非刑事案件现场物证、混合生物物证信息。（2）人员样本库：储存违法犯罪人员（前科人员）、被调查的犯罪嫌疑人及具有特殊意义或职业的群体信息。（3）亲属样本库：储存已失踪人员、失踪人员的血缘亲属等信息。（4）灾害样本库：储存灾害罹难人员及其血缘亲属信息。（5）基础样本库：储存各实验室检验的有明确群体特征的个体遗传信息。同时还预设了一个国际数据交换库，目的是为国际交换构建一个DNA信息转换平台。随着中国法庭科学DNA数据库的建设、发展、完善，DNA数据库信息将为整个社会提供全方位的服务，为全社会所用。

学习为未来生活

“让公众了解DNA”实践项目

1953年，沃森和克里克在英国《自然》杂志发表了DNA双螺旋结构的文章，由此开启了分子生物学时代。时至今日，作为技术的DNA测序不仅仅影响了医学、法医学、农业与食品科学等领域，考古学家也已经将其应用于鉴定几百年乃至上千年的生物遗存。当前，生命科学已经进入了后基因组时代——揭开基因的功能秘密，蛋白质组学、功能基因组学等成为生命科学的热点。

研究表明，虽然近年来DNA概念的普及程度已经大幅提升，但公众对于DNA和遗传学的了解还很不充分，对于该领域与生命健康的关系了解程度也不容乐观。请你和小组成员围绕“社区居民DNA认知程度”进行一次公众科学素养调查，并在调研基础上梳理出公众对DNA理解的不足之处，开展“让公众了解DNA”实践项目，帮助大家深入认识DNA。

- **调查**　设计问卷和访谈，对社区居民开展DNA认知程度调查。
- **研究**　分析不同社区的居民群体在相关领域认知程度的差异。
- **应用**　依据研究结论策划并实施“让公众了解DNA”实践项目。

第9课

让DNA无所遁形

核心问题

- 如何科学地搜寻和捕获DNA证据？
- 如何科学地提取和保存DNA证据？

关键术语

- 采样
- 提取
- 唾液
- 血液
- 汗液
- 尿液
- 毛囊
- 细胞

背景与目标

每个人的DNA都是不同的。从犯罪现场收集的DNA可以把犯罪嫌疑人和证据联系起来。在犯罪现场，DNA可以在唾液、血液、毛囊和其他遗留的犯罪现场的体液或组织中找到，只要仔细勘查，含有DNA的物品是不难被发现的。本节课，你将通过分析研究，学习进一步筛选和确定与犯罪行为关联的物证，体验法庭科学家提取DNA的方法，为锁定犯罪嫌疑人，确定下一步的行动方向和侦查目标奠定基础。

学习领域

生物技术。

建议时间

90分钟。

学习任务

本节课，你将领略到DNA的采集与提取技术，通过DNA样本采集与提取实践，体验DNA鉴定前期的工作步骤，感受法庭科学家的工作方法。

一、经典案例回顾

女法医吉林娟巧借蚊子破解犯罪“密码”

2014年6—7月，江苏省滨海县多地发生数起车内财物被盗案。接到报案后，法医吉林娟赶到现场进行勘查。“现场很乱，犯罪嫌疑人留下的痕迹被破坏得很厉害。”吉林娟回忆，但她并没有放弃，几乎是一寸一寸地对现场进行搜索。在勘查即将结束时，被窃车辆挡风玻璃上的一只“死蚊子”进入了吉林娟的视线。

“从当时蚊子的状态看，被打死时间不长，很可能就是在犯罪嫌疑人作案期间。”吉林娟脑海中立即浮现一个大胆的猜想——犯罪嫌疑人正在作案时，这只蚊子狠狠地咬了他一口，而他则恼羞成怒，将蚊子拍死在挡风玻璃上。想到此处，吉林娟立即用棉签提取蚊子体内残留血液，装入了勘查袋。经过DNA检测，吉林娟找到了蚊子体内血液的主人——曹某。而他，就是数起系列砸车盗窃案的犯罪嫌疑人。

思考与探究

女法医吉林娟是通过什么方法将犯罪嫌疑人牢牢锁定的？

吉林娟现场勘查经验颇为丰富，开阔缜密的思维让她敏锐地捕捉到车窗上那只被打死不久的蚊子。在犯罪现场，从血迹中提取DNA证据是一个重要途径。毫无疑问，蚊子体内的血液正是追踪犯罪嫌疑人的绝佳物证。

显然，吉林娟是专业的，她用地道的法医学视角，洞察出常人容易忽略的“蛛丝马迹”，为此案的顺利侦破立下了功劳，实在了不起！

当然，DNA证据搜寻和提取的途径还有很多，例如，犯罪现场的毛发、精斑等人体组织或分泌物都是侦查重点。即便是一个再普通不过的案发现场，如手套、烟头、饮料瓶、头套、润唇膏、眼镜、衬衫、鞋子、唾液、汗液、尿液、面巾纸等，但凡有可能与身体发生接触的物品，都是DNA证据的来源。

学科链接

法医学

法医学（Forensic Medicine）是应用临床医学、生物信息学、药学和其他自然科学理论和技能解决法律问题的循证医学，为侦查犯罪和审理民事或刑事案件提供科学证据。因此，法医学是沟通“法学”与“医学”两个学科门类的桥梁学科。

二、任务执行与反思

提取你自己的DNA

发布任务

当勘查人员发现犯罪嫌疑人时，通常会获取DNA样本并将其与现场DNA证据进行比较。现在，请你召集并组建一个3～5人的小组，每人采集并提取自己的DNA样本，模拟“犯罪嫌疑人”的DNA样本，宏观观察它的外部特征。

材料准备：洗发水、无色透明的运动型饮料、带盖大试管、95%乙醇、量筒、滴管、玻璃棒、一次性纸杯。

执行任务

首先，在纸杯中混合一份洗发水和三份清水，配制出25%的提取试剂。

其次，请你喝一口运动型饮料，含在口腔中不停地晃动至少30秒。之后，把饮料全部吐到一次性纸杯中。此时，你的唾液和口腔中的细胞成分就会溶解在饮料中。

接下来，将部分饮料倒入试管中（液体占试管容积的1/3左右）。往试管中滴加2 mL已配置好的提取试剂，用玻璃棒轻轻地搅拌之后，静置2分钟。

最后，小心地将3 mL 95%乙醇沿着试管壁，缓慢滴加至试管中。

此时，你可以观察到乙醇会浮在提取试剂上层。你可以采用上述方法，多做几次采集操作。

请你们认真思考下列问题，并完成任务单（表9-1）。

表9-1　DNA样本提取观察记录

编　号	宏观描述	备　注
1		
2		
3		
……		

- 什么原因导致乙醇会停留在提取试剂的上层?
- 等待2分钟后，检查试管内容物。你看到乙醇中漂浮的小点或细线了吗?

为了方便观察，你可以用牙签将提取到的DNA证据转移和集中于盛有乙醇的试管中。

实践探讨

小组完成全部任务后，请你带领小组成员围绕以下问题进行探究与讨论：

- 尝试选用不同品牌的洗涤剂或肥皂水，比较一下提取效果有什么不同。
- 你也可以尝试提取植物的DNA，如草莓或白菜等，比较它们的异同。

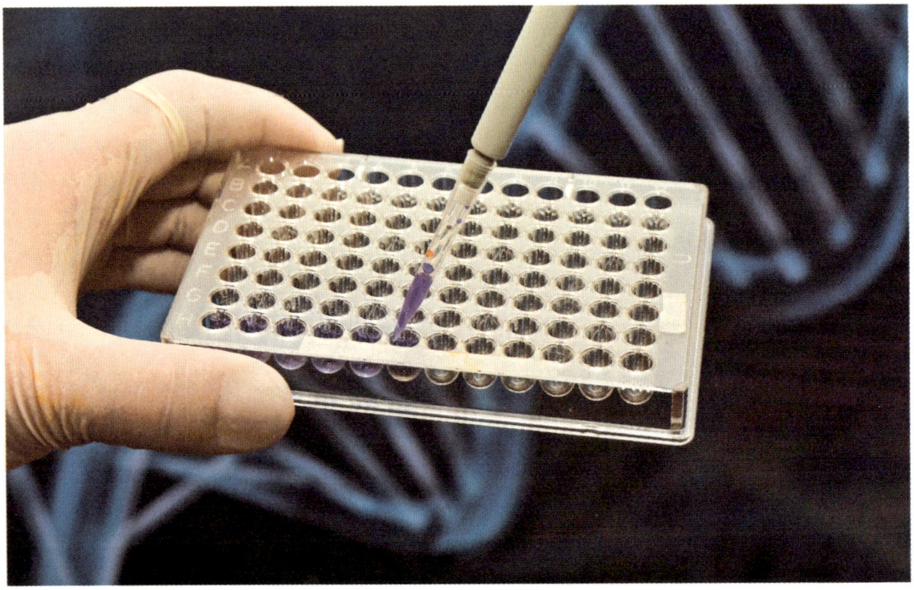

现代化的DNA分型技术

核心问题

- 如何鉴定DNA证据？
- DNA分型技术有哪些？

关键术语

- DNA指纹
- DNA分型
- 限制性片段长度多态性法
- 聚合酶链式反应法
- 遗传多态性
- 长度多态性
- 序列多态性
- 凝胶电泳谱

背景与目标

20世纪80年代，首例DNA证据被成功运用于司法实践，而后迅速走向法庭科学的中心舞台，发挥着它在同一认定方面天然不可比拟的优势。就连各种由于自然原因导致的灾害性事件也少不了DNA证据的身影，如地震、海啸引起的大量人员伤亡等。本节课，你将通过具体实例及探究活动，理解DNA分型技术及现代化的鉴定方法。

学习领域

生物技术。

建议时间

90分钟。

学习任务

通过情境故事，走进犯罪现场，结合DNA分型原理与技术，借助模拟分型结论确定犯罪嫌疑人，深入理解现代DNA鉴定技术的发展及其局限。

一、经典案例回顾

一场载入史册的DNA大通缉

1986年的一天，两名警官敲响亚历克·杰弗里教授实验室的大门，亮出了他们的警徽，其中自称大卫·贝克的警官说："教授，我在报纸上看到您发明了一种DNA指纹鉴定技术。"

亚历克请他们进来，欣慰地一笑："是的。那是两年前的事儿了，我人生中的高光时刻。"

"精液样本可以检测吗？"大卫问。

"可以。血液、唾液、精液都可以提取出DNA以供检测。"

“三年前的精液样本呢？也可以检测吗？”大卫又问。

“只要样本保存得当就没有问题。”亚历克十分肯定地回答，又问：“两位来找我……”

“我们想请你帮忙，抓一个案件的凶手。”

原来前不久，一名叫多恩的15岁少女被人侵害。同一地点三年前还发生过一起手法相同的案件，受害人也是一名15岁的少女，名叫琳达。

警方断定两桩案件的凶手是同一个人。这两桩案件在当地引起了很大轰动，亚历克也有所耳闻。

1987年1月，在亚历克教授的鼎力相助下，一场规模浩大的DNA收集行动开始了。警方向周边地区年龄为17～34岁的男性都发出了号召，请他们提供样本，为破案尽一份力。

收集来的血液样本，先筛查血型，再进行DNA比对。两个多月的时间里，一共收集到4 582名男性的样本，其中有10%符合犯罪嫌疑人的血型，其最终被送往实验室检验DNA。400多份DNA比对是一个无比浩大的工程，检验团队不敢有丝毫怠慢，加班加点地工作。

法网恢恢，疏而不漏！终于比对成功！1987年9月19日，犯罪嫌疑人科林被正式逮捕。

在DNA指纹鉴定技术的帮助下，真凶终落法网，从此这项技术被更多的人知晓，奠定了它在刑侦领域无可撼动的地位。

思考与探究

亚历克·杰弗里教授通过什么技术准确锁定了犯罪嫌疑人？

毋庸置疑，英国莱斯特大学的遗传学家亚历克·杰弗里是“DNA指纹鉴定技术”的开创者。随着1985年他发明的第一代DNA分型技术——限制性片段长度多态性法（Restriction Fragment Length Polymorphism, RFLP），首次被成功运用于上述案例，从而开辟了现代法庭科学的新纪元。

现代DNA分型技术

科学界对DNA证据鉴定技术有一个专门的称谓，叫“DNA分型”。由于不同个体的DNA序列不同，正如它们的指纹不同一样，可以利用DNA的遗传多态性，对DNA序列进行分型比对，这样就可以进行个体身份识别。

第一代DNA分型技术：限制性片段长度多态性法。这正是英国莱斯特大学的遗传学家亚历克·杰弗里首次开展DNA司法鉴定所使用方法。DNA是一种具有长链结构的生物大分子，科学家通过限制性内切酶对DNA样本进行酶切，随后才能得到多态性的DNA序列。这些限制性的DNA片段，它们在数量和长度上是不尽相同的。接下来，科学家通过电泳技术，对这些DNA片段进行分离，从而具有了人身识别的DNA多态性现象。

第二代DNA分型技术：聚合酶链式反应法（Polymerase Chain Reaction, PCR）。目前，在全球，法庭科学家广泛使用的DNA分析方法，是一种叫“聚合酶链式反应”的技术。这种技术可以将特异DNA序列片段在体外进行快速扩增，能在短时间内复制出成百上千的目标DNA序列。

进一步探究

那么，什么是DNA的遗传多态性？

基因类型差异就是通过碱基对序列顺序来实现的，碱基对的序列顺序不同，遗传密码就不同。这些处于相同基因座位置上的等位基因类型差异，就是“遗传多态性”（Genetic Polymorphism）。它有长度多态性（Length Polymorphism）和序列多态性（Sequence Polymorphism）之分。

- DNA长度多态性。在同一个基因座上等位基因之间的DNA片段长度是不一样的，这种差异就是长度多态性。

- DNA序列多态性。这是指在一个基因座上，由于不同个体DNA序列中一个或多个碱基的差异而构成的多态性。

二、任务执行与反思

如何识别DNA凝胶电泳谱

发布任务

今天，法庭科学家进行DNA分析的效率有了很大的提升，许多自动化的分析仪器，在减少了人工干预的同时加快了分析鉴定过程。

现在，假如你在实验室使用第一代DNA分型技术——限制性片段长度多态性法开展工作，请你和组员利用商品条形码，来模拟DNA分型图谱，通过比对现场DNA分型图谱和若干“犯罪嫌疑人”的DNA分型图谱，确定“凶手”吧！

材料准备： 商品条形码若干。

执行任务

安排一位组员，从一系列商品条形码中，选取若干个。其中，2个条形码相同，挑选出其中一个，作为犯罪现场DNA样本的分型图谱，将其余几个条形码随机粘贴在表10–1的框格内。

表10–1　DNA分型图谱的模拟鉴识

现场样本DNA分型图谱	犯罪嫌疑人1	犯罪嫌疑人2	犯罪嫌疑人3	……

注：在匹配的图谱下打“√”。

然后，邀请其他组员对表10–1中的DNA分型图谱进行同一认定。

请你们认真思考下列问题，并完成任务单（表10–1）。

- 什么是DNA指纹鉴定？
- DNA指纹中条带呈现差异的原因是什么？
- 你认为DNA指纹鉴定如何才能有助于破案？
- 有没有两个DNA指纹相同的情况出现？为什么？
- 尝试自行设计DNA分型图谱，增加辨识的难度。

实践探讨

小组完成全部任务后，请你带领小组成员围绕以下问题进行探究与讨论：

- DNA鉴定结论有可能会遭遇失败吗？
- 什么情况之下会遭遇失败呢？

学习为未来生活

“人身安全防范指南”设计

请你和小组成员通过互联网搜索并阅读《南方都市报》的一则专题报道——《南医大杀人案纪实：追凶28年排查上万嫌疑人DNA锁定真凶》，详细分析与梳理此案的来龙去脉，思考此案给我们留下的深刻启示，体会DNA证据在司法实践中的重要价值。

请你带领小组成员交流讨论，探究“避免与预防同类案件发生”的种种可能。

基于你们的调查与研究，设计一份“人身安全防范指南”。

- **分类** 对可能出现危险或紧急情况的不同场合或情境进行分类。
- **研究** 针对不同类别的危险或紧急情况，进行针对性的研究。
- **应用** 依据研究结论提出各种可能的人身安全防范预案及应对策略。
- **迁移** 尝试为未成年人、老年人等不同年龄群体设计人身安全防范指南。

学习单元 5

血液证据

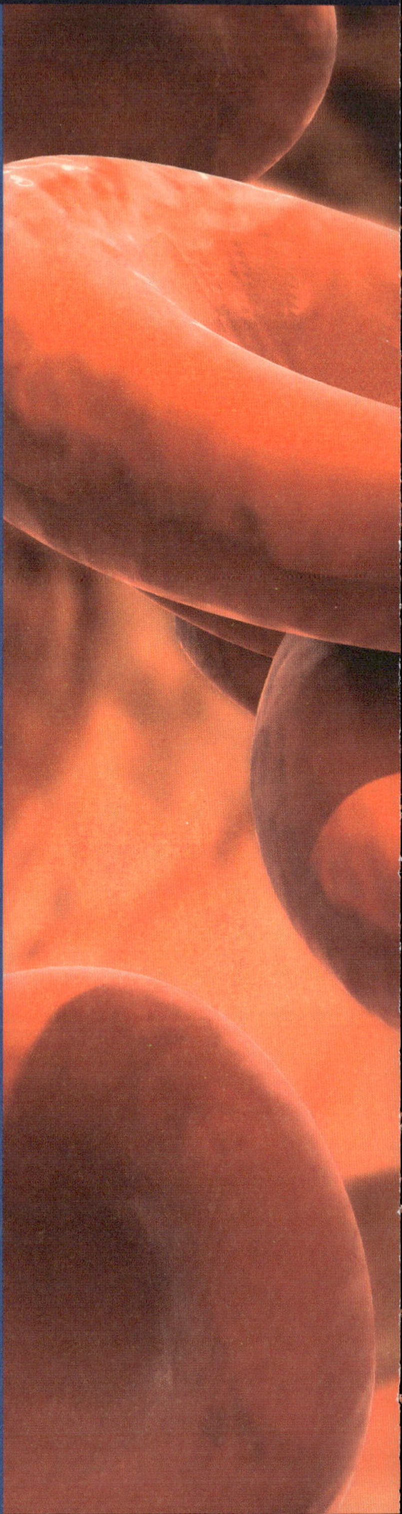

单元概要

对犯罪现场遗留的血迹的种类、数量、分布、范围、排列、高度、颜色、形态等信息进行综合判断，可以局部或者完整地再现案件细节，甚至将整个犯罪过程完全还原。

◎ 第11课

本课主旨

利用血液的生物学特性，对遗留血迹进行种属、血型、性别及DNA同一认定。

◎ 第12课

本课主旨

根据血滴溅落形态的变化，来推测受害人当时的处境以及犯罪嫌疑人实施犯罪的过程。

◎ 第13课

本课主旨

对血液来源及血滴撞击角度做出测量与推断。

你知道吗?

血迹既蕴藏着犯罪行为痕迹信息，又富有大量的法医物证信息，是具有双重特性的证据。

按形态，犯罪现场的血迹可划分为四大类型：滴状血迹、抛射状血迹、撞击状血迹、接触状血迹。

通过实验观察温度、高度、冲击力及其他因素对血迹形状和分布的影响，以获取重建犯罪现场的有用信息。

一则著名案件的讨论

此前，睿奇一直想了解更多关于“DNA证据”的学习内容，虽然阅读了大量的课外读物，但他也没有完全搞明白。DNA证据的工作原理，是他心头一直萦绕着一个谜团。他百思不得其解，但科学探究钻研精神促使他继续思考下去。

现在，睿奇完成了有关DNA证据的3个主题学习之后，终于拨云见日、豁然开朗了。睿奇一边清洗着试管，一边若有所思。他的眼睛呆呆地望着窗外的树木，脸上露出了一丝满足的微笑：“要知道，这可是当今法庭科学领域研究的热点啊！”此时的睿奇，已经向法庭科学领域的学习方面跨越了一大步，仿佛掌握了法庭科学领域最尖端的科学方法，即将成为一名真正的法庭科学家！

“DNA证据虽然是关键，可一个名副其实的法庭科学家，离开它，仅凭血迹，也照样能破案！”法瑞老师拍拍睿奇的肩，提醒道，“该从梦里回来啦！”他看到睿奇不断冲洗同一个试管，好像溜了神儿，似乎明白了他的心思。

“如果仅凭现场的血迹，不借助DNA，照样能破案？法瑞老师，您不是在开玩笑吧？”听到老师的提点，睿奇一下子回过了神儿，连忙关掉水龙头，放下了手中的试管。

“那么请你到我的办公桌前来，我给你看一个了不起的破案故事！”法瑞老师说完，领着睿奇走进办公室，来到电脑前。法瑞老师打开他的电脑，只见屏幕上闪现出一个令人惊悚、格外巨大的标题：夏威夷警长杀妻案。

“警长杀妻？”睿奇大吃一惊，眼神中闪过一丝惊恐。

“没错，这可是一起曾经震惊全美的案件！”法瑞老师肯定了这个事件的真实性，严肃地答道，“在这次案件中，著名的华裔神探李昌钰博士，仅凭血迹证据就将罪犯绳之以法！”

“那太了不起了！请您快告诉我，李博士到底是怎么做到的？”睿奇顿时来了兴趣。他不由自主地竖起大拇指点赞，并且坐得十分端正，全神贯注。像往常一样，睿奇再一次发动起他的思维马达，为解决一个又一个难题，成为真正的法庭科学家而努力着。

“那你仔细听哦！掌握了这些有用的知识，我相信，终有一天你会成为像李博士一样的神探！”法瑞老师说出了他对未来小小法庭科学家的殷切期待。

第11课

滴血认亲，可否？

核心问题

- 为什么说血迹是具有双重特性的证据？
- 古人采用的“滴血认亲”有科学意义吗？

关键术语

- 血迹形态
- 血液类型
- 血清
- 凝集现象
- 红细胞
- 抗原
- 抗体
- 血型频率

背景与目标

在暴力犯罪现场，尤其是在命案现场，血迹是一种司空见惯的痕迹类型。这是一种特殊的痕迹，一名经验丰富的现场勘查员，常常能通过辨识血迹的形态，客观地描述出案件发生的过程，因为“血迹”天生就是一位出色的犯罪行为“记录者”。

同时，法庭科学家通常还可以利用血液的生物学特性，对遗留血迹进行种属、血型、性别及DNA方面的同一认定。所以，血迹既蕴藏着犯罪行为痕迹信息，又富有大量的法医物证信息，是具有双重特性的证据。本节课，将带领你走近血迹形态分析领域，认识血迹的双重身份及其所发挥出的巨大破案价值。

学习领域

血清学。

建议时间

90分钟。

学习任务

20世纪之前，法庭科学家还没有能力将血液类型与犯罪联系起来。血型信息将如何帮助我们进行破案呢？本节课，你将学习法医血清学的基础理论，在活动中掌握破案要领。

一、经典案例回顾

滴 血 认 亲

据史料记载，我国是世界上最早利用血液进行司法评判的国家。你听说过“滴血认亲”吗？没错，在一些描写我国古代生活情节的影视作品中，这样的场面不在少数。

说到“滴血认亲”，这种技术可以追溯到三国时期，当时只是一种民间流传的检验方法。到了宋代，“滴血认亲”被《洗冤集录》等古代的法医学著作收录其中，此后便成为当时的司法机构判断亲属之间血缘关系的主要途径。甚至到了中华民国时期，还有司法人员将这一方法当作诉讼案件中的重要评判部分。这种方法操作起来很简单：先拿一个盛了清水的碗，从需要检验的两个人身上各取一滴血，然后滴入碗中，两滴血相融则说明这两个人有血缘关系，不相融则证明没有血缘关系。

思考与探究

古人所采用的“滴血认亲”真的靠谱吗?

解答这个问题，就要追溯到20世纪初奥地利病理学家卡尔·兰茨泰纳所开展的研究工作。1901年，兰茨泰纳根据人体红细胞与他人的血清混合后有的发生凝集，而有的不发生凝集的现象，发现人类血液中存在不同血型。这一了不起的发现，让输血救人不再充满危险，大大提高了输血的安全性。

人类的血型通常是指ABO血型，即A、B、AB和O四种类型，这是根据血红细胞表面ABH抗原进行分类的（表11-1）。特定血型的血，对应红细胞膜上特定的抗原，同时，血清中含有不同类型的抗体。

表11-1　四种血型的特性

血型	红细胞膜上的抗原	血清中的抗体	人群中出现的概率
A型	A	B	40%～42%
B型	B	A	10%～12%
AB型	A、B	A、B都不存在	3%～5%
O型	A、B都不存在	A、B都存在	43%～45%

红细胞膜上只有A抗原的为A型血，血清中有B抗体；红细胞膜上只有B抗原的为B型血，血清中有A抗体；红细胞膜上同时有A、B两种抗原的为AB型血，血清中无A、B抗体；红细胞膜上只有H抗原为O型血，血清中同时有A、B抗体。同类型的抗原、

抗体可以结合，使红细胞由于质量增加而沉积下来。

如果一滴A型血与一滴B型血混在一起，A型血红细胞结合B型血中的A抗体而沉淀，B型血红细胞也会结合A型血中的B抗体而沉淀，这样便会产生很多沉淀性颗粒，会发生红细胞凝聚和溶血，这就是不同血型的血混合会产生沉淀的原理。一旦出现沉淀性颗粒，表现为不能融合，这种现象只会发生在不同血型的血混合时。而相同血型的两滴血，红细胞的抗原不会结合抗体，就可以融合而不发生沉淀。

由于即便是亲生的，孩子的血型与父母的也可能不同。因此，在“滴血认亲”过程中，也可能出现子女与父母血液不相融的情况。至此，答案就不言而喻了。

进一步探究

那么，血型信息将如何帮助我们破案呢？

假设法庭科学家已确定犯罪现场血液样本为A型血，我们的侦查范围就大大缩小了，因为只有大约40%的人是A型血，而具有AB型血的人则更少，在人群中出现的概率仅为3%～5%，所以，确认犯罪现场遗留血迹的血型，有利于犯罪嫌疑人的排查和筛选。

二、任务执行与反思

是血液？还是番茄酱？

发布任务

血液可以看起来像许多不同的物质，特别是当样本很少、干燥、污迹或混合了其他物质时。法庭科学家经常通过简单快速的筛选测试，来确定样本是不是血液。如果检测结果是阳性则证明为血液，证据将被送到犯罪实验室，在那里科学家可进一步分析血液和DNA样本。如果样本被证明不是血液，就需要更详细的测试来揭示其成分。

请你召集并组建一个3～5人的小组，布置一个小型犯罪现场。请一位组员将准备好的模拟血迹事先布置在现场中。然后请你和组员们对模拟血液样本进行检测，以确认模拟犯罪现场中的红色痕迹是否为血痕。

材料准备：红色水彩颜料、番茄酱、新鲜猪血、尿隐血检测试纸若干、白色A4纸若干、记号笔、纯净水、橡胶手套、棉拭子。

执行任务

用棉拭子蘸取少许你要检测的物质，并将棉拭子按压在尿隐血检测试纸检测端几秒钟，观察并记录颜色变化。对每个样本都做同样的处理。

请你们认真思考下列问题，并完成任务单（表11-2）。

表11-2 犯罪现场血迹鉴定

编号	现场描述	测试结果		备注
		阴性（－）	阳性（＋）	
1				
2				
3				
……				

- 哪些物质检测呈阳性反应？
- 哪些物质检测呈阴性反应？比较你的结果和你的预测。
- 有没有什么测试结果是假阳性的？

实践探讨

小组完成全部任务后，请你带领小组成员围绕以下问题进行探究与讨论：可以尝试用水或其他液体稀释模拟血液样本，对稀释样本进行逐一检测。

- 稀释到什么程度就不能被检测出成分？
- 如果物质变干，会发生什么？

- 如果你用湿棉签擦干血渍，尿隐血检测试纸是否呈阳性？

学科链接

法医血清学

法医血清学（Forensic Serology）是一门以法医物证为研究对象，以提供科学证据为主要目的，研究应用科技手段解决案件中与人体有关的生物检材鉴定的一门科学，是主要解决个人识别及亲权鉴定两大问题的学科，主要采用的方法包括：(1)物理学方法；(2)化学方法；(3)形态学方法；(4)免疫血清学方法；(5)生物化学方法；(6)电子计算机技术；(7)遗传学方法；(8)分子生物学方法等。

三、课后实践

血型分布调查数据统计分析

请你以班级为单位，调查每一位同学的血型，统计分析班级同学的血型占比（表11–3）。同时，也尝试汇总其他班级的血型占比调查结果，统计分析你们年级的血型占比，并与班级血型占比进行对比。

表11–3 血型分布调查数据统计分析

班级：________ 总人数：_______

血　型	A型	B型	AB型	O型
人数/人				
占　比				

- **计算** 你调查统计的人群中，血型占比最高的是哪种血型？最低的是哪种？
- **对比** 班级、年级的血型占比，与国家总人口的血型占比比较，有差异吗？
- **推断** 结合班级、年级同学的血型占比，判断哪种血型有利于警方进行犯罪嫌疑人筛查？

“血迹形态”背后的罪与罚

核心问题

- 血迹形态具有哪些不同的类型?
- 如何运用不同类型的血迹形态进行犯罪现场重建?

关键术语

- 血滴溅落形态
- 血迹形态分析
- 滴状血迹
- 抛射状血迹
- 撞击状血迹
- 接触状血迹

背景与目标

在犯罪现场，法庭科学家可以根据血滴溅落形态的变化，来推测受害人当时的处境及犯罪嫌疑人实施犯罪的过程，血迹形态分析就成为案件侦破的重要步骤。本节课，将带领你认识犯罪现场的血迹形态及其侦查意义。

学习领域

血迹形态学。

建议时间

90分钟。

学习任务

初步掌握犯罪现场血迹形态四大类型的辨识，理解它们在形成过程中的物理机制，并通过实验探究，深入感受血迹形态学的研究思路与方法。

一、经典案例回顾

“希森警长杀妻”案

1992年，一个暴风雨的夜晚，希森警长和他的妻子伊万驾驶面包车行驶在夏威夷希洛著名的火山公路上。

20点40分之后的一段时间，面包车逆向停在高速公路一边，车头驾驶室一侧已冲入路边杂草丛中，希森拦住一辆过路车，让他们报警。几乎同一时间，另一辆车也恰好经过，车中两名退役警员目睹一名男子在面包车后排座正抓着一名女子的身体前后摇晃，他们本以为这是一起交通事故，并没有停车。

当警察赶到时，发现希森和伊万身上、车内均有大量血迹，伊万已经死亡。希森声称当时伊万开车，他向伊万提及自己深陷一起婚外情亲子鉴定的官司之中，伊万脸色惨白，突然跳出车外。于是他急忙移动到驾驶位，控制住车辆，掉头逆行回去找妻子。但由于当时天太黑，又下大雨，他不小心撞到了妻子并碾压致其死亡。

伊万的头骨严重骨折，头部左侧有一个创口。尸体解剖表明，伊万的头部骨折是遭打击所致，而非被过路车辆碾压所致。伊万的前臂骨折，左胸前部有一个车胎印。如果她真的被汽车碾压过的话，这个车胎印的出现倒在意料之中。

然而，对车辆内部的血迹形态分析发现，驾驶位遮阳板上有头发造成的擦蹭血迹，控制面板上有大量中速撞击溅洒血迹，天花板上有抛射血迹，这些血迹说明车内有打斗行为。车内地面上的垂直滴落血迹在车内泥土之下，说明死者下车前已经受伤流血。

此外，车内还有两枚血手印的擦蹭痕迹，这些血迹形态及其分布位置与希森的描述完全不相符，这份血迹形态分析报告成为指控希森杀妻的重要证据，并成功被法庭采信。

思考与探究

“希森警长杀妻”案中，警方运用的血迹形态分析，究竟是什么原理?

事实上，“希森警长杀妻”案的侦破，世界著名刑侦专家李昌钰博士功不可没。案发次年，李昌钰博士应邀对希森的面包车进行检验。李博士对面包车的内部和外部进行了仔细的检查，他发现车上的血迹形态及其他物证与希森警官的表述不一致。李博士的一些关键发现包括如下几点。

(1)位于驾驶员座位遮阳板处的几处头发擦蹭状血迹表明：血迹是被害人头部与遮阳板接触，从而从头部转移到遮阳板的结果。

(2)驾驶员一侧车门上方的六角螺帽上面发现了血液凝结成的硬块和若干毛发。六角螺帽的形状与伊万脸上的伤口形状相符。

(3)在仪表盘表面发现了数以百计的中速挤压喷溅血液痕迹，这暗示着被害人曾经遭到多次打击。

(4)面包车滑门上的一个带血的拳印和血指印暗示着被害人的身体抵着货舱内壁，随后从货舱内壁上滑落下来。

(5)在货舱区域发现了血液与泥土的混合物。通过进一步的检验，判断血迹先于泥土沉积在货舱表面。

（6）在驾驶员侧车门区域提取到一段断绳、几把头发及植物类的物质。头发一端被碾断。

要想弄明白血迹形态分析的原理，首先应对血液的理化性质有所认识。研究表明，血液之所以呈红色，是由红细胞所决定的。动脉红细胞中的血红蛋白与氧结合成氧合血红蛋白，颜色鲜红。而静脉红细胞中的血红蛋白与二氧化碳结合，呈暗红色。血液经离心分离后，血浆呈淡黄色，浮于上方，红细胞则下沉至底部。血浆含有91%～92%的水分，蛋白质、电解质、一些气体分子等成分溶于其中。因而，血液是一种悬浊液，蛋白大分子和血细胞共同决定着它具有较为复杂的流变性质。

你知道吗？人体一滴血的平均体积大约为0.05毫升，有研究表明，一滴血下落的终端速度可以达到25.1±0.5英尺[①]/秒。当然，还需要考虑现场的实际情况。例如，体积较小的血滴终端速度会比较低；或者，下降量较小的血滴终端速度也较低。不过，有一点十分重要：一滴血是不会在空气中分解成更小的血滴的，一旦出现这种情况，血滴必定是撞击到某个物体，或者受到外力的作用。

通常情况下，可以将犯罪现场的血迹形态划分为四大类型：滴状血迹、抛射状血迹、撞击状血迹、接触状血迹。在犯罪现场，法庭科学家就是根据血滴溅落形态的变化，来推测受害人当时的处境及犯罪嫌疑人实施犯罪过程的，血迹形态分析就成为案件侦破的重要步骤。

学科链接

血迹形态学

血迹形态学（Blood Stain Morphology）是一门新兴的边缘科学。它是以犯罪现场遗留的血迹为研究对象，应用生物学、物理学的原理和方法，通过对犯罪现场遗留血迹的大小、形状、分布的检验，分析、研究血迹的形成机制，判断出血部位、出血量，判断作案的过程以及出血之后相关人、物的运动状况的一门学科。基于此，可印证证人、受害人的陈述是否正确，印证犯罪嫌疑人的供述是否真实，是现场重建技术的重要内容之一。

① 1英尺＝0.304 8米。

二、任务执行与反思

血液滴溅形态分析

发布任务

血液滴溅形态是血点的集合，这些血点的大小和形状取决于它们是如何形成的。血液滴溅形态的不同取决于血的量、速度、落地角度和下落距离。请你召集并组建一个3～5人的小组，以法庭科学家的身份，在实验室开展血迹形态学的研究。

材料准备： 模拟血液（玉米糖浆、红色食用色素）、白纸、记号笔、滴管、尺子、放大镜。

执行任务

用滴管吸取适量模拟血液，拟定几个不同的高度，从高处使血液自由滴落在白纸上，并对血滴逐一编号。然后，用放大镜仔细观察血滴形态，并进行测量。

请你们认真思考下列问题，并完成任务单（表12-1）。

表12-1　血液滴溅形态分析

编号	高度 /cm	形状	直径 /mm
1			
2			
3			
……			

- 从不同高处落下的血滴，溅落在纸张上的形状有什么不同？
- 测量每一个血滴的直径。
- 推测高度和直径之间有什么关系？

- 基于你的发现，你能通过血滴的大小和状态，猜测血液的滴落高度吗？
- 根据血滴形态特征，判断行为人行动方向。

实践探讨

小组完成全部任务后，请你带领小组成员围绕以下问题进行探究与讨论：

- 在滴管的胶头上施加不同的力，给血液滴落一个加速度，会有什么不同？
- 如果用其他材质代替白纸，会有什么不同？例如，瓷砖、木质地板、水泥地面，甚至泥土地面，你都可以加以尝试。

第13课

成为一名血迹形态专家

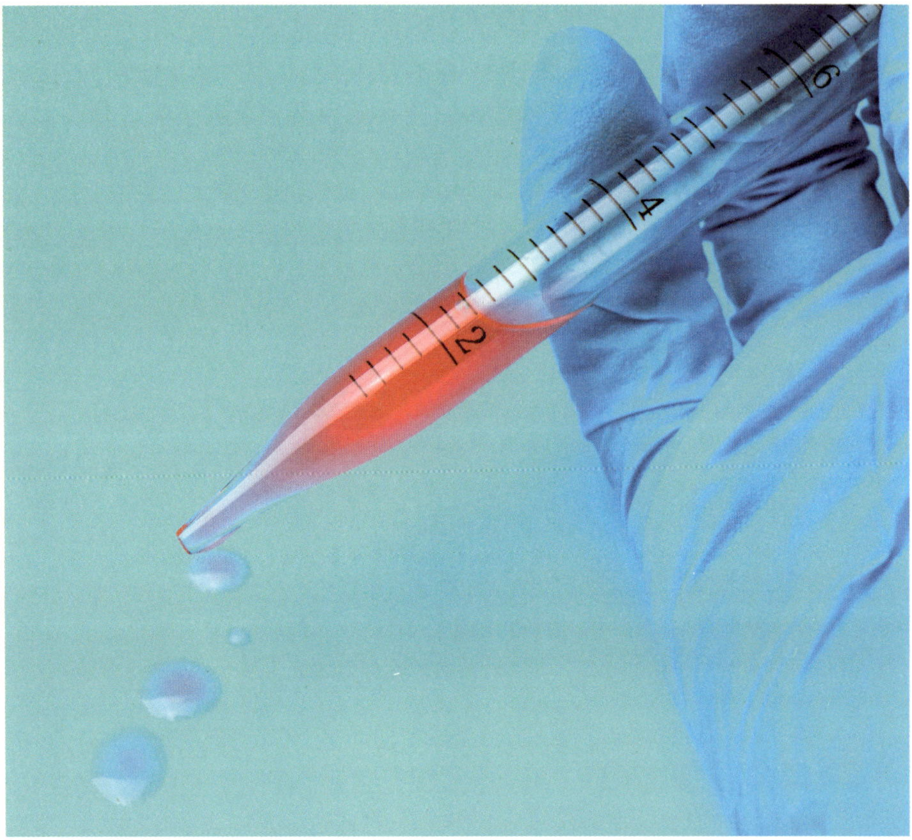

核心问题

- 如何将现场许多不同的血迹散点彼此有机关联在一起？
- 要想成为一名血迹形态专家，应该具备哪些能力和品质？

关键术语

- 血迹散点
- 溅射角度
- 拉线法
- 出血点
- 非渗透性客体和织物客体
- 目标物
- 血滴撞击角
- 边缘特征

背景与目标

通过前面的学习，你体验了血滴形态分析的重要方法和步骤。事实上，法庭科学家还常常会对血迹的种类、数量、分布、范围、排列及溅射角度等信息进行综合判断，以便能够更完整地再现案件细节和犯罪全程，即便犯罪嫌疑人有意无意地对犯罪现场加以破坏，对血迹的勘查也能捕获到其破坏的方式和程度。本节课，你将以血迹形态专家的身份，对血液来源及血滴撞击角度做出测量与推断。

学习领域

血迹形态学。

建议时间

90分钟。

学习任务

初步认识血迹形态与犯罪现场重建之间的关联，通过现场模拟血迹分布，利用拉线法探究出血点的方位，并根据几何学知识测量与计算血滴撞击的角度。

一、经典案例回顾

血迹形态分析，可靠性吗?

2010年，明尼苏达州警局的特里·雷柏开始研究血迹形态分析的可靠性。他在不同国家和地区选取了27位血迹形态分析专家，设置了两类不同的客体表面（非渗透性客体和织物客体）、不同的血迹形态、不同的血量、不同的背景信息（正向引导、负向引导、中性），共4个变量超过730份样本，组织专家们分别独立进行检验并得出结论。

四年后，雷柏向美国司法部提交了一份关于血迹形态分析可靠性的评估报告。该报告指出，在进行血迹形态分类时，无论结论要求是单项选择还是多项选择，在非渗透性客体表面的错误率是13.1%，在织物客体表面的错误率是23.4%。

同时发现，不同血迹形态的错误率也不相同，非渗透性客体上血迹的错误率仅为4%，而织物客体表面二次溅洒血迹的错误率高达59%。背景信息对结论仍有较大影响，报告显示，当背景信息为正向引导时（指向正确答案），错误率非常低（非渗透性客体为8%，织物客体为14%）。当背景信息为负向引导时（指向错误答案），错误率明显上升（非渗透性客体为20%，织物客体为30%），当背景信息无指向性时，非渗透性客体的错误率为11%，而织物客体的错误率为26%。

思考与探究

基于雷柏的研究，你如何看待血迹形态分析的准确性问题？

事实上，一段时间以来，血迹形态分析的科学性在一定程度上受到了争议。质疑者认为，鉴定结论科学性不强，夹杂着主观臆断的成分。基于此，雷柏开展了一项关于血迹形态分析可靠性的调查研究。在此项研究中，雷柏用数据说话，对血迹形态分析成功与失败的概率进行了统计与分析。

客观地说，在非渗透性客体和织物客体表面，血迹形态分析结论均有较高的准确性和可靠性。当然，数据表明基于非渗透性客体的结论普遍较织物客体准确。同时，雷柏指出血迹形态分析结论可靠与否，并不能孤立看待，应与其他物证紧密关联，统筹考虑。因为，当背景信息为正向引导时，错误率是非常低的，此时非渗透性客体错误率仅有8%，织物客体错误率为14%。换句话说，当有其他证据佐证，并能够对案件进行正确解读时，血迹形态分析结论的可靠性就会大为提高。

因此，雷柏的研究告诉人们，要客观公正地认识与对待血迹形态分析，在充分勘查、提高分析报告科学性的同时，还要注重将分析结论与其他证据解读相统一。

进一步探究

血迹形态分析对“犯罪现场重建”有哪些重要价值与作用？

要想成为一名出色的血迹形态专家，你不仅需要了解血液在各种情况下的流动情况，更重要的是，必须通过实验观察温度、高度、冲击力及其他因素对血迹形状和分布的影响，以获取重建犯罪现场的有用信息，具体包括以下几点。

- 确定目标物与出血点之间的距离。
- 确定出血点。
- 确定血迹的类型及形成。
- 确定流血时人或物的运动及运动方向。
- 确定流血后人或物的运动。
- 确定遭受打击或枪击的次数。
- 确定流血时人或物所在的位置等。

二、任务执行与反思

第一项任务：运用几何学知识计算血滴撞击角

发布任务

所谓“血滴撞击角”，就是指血滴接触物体表面时的夹角，其决定着滴落状血迹形态的尺寸参数大小。血滴撞击角的测定有利于准确推断出血点的具体方位。

邀请一位组员事先选择好血滴撞击角，模拟犯罪现场血滴，并记录角度大小和对应血滴编号。然后，请其他组员运用几何学知识逐一测量血滴的撞击角度。

材料准备：模拟血液（玉米糖浆、红色食用色素）、白纸、滴管、尺子、放大镜。

执行任务

请你们认真思考下列问题，并完成任务单（表13–1）。

- 从不同角度制造的血滴，形态有什么不同？
- 血滴的长度与宽度，与撞击角之间存在什么关系？

- 能够运用几何学知识，根据血滴长度和宽度，推算撞击角的大小吗？
- 不同的血滴，其边缘特征相同吗？

表 13–1　血滴撞击角测量计算表

编　号	长度 /mm	宽度 /mm	撞击角 /°
1			
2			
3			
……			

实践探讨

小组完成全部任务后，请你带领小组成员围绕以下问题进行探究与讨论：

- 用放大镜检查每一滴血滴，注意它们的大小、形状和边缘有什么特征？
- 有角度的血滴与垂直落下的血滴有什么不同？

第二项任务：使用“拉线法”推断出血点位置

发布任务

作为一名血迹形态分析专家，你要知道，血迹形态分析的首要目的是什么？对，是确定出血点！这有利于你推断犯罪行为实施的过程。通过确定出血点，你就可以认定和判断出损伤发生的确切位置，借以推断被害人和作案人的相互体位关系，这对分析案件发生的过程尤为重要。

“拉线法”是一种在血迹分析领域使用较为广泛的传统分析方法，通过使用丝线对血迹进行三维空间定位，利用丝线相互交汇，以推断出血点的精确方位。

请你召集并组建一个3～5人的小组，布置一个小型犯罪现场，用模拟血液模拟一个犯罪现场，并通过拉线法，还原和推断出血点位置。

材料准备：模拟血液（玉米糖浆、红色食用色素）、白纸、细线、滴管、尺子、放大镜。

执行任务

请选择数个角度的血迹区域（至少8处）且特征形态反映较为完整的血迹来分析。开始之前，必须事先判断该处血迹是否为一次作用形成的。首先，垂直观察血迹的分布状况，确定血液二维平面集中的大致区域；其次，结合垂直观察与周围血迹分布的综合情况大致推断出血点；最后，对出血点进行精确推断。

请你们认真思考下列问题，并完成任务单（表13–2）。

表13–2　拉线法推断出血点测量记录

编　号	选点数量	方位推测		其他描述
		距地高度 /cm	距离物品的水平距离 /cm	
1				
2				
3				
……				

- 你能分辨出来，该处血迹散点之间的相互关联吗？
- 你能准确地推断出来出血点的位置吗？
- 出血点容易推断吗？哪些因素会影响你做出判断？

实践探讨

小组完成全部任务后，请你带领小组成员围绕以下问题进行探究与讨论：

- 你认为使用拉线法的优势是什么？操作中遇到什么困难了吗？
- 拉线法适用于哪些场合？什么情况下拉线法有局限性？
- 尝试一下使用其他工具来确定出血点的位置。例如，使用3D制图软件。

学习单元 **6** # 毒品证据

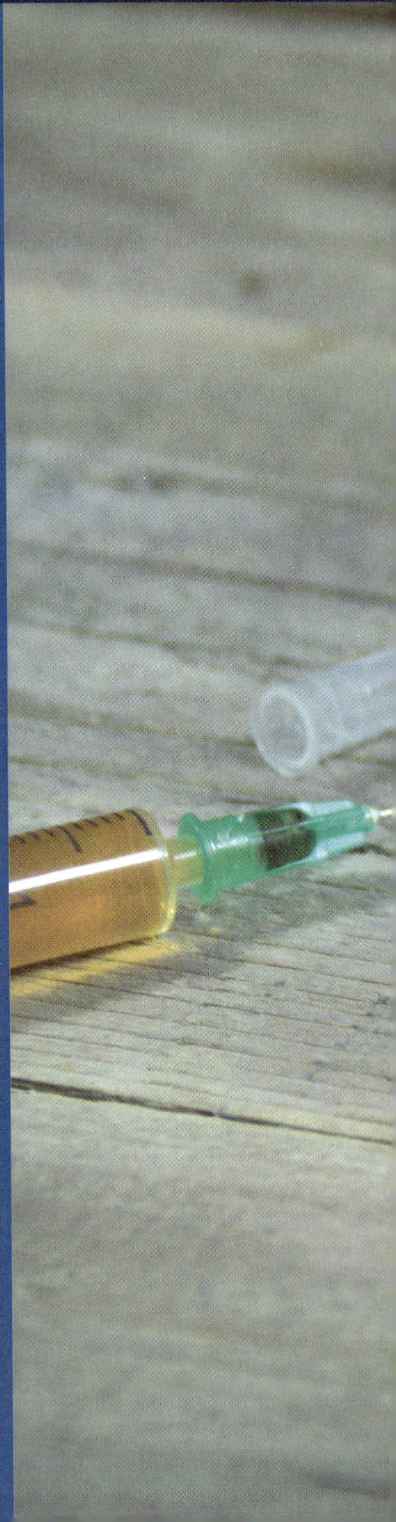

单元概要

或许，你会觉得“毒品”离你很远，其实，“毒品”或许就隐匿在你身边！识破它,切莫中了它的“毒招儿”。

◎ **第 14 课**

本课主旨

毒品具有不同的类型和作用机制。

◎ **第 15 课**

本课主旨

探究毒品犯罪的特点与预防策略。

你知道吗?

毒品是指鸦片、海洛因、甲基苯丙胺（冰毒）、吗啡、大麻、可卡因，以及国家规定管制的其他能够使人形成瘾癖的麻醉药品和精神药品。

毒品犯罪是指违反国家和国际有关禁毒法律、法规，破坏毒品管制活动，应该受到刑法处罚的犯罪行为。

第一代毒品主要是指海洛因及阿片类物质，第二代毒品则以甲基苯丙胺等为代表，第三代毒品即新精神活性物质（New Psychoactive Substances, NPS）。

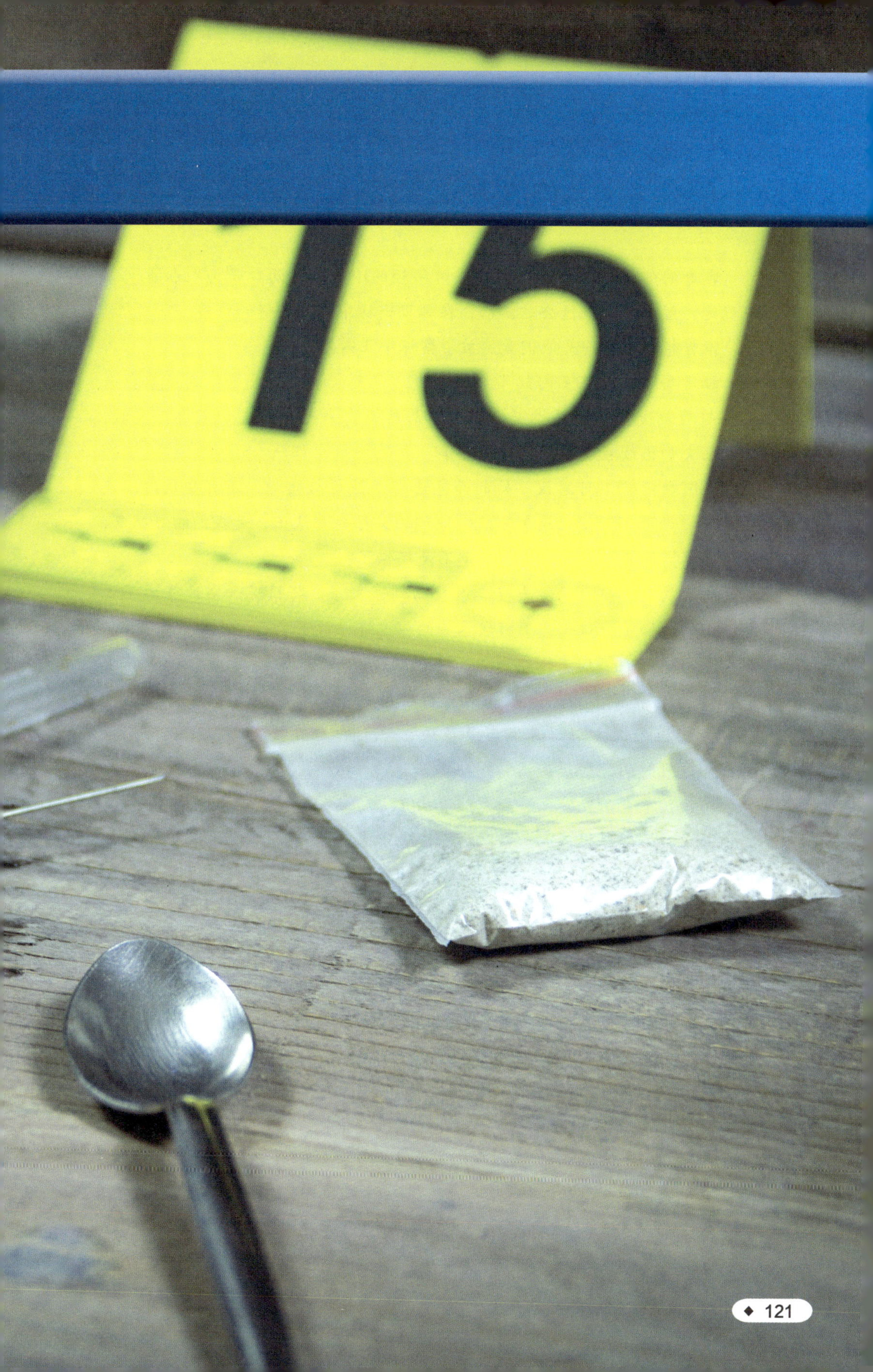

起草“国际禁毒日”宣传语

睿奇的邻居赵叔叔夫妇，是一对年轻的小夫妻。两口子为人和善、工作稳定，经常参与社区公益活动，在邻里街坊中拥有良好的口碑。

谁曾想到，有一天他们竟然被警察抓个正着。

社区居委会主任王阿姨事后回忆说，当天来了两位民警，到居委会来调查赵叔叔夫妇的相关情况。据说，居然查出来赵叔叔夫妇吸毒！当时，赵叔叔夫妇已经在公安局接受调查了。

王阿姨感觉不可思议。她的面色透露着惊讶与蹊跷，还有些焦虑，连声对民警说："不可能，这不可能。他们的父母我都认识，是我们的好朋友，他们一家为人正派，职业正当，是不是搞错了？"

庆幸的是，当天晚上夫妻二人就回到家里了，将情况如实地告诉了王阿姨，使她松了一口气，王阿姨悬着的心也终于放下来了。

原来，他们俩周末懒得做饭，中午顺便在路边的一家新开张的餐馆吃麻辣烫，这家店才开一个月，回头客却特别多！赵叔叔夫妇也前往凑个热闹。吃罢午饭，刚刚开上车没多久，他们的车就被交警拦下，抽检毒驾——这段时间交警严查酒驾和毒驾。

谁知，不查不要紧，一查竟然查出了“毒驾”！惊得赵叔叔一身冷汗，脸色苍白，不知所措。“怎么可能？”赵叔叔甚是疑惑，百思不得其解。

心中自知根本没有吸毒史的赵叔叔，如实地反映了他们近期的生活经历。

民警随即展开调查，这才发现，原来是那家新开张的餐馆下的“毒”使赵叔叔“吸毒”了！为了使饭菜香以招揽回头客，店长竟然偷偷摸摸地将罂粟壳当作调味料，非法添加到汤水中，真是可恶至极！

第二天，睿奇将赵叔叔夫妇的特殊遭遇讲给法瑞老师听。法瑞老师意识到问题的严重性，立即决定将原本后一节课的内容提前上，并请睿奇向大家讲述赵叔叔夫妇的遭遇。同学们听罢，露出了不可思议的表情，随即个个眉头紧锁：原来，毒品，离我们这么近！也许就在我们身边！

法瑞老师步伐沉稳，站上讲台，微笑着抚平同学们焦虑担忧的情绪：

“同学们，别紧张，别紧张。今天我们讲课的主题就是‘远离毒品’！听完这节课，你们一定受益匪浅，在外要多长个心眼儿，多加警惕！”

尽管还没有到6月26日“国际禁毒日”，但法瑞老师在课后仍郑重地给大家布置了一份紧急任务：为“国际禁毒日”起草一条响亮而有感染力的宣传标语！

第14课

面对毒品的“诱惑”

核心问题

- 毒品究竟有多少种样貌和形态？你有能力辨识它们吗？
- 当毒品的诱惑出现在你的面前，你有何应对之策？

关键术语

- 毒品类型
- 戒断症状
- 实验室毒品
- 麻醉药品
- 精神药品
- 《麻醉品单一公约》
- 《精神药物公约》
- 新精神活性物质
- 化学结构修饰

背景与目标

在犯罪现场，现场勘查员有时会发现一些不明的粉末、药丸或者液体，它们有可能就是毒品。千万不能心存侥幸，遇到这种情况，需将这些物质送往实验室进一步地检验和确认。本节课，就请你了解一些常见毒品，即便你不用像勘查员那样亲自鉴识它们，但可以帮助你“知其性、识其害”，并远离它们!

学习领域

法医毒物学。

建议时间

90分钟。

学习任务

在本节课的学习里，你将通过图片展示，初步认识不同的毒品类型及其外观，学习毒品的化学组成及名称，同时了解不同毒品所产生的戒断症状，及其对身心所造成的危害。

一、经典案例回顾

贩卖、制造毒品典型案例

2017年5月，被告人刘某、蒋某共谋，由刘某制造芬太尼等毒品，由蒋某联系客户贩卖，后蒋某为刘某提供部分资金。同年10月，蒋某向被告人王某销售刘某制造的芬太尼285.0克。同年12月5日，公安机关抓获刘某，后从刘某租用的实验室查获芬太尼5 017.8克、去甲西泮3 383.1克、地西泮41.9克、阿普唑仑5 012.9克等毒品及制毒设备、原料，从刘某租住处查获芬太尼6 554.6克及其他化学品、原料。

2016年11月以来，被告人王某等人成立公司，通过互联网发布信息贩卖毒品。王某先后从被告人蒋某处购买前述芬太尼285.0克，从另一被告人杨某处购买阿普唑仑991.2克，并从其他地方购买呋喃芬太尼等毒品。案发后，公安机关分别查获芬太尼285.0克、呋喃芬太尼克39.5克、阿普唑仑7 708.6克、4-氯甲卡西酮8.3克、3，4-亚甲二氧基乙卡西酮1 920.1克。

思考与探究

被告人刘某等人生产和销售的毒品都有哪些?

本案系国内第一起有影响的芬太尼类物质犯罪案件，涉及芬太尼、呋喃芬太尼、阿普唑仑、去甲西泮、4-氯甲卡西酮、3，4-亚甲二氧基乙卡西酮等多种新型毒品（Lysergic acid diethylamide, LSD），部分属于新精神活性物质。人民法院根据涉案毒品的种类、数量、危害，以及被告人刘某、蒋某、王某等人犯罪的具体情节，依法对几人从严惩处，特别是对刘某判处死刑缓期执行，充分体现了对此类犯罪的有力惩处。

当前芬太尼类物质滥用已成为国际社会面临的新毒品问题，此类犯罪在我国也有所发生。为防范芬太尼类物质犯罪发展蔓延，国家相关部门在以往明确管控25种芬太尼类物质的基础上，又于2019年5月1日起将芬太尼类物质列入《非药用类麻醉药品和精神药品管制品种增补目录》，进行整类列管。

司法鉴定小百科

芬太尼，学名为N-［1-（2-苯乙基）-4-哌啶基］-N-苯基丙酰胺，相对分子质量为336.471，分子式为$C_{22}H_{28}N_2O$，CAS号为437-38-7，是阿片类镇痛药，结构式如图14-1所示。

芬太尼为阿片受体激动剂，是临床应用广泛的新型强效镇

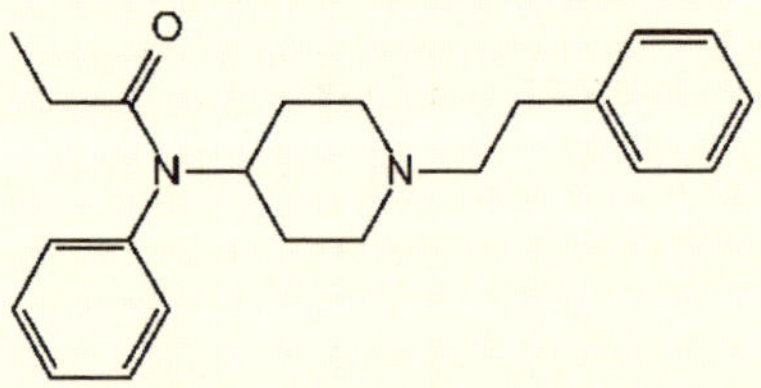

图14-1　芬太尼的化学结构式

痛和麻醉药物，具有起效快、作用强、不良反应少、成瘾性较吗啡和哌替啶轻等特点。动物实验表明，其镇痛效力为吗啡的60～80倍、哌替啶的550～1 000倍。

由于滥用芬太尼极易引起中毒事件，很多国家已将其视为除传统毒品、合成毒品以外的第三代毒品——实验室毒品，其走私情况越来越隐蔽。

生活中的法学

毒品犯罪

毒品犯罪是指违反国家和国际有关禁毒法律、法规，破坏毒品管制活动，应该受到刑法处罚的犯罪行为。我国《刑法》第三百五十七条规定，毒品是指鸦片、海洛因、甲基苯丙胺（冰毒）、吗啡、大麻、可卡因以及国家规定管制的其他能够使人形成瘾癖的麻醉药品和精神药品。同时，《刑法》第六章第七节专门规定了有关毒品犯罪的罪名和处罚。

对于毒品犯罪的刑事责任年龄，《刑法》规定：已满16周岁的人实施毒品犯罪，应当负刑事责任；已满14周岁不满16周岁的人，犯贩卖毒品罪的，应当负刑事责任。

毒品犯罪行为主要包括：（1）走私、贩卖、运输、制造毒品，非法持有毒品；（2）非法生产、买卖、运输、走私制毒物品，非法种植、买卖、运输、携带、持有毒品原植物；（3）引诱、教唆、欺骗、强迫、容留他人吸毒；（4）包庇毒品犯罪行为人，窝藏、转移毒品、毒赃。

同时，《刑法》第三百四十七条规定，走私、贩卖、运输、制造毒品，无论数量多少，都应当追究刑事责任，予以刑事处罚。利用、教唆未成年人走私、贩卖、运输、制造毒品，或者向未成年人出售毒品的，从重处罚。《刑法》第三百五十三条规定，引诱、教唆、欺骗或者强迫未成年人吸食、注射毒品的，从重处罚。

进一步探究

毒品有哪些种类？新精神活性物质与传统毒品相比具有哪些特点？

毒品是国际禁毒公约和有关法律法规规定管制的能够使人形成瘾癖的麻醉药品和精神药物的统称，其管制的品种与范围根据不同时代和地区而定。毒品滥用是全球关注的社会性问题，也是法医毒物学领域所面临的新挑战。

通常认为，第一代毒品主要是指海洛因以及阿片类物质，第二代毒品则以甲基苯丙胺等为代表，而第三代毒品即新精神活性物质。联合国分别于1961年和1971年制定了《麻醉品单一公约》和《精神药物公约》，将第一代毒品、第二代毒品列入国际管制。2013年联合国毒品和犯罪问题办公室（United Nations Office on Drugs and Crime，UNODC）将新精神活性物质定义为“未被联合国《麻醉品单一公约》和《精神药物公约》所管制，但具有滥用潜力并可以引起公共健康风险的精神活性物质”。

我国国家禁毒委员会办公室则将新精神活性物质描述为“不法分子为逃避打击而对管制毒品进行化学结构修饰得到的毒品类似物，具有与管制毒品相似或更强的兴奋、致幻、麻醉等效果，已成为继传统毒品、合成毒品后全球流行的第三代毒品”。新精神活性物质具有与第一代毒品、第二代毒品类似的神经作用机制，可产生兴奋、欣快、致幻等精神活性，极易过量使用造成死亡。

新精神活性物质的种类范围不断变化，部分种类因滥用危害严重而被列管为毒品。可见，它是由精神活性物质向毒品转变中的过渡形态，具有种类多、合成简单、更迭速度快、隐蔽性强等特点，其所具有的强烈的致幻性、兴奋性、麻醉性、危害性甚至远超传统毒品，严重危害着社会秩序和人类健康。

司法鉴定小百科

新精神活性物质

新精神活性物质，又称“策划药”或“实验室毒品”，是不法分子为逃避打击而对管制毒品进行化学结构修饰得到的毒品类似物，具有与管制毒品相似或更强的兴奋、致幻、麻醉等效果。

它是继传统毒品（如鸦片、海洛因、吗啡等）、合成毒品（如冰毒、摇头丸、麻古等）后流行全球的第三代毒品。

新精神活性物质，通称模仿受管制毒品效果，但不受监管的精神活性物质或产品。它是目前市场上出现的一种打着“合法快感”“研究化学品”“植物性食品”“浴盐”等旗号的物质，有的原本并不是生产出来给人类使用的，或者是某些违禁化学药物被贩毒人员稍做结构改动，更有甚者是将几种精神活性物质混合在一起，其毒性、危害性并不亚于传统毒品，甚至有过之而无不及。

新精神活性物质作用于中枢神经系统，人体摄入后思维、情感、意志行为甚至意识状态受到严重影响，容易导致精神依赖或药物滥用。

二、执行任务与反思

面对毒品的“诱惑”

发布任务

日常生活中，每一位同学都应充分了解毒品对身心健康造成的巨大危害，应当建立自觉抵制毒品的思想意识，提升抵御毒品诱惑和做出正确决定的能力。

现在，请你召集并组建一个3～5人的小组，布置一个小型情境现场。邀请小组成员轮流扮演绞尽脑汁诱惑你吸食毒品的“好朋友”；同时，专门邀请1位学校指导教师，旁观你们的角色扮演活动，并为活动进行现场录像和指导。

材料准备：模拟毒品（白砂糖）、白纸（包装材料）、摄像机。

执行任务

通过观看回放的录像全程，完成任务单（表14-1），请你们认真思考下列问题。

- 面对诱惑你吸食毒品的“好朋友”，你甘愿直接拒绝他们吗？
- 你是怎样想的？内心犹豫过吗？你能说服他们吗？
- “好朋友”说，如果你不答应，你们从此就不能再做好朋友了。对此你是怎么考虑的？
- 如果他们提出非常优厚的条件，能满足你生活上的需要，你动心了吗？

表14–1　在毒品“诱惑”面前的情境对话

“好朋友”编号	“好朋友”的极力诱惑	我的回应
1		
2		
3		
……		

实践探讨

小组完成全部任务后，请你带领小组成员围绕以下问题进行探究与讨论：

- “好朋友”诱惑你的各种理由，都有哪些？
- 面对种种诱惑，你又该如何机智地应答？
- 当在现场面临人身危险时，你又该怎么做出回应？
- 当你从现场离开之后，接下来会怎么做？

进一步探究

可以尝试再进行第二轮对话，并记录你们的对话内容：

- 你认为，在第二轮诱惑面前，你的表现更好吗？好在哪里？
- 在这两轮诱惑面前，你感觉难以拒绝的情况都有哪些？
- 是否有更好的应对策略？

学习为未来生活

“常见毒品及其危害”校园宣讲活动

1987年6月12日至26日，联合国在维也纳召开了由138个国家和地区的3 000多名代表参加的“麻醉品滥用和非法贩运问题”部长级会议。这次会议提出了“爱生命，不吸毒”的口号。同时，为了进一步引起各国、各地区对毒品问题的重视，号召全世界人民共同抵御毒品的侵袭，与毒品犯罪活动做坚决的斗争，也为了纪念这次意义重大的国际禁毒会议，大会结束时，与会代表一致建议，将每年的6月26日定为“国际禁毒日”。

这项建议被联合国采纳。同年召开的第42届联合国大会通过决议，正式确定每年的6月26日为“反麻醉品的滥用和非法贩运国际日”。

从1990年起，中国每年在“6·26”国际禁毒日前后均集中开展大规模的禁毒宣传活动。全国各地特别是毒品危害严重的地区，公安、宣传和教育部门积极行动，通过报刊、电视、广播、电影、图书、挂图，以及禁毒知识竞赛、有奖问答、巡回演出等多种形式，广泛开展了面向广大人民群众的经常性的禁毒宣传教育活动，提高了全民的防毒拒毒意识。

- **调查** 请你和组员开展一项“常见毒品及其危害”的校园认知调查。
- **研究** 请你和组员在调查的基础上，研究当前学生群体对毒品的认知与实践盲区。
- **应用** 基于你们的研究，通过展板、演讲、竞赛等形式，在校园里向大家进行宣讲，提高同学们的毒品预防能力。

第15课

远离它——从热点新闻中追踪毒品案件

核心问题

- 为什么毒品会让人产生强烈的药物依赖？
- 毒品会对个人、家庭和社会产生哪些影响和危害？

关键术语

- 新型毒品
- 药物依赖
- 毒品鉴定
- 神经递质
- 中枢神经系统
- 交感神经系统

背景与目标

毒品之所以能使人上瘾，是因为其有强烈的药物依赖作用。换句话说，毒品可以让人产生欣快感，为了能够持续感受到毒品产生的精神效应，就会强迫自己连续地或者定期服用它们，以避免停药引起的不舒服，这就是“毒瘾”。本节课，将带你初步认识毒品的作用机制，以充分认识毒品对人体生理上的危害及损伤。

学习领域

毒理学。

建议时间

90分钟。

学习任务

结合新闻热点，从化学、生物学领域的知识与原理出发，以代表性毒品对人体的作用机制为例，初步认识毒理学。同时，探究毒品犯罪的特点与预防策略。

一、经典案例回顾

毒品“邮票”将魔爪伸向学生群体

近日，重庆市公安局九龙坡区分局破获一起新型毒品案件，其中的新型毒品，学名为麦角酸二乙基酰胺，俗称“邮票”。犯罪行为人通常将LSD溶剂吸附在一张比指甲盖还小的卡通贴纸上，将贴纸放在舌头上通过口腔黏膜即可吸收毒品，“邮票”具有毒性极强、隐蔽性强、难发现等特点，其致幻性是大麻等传统毒品的数倍。

17岁的小朱是一名高二学生，一天晚上小朱的母亲正在厨房忙着做饭，突然听到“扑通”一声，小朱躺在客厅地上，全身抽搐，家人赶紧拨打了120急救电话。经医生诊断，小朱吸毒了。

一头雾水的母亲赶紧将小朱带到派出所，小朱尿检呈阳性。随后，民警在其书包内找到了一本纸质笔记本。经查验，笔记本内夹藏着多张“邮票”毒品，这些“邮票”看上去跟普通贴纸一样。

据了解，处在叛逆期的小朱长期混迹于酒吧、KTV等娱乐场所，结交了不少社会朋友，让小朱踏上歧途的正是同在娱乐场所的张某。一次酒后，张某悄悄递给小朱一张小卡片，并教其将卡片放进嘴里吸食，这张小卡片正是新型毒品“邮票”。此后，小朱一发不可收拾，经常向张某购买。为了低价购买，小朱还同意为张某向他人“散货”，新型毒品的魔爪正伸向更多青少年。目前，张某已被警方抓捕归案。

思考与探究

新型毒品“邮票”具有哪些危害?

有些药物具有诱导感知状态改变和产生梦境联想的能力，这种状态改变多数伴随着环境光线、色彩的变化，以及形状和色彩可塑性的不断变化，这就是致幻剂。

新型毒品“邮票”就是用带有迷幻剂的药纸设计而成的，花样繁多，迷惑性强，包括抽象艺术和动画图片等，有的青少年可能看着图案新颖就会跟着尝试。滥用LSD的人身体会出现各种不适，随着使用剂量加大，还会出现持久性知觉障碍，部分服用者会出现严重暴力倾向。

此外，滥用LSD的人会出现像小朱一样的神经系统症状，如运动失调、步履蹒跚、抽搐，甚至全身瘫痪。长期或大量服用LSD的人，除了记忆力受损、出现思维障碍外，还有其他严重的毒副作用。

司法鉴定小百科

法庭科学实验室毒品鉴定

法庭科学实验室毒品鉴定是指在司法活动中鉴定人运用化学

或者专门知识，借助现代分析仪器手段，检测和判断检材中是否含有阿片类、苯丙胺类、大麻类、可卡因、氯胺酮、合成大麻素类、卡西酮类、芬太尼类、哌嗪类、色胺类等毒品、毒品代谢物及易制毒化学品，或对其进行定量分析并提供鉴定意见的活动，为毒品违法行为的侦破提供重要的信息和线索。在完成毒品鉴定工作之后，需要出具相应的毒品鉴定文书作为法庭证据，毒品鉴定文书具有科学和法律的双重属性。

进一步探究

毒品的作用机制又是什么呢?

毒品之所以能使人上瘾，是因为其有强烈的药物依赖作用。这种作用是指机体对某种药物表现出一种强迫性的要连续或定期使用的行为和其他反应，目的是要感受该药物的精神效应，有时也是为了避免停药引起的不适。

这里我们不妨就以LSD的作用机制为例。LSD就是致幻剂的一种，它影响中枢神经系统的多个位点，能兴奋相关受体，发生交感神经系统激活作用。低剂量的LSD就可以诱导产生伴有明亮色彩的幻觉，发生情绪改变，甚至出现反射亢进、恶心和肌无力等反应症状。在其他一些新型毒品中所含有的精神活性物质，常常也能够像LSD这样，发挥替代神经递质的作用，让吸食者欲罢不能。

学科链接

毒理学

毒理学（Toxicology）是一门研究外源因素（化学、物理、生物学因素）对生物系统的有害作用的应用学科，是一门研究化学物质对生物体的毒性反应、严重程度、发生频率和毒性作用机制的科学，也是对毒性作用进行定性和定量评价的科学，更是预测其对人体和生态环境的危害，为确定安全限值和采取防治措施提供科学依据的一门学科。

二、任务执行与反思

“涉毒”新闻追踪调查

发布任务

现在，请你召集并组建一个3～5人的小组，组建“法庭科学青年研究者团队”，对近十年来被互联网刊载过的“涉毒”新闻报道进行追踪调查与研究，形成一份《近十年“涉毒”新闻追踪调查》的研究报告，并基于研究结论提出预防毒品犯罪的建议。

执行任务

请你们认真思考下列问题，完成任务单（表15-1）。

表15-1　近十年“涉毒”新闻追踪调查

序　号	时　间	新闻事件名称	案情分析	结论与启示
1				
2				
3				
……				

- 每一个新闻事件中，涉及的违法人员组成是什么？有什么年龄特点？
- 涉案毒品名称是什么？数量有多少？
- 他们的涉毒动机是什么？
- 产生的危害有哪些？
- 涉案人员受到了什么刑罚？
- 每一个新闻事件，给人们什么样的启示？

实践探讨

小组完成全部任务后，请你带领小组成员围绕以下问题进行探究与讨论：

- 你们一共搜集到多少条“涉毒”新闻报道？
- 能为这些涉毒案件分类吗？
- 能从不同的涉毒案件里，找出相关性吗？
- 随着年份的增加，这些涉毒案件呈现什么变化趋势？
- 基于调查研究，对今后预防和打击毒品犯罪，能够提出哪些建议？

生活中的法学

《中华人民共和国预防未成年人犯罪法》的相关规定

第三十八条　本法所称严重不良行为，是指未成年人实施的有刑法规定、因不满法定刑事责任年龄不予刑事处罚的行为，以及严重危害社会的下列行为：

……

（七）吸食、注射毒品，或者向他人提供毒品；

……

第三十九条　未成年人的父母或者其他监护人、学校、居民委员会、村民委员会发现有人教唆、胁迫、引诱未成年人实施严重不良行为的，应当立即向公安机关报告。公安机关接到报告或者发现有上述情形的，应当及时依法查处；对人身安全受到威胁的未成年人，应当立即采取有效保护措施。

《中小学教育惩戒规则（试行）》的相关规定

第七条　……学生实施属于预防未成年人犯罪法规定的不良行为或者严重不良行为的，学校、教师应当予以制止并实施教育惩戒，加强管教；构成违法犯罪的，依法移送公安机关处理。

学习为未来生活

“毒品预防进社区”行动

社区是进行毒品预防教育的重要阵地，通过群防群治，能够构建良好的社会风气，带领小区居民共同参与到抵御毒品侵害、参与毒品预防的工作，具有现实意义。

• **考察** 可以在学校的帮助下，你和小组成员一起走进戒毒所，对戒毒所的工作人员开展系列采访，同时实地调研，深入了解当前的戒毒工作开展情况，调查社区戒毒工作的特点、难点和突破点。

• **合作** 请基于本章节的学习、研究及考察，与社区民警、居民委员会多方携手合作，开展“毒品预防进社区”行动，将你们的实践成果带进社区，向广大居民报告你们的研究发现，以及宣传防毒、拒毒的要领与策略。

• **创新** 你们可以将毒品预防工作持续开展下去，在深入学习与广泛合作中，为创造性地开展社区戒毒工作贡献你们的智慧和力量。

学习单元 7 毒物证据

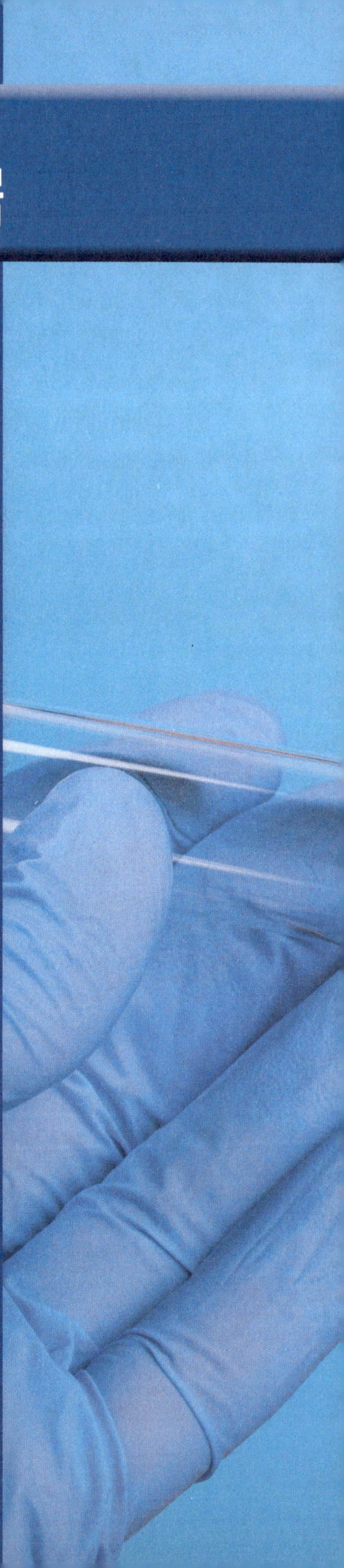

单元概要

所有物质都是毒物，只是剂量的问题。

◎ 第16课

本课主旨

毒物，作为一种外源性物质，会作用于机体内的大分子靶点，引发毒性作用。

◎ 第17课

本课主旨

关爱生命，增强自身的安全防范意识。

◎ 第18课

本课主旨

毒物的筛查与检验。

你知道吗？

毒物的种类繁多，有些是来自自然界的植物、动物和矿物，也有许多是由人工合成得到的产物、副产物。

投放危险物质罪是指故意投放毒物危害公共安全的行为。

毒物可进行定性检验和定量检验。

毒物的代谢物及生物标记物在侦查中也发挥着重要作用。

TOXIC

警示大家对“毒物”说不

睿奇和同学们顺利地完成了毒品专题的学习！他越来越专业了，以往他仅仅知道毒品有害，如今的他，可以称得上一名拥有丰富毒理学知识、具有一定毒品鉴识能力的“毒品专家”。他起草的禁毒宣传标语“小心隐匿于身边的毒品！”亦受到了大家一致的称赞，被评为最佳创意奖。

就在毒品课程完成后不久，电视里一则新闻震惊了全城，而恰恰这起事件就发生在睿奇居住的社区里，使他的心不由为之一颤。

新闻播报如下：凌晨三点多，家住某市某区的一对兄妹嘻嘻（7岁）和妮妮（5岁）先后出现呕吐腹痛的症状，并被紧急送往医院进行救治。到达医院后，经诊断化验，两人的白细胞值在正常范围之内，只有呕吐、腹痛症状，医院按照急性胃肠炎治疗，打了点滴之后，两人都有好转，不呕吐，也不腹痛了。回到家后，看着两个孩子病情好转，父母再次出门工作。由于妮妮年纪较小，父母就将她带在身边，儿子嘻嘻则继续由奶奶照看。可没多久，嘻嘻又出现了与前一晚相同的症状。

次日凌晨，嘻嘻就被急速送到儿童医院ICU，伴随休克症状。医院考虑到中毒可能会引起恶心、呕吐、腹痛，随即进行血液净化与血浆置换，但均无效，9时许，嘻嘻死亡。

变故突如其来，一家人悲痛万分。伤心之余，嘻嘻的父亲突然意识到，小女儿妮妮之前也曾出现过类似症状，他立即将妮妮送到医院进行检查。当时妮妮表现正常，但检查之后，发现也有中毒迹象。

医院对妮妮进行了一系列的抢救措施，但下午四点多，妮妮多器官衰竭，经抢救无效死亡。一天之内，两个孩子的突然离世，彻底击垮了这个家庭。所有的人都想不通，两个好端端、健健康康的孩子，为何病情发展得如此之快？到底是什么导致了他们的迅速死亡？

凭借着直觉，睿奇一拍脑门，做出了一个大胆的推断：嘻嘻和妮妮，有可能中毒了！

看完新闻，睿奇便将新闻链接转发给法瑞老师。鉴于这是当今的一个新闻热点，而同学们又缺少毒物的相关知识，为了进一步提高大家的风险意识，对毒物有更深的了解，法瑞老师当即决定在本周的法庭科学课程学习中，带领大家开启一个新的章节——“毒物”，并进行学习与探究。

隐匿在身边的毒物，彻查！

核心问题

- 生活中常见的毒物种类都有哪些？
- 如何避免和防止中毒事件的发生？

关键术语

毒素	细菌性毒物
神经系统	消化系统
动物毒物	呼吸系统
气体毒物	植物毒物
金属毒物	挥发性毒物

背景与目标

在中毒案发现场，勘查员需要对受害人中毒的原因进行充分的考量。因为中毒案件的发生常常涉及不同的情况。例如，有由于主观故意造成的自杀、吸毒或蓄意投毒；也有生活中因疏忽大意造成的误食错用，如误吃含有毒素的动植物，或煤气泄漏中毒；还有因职务过失引起的毒物泄漏；甚至包括由于战争触发的中毒等。本节课，你将走入法医毒物学领域，深入学习生活中的毒物知识，并提升自己防患于未然的能力。

学习领域

法医毒物学。

建议时间

90分钟。

学习任务

在法庭科学领域，毒物是一项重要的研究主题。本节课，你将了解毒物的定义，认识毒物的种类及代表物，初步认识毒性评价指标。

一、经典案例回顾

一瓶“冰糖雪梨”引发的中毒案

贺某家建了新房，李某到贺某家参观，遇到贺某的邻居孙某、俞某两人到贺某家借梯子。俞某与李某是同村邻居，关系很好。随后，四人协商决定，在贺某家打麻将。午饭后，俞某躺在床上睡觉，其他人继续打麻将。

16时左右，俞某醒来，看到桌上有一瓶“冰糖雪梨”，便打开喝了一口。

“‘冰糖雪梨’是谁的？味道不对。”俞某感觉不对劲，连忙问道。

“哪个‘冰糖雪梨’？”李某忙问。俞某指向桌上的“冰糖雪梨”饮料瓶。

“那不是冰糖雪梨，是草乌药水，是毒药，不能喝。快去找甘草，用甘草水可以解毒。”贺某忙从邻居家找来甘草煮水给俞某喝，但一直未通知俞某的家人。直至18时30分，贺某才将俞某送到医院急诊科，但经抢救无效，俞某于20时40分被宣布死亡。

思考与探究

为什么贺某会在家里备“草乌药水”呢?

事实上，草乌药用价值极高，是医药中广泛应用的习用植物药。它是毛茛科植物北乌头的干燥块根，味辛，性温，功用祛风除湿，温经止痛。临床上，用于治疗风湿性（或类风湿性）关节炎、手足拘挛、坐骨神经痛、偏头痛、跌打肿痛等。因草乌含有剧毒，需经炮制方可入药。然而，人们常常会因为服用不当或剂量过大导致中毒，甚至死亡。

通常，毒理学家把那些进入生物体后，通过理化作用损害生命正常活动，进而引发功能性或器质性病变乃至造成死亡的化学物质，称为“毒物”。

研究表明，草乌的剧毒成分主要是乌头碱、次乌头碱、中乌头碱等双酯型生物碱，毒性极强，口服0.2 mg就会中毒，3～4 mg就会致死。乌头碱对迷走神经有强烈的兴奋作用，因而导致心率缓慢，房室传导阻滞，乌头碱也可直接作用心室而产生高频异位节律致室性心动过速和心室颤动，此外对中枢神经及末梢神经有先兴奋后麻痹的作用。严重中毒可因心律失常及呼吸中枢麻痹而导致死亡。

在本案中，贺某准备“草乌药水”是专门用于施害俞某的吗? 经过案件进一步审理，贺某并没有害人之心，俞某的确是误服，从而造成了意外。人民法院认为，虽然李某用冰糖雪梨瓶装了草乌药水，但俞某系完全民事行为能力人，不应该未经他人允许食用他人食物，对其行为造成的严重后果，俞某应当承担主要责任；李某由于未妥善保管含有毒性成分的草乌药水应承担次要责任。

司法鉴定小百科

毒物的分类

毒物的种类繁多，它们有些来自自然界的植物、动物和矿物，也有许多是由人工合成得到的产物、副产物。以下是一些常见的毒物类别和名称。

- 合成药物，如巴比妥类、苯并二氮杂卓类、吩噻嗪类、利多卡因类等。
- 植物毒物，如乌头类、马钱子、颠茄类等。
- 动物毒物，如斑蝥素、河豚毒素、蟾蜍毒素等。
- 毒品，如阿片类、苯丙胺类、大麻类、氯胺酮、新精神活性物质等。
- 杀虫剂，如有机磷、氨基甲酸酯类、拟除虫菊酯类等。
- 除草剂，如百草枯、五氯酚钠、草甘膦等。
- 杀鼠剂，如磷化锌、氟乙酰胺、毒鼠强、香豆素类、茚满二酮类等。
- 气体毒物，如一氧化碳、硫化氢、液化石油气等。
- 挥发性毒物，如氰化物、乙醇、甲醇、甲醛、苯酚与煤酚等。
- 金属毒物，如砷、汞、铅、钡、铊等。
- 水溶性无机毒物，如强酸类、强碱类、亚硝酸盐等。
- 细菌性毒物，如葡萄球菌、大肠杆菌、副溶血性弧菌、变形杆菌等。

进一步探究

为什么会引发中毒症状呢？常见的中毒症状有哪些？

毒物，作为一种外源性物质，可以通过皮肤或口鼻进入机体，随后这些物质便可分布于不同的器官。同时，这些母体化合物或者它们的代谢产物就会作用于机体内的大分子靶点，引发毒性作用。

毒物作用于机体，机体会有中毒表现，通常被称为中毒症状。症状通常会表现在全身各系统，如消化系统的恶心、呕吐、腹泻等，或神经系统的头晕、头痛、全身无力、抽搐等，或呼吸系统的呼吸困难、气急等。

二、任务执行与反思

“家庭食物中毒隐患”紧急排查行动

发布任务

分析当前医疗卫生体系报告的食物中毒事件，发现食物中毒大多是在家庭中引发的，并且家庭生活中的食物中毒所引发的死亡比例也最高。例如，家庭中会经常发生细菌性食物中毒，大多数是由副溶血性弧菌引发的，还有蜡样芽孢杆菌、葡萄球菌等。此外，还有有毒植物、农药残留、亚硝酸盐等引发的家庭中毒。

现在，请你召集并组建一个3～5人的小组，组建“家庭食物中毒隐患”紧急排查小组。其中，每一位组员都需要邀请家人对日常生活中各自家庭里涉及的食物中毒可能性进行逐一地排摸和评估，形成一份“家庭食物中毒隐患”排查报告，通过分享排查报告的研究结论和发现，提出并分享家庭饮食安全建议。

执行任务

请你们认真思考下列问题，完成任务单（表16-1）。

表16-1 “家庭食物中毒隐患”排查

项　　目	名　称	中毒隐患	改进建议
食物种类（生食、熟食、饮料……）			
储放空间（冰柜、菜板、橱柜……）			
烹饪方式（煎炸、水煮、焖蒸……）			
外卖即食品（商家卫生品质、包装清洁度、放置时间……）			
其他			

- 在买回蔬菜后，会将其充分浸泡、反复清洗吗？
- 能够保证菜品充分加热煮熟吗？
- 会将熟食、生食的制作工具和容器分开吗？
- 会定期清理食物存储空间吗？
- 关心食品保质期吗？过期食品怎么处理？
- 隔夜的食品会怎么处理？
- 若是在做饭的时候发现有变质、发霉或腐烂的食物，怎么办？
- 对于发霉有馊味、夹生食物，或被蝇叮爬过的食品，如何处理？

实践探讨

小组完成全部任务后，请你带领小组成员围绕以下问题进行探究与讨论：

- 你们遇到过家庭食物中毒的情况吗？是在什么情况下发生的？
- 不同的家庭，有相似的食物中毒隐患吗？
- 基于调查研究，提出对今后预防家庭食物中毒的建议。

进一步探究

在家庭中，除了食物中毒之外，药物中毒事件也时有发生。

- 哪些情况会造成药物中毒？
- 排查一下你家中的药品箱，有过期药品吗？
- 服药之前，你了解过药物的毒副作用吗？说明书上的用药注意事项有哪些？

学习为未来生活

"社区居民食物中毒防范实用指南"设计

请你和小组成员通过互联网搜索并阅读一则专题报道——《泡菜、"仙丹"

竟是中毒元凶！中毒科医生这样破解“迷案”》，详细分析与梳理此案的来龙去脉，思考此案给我们留下的深刻启示，体会职业病与中毒科的工作日常和重要作用。

- **调查** 请在医生的带领下走进医院的急诊科，考察近期人们中毒就诊情况。

- **研究** 请你和组员在调查的基础上，研究当前人们中毒的类型及毒物的

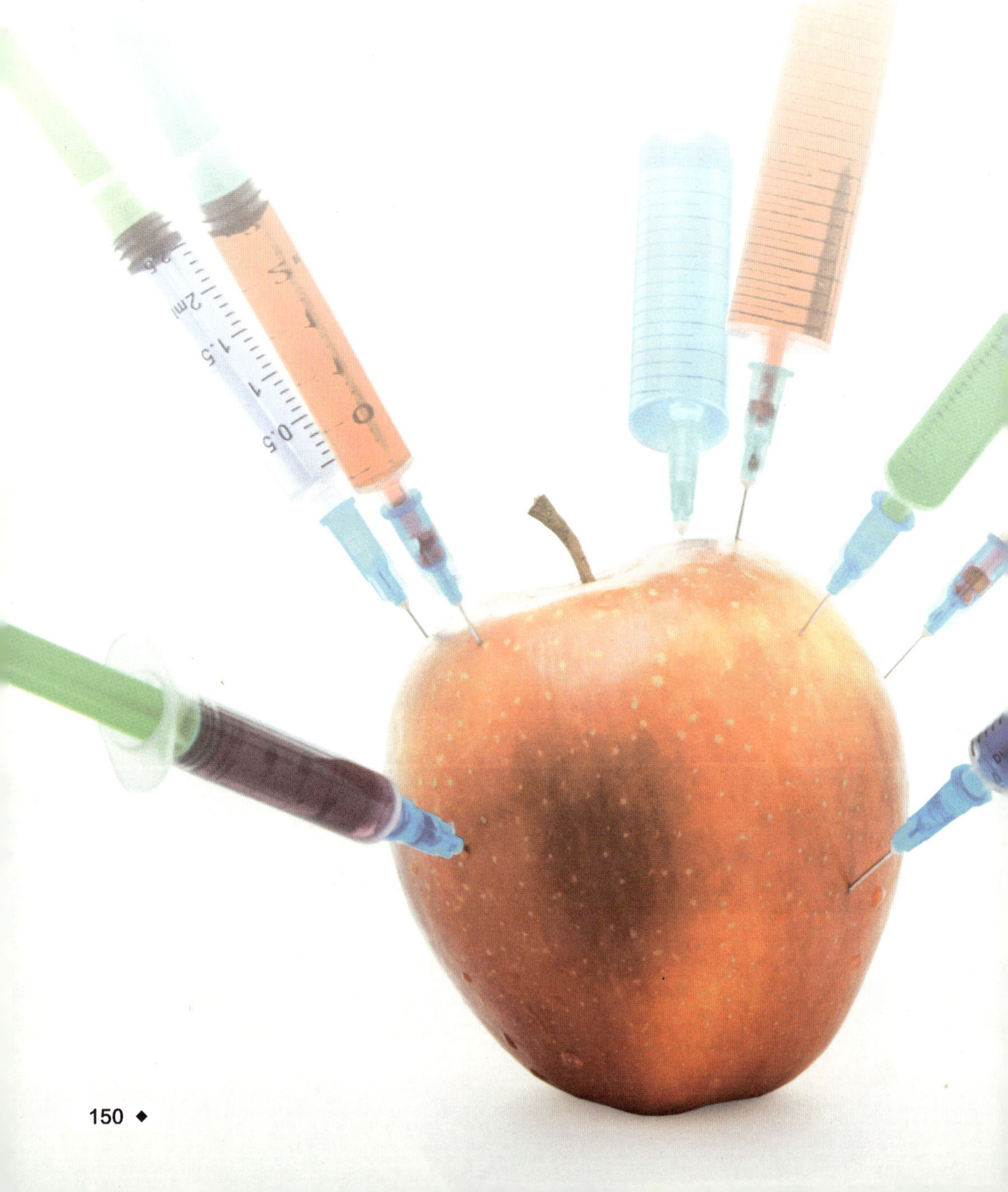

特点，探究“避免与预防同类案件发生”的种种可能。

- **应用** 基于你们的研究，通过展板、演讲、竞赛等形式，在校园里向大家进行宣讲，提高同学们的中毒预防能力。

- **创新** 基于你们的调查与研究，为人们设计一份“社区居民食物中毒防范实用指南”。

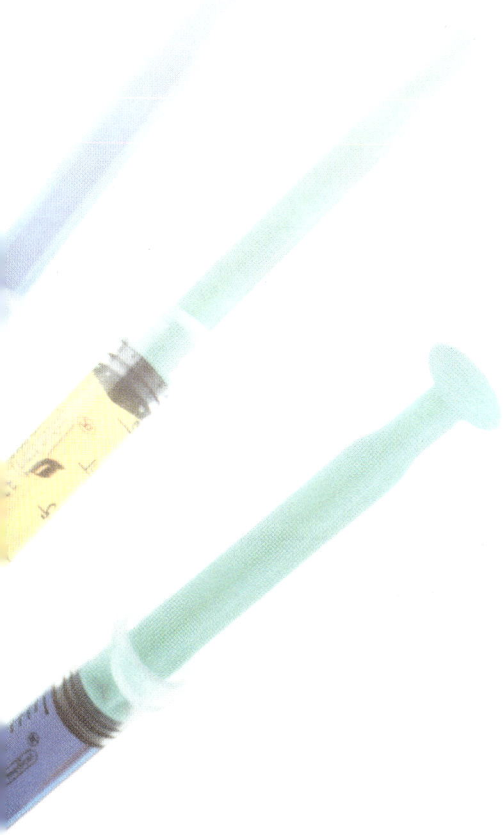

第17课

远离它——从热点新闻中追踪中毒案件

核心问题

- 中毒案件在生活中发生的频率高吗？
- 如何避免和防止中毒事件的发生呢？
- 遇到中毒情况，应该如何采取急救措施？

关键术语

- 警情通报
- 投毒风险
- 投放异物
- 投放危险物质罪
- 法律修正案

背景与目标

走近毒理学，初步了解毒物对生物体造成损害的作用机制，从心底深处对它们产生敬畏之心，尊重与善待每一个独特的生命，处理好毒物与生命的关系，保护好公众健康，切莫毒害他人和自己。

学习领域

毒理学。

建议时间

90分钟。

学习任务

从热点案件出发，了解中毒的常见情况，充分认识毒物对人体损伤的机制与原理，在关爱生命的同时，进一步增强自身的安全防范意识。

一、经典案例回顾

警 情 通 报

针对上海外国语大学一女生饮料中被他人投放不明物一事，松江公安分局接报后立即成立工作专班，开展调阅公共视频、提取物证、走访问询等调查工作。

经初步调查，6月12日中午12时许，该校学生尹某某（男，21岁）在学校图书馆内趁该女生离开座位之际，向其咖啡杯中投放异物。该女生喝了一口后，察觉咖啡异样，将剩余咖啡倒掉，并向学校保卫部门报告。经医院检查，未发现该女生身体异样。警方随后找到尹某某，其承认在女生咖啡杯中投放了半片牛磺酸泡腾片，该泡腾片系从网上购买。目前，分局已将相关物证送市局专业技术部门检验，相关调查工作在进一步开展中。

上海警方始终坚持严厉打击侵害群众安全的违法犯罪行为，将坚决查明事实，严格依法办案，维护群众合法权益。

上海市公安局松江分局

2022年6月13日

思考与探究

尹某某向受害人咖啡杯里投放的“牛磺酸泡腾片”究竟是什么？

牛磺酸原本是中药牛黄的成分之一，也是一种体内正常的含硫氨基酸，能调节神经组织的兴奋性，也能调节体温，临床有解热、镇静、镇痛、抗炎、抗风湿、抗惊厥等作用。此外，其也可提高机体非特异性免疫功能。

目前唯一的药用牛磺酸包括：① 牛磺酸颗粒剂；② 牛磺酸片，每片包含0.4 g的牛磺酸，可以用于儿童（1岁及以上）或成年人缓解感冒初期的发热症状，仅限用于发热初期、热度不高的患者。

虽然牛磺酸和咖啡相遇不会发生化学性质的变化生成毒药，但该事件再次提醒所有人，尤其是年轻女性要注意公众场合可能存在的“投毒风险”，注意自我保护。向他人杯子里偷偷“投放异物”，无论投入的“异物”有没有毒，都是性质恶劣的行为，可能触犯法律，引起严重后果。

在本案中，学校对尹某某采取了退学处分，而且今后也不能入学。

这次校园投毒案件让我们再一次想起了1994年清华大学朱令的铊中毒案、2013年复旦大学上海医学院林森浩饮水机投毒案，无一不令人痛心！在严惩凶手的同时，案件的发生又为我们增添了安全防范的警示。

进一步探究

不小心喝了有异味的饮料，如何处理？

同学们，如果在生活中无意中喝了有异味或变味的饮料，怀疑有人“投毒”，应立即寻求安全保护，如迅速就医、电话告知亲人，同时别忘了直接报警。与此同时，最好要保存好残余的饮料以便取证。

生活中的法学

投放危险物质罪

投毒罪，是指故意投放毒物危害公共安全的行为。2001年12月29日公布施行的《中华人民共和国刑法修正案（三）》和2002年3月15日最高人民法院、最高人民检察院公布的《关于执行〈中华人民共和国刑法〉确定罪名的补充规定》将投毒罪修改为投放危险物质罪，取消了投毒罪罪名。但是没有法律修正案或者立法解释将之推及《刑法》第十七条第二款。那么对于该条文的理解就会有疑问，到底是只涉及投毒行为，还是涉及包括投毒行为在内的投放危险物质行为。于是2004年4月其改名为投放危险物质罪。

二、任务执行与反思

“中毒”新闻追踪调查

发布任务

现在，请你召集并组建一个3～5人的小组，组建“法庭科学青年研究者团队”，对近十年来新闻媒体报道的“中毒”新闻报道进行追踪调查与研究，形成一份《“中毒”新闻追踪调查》的研究报告，基于研究结论提出你们的建议。

执行任务

请你们认真思考下列问题，完成任务单（表17-1）。

- 每一个新闻事件中，涉及的中毒人员组成是什么？有什么年龄特点？
- 中毒案件中毒物的名称是什么？数量有多少？
- 其中有投毒案件吗？犯罪行为人投毒的动机是什么？
- 这些中毒或投毒案件中，产生了哪些危害或影响？
- 每一个新闻事件，有什么特点？给人们什么样的启示？

表 17–1　近十年“中毒”新闻追踪调查

序　号	时　间	新闻事件名称	案情分析	结论与启示
1				
2				
3				
……				

实践探讨

小组完成全部任务后，请你带领小组成员围绕以下问题进行探究与讨论：

- 你们一共搜集到多少条“中毒”新闻报道？
- 能为这些中毒案件分类吗？
- 能从不同的中毒案件里，找出相关性吗？
- 随着年份的发展，这些中毒案件呈现什么样的变化趋势？
- 基于调查研究，提出对今后预防和打击投毒犯罪的建议。

第18课

如何筛查与鉴识毒物？

核心问题

- 毒物名目纷繁多样，该如何进行毒物的快速筛查？
- 如何对毒物进行准确而高效地定量、定性鉴定呢？

关键术语

- 毒物筛查
- 毒物检验
- 薄层色谱法
- 化学检验法
- 气相色谱法
- 高效液相色谱法
- 气-质联用法
- 分光光度法
- 免疫化学分析法

背景与目标

还记得《法庭科学：让证据说话》一书中的“小兄妹的相继‘别离’之谜”中涉案毒物“磷化氢”吗？起初，小兄妹在出现中毒症状之后，第一时间就送诊就医了，直到很长一段时间之后，警方才最终找到中毒的证据，可为时已晚，结果令人惋惜。但请你千万别灰心，不管难度有多大，公安机关总是想方设法，力争在最短的时间之内，完成毒物的筛查与检验。本节课，将向你介绍法庭科学领域毒物的筛查与检验方法，学习毒物分析学的相关原理与知识。

学习领域

毒物分析学。

建议时间

90分钟。

学习任务

本节课，你将通过对薄层色谱原理的学习，利用纸色谱对模拟现场毒物进行分析鉴定，体验法庭科学家分析鉴别毒物的方法，理解法医毒物分析的重要作用。

一、经典案例回顾

“磷化氢”中毒事件

案例1：2007年2月28日，一艘由上海开往福建的载有硅铁矿石的货船在运输过程中由于持续的阴雨天，导致硅铁矿石受潮持续放出磷化氢气体，最终造成9名船员中毒，其中1名死亡。刑技人员采集中毒现场的空气样本，利用磷化氢的钼酸铵分光光度法进行定量检测，结果显示船员宿舍内磷化氢浓度为0.38 mg/m^3，高于规定工作场所的标准磷化氢浓度0.3 mg/m^3，从而确认9名船员均系磷化氢吸入过量后中毒。

案例2：2009年7月初，刘某购买了大量的磷化铝片剂，用于熏蒸家中存放的小麦。7月24日，吃过晚饭后一家4口相继出现中毒症状，2个孩子于次日早晨抢救无效身亡。在排除他杀、自杀和食物中毒的可能后，刑技人员对提取到的两名死者的胃及胃内容物和肝组织采用气相色谱法进行检测，结果表明2个孩子系磷化氢中毒死亡，从而确定了案件为一次意外事件。

“毒鼠强”中毒事件

2022年6月18日，熊婆婆的大儿媳、二儿媳、三女儿、三女婿四人吃了她种植的蔬菜之后，竟然出现了中毒症状，并在体内查出了毒鼠强成分，三女儿还因此不幸身亡。当四人吃下蔬菜身体出现不适后，警方立刻介入，初步调查排除刑事案件的可能，后发现种植蔬菜的土壤里有毒鼠强成分，地上长的苋菜根茎、炒熟的苋菜里都检出了毒鼠强成分。

四人中毒程度不尽相同。检测报告显示，尿液中毒鼠强含量最少的一人为0.04 mg/L，最多的一人则达到了4.58 mg/L。资料显示，毒鼠强的化学名称为四亚甲基二砜四胺，是一种有机化合物，化学式为$C_4H_8N_4O_4S_2$，属于神经毒素，有剧毒，能引起二次中毒及环境污染，是我国禁止生产、销售、使用的农药。

经过调查取证，警方最终认定了事发原因：原来20世纪90年代末，马口镇英山、新镇街河边有多家生产毒鼠强的小作坊。当地开展毒鼠强专项整治工作后，含毒鼠强的土壤被运送至外地钢铁厂锅炉中焚烧，但仍有遗漏。经检查，并不是整块菜地的土壤都有毒，只有熊婆婆新扩的那块三四米的土地里含有毒鼠强成分。

- **研究** 上述案件中，涉及的毒物成分各具有什么特点和作用机制？
- **分析** 案件使用了哪些现代化分析仪器？它们还可以鉴定哪些物质？
- **推断** 若侦查人员不使用这些现代化分析仪器，案件还能被侦破吗？

思考与探究

毒物千千万，当疑似中毒事件发生之后，该如何进行筛查与检验呢？

当前，世界范围内，化学毒物的种类一直呈现着以每年大于一万种的数量在持续上升。现阶段的毒物鉴定，不仅包含普通毒物的鉴定，而且氰化物、新型除草剂、化学药品、生物碱以及相关的人体治疗药物等有毒物质也被列入法医毒物需要鉴定的内容中。与此同时，很多毒物的代谢物及生物标记物在侦查中也发挥着重要作用，因此，在实际检验过程中会将其与原体一起进行分析检测。

面对大量的有毒物质，毒物筛查工作是重要一环。每当疑似中毒案件发生之后，警方就会邀请法庭科学家参与到案件的侦破过程中来，向他们详细介绍案发经过和关键案情，力图尽可能地缩小毒物筛查范围。例如，在农村，农民们容易接触到农药；在电镀工厂，工人们容易接触到氰化物。因此，根据特定的案情，有利于对毒物的种类做出初步研判和筛选。

继而，再对疑似毒性物质进行分析鉴定，为案件侦破提供关键的线索，推动案件侦破进程，尤其是在刑事案件中，毒物分析鉴定发挥了至关重要的作用。例如，毒物鉴定人员会对被害人食用过的食物，以及被害人的血液乃至内脏进行检验和分析，就能够确定被害人的中毒方式和中毒物质。刑侦人员根据分析报告能够进一步推断分析案情，最终判断出被害人中毒方式与原因，从而确定案件的性质并进行侦破。

通常，毒物是由生物或化学物质所组成的，毒物鉴定人员的分析工作与前一章中鉴识毒品及其他物质的原理和方法十分相似。首先，要对毒物的初步筛选试验；其次，再对检材中的毒物进行提取、分离、净化、浓缩；最后，以不同的方法进行定性检验和定量检验。在实验室里，常用的定性、定量检验方法有化学检验法、薄层色谱法、气相色谱法、高效液相色谱法、气-质联用法、分光光度法、免疫化学分析法等一系列现代化分析技术，以确保毒物能够被准确、快速地分析和鉴定。

司法鉴定小百科

薄层色谱法

操作简单、成本低廉是薄层色谱法最显著的优点。也正是因为这一优点，薄层色谱法被广泛运用于毒物分离和毒物净化等方面。与此同时，随着科学技术的不断发展，薄层色谱法也在不断改进中提升，最终形成了高效薄层色谱法。高效薄层色谱法相比于传统的薄层色谱法具有更高的灵敏度，前者的灵敏度是后者的几十倍甚至百倍以上，对特殊药物的灵敏度更是达到毫微克的级别。因此，众多的毒物分析实验室都普遍采用高效薄层色谱法对毒物进行提纯和定性定量。

学科链接

毒物分析学

毒物分析学（Toxicological Analysis）是应用化学、药学、医学等学科的理论、技术和方法，对危害人类健康生存的化学物质进行分析研究的科学，属于分析化学的一门分支学科，多数情况下是微量分析或痕量分析。依据分析目的的不同，其被应用到各个不同的领域，大致可分为预防性毒物分析与突发性毒物分析。毒物分析在环境污染、食品安全、打击制毒贩毒、临床急救、药物和毒物的个性化评价等方面发挥了重要作用。

二、任务执行与反思

利用纸色谱法进行模拟毒物鉴定

发布任务

纸色谱法和薄层色谱法都属于色谱分析法，两者操作方法相似。不同的是，纸色谱法是以纸为载体，以纸上所含水分或其他物质为固定相，用展开剂进行展开的分配色谱。由于待测物不同，它们在固定相和流动相上的分配能力不同，从而得以分离和鉴定不同的待测物。法庭科学家经常使用色谱分析法或物理分离法将混合物分离成单个成分，以识别和匹配现场毒物与已知的毒物类型。

现在，请你召集并组建一个3～5人的小组，布置一个小型投毒案发现场，邀请一位小组成员从3种品牌不同、颜色相同的食用色素中任意挑选一种，作为模拟现场毒物。你们可以利用纸色谱法鉴定该“毒物”究竟是这3种色素中的哪一款。

材料准备： 剪刀、200 mL烧杯、咖啡滤纸、尺子、铅笔、食用色素（3种品牌不同、颜色相同的食用色素，分别代表3种不同类型的毒物）。

执行任务

先在滤纸的一端（约2 cm处），滴加适量样品溶液，待干后，将滤纸悬挂于烧杯内，然后使展开剂（水）从有样品的一端，借助毛细作用缓缓流向另一端，在此过程中各组分随着展开剂的向前移动在两相间进行分配。经过一段时间后，取出滤纸，画出展开剂前沿，待其干燥。（比移值R_f=原点中心至斑点中心的距离/原点中心至展开剂前沿的距离）

请你们认真思考下列问题，完成任务单（表18-1）。

表18-1　纸色谱中模拟毒物样本比移值测算

样　　本	样本迁移末端到起始点的距离	液体前沿到起始点的距离	比移值 R_f
现场毒物			
1号毒物			
2号毒物			
3号毒物			

- 一段时间后，你会发现滤纸上会有什么现象？
- 你观察到的颜色，各有什么不同？
- 颜色是按什么顺序分开的吗？
- 1号、2号、3号毒物三种样本的信息，能与现场毒物特征相互匹配吗？

实践探讨

你可以尝试其他含有染料的物质，如中性水笔、水彩笔、颜料等。

小组完成全部任务后，请你带领小组成员围绕以下问题进行探究与讨论：

- 其他染料也可以用纸色谱法进行分离鉴定吗?
- 哪些物质的比移值大？哪些小?

- 哪些物质分离的效果好？
- 用其他液体代替水，有什么不同的现象？

学习单元 8 昆虫证据

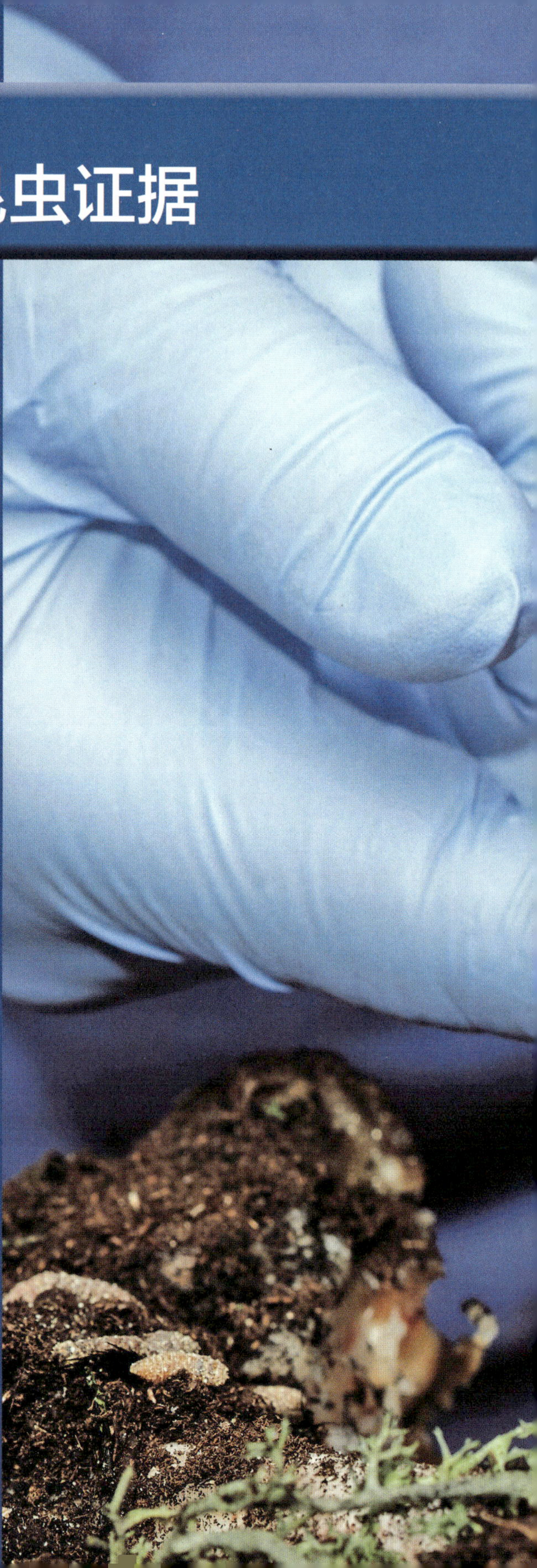

单元概要

发现昆虫在尸体上的发育、演变规律。

◎ 第19课

本课主旨

借助小小的昆虫，准确推断受害人的死亡时间，以还原案发的历程。

你知道吗?

自然界中，昆虫往往是各种动物死亡后尸体的最先发现者。

任何昆虫都有一定的生长周期，掌握每一种昆虫的生长周期规律，对于判断死亡时间有重要作用。

随着温度、湿度或者季节等因素的改变，昆虫生长的周期会随之变化。

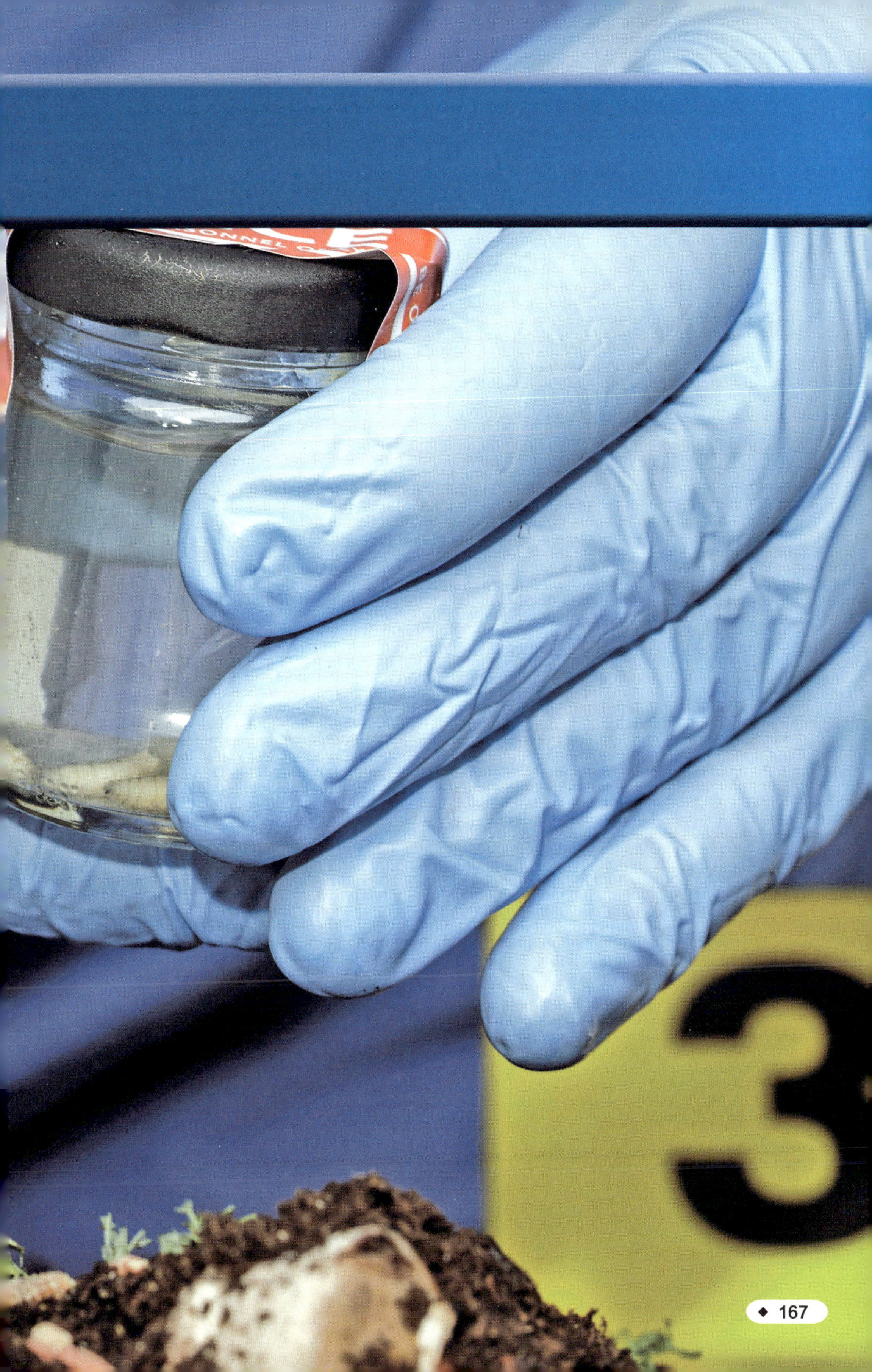
3

小昆虫，也能有大作为

不久前，睿奇回到故乡探亲。乡下的一切都是如此宁静自然。爷爷奶奶见到睿奇，十分高兴，当天便要杀鸡炖汤给他喝。睿奇坐在老屋前的院子里，看着爷爷用刀杀鸡，并用木盆接鸡血。可惜一些血飞溅出来，在地上留下了一摊血迹。睿奇无聊，再加上他学过了血迹学，便观察起了血迹。他发现时间一长，血迹变成了深褐色。傍晚，待他回来再观察时，一些小飞虫和苍蝇围绕着血嗡嗡飞着，像是被血迹吸引了一般。睿奇颇觉神奇，顿悟道：血迹留下时间一长，各类飞虫便相继聚集。刚开始新鲜的血迹并没有如此吸引飞虫。那么，可以依靠飞虫破案吗？

带着心里的疑问，在本周的法庭科学课前，睿奇来得特别早，他刚迈进实验室，就被书架上的一本书给吸引住了，难道是一本新书？他快步走向前，走到书架旁："果然，是一本新书啊！"看到书名，睿奇肃然起敬，坐在旁边的沙发上，迅速地翻阅开来。

没错，这本书是我国宋代宋慈所撰写的《洗冤集录》的译注，书名叫《〈洗冤集录〉译注》。正当他读得颇有兴致，法瑞老师也步入了实验室，随手在黑板上书写了今天的讲课主题：小昆虫也有大作为！

听到老师在黑板上书写的声音，睿奇抬起头，他瞄了黑板一眼，下意识地明白了：今天的课应该与《洗冤集录》有关。于是，他快速从书中找到了相关的案情描述：

"有一天，判官发现路旁躺着一具尸体，全身上下被镰刀砍伤十多处，判官刚开始以为是土匪强盗所杀，后来检查了随身衣物，发现没有缺失，所以对先前的推断产生了怀疑。随后，传讯死者的妻子到场，获知死者生前曾经与一个借债人发生过口角。于是，判官便赶紧让人分头命令借债人家附近的居民，'各家所有镰刀尽底将来，只今呈验。如有隐藏，必是杀人贼。'很快，人们就上交了七八十把镰刀，都一一摆放在地上。'时方盛暑，内镰刀一张，蝇子飞集。'根据现场情形，判断借债人用镰刀杀死了死者。借债人不服，判官指着刀，威仪凛凛地说：'众人镰刀无蝇子，今汝杀人血腥气犹在，蝇子集聚。岂可隐耶？’听到这里，所有在场的人无不叹服称赞，最后，借债人百口难辩，终于承认了自己的犯罪事实。”

“法瑞老师，我知道今天您的讲课主题了——苍蝇趋血·镰刀缉凶案！”还没等老师放下手中的笔，睿奇就抢先发言，“我猜，您今天要给大家讲授法医昆虫学，对吗？”法瑞老师微笑着点点头。

上课铃响，法瑞老师让睿奇讲述了他刚刚看到的故事内容。随后，这堂课就开始了，睿奇认真聆听，并一心一意记着笔记……

小巧玲珑的“昆虫线人”

核心问题

- 小小的昆虫为什么具备破案的神奇功能？
- 哪些昆虫经常被用来协助警方侦破案件？

关键术语

- 法医昆虫学
- 发育时间
- 动态规律
- 个体生态学
- 物候学
- 死亡时间
- 产卵
- 幼虫
- 化蛹
- 羽化幼蝇
- 双翅目
- 鞘翅目

背景与目标

时至今日，全球致力于法医昆虫学领域研究的昆虫学家和法医学家越来越多，经过几个世纪的发展，已经积累了许多有价值的资料，例如，对从尸体上发现的节肢动物种类、在特定条件下的发育时间和动态规律，以及个体生态学和物候学的研究，极大地丰富了法医昆虫学的研究内容和应用范围。本节课，将带你领略法医昆虫学，学习法庭科学家如何借助小小的昆虫，准确推断受害人的死亡时间，以还原案发过程。

学习领域

法医昆虫学。

建议时间

90分钟（不包括果蝇饲养实验时间）。

学习任务

通过真实案例的情境再现，学习法庭科学家运用昆虫学知识推断死亡时间的原理，并认识常见的“昆虫线人”及其生活习性，感受法医昆虫学在案件侦破中的重要价值与作用。

一、经典案例回顾

美国南卡罗来纳州乡间谋杀案

1985年11月8日，美国南卡罗来纳州乡间的一小房子下面发现了一具年轻女子的尸体。解剖证明其是死于头部的小口径来复枪伤。调查人员是因有人抱怨气味难闻而应邀进行检查从而发现尸体的。调查人员很快确定尸体是经地板上的孔洞丢到下边的浅坑中，然后又被逐步地掩埋起来。取样工作中调查人员收集到142只蝇类三龄幼虫和蛹。这些昆虫标本被送至昆虫实验室，进行饲养，鉴定结果是红头丽蝇和裸芒综蝇。

为了对死亡时间进行精确估计，调查人员从毗邻的气象站收集了气象资料。根据两种蝇的发育生物学，通过分析、比较，最后确定该女子的死亡时间应是在10月24或25日。依据这唯一的时间判断，很快找到犯罪嫌疑人。其供认，10月24日下午，在与受害人争吵后，用小口径来复枪在近距离之内开枪击中死者的头部。晚上他又通过地板上的孔洞，将尸体丢入屋子下边的浅坑之内，并覆以书报、土和垃圾。几天后为减少腐烂气味，又倒下石灰和水泥。据此，法庭以故意谋杀罪判处其30年监禁。

思考与探究

为什么受害人的死亡时间能被准确锁定?

目前为止，对于腐败尸体，尤其是白骨化尸体，确定其死亡时间相对困难。但利用尸食性昆虫的演替规律及生长发育规律，可对死亡时间做出比较准确的推断。

在自然界，动物尸体往往会招引昆虫前来觅食，对其形成强大的诱惑力。换个角度来看，动物的死亡，同时意味着某些昆虫生命的开始。

任何昆虫都有一定的生长周期，掌握每一种昆虫的生长周期规律，对于判断死亡时间有重要作用。以蝇类为例，成蝇在尸体上产卵—幼虫—化蛹—羽化幼蝇，这基本上是蝇类的生长规律。

研究表明，在这一过程中蛆卵在30℃环境下经8 ～ 14 h即可孵化成蛆，夏天，蛆每日增长2.4 ～ 3 mm；春秋天，每日增长1 mm。在犯罪现场，如果能够估计出这些昆虫幼虫的年龄，就可以通过倒推的方式，判断出受害人的死亡时间。

长期以来，法医昆虫学家对不同的昆虫进行了系统的实验和研究。这些“昆虫线人”包括两大类别：① 双翅目昆虫，如冬大蚊、水虻、蚤蝇、果蝇、渚蝇等；② 鞘翅目昆虫，如隐翅虫、鲣节虫、埋葬虫等。

例如，表19-1显示了“某地区亮绿蝇（Lucilia Illustris）一代史观察记录”。这是法医昆虫学家通过对亮绿蝇生长一代史进行系统观察，研究了它们的生长周期，详细记录了它们的体长和外形变化。

为了推算精确，法医昆虫学家需要根据案情实际，掌握特定的条件下昆虫的生长周期，或专门进行昆虫学实验，因为随着温度、湿度或者季节等因素改变，生长周期会随之变化。经过分析、综合可以得到其在此环境中的成长过程。把实验结果应用到实际工作中，对确定死者死亡时间极具参考价值。

表 19–1　某地区亮绿蝇（Lucilia Illustris）一代史观察记录

观察日期	昆虫名称	相关测量数据	外在形态
7月14日 上午	绿蝇	体长 11.0 mm 翅展长 17.0 mm	通体暗红棕色，眼呈暗红色
7月15日 上午	蝇卵	全长 1.7 mm	放大观察：乳黄色圆柱状，通体发亮，头部尖圆，首细体粗
7月15日 下午	蛆 （一日龄）	全长 5.0 mm	放大观察：通体透明，头尖尾粗，首褐尾白，颜色相间成节状，可数9节，头部、尾部可见点状褐斑
7月16日 上午	蛆 （二日龄）	全长 11.0 mm	体形如前虫，体色变为黄褐色，头细尾粗
7月16日 下午	蛆 （三日龄）	全长 10.5 mm	放大观察：虫体呈黄褐色，节状变成环体宽带，带上有刺状突起，背部环带刺状突起8条，腹部环带刺状突起6条，背部刺状突起大于腹部刺状突起。通体有小黑点，背部重于腹部。小黑点呈规律性分布，历历可数
7月17日 （下雨）	蛆 （四日龄）	全长 10.3 mm	虫体呈黄褐色，体形扁平，呈弓状，环带上依然有黑点和刺状突起，背部环带向下凹陷有褶皱
7月18日	蛹	全长 8.1 mm	虫体褐色，较四日龄蛆体短而粗，刺状突起收敛倒伏
7月21日	幼蝇	—	外形与成蝇相似，仅个体明显小于成蝇

注：整个观察期间，温度 31 ～ 36℃，湿度 80% 左右。

二、任务执行与反思

果蝇一代史观察记录

发布任务

现在，请你召集并组建一个3～5人的小组，成立“果蝇一代史”课题研究小组，布置一个小型的研究场所，像法庭科学家那样，详细观察并记录果蝇的生长周期、环境条件、相关测量数据及外形变化情况。

材料准备：果蝇（从水果店内捕获的野生果蝇）、烂苹果（作培养基）、果皮（约1.5 cm^2，捕获用）、普通矿泉水瓶（捕获用）、广口瓶、试管、卫生纸（制试管塞）、放大镜、照相机。

执行任务

通常，可以选择在温度25℃左右时，对果蝇进行诱捕。例如，在水果大量上市期间比较适宜诱捕到大量的野生果蝇。可以将捕获到的果蝇，分装于不同的试管中。若条件允许，可以选择广口瓶饲养果蝇，这样更加有利于观测。每个容器中，果蝇数量不宜过多（3～5只为佳），否则可能会影响观测。

请你们认真思考下列问题，完成任务单（表19–2）。

表19–2　______地区果蝇一代史观察记录

观察日期	温度 /℃	相对湿度 /%	名　称	外在形态

- 你能分辨出雄性果蝇和雌性果蝇吗？每个容器里各有多少只？
- 容器的通气性怎样？怎样控制通气状况以利于果蝇的生存？

- 每个容器中的化蛹总数是多少？羽化总数是多少？
- 果蝇完成一代生长，需要经历哪些阶段？各有多少天？
- 果蝇完成一代生长周期需要多少天？

实践探讨

小组完成全部任务后，请你带领小组成员围绕以下问题进行探究与讨论：

- 不同容器里，果蝇的生长状况一样吗？
- 果蝇的生长状况相同之处在哪里？不同之处又在哪里？
- 能够绘制一幅完整的果蝇生长周期图吗？
- 饲养果蝇遇到哪些困难？怎样解决？

进一步探究

- 尝试改变一下温度、湿度等变量，结果有什么不同？
- 用其他水果来代替苹果，如香蕉、梨、葡萄等，情况一样吗？

学科链接

法医昆虫学

法医昆虫学（Forensic Entomology）是应用昆虫及其他自然科学的理论与技术，研究并解决司法实践中有关昆虫问题的一门科学。自然界中，昆虫往往是各种动物死亡后尸体的最先发现者。随着科学家发现昆虫在尸体上的发育、演变规律，以及昆虫学知识不断在法医检验中的成功应用，世界上许多国家已把法医昆虫学作为应用昆虫学的一门学科从昆虫学中分离出来。

三、课后实践

“法医昆虫学家”系列实训

情境实训 1 :“地下室”案

警方报告：在江中市一户人家的地下室里发现了一只拉布拉多猎犬的尸体。蛆集中在其头部和肩膀后的区域，其中发现一只最长的蛆虫，全长为 10.5 mm。窗户是关闭的，但有阳光照进来。

天气报告：在过去三周，白天温度为 25 ～ 35℃，天空一直晴朗。

请你带领小组成员围绕以下问题进行探究与讨论：

- 这只动物大概死了多久？如果要准确推断，还需要哪些昆虫学信息？
- 在这种情况下，外界的温度对你估计的死亡时间有什么影响？
- “窗户是关闭的”这一事实与你在尸体及其周围观察到的苍蝇的数量有什么关系？
- 你怀疑是谋杀吗？说出你的理由。

情境实训 2 :“牧场”案

警方报告：一匹公马的尸体在江中市附近一个牧场被发现。对这匹公马身上仔细搜查之后，并未发现明显的伤痕。尸检显示，其体内有夹竹桃苷（一种

强大的心脏兴奋剂）。夹竹桃中含有夹竹桃苷。夹竹桃在这个地区是一种常见的观赏灌木，但是没有生长在距离牧场200 m的范围内。

天气报告： 过去三周日间气温异常温暖，温度为28 ～ 30℃。

请你带领小组成员围绕以下问题进行探究与讨论：

- 这只动物大概死了多久？如果要准确推断，还需要哪些昆虫学信息？
- 夹竹桃苷对推算死亡时间有什么影响？
- 可以运用哪些方法，检测公马身体中含有夹竹桃苷？
- 夹竹桃苷是一种什么样的毒素？会引起哪些中毒反应？
- 你怀疑是谋杀吗？说出你的理由。

情境实训3："常青树丛"案

警方报告： 一头大腹便便的猪的尸体被发现在离江中市区很远的一片茂密的常青树丛中。猪脖子上的毛被磨成条状。在猪身上匍匐着一些亮绿蝇，时而飞起，时而飞落，伤口附近还有些许虫卵。

天气报告： 过去三周白天气温平均为20 ～ 25℃。

请你带领小组成员围绕以下问题进行探究与讨论：

- 这只动物大概死了多久？如果要准确推断，还需要哪些昆虫学信息？
- 在这种情况下，温度对推断死亡时间有什么影响？
- 你怀疑是谋杀吗？说出你的理由。

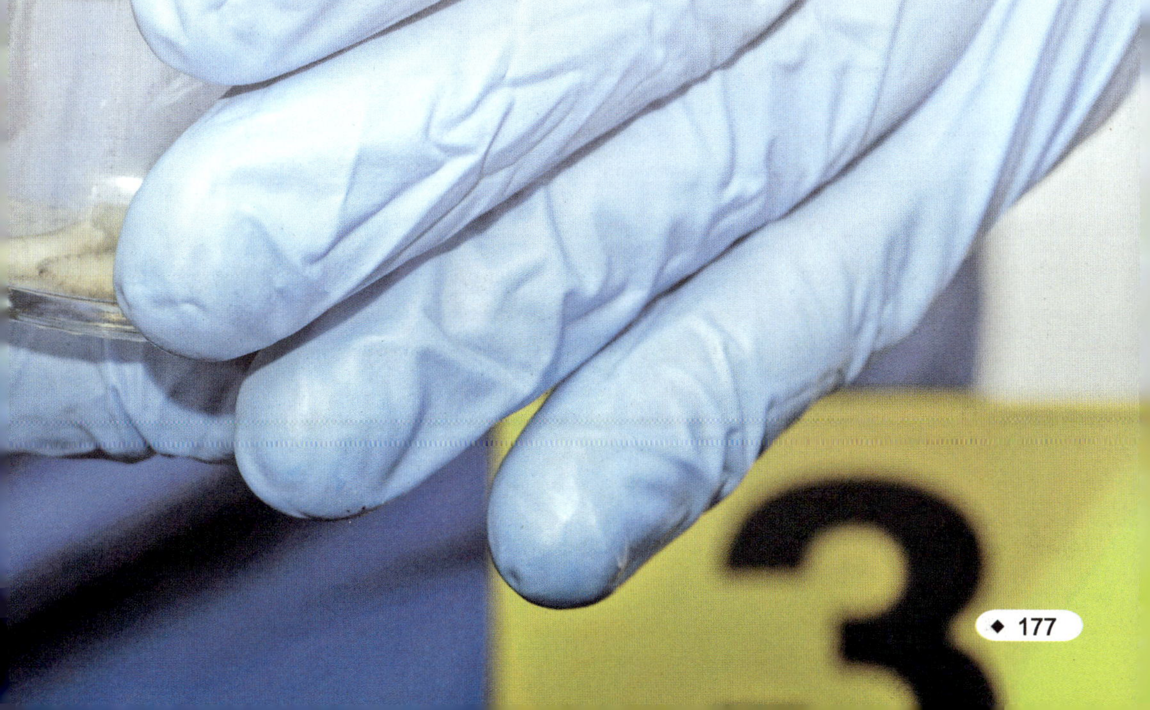

学习单元 9 爆炸物证据

单元概要

爆炸案件，因其破坏严重、影响广泛而一直受到社会各界的极大关注。

◎ 第20课

本课主旨

确定爆炸物的成分及来源，锁定犯罪线索。

你知道吗？

爆炸危险品受到摩擦、撞击、振动、高热或其他因素的激发，能够产生激烈的化学反应。爆炸现场大致划分为爆炸中心区、残留物峰值区和残留物扩散区。

进入生产、储存易燃易爆危险品的场所，必须执行消防安全规定。

105 FT.
TRUCK 1

从工业生产安全说起

睿奇的妈妈在一家建造石油管道的公司工作。听说下节课法瑞老师要讲爆炸物，睿奇便想到了最近看的一部电影中有危险品仓库火灾引发爆炸的事件。那么，石油有危险吗？他决定请教妈妈。

一天晚上吃完饭，妈妈有空，睿奇便急切地和她攀谈了起来。

“妈妈，您说，石油危险吗？”睿奇眨眨眼，看向妈妈。

“那当然咯！”妈妈点点头，“虽然它是液体，但它威力巨大！我们安全培训课程中讲过一个安全事故案例：有一家公司在原油罐区卸油时，卸油作业在两条输油管道同时进行。工作人员通过原油罐区内一条输油管道上的排空阀，向输油管道中注入脱硫剂。后续暂停卸油作业，但注入脱硫剂的作业没有停止，一段时间后，靠近脱硫剂注入部位的输油管道突然发生爆炸，引发火灾，造成部分输油管道、附近储罐阀门、输油泵房和电力系统损坏，大量原油泄漏。事故导致储罐阀门无法及时关闭，火灾不断扩大。原油顺地下管沟流淌，形成地面流淌火，火势蔓延，造成了重大事故。”

听完妈妈的讲述，睿奇大受震撼，便开始查找相关资料。他发现，此前就有相关机构就对该油库进行了环境影响评估与预警，并形成了一份《环境影响报告书》，报告书已提出火灾预警，“火灾爆炸危险性评价结果表明，油库罐区的火灾爆炸危险指数等级为严重，经安全措施补偿后降低为轻微，说明工程火灾爆炸危险性较大”。

报告书指出，油库的主要危险是火灾和爆炸，在储存、输送原油过程中，可能产生泄漏、跑料事故，遇明火则能发生火灾、爆炸事故。原油泵房则是各类机电设备集中、操作频繁、最容易泄漏和散发油气的场所，在通风不良或电气设备不符合防爆要求的情况下，有可能发生爆炸。

另一种可能是，保税油库里存储的沙特油硫含量很高，原油罐上的氧化铁与原油中的硫长期作用，就会生成硫化亚铁。硫化亚铁沉淀物如果暴露在空气中，能发生氧化放热反应，最终引发爆炸。

通过查阅资料，睿奇想进一步了解相关的工业生产安全知识，他的邻居张叔叔是一家大型企业的安全生产工程师，于是，经过睿奇的引荐，张叔叔受到法瑞老师的特别邀请，前往学校为法庭科学课程班的学员们开设一次有关“化工危险品”储运的安全讲座，这受到了大家的热烈欢迎。张叔叔说：“危险化学品之所以危险，是因为它们具有易燃易爆的理化危险、腐蚀和毒性等危害人体健康的危险，以及危害环境动植物的毒性等。所以，为保障安全，生产和储运危险化学品的企业必须依法取得专门的安全生产许可证，操作人员也需要接受专业知识培训，考试合格取得危险化学品操作资格证后才能上岗。”

第20课

常见爆炸物与安全防范

核心问题

- 常见的爆炸危险品有哪些？它们为什么会引发爆炸？
- 爆炸案常发生在什么情况下？它们分别有什么特点？

关键术语

- 爆炸原理
- 爆炸波
- 氧化基团
- 还原基团
- 催化作用
- 爆炸危险品
- 爆炸罪
- 爆炸残留物
- 爆炸中心区
- 残留物峰值区
- 残留物扩散区

背景与目标

爆炸案件，因其破坏严重、影响广泛而一直受到社会各界的极大关注。爆炸案件的发生及增多，会造成人们心理恐慌，成为危害社会的不安定因素。因此，爆炸案向来是社会与公众关切的热点，更是公安机关与消防部门防范的重点。本节课，以常见的爆炸物为例，介绍爆炸原理及爆炸品检验的方法。

学习领域

分析化学。

建议时间

90分钟。

学习任务

认识常见爆炸物及爆炸装置，了解爆炸物的爆炸原理，在指导下通过实验体验常见爆炸物所涉及的离子成分检验与分析过程。

一、经典案例回顾

黎巴嫩首都贝鲁特港口爆炸案

黎巴嫩当地时间2020年8月4日下午6时左右，首都贝鲁特港口区发生巨大爆炸，爆炸接连发生两次，导致多栋房屋受损，玻璃被震碎，空中升起红色烟雾。

爆炸波及周围240千米地区，先是一股浓烟向天上弥漫，随后浓烟中出现零星的爆炸火光，大约5秒后，巨大的火龙冲天而起，夹杂着爆炸的冲击波在一秒内席卷了视线内可见的建筑物。外围的白色烟尘率先向外扩散，火红色的蘑菇云紧随其后。目击者巴查·甘塔司说："就像世界末日一样，到处都是摇摇晃晃受伤的人，满地都是玻璃、坏掉的汽车。太可怕了！"

一位驻黎巴嫩的外媒记者幸运地离起爆地点较远，在他的描述中，爆炸更“像是一场特大地震”。

爆炸导致贝鲁特多个街区严重受损，到处可见破损的建筑物和散落的玻璃碎片。在爆炸地点附近的阿什拉斐叶街区，居民比拉尔说，事发时整个街区“就像遭受一场灾难”，许多人受伤。据当地媒体报道，距爆炸地点10多千米的总统府建筑也受损。事发近两个小时后，现场依然浓烟滚滚，一些集装箱在爆炸中被掀飞、变形，旁边的仓库一片狼藉，纸箱等物品四处散落。

此次爆炸造成至少190人死亡、6 500多人受伤、3人失踪。黎巴嫩当局于8月17日宣布，贝鲁特紧急状态延长至9月18日；同日，黎巴嫩司法部门宣布了贝鲁特爆炸案的初步调查结果，贝鲁特港口12号仓库的管理存在严重疏忽，因为仓库内除了发生爆炸的2 750吨硝酸铵，还存放了大量的烟花和爆竹。

? 思考与探究

储存在港口的硝酸铵为什么会发生爆炸?

硝酸铵，简称为硝铵（AN），是一种十分高效的优质肥料，居世界氮肥产量的第2位，仅次于尿素。同时硝酸铵也是一种常用的工业原材料，硝酸铵的氮含量为35%，硝酸铵自身含有还原基团和氧化基团，具有结构疏松、孔隙率大等特点，导致在爆炸过程中易于形成热点，同时硝酸铵爆炸会生成大量的气体等，因此也常被用于军用含能材料、民用爆破器材等。目前硝酸铵已成为工业炸药中最主要的工业原料。据统计每年全世界生产的硝酸铵，其中用于工业炸药的占将近25%。与此同时硝酸铵作为重要的复合肥原料，每年全世界生产的复合肥含硝酸铵类的总产量超过40 Mt。

硝酸铵是一种氧化剂，它与柴油、木粉等可燃剂通过简单的机械混合后就可以变成极具爆炸性的物品。在常温、常压下，硝酸铵对于枪击、撞击及摩擦作用的敏感度都十分低，是一种很稳定的物质，但是在高温或者高压下，以及某些杂质的混杂都会在很大的程度上影响硝酸铵的性能。如在杂质（如铁屑、Cl^-离子等）的催化作用下，其会变得更加敏感，极易发生事故。国内外在硝酸铵的制造、运输及储存过程中发生过多起由于上述原因导致的爆炸事故。

经过调查发现，“黎巴嫩首都贝鲁特港口爆炸案”是由于硝酸铵的不当存储而引发的。数量巨大的硝酸铵造成了爆炸事故，现场非常惨烈，给周边群众的人身安全及建筑物都带来了难以弥补的损害。

尽管如此，警方经过缜密的调查之后，排除了人为故意实施爆炸的行为，因而涉案人员最终以玩忽职守的罪名惩处了当地官员及责任人。

司法鉴定小百科

爆炸危险品

爆炸危险品在常规定义下是指具有易燃、爆炸、毒害、放射性、腐蚀等危险性质，并在物品运输、使用、装卸、保存等过程中容易引起爆炸、燃烧等引发人员伤亡和财产损失事故的物品。根据现行国家标准，危险品可分为8类：①爆炸品；②毒害品和感染性物品；③易燃液体；④易燃固体、自燃物品和遇湿易燃物品；⑤压缩气体和液化气体；⑥放射性物品；⑦氧化剂和有机过氧化物；⑧腐蚀品。

生活中的法学

《中华人民共和国消防法》对易燃易爆危险物品的消防安全管理相关规定

第二十一条　禁止在具有火灾、爆炸危险的场所吸烟、使用明火。因施工等特殊情况需要使用明火作业的，应当按照规定事先办理审批手续，采取相应的消防安全措施；作业人员应当遵守消防安全规定。

进行电焊、气焊等具有火灾危险作业的人员和自动消防系统的操作人员，必须持证上岗，并遵守消防安全操作规程。

第二十二条　生产、储存、装卸易燃易爆危险品的工厂、仓库和专用车站、码头的设置，应当符合消防技术标准。易燃易爆气体和液体的充装站、供应站、调压站，应当设置在符合消防安全要求的位置，并符合防火防爆要求。

已经设置的生产、储存、装卸易燃易爆危险品的工厂、仓库和专用车站、码头，易燃易爆气体和液体的充装站、供应站、调压站，不再符合前款规定的，地方人民政府应当组织、协调有关部门、单位限期解决，消除安全隐患。

第二十三条　生产、储存、运输、销售、使用、销毁易燃易爆危险品，必须执行消防技术标准和管理规定。

进入生产、储存易燃易爆危险品的场所，必须执行消防安全规定。禁止非法携带易燃易爆危险品进入公共场所或者乘坐公共交通工具。

储存可燃物资仓库的管理，必须执行消防技术标准和管理规定。

…………

第三十三条　国家鼓励、引导公众聚集场所和生产、储存、运输、销售易燃易爆危险品的企业投保火灾公众责任保险；鼓励保险公司承保火灾公众责任保险。

…………

第六十一条　生产、储存、经营易燃易爆危险品的场所与居住场所设置在同一建筑物内，或者未与居住场所保持安全距离的，责令停产停业，并处五千元以上五万元以下罚款。

生产、储存、经营其他物品的场所与居住场所设置在同一建筑物内，不符合消防技术标准的，依照前款规定处罚。

第六十二条　有下列行为之一的，依照《中华人民共和国治安管理处罚法》的规定处罚：

（一）违反有关消防技术标准和管理规定生产、储存、运输、销售、使用、销毁易燃易爆危险品的；

（二）非法携带易燃易爆危险品进入公共场所或者乘坐公共交通工具的；

（三）谎报火警的；

（四）阻碍消防车、消防艇执行任务的；

（五）阻碍消防救援机构的工作人员依法执行职务的。

第六十三条　违反本法规定，有下列行为之一的，处警告或者五百元以下罚款；情节严重的，处五日以下拘留：

（一）违反消防安全规定进入生产、储存易燃易爆危险品场所的；

（二）违反规定使用明火作业或者在具有火灾、爆炸危险的场所吸烟、使用明火的。

爆 炸 罪

爆炸罪，是指故意用爆炸的方法，杀伤不特定多人、毁坏重大公私财物，危害公共安全的行为。《刑法》第一百一十四条规定，放火、决水、爆炸以及投放毒害性、放射性、传染病病原体等物质或者以其他危险方法危害公共安全，尚未造成严重后果的，处三年以上十年以下有期徒刑。

此外，《刑法》第一百一十五条规定，放火、决水、爆炸以及投放毒害性、放射性、传染病病原体等物质或者以其他危险方法致人重伤、死亡或者使公私财产遭受重大损失的，处十年以上有期徒刑、无期徒刑或者死刑。过失犯前款罪的，处三年以上七年以下有期徒刑；情节较轻的，处三年以下有期徒刑或者拘役。

进一步探究

在一片狼藉的爆炸现场，法庭科学家该如何搜寻涉案证据？

当爆炸危险品受到摩擦、撞击、振动、高热或其他因素的激发，从而产生激烈的化学反应，会在极短时间内放出大量的热和气体，同时还会伴随剧烈的声光现象。因此，爆炸现场通常是一片狼藉，原有物品的形态也会变得面目全非。

面对混乱不堪的现场，法庭科学家又该如何搜集或探查相关证据，为法庭审判提供科学证据呢？这要从“爆炸残留物”说起。爆炸发生后，大部分爆炸物就会发生化学反应，在高温、高压作用下分解为气体。极少量没有完全反应的爆炸物，会以微粒的形式混杂在现场的泥土、灰尘及周边物品之中。

富有经验的法庭科学家，会根据爆炸程度大小，将爆炸现场大致划分爆炸中心区、残留物峰值区和残留物扩散区。其中，残留物峰值区就是现场勘查的重点区域。然后，他们对处于残留物峰值区的物品进行筛查和检验，如土壤、石块或其他可疑物。最终，经过一系列理化检测，确定爆炸物的成分及来源，锁定犯罪线索。

学科链接

分析化学

分析化学（Analytical Chemistry）是研究物质的组成、含量、结构和形态等化学信息的分析方法及理论的一门科学，是化学的一个重要分支。它是鉴定物质中含有哪些组分以及物质由什么组分组成，测定各组分相对含量，研究物质分子结构的重要领域。

分析化学有极高的实用价值，对人类的物质文明做出了重要贡献，广泛地应用于地质普查、矿产勘探、冶金、化学工业、能源、农业、医药、临床化验、环境保护、商品检验、考古分析、法医刑侦鉴定等领域。

二、任务执行与反思

第一项任务：模拟爆炸物的搜集与检验

发布任务

请你召集并组建一个3～5人的小组，布置一个小型模拟爆炸现场。邀请一位组员，将事先准备好的黑炭粉涂抹在现场相关物品或地面上，其中只有一种粉末混有小苏打（模拟爆炸物残留物）。其他组员扮演法庭科学家，用棉签进行采样和提取，然后带回实验工作台，鉴定和确认含有小苏打的残留物样本。

材料准备： 黑炭粉、小苏打、白醋、棉签、试管、滴管、标签纸、放大镜、记号笔、纸。

执行任务

由于白醋可以与小苏打进行化学反应，生成二氧化碳气体，因此用混有小苏打的黑炭粉模拟爆炸残留物，可以考查法庭科学家现场搜集和鉴定物证的能力。

请你们认真思考下列问题，完成任务单（表20-1）。

表20-1　模拟爆炸物残留物鉴定

项　目	编　　号			
	1	2	3	……
区　域				
采集人				
实验现象				

- 你能够划分出爆炸中心区、残留物峰值区和残留物扩散区吗？
- 哪个区域提取爆炸残留物的可能性大？
- 一共搜集到多少样本？逐一进行编号了吗？
- 三个区域分别提取到多少样本？
- 有没有发现爆炸残留物？

实践探讨

小组完成全部任务后，请你带领小组成员围绕以下问题进行探究与讨论：

- 在你们的模拟爆炸情境中，是什么原因引发了爆炸？
- 涉嫌爆炸犯罪吗？
- 分析和讨论不同的爆炸情况，提出能够有效保护生产生活的预防方案。

第二项任务："爆炸案"新闻追踪调查

发布任务

现在，请你和小组成员共同组建"法庭科学青年研究者团队"，对近十年被互联网刊载过的“爆炸案”新闻报道进行追踪调查与研究，形成一份《“爆炸案”新闻追踪调查》的研究报告，提出你们的结论与发现。

执行任务

请你们认真思考下列问题，完成任务单（表20–2）。

表20–2　近十年“爆炸案”新闻追踪调查

编　号	时　间	新闻事件名称	案情分析	结论与启示
1				
2				
3				
……				

- 每一个新闻事件中，涉案人员组成是什么？有什么年龄特点？
- 涉案爆炸物名称是什么？数量有多少？
- 涉案人员的动机或引发爆炸的原因是什么？
- 产生的危害有哪些？
- 每一个新闻事件，给人们什么样的启示？

实践探讨

小组完成全部任务后，请你带领小组成员围绕以下问题进行探究与讨论：

- 你们一共搜集到多少条“爆炸案”新闻报道？
- 能为这些爆炸案件分类吗？
- 能从不同的爆炸案件里找出相关性吗？
- 基于调查研究，请向公众给出今后安全生活的建议。

学习为未来生活

“爆炸危险品安全进企业”行动

基于你们以上的调研分析，走访企业、公安部门和消防部门，然后开展小组合作，为生产、加工或存储爆炸危险品的相关企业起草一份“爆炸危险品安全防护指南”，设计和制作一份危险品使用手册，提高企业员工的安全防范意识。

- **调查** 请你在老师的指导下，考察近期爆炸案件的相关情况。
- **研究** 请你和组员在调查的基础上，研究当前爆炸案件的类型及特点，探究“避免与预防同类案件发生”的种种可能。
- **应用** 基于你们的研究，通过展板、演讲、竞赛等形式，在校园里向大家进行宣讲，提高同学们对爆炸案件的认知与防范能力。
- **创新** 基于你们的调查与研究，为相关企业设计“爆炸危险品安全防护指南”。

学习单元 10 文检证据

单元概要

文检鉴定就是对与案件有关的文书进行勘验、分析、识别、鉴定。

◎ 第21课

本课主旨

纸张的类型不同，其成分就不同，结构也不同。

◎ 第22课

本课主旨

使用笔迹分析的原则来确定一个签名是真的，还是伪造的。

你知道吗?

木纤维在纸张上位置的稳定性是纸质鉴定的依据和基础。

伪造签名笔迹形成的方式比较多样，有窃取、摹仿两大类型。

比较签名行为的总体特征、字迹排列布局特征、用语习惯特点的异同。

ENCE
RCH
LISTS

胆敢模仿我的签名!

上节课，睿奇的邻居张叔叔为同学们讲授了很多安全常识。张叔叔了解到，法瑞老师是一名法庭科学专家，睿奇和其他同学们在“法庭科学”课程学习探究中受益匪浅。

于是，张叔叔想起了身边的一件事情：他发现集团下属分公司的一份安全生产认证书竟然被冒签了。经过他仔细辨认，发现认证书上根本不是他本人的字迹，可能有人模仿，制作了这份安全生产认证书。这样未经谨慎的安全评估就开始进行生产活动，是具有安全生产隐患的。这种冒充签字的行为，也会造成不可估量的后果，尤其是在出事后事故原因和事故责任的归属问题上。如果出事，安全生产认证书上的签字人肯定逃脱不了责任，这种模仿笔迹的签字行为实质上极大地侵犯了张叔叔的个人权益。他希望法瑞老师能够给他提供科学的指导，维护他的权益。于是法瑞老师跟张叔叔讲解了纸张的材质和笔迹分析的要点。

张叔叔认为这些甄别字迹的知识非常实用。他亦希望同学们学会辨别真假字迹，在学习和今后工作中提高自己的综合素养，离小小法庭科学家更近一步。

法瑞老师决定给同学们开设一堂“笔迹鉴定综合方法”课。当法瑞老师在黑板上写下“真假字迹我来辨，模仿字迹我不学”几个大字时，同学们皆坐姿端正、睁大眼睛、洗耳恭听，期待着新鲜又有趣的知识。

第21课

“洞穿”文件的材质

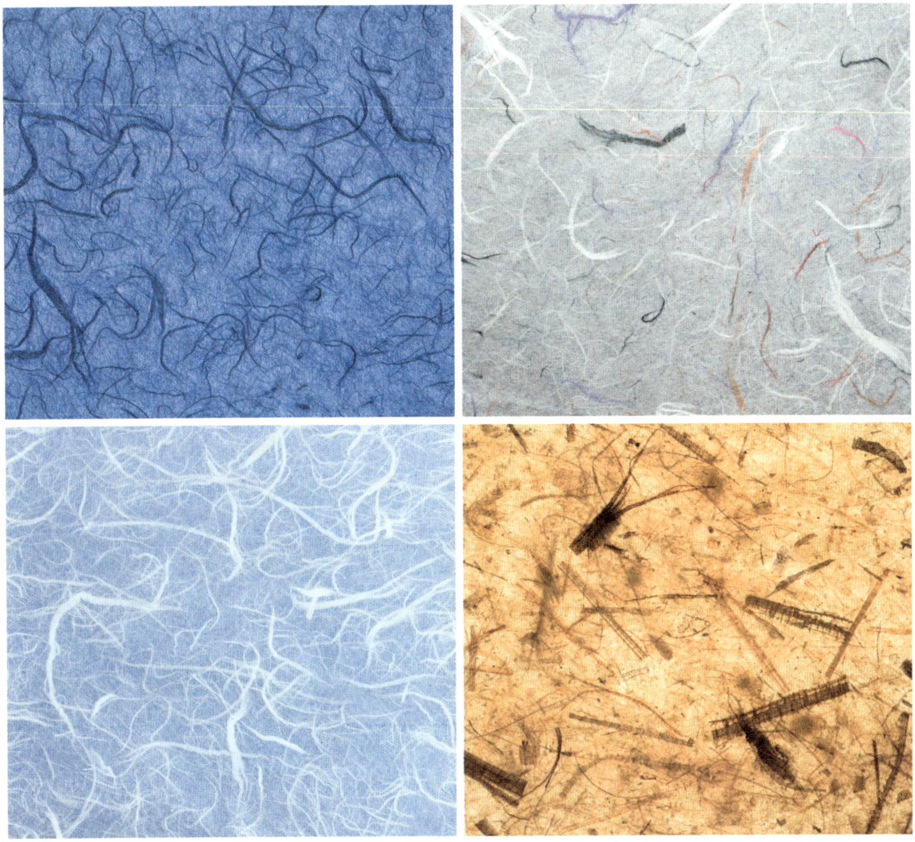

核心问题

- 纸张里隐藏着哪些有助于司法鉴定的“蛛丝马迹”？
- 如何对文件材质进行科学鉴定以彰显公平正义？

关键术语

- 伪造
- 分离结点
- 断离缘
- 木纤维
- 整体分离
- 天然纤维
- 化学制浆
- 机械制浆

背景与目标

纸张是文检证据的重要载体，也是日常生活的重要物品，在各行各业中有着广泛的应用。所以，涉及纸张的案件比比皆是，如合同、契约、遗嘱、股票、支票、字画、传单、匿名信，甚至涉案物品的包装物等。本节课，你将深入了解纸张种类、品牌的检验在侦破案件中发挥的关键作用，体会它们在法庭科学中的重要意义。

学习领域

显微分析。

建议时间

90分钟。

学习任务

认识纸张的内部结构与造纸工艺，了解发现文检证据的原理与价值，在指导下通过实验体验文件检验与分析的过程。

一、经典案例回顾

藕断丝连的木纤维

江中市司法鉴定中心受理了一份可疑的文件。送检人认为这份文件的上联（存根联）与下联登记内容不一致。

司法鉴定专家进行了仔细地观察，发现：送检材料和样本都是A5大小、白底、批量印制的有斜向绿色英文字母底纹的纸张。然后，将检材的上边沿和样本的下边沿拼接在一起，在普通体视显微镜下进行观察，发现检材和样本的断缘长度吻合一致；在断离缘上均匀分布着纸张印制时制作的便于上下联分离的41个分离结点，且每个结点一一对应；断离缘上的每一组绿色英文字母均对应连贯；红色印章在断离缘处吻合一致，拼接成一枚完整的审批专用章。

显然，两份材料的长度、宽度、厚度、材质、底纹和结点均属于种类特征，但无法肯定为同一整体分离。同时，印章虽然吻合较好，但是也存在用同一枚印章反复试印达到接近吻合效果的可能性。该如何进行整体性确认呢？

为了寻找特定性更强、价值更高的认定依据，司法鉴定专家尝试着利用纸张内部的木纤维进行整体分离鉴定。运用新型超景深三维显微系统对检材和样本进行显微观察。在放大100倍的视野下，纸张上的木纤维、碳墨颗粒和绿色油墨等清晰可见。木纤维粗细长短不一，随机分布，其中粗大的木纤维直径为10～60 μm，个别长度为300 μm以上，具有很好的整体分离鉴定价值。

通过对两个断离缘上的木纤维进行对接，发现两个断离缘上的木纤维相互对应连贯，选择5条粗大木纤维进行测量、比对和对接，结果其粗细、方向及角度均吻合。这些特定特征的存在，形成了特定的总和，反映了特殊的本质，为其他纸张所不能重复出现，从而构成了同一整体分离的依据。

据此认定了该文件上下两联为同一纸张整体分离。

思考与探究

在本案中，法庭科学家是如何认定文件上联、下联的整体性的？

利用木纤维进行纸张整体分离鉴定，其特征的稳定性高。纸张内的所有木纤维在纸张上的位置都已基本固定，这种木纤维在纸张上位置的稳定性是纸质鉴定的依据和基础。木纤维位置的稳定性远远超过附加在纸张之上的碳墨和油墨的稳定性，只要纸张不腐败，木纤维的位置一般不会发生改变。

所以，利用木纤维进行纸张整体分离鉴定的特征稳定性要远远高于利用附加在纸张之上的其他物质，木纤维不仅在纸张内位置不易改变，更由于其是微观结构，肉眼无法观察，1 mm的范围内就有上百甚至上千根木纤维，所以要伪造一张上万根木纤维都能对接上的纸张，几乎是不可能的事。

进一步探究

那么，纸张究竟都有哪些特点可以被法庭科学家用于司法鉴定呢？

首先，纸张的类型不同，其成分也就不同。纸张的主要成分是纤维素，但纸张的类型及组分却多种多样。例如，有些纸张是由棉、麻、草或其他天然纤维组成的；有些纸张则是以木质素为原料，通过化学制浆或机械制浆等形式加工而成的。同样，不同的纸张之间所使用的涂料、黏合剂、增白剂等填充剂的类型及含量也有差异，这些差异决定了纸张的质量。

其次，纸张的类型不同，其结构也不同。例如，纸张纤维的三维结构具有一定的方向性，由于纤维的不均匀排列方式，纸张存在三维各向异性；纸张反面比较粗糙、疏松，而正面则比较平滑、紧密；同时，多孔的纤维和纤维之间的交织，使得不同类型的纸张能够形成不同的孔隙结构。此外，纸张纤维之间的扭结和关联，能够形成彼此相互吸引的作用力，具有不同的力学性能。

因此，因纸张原料和加工工艺的差异，其物理参数与化学成分可能会有差异，这为我们的鉴别区分提供了可能。在各类案件现场经常能提取到不同种类的纸张物证，如书写纸、宣传页纸、纸巾、复写纸、热敏纸、硬质纸盒、便笺纸等。通过对这些纸张物证的分类研究，可以为侦破案件提供线索，指明方向，为证实犯罪提供科学的依据。

二、执行任务与反思

第一项任务：纸张的宏观检验

发布任务

请你召集并组建一个3～5人的小组，布置一个小型的案发现场。像法庭科学家那样，从现场的纸张样本中，鉴定出与犯罪嫌疑人使用的同款纸张物证。

材料准备：不同类型的纸张、放大镜、手电筒、验钞灯、记号笔、标签。

执行任务

请你们认真思考下列问题，完成任务单（表21-1）。

- 哪一个纸张样本与犯罪嫌疑人使用过的是同款？
- 不同纸张样本之间有哪些差异？如颜色、纹理、图案、光洁度等。

- 分别在日光下和紫外光下观察它们，会出现什么现象？为什么？
- 还能够发现它们的其他不同之处吗？

表21–1　纸张证据宏观检验

编　号	项　目			
	颜　色	纹　理	图　案	光洁度
1				
2				
3				
……				

实践探讨

小组完成全部任务后，请你带领小组成员围绕以下问题进行探究与讨论：

- 宏观检查准确吗？有哪些困难？
- 尝试比较几款陈旧的纸张。
- 相同类型的新、旧纸张有什么差异？
- 同一纸张，用水浸泡之后，再晾干，与之前进行对比，有什么差异？
- 如果被食用油浸泡过，同一纸张前后又有什么差异呢？

第二项任务：纸张的显微检验

发布任务

请你和小组成员继续针对纸张证据，进行显微检验，像法庭科学家那样，从现场的纸张样本中，鉴定出与犯罪嫌疑人使用的同款纸张物证。

材料准备： 不同类型的纸张、显微镜、盖玻片、载玻片、记号笔、标签。

执行任务

请你认真思考下列问题，完成任务单（表21-2）。

表21-2　纸张证据显微检验

编号	固体颗粒			纤维		
	大小	形状	颜色	粗细	密度	颜色
1						
2						
3						
……						

- 在显微镜下，你观察到了什么现象？
- 与使用放大镜观察有什么不同之处？
- 能够分辨出固体颗粒吗？这些颗粒是什么成分？
- 能够分辨出这些颗粒的大小、形状、颜色吗？
- 能够观察到纸张的纤维结构吗？
- 能够分辨出这些纤维的粗细、密度、颜色吗？
- 相同类型的纸张证据，可以用显微镜鉴别出来了吗？

实践探讨

小组完成全部任务后，请你带领小组成员围绕以下问题进行探究与讨论：

- 除了表格中提示的观测点，你还有哪些补充发现？
- 可以尝试调整不同的显微倍数，确定哪一个倍数更合适。
- 将纸张样本湿润之后，再进行显微观测，有什么发现？
- 能提炼和总结出对纸张证据进行显微观测的经验吗？

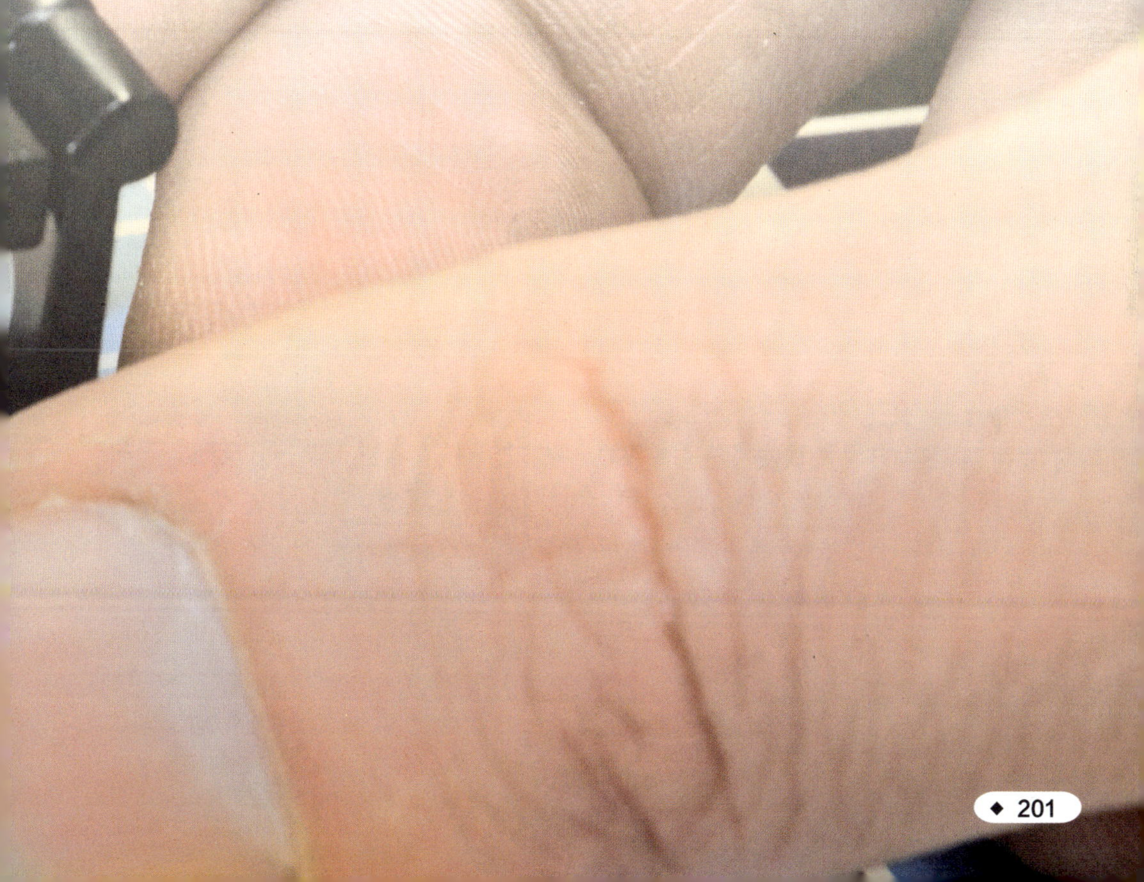

第22课

小笔迹，大不同

核心问题

- 你遭遇过他人伪造自己的签名吗？
- 伪造签名的手法都有哪些？
- 如何识破伪造的签名？

关键术语

- 签名
- 窃取
- 摹仿
- 笔迹形态
- 被摹仿人
- 总体特点
- 相同点
- 区别点

背景与目标

伪造签名是一种恶劣的造假形式。笔迹分析专家经常要对合同、遗嘱或其他文件上的签名进行核实，以鉴定它们的真实性。在本课，你将使用笔迹分析的原则来确定签名的真伪。

学习领域

笔迹分析。

建议时间

90分钟。

学习任务

认识伪造签名的形式及特点，了解发现笔迹鉴定的原理与价值，通过实验体验笔迹检验与分析的过程。

一、经典案例回顾

文检鉴定锁定证据

2011年10月8日，河南省某公司在核对本公司银行账目时，发现公司账户上有45万元资金不知去向，于是就向公安机关报案。公安机关通过核对公司在银行开户期间现金、转账等往来明细，发现2003年1月至4月，现金支票6笔合款45万元下落不明，且每份支票联上均盖有包括李某私章在内的全套银行预留印鉴。

然而，68岁的李某对支票上签字矢口否认。她辩解说，自己是被人栽赃陷害。随后，县人民检察院决定进行文检鉴定，按照相关程序、方法提取检材。该案所涉及票据出票日期是2003年，距今已经相差9年，鉴于老年人书写技能随着年龄增长而逐步衰退，为了避免检材、样本不利给检验带来的影响，办案人员深入银行和发案单位，大量提取犯罪嫌疑人案前同期样本。

通过分析比较，发现6份检材中只有两份呈现出付款行名称、人民币（大写）、出票账号等相关填写栏布局不够严谨，随意性较强。结果发现这两份检材中的字迹与李某书写习惯特征一致。最后得出结论：6份现金支票上的字迹有2份是李某所写。

在证据面前，李某不得不交代了作案的事实和经过：李某利用身兼董事、出纳的职务便利，收款交付银行后私自开现金支票共6笔，除个人书写2张外，其余4张伙同同事张某、方某分别书写，并取出挪用45万元现金。最终，县人民法院一审以挪用资金罪依法判处李某有期徒刑三年。

? 思考与探究

通过本案对李某的判罚，能从中得到什么启示？

没错！李某正是通过伪造签名牟取了巨额利益，最终受到了法律的惩罚。

伪造签名笔迹的方式较多，有窃取、摹仿两大类型。

窃取是在当事人签名的过程中直接取得其真实签名的笔迹形态。常见的方式包括：利用复写纸盗取当事人真实签名的复写字迹形态；取得当事人签名笔迹后，进行笔迹的复印；盗取有当事人真实签名的名字部位和名字所在的纸张，在纸张空白部位添加内容来制作虚假文书等。

摹仿是涉案人员将被摹仿人的笔迹作为参照对象，按照自己所观察和理解的笔迹特征进行套写或描摹仿写，企图用他人的书写习惯体系代替自己的书写习惯体系，从而完成伪装他人书写笔迹的过程。

其中，临摹是一种常见的仿写形式。仿写人将被摹仿人的字迹当成对象，通过观察、感知、判别一系列活动经过，全面了解对方的书写特征后，逐笔逐画进行仿写。这种方式的模仿笔迹特点如下：运笔轻重比较均匀；表面上书写快，实际上书写迟缓；书写过程中停滞中断，顿笔、假的连写特征比较多见；临摹笔迹会有反常的过度修描情形，例如，在下笔、顿笔、提笔、转弯处都会有修改、描绘、附加多余笔画等特征。

生活中的法学

伪造签名

伪造签名的行为本身不是犯罪，而是一种违法的民事行为，应负相应的民事法律责任。但如果行为人是以非法占有为目的，通过伪造签名的手段诈骗公私财物数额较大的，即构成诈骗罪。

《刑法》第二百六十六规定，诈骗公私财物，数额较大的，处三年以下有期徒刑、拘役或者管制，并处或者单处罚金；数额巨大或者有其他严重情节的，处三年以上十年以下有期徒刑，并处罚金；数额特别巨大或者有其他特别严重情节的，处十年以上有期徒刑或者无期徒刑，并处罚金或者没收财产。本法另有规定的，依照规定。

进一步探究

笔迹鉴定专家如何进行笔迹"同一认定"呢？

笔迹鉴定专家进行比较检验的重要任务是对笔迹特征、样本笔迹特征进行全面、客观的对照比较，充分呈现两者的异同点，为综合评断奠定基础。

- 比较检验的内容

比较签名行为的总体特征、字迹排列布局特征、用语习惯特点的异同。虽然这三者不能作为认定同一的肯定依据，但可以作为否定同一的重要依据。

- 比较书写动作细节特征异同

比较书写动作细节特征包括单个特征异同、特征组异同。

单个特征是指相同笔画组成部分和单字的特征。

特征组包括两个方面：一是指检材和样本中不同笔画、组成部分、单字所表现出来的同类书写动作特有的组合；二是指检材和样本中所有的相同笔画、组成部分、单字所表现出来的书写动作的规律。

不同的特征组是密切联系的，这对同一认定非常有益。

- 作出评断结论

无论是同一人笔迹，还是不同人笔迹，在检验过程中既会出现一定数量的相同特征，也会出现一定数量的不同特征。

评断工作的主要内容就是根据检材的实际情形，对比对的两方面的异同点的数量和质量进行精准的判别，确定它们的相同点、区别点的总和与基本属性，并判断两者的笔迹特征是否为相同人的签名特点和方式。

在此基础上，作出相应的检验结论，进而得出鉴定意见。

二、任务执行与反思

第一项任务：谁是真正的签名者？

发布任务

请你召集并组建一个3～5人的小组，首先，安排一名匿名组员私下在一张白纸上签写“同意”二字。其次，由你向全体组员展示这个签字，并请全体组员分别在各自的白纸上模拟写下这个签字。最后，通过鉴定找出真正的签字者。

材料准备：笔、纸、放大镜。

执行任务

请你们认真思考下列问题，完成任务单（表22-1）。

表22-1　笔迹形态分析（词汇）

编　　号	项　　目	
	相同点	不同点
1		
2		
3		
……		

- 比较所有的签字，你能找出那位真正的签写者吗？
- 什么样的笔迹特征能够让你得出结论？
- 不用放大镜，你能准确辨识吗？使用放大镜的优势在哪里？
- 你能判断出字迹相同的编号是哪两个吗？

实践探讨

小组完成全部任务后，请你带领小组成员围绕以下问题进行探究与讨论：

- 相同的文字，为什么不同的人写出来的却不一样？
- 多次模仿之后，还能够鉴识出来吗？
- 用其他词替换“同意”二字，试试看。

第二项任务：笔迹分析

发布任务

经过第一项任务，相信你们对笔迹分析有了许多感性认识。事实上，笔迹专家就是通过对不同字迹的独特之处，对可疑样本进行同一认定的。

现在，请全体组员使用相同的笔，分别在各自的白纸上签写一句话，例如：“凡有接触，必留痕迹——艾德蒙·洛卡德”。然后，仔细检查每位组员的签字，分析和描述它们之间的异同，找出每位组员的书写特点，记录你的观察（表22–2）。

材料准备： 纸张、笔。

表22–2　笔迹形态分析（句子）

编　号	项　目	
	相同点	不同点
1		
2		
3		
……		

执行任务

请你认真思考下列问题：

- 字的线条流畅，还是不流畅？
- 这些字的字距是近，还是远？
- 字的大小是变化，还是保持不变？
- 这些字是如何连接的？有笔误和分隔吗？
- 每一个字是如何开始和结束的？
- 字的间架结构有什么不同？
- 字迹重？还是轻？
- 字迹倾斜吗？

- 这句话所有文字的写作走势如何？逐渐向上偏移？向下偏移？还是起伏不定？
- 你能判断出字迹相同的编号是哪两个吗？

实践探讨

小组完成全部任务后，请你带领小组成员围绕以下问题进行探究与讨论：

- 除了上面的提示，还有其他发现和补充吗？
- 字迹分析，需要重点考虑哪些方面？
- 使用不同的笔或不同的纸张进行书写，会有什么不同？
- 如果书写的是数字或字母，又会有哪些不同？

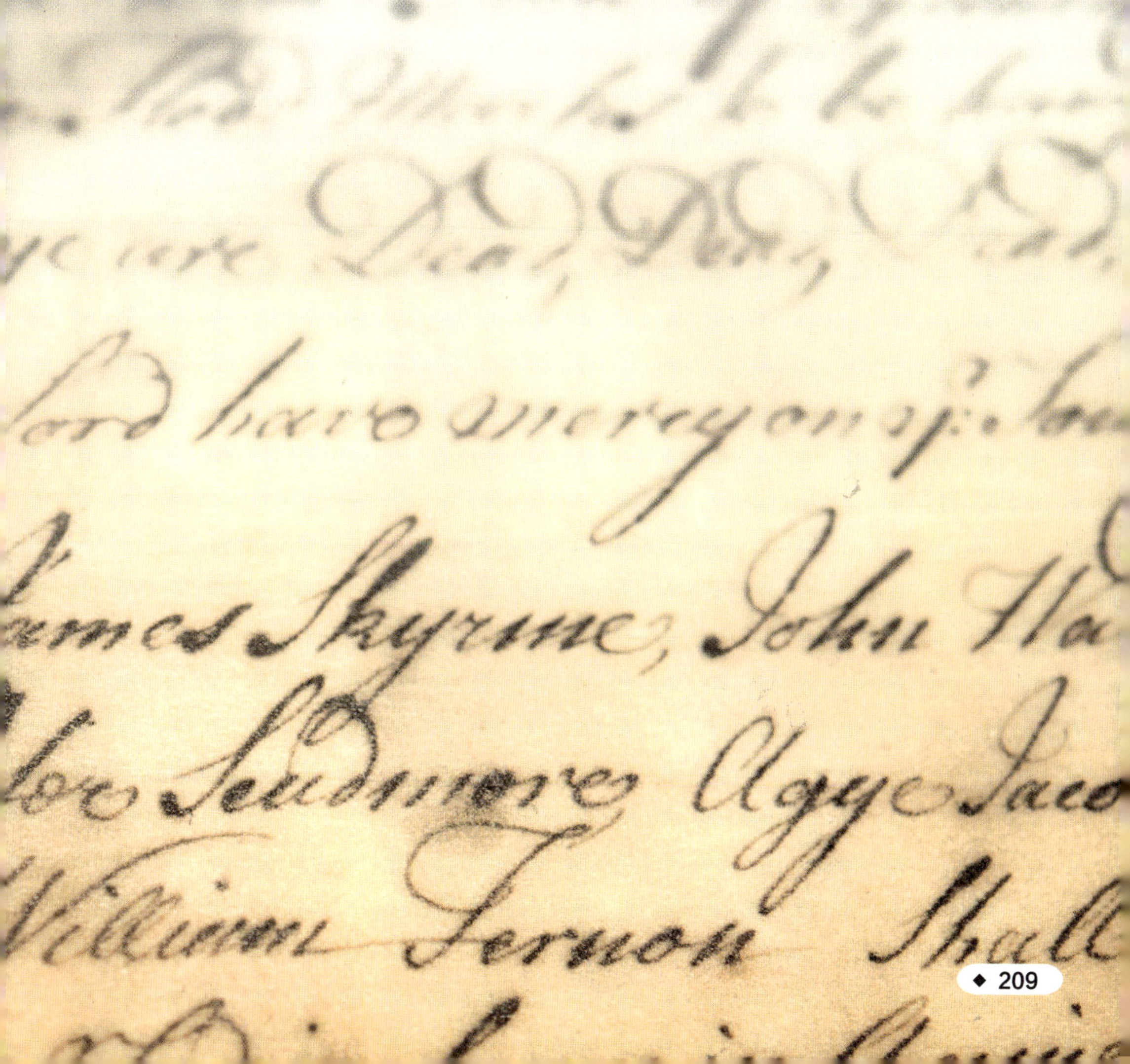

学习单元 11 综合演练

单元概要

通过现场勘查等一系列综合实践，展现大家的学习成果。

◎ **第23课**

本课主旨

现场勘查工作的不同程序及要领的学习与实践。

◎ **第24课**

本课主旨

通过“现场勘查大比武”，促进学期内容的综合运用与深度体验。

你知道吗？

现场勘查是一项综合性、实践性和协作性都很强的工作。

现场勘查应以全面发现和提取痕迹、物证为目标，把握调查重点。

现场访问需要把握最佳时机。

现场分析与研究有利于进一步明确案件性质、下一步侦查方向及范围。

现场制图应全面、客观、准确地反映现场的方位、概貌，以及痕迹、物证的方向、尺寸、距离等现场要素。

全力备战“综合演练”

一学年的“法庭科学：让证据说话”课程学习即将结束，同学们通过该课堂的交互式探究学到了很多法庭科学领域的知识，收获颇丰。

临近期末，法瑞老师在学校教学会议上汇报了“法庭科学”的教学内容和同学们的学习探究情况，得到了校领导的一致肯定。同时法瑞老师希望课程考查不要与其他必修科目一样，进行期末笔试，因为这种拓展课程本身就是为了拓宽同学们的知识面，提高同学们的综合素质。他希望展现大家学习成果的形式要创新，并提出了自己教学效果考查的几种新方式：如以抽签的方式每人做一个小法庭科学的逻辑推理，或以小组形式完成一个大型案件的分析侦破等。

法瑞老师的想法得到了校领导的赞同，素质教育就要以综合能力检验的模式来展现。校长沉思良久，建议同学们面向全校开展一场“现场勘查大比武”会演，这项刻不容缓的紧急任务主题为“谁是罪犯？”。

当法瑞老师在课堂上宣布了期末课程创新的考查方式后，同学们欢呼雀跃，都希望能在期末会演中一展身手，但同时又犯起了难，犯罪现场如何侦破呢？睿奇第一个举手：“法瑞老师，我们已经学习了很多犯罪线索和法庭分析相关的科学，可是犯罪现场到底如何勘查呢？”法瑞老师看到了同学们渴望的眼神，微笑着说：“为了保障法庭科学成果会演顺利精彩地进行，充分展现大家的犯罪现场勘查与分析等实战能力，我将为同学们提供五个犯罪现场锦囊妙计，进一步提升同学们的实战能力，为大家日后可能成为法庭科学家做好充足准备。”“那么犯罪现场勘查到底有哪些步骤呢？”睿奇迫不及待地再次追问道。

法瑞老师看了看睿奇，同时环视了一下教室里的其他同学，默默地转过身，在黑板上写下一行娟秀的大字：团队组织、现场保护、现场勘查、现场访问、现场分析。

备战演练——现场勘查的锦囊妙计

核心问题

- 现场勘查涉及哪些程序？分别包括哪些任务？
- 出色完成现场勘查任务的核心与关键是什么？

关键术语

- 现场勘查
- 调查访问
- 事件性质
- 侦查方向与范围
- 现场调查指挥员
- 见证人
- 现场复验
- 勘验笔录

背景与目标

本课程即将结束，作为期末学习考查的重要组成部分，本节课主要学习侦查学的相关原理与方法。通过现场勘查工作的不同程序及要领的学习与实践，深度体验侦查人员的工作职责与品质，进一步开展法庭科学的综合实践。

学习领域

侦查学。

建议时间

120分钟。

学习任务

通过对真实世界中产生的问题情境进行回应，初步掌握现场勘查的重要程序，体验勘查团队组织与调配、现场勘查、现场访问、现场制图的方法与要领，为课程最后一课“综合实践”的开展奠定素养与能力的基础。

一、链接真实世界

当你接到“紧急报警”之后

2022年5月5日上午8时许，江中市城建局项目部第三工程处的罗队长，到江中县一处施工现场的租住地二楼去喊工程处会计田某，但无论他怎么敲门也无人应答。罗队长喊来其他同事，设法将门打开，屋内情形使他们惊恐万分：房间里一片凌乱，身穿睡衣的田某俯首朝地，浑身冰凉，已无气息。

罗队长立即向当地派出所报警。

据了解，该施工现场租住地位于城中镇，作为一名镇派出所的优秀民警，你在事发当天恰好第一时间接到了罗队长的报警。

经上级批准，由你带领团队急速前往事发现场，负责现场勘查工作。

思考与探究

事发紧急，接下来，你该如何处理?

首先，你要熟知什么是现场勘查? 现场勘查是侦查人员依法对犯罪现场进行勘验、检查和调查研究的系列活动。不仅涉及实地勘验、检查，还包括对犯罪现场保护、紧急处置、调查访问、勘查实验、复验复勘、勘查记录，以及对现场情况的临场分析研究。

作为一名侦查人员和现场勘查指挥员，对现场勘查任务需要做到了如指掌，牢牢把握好现场勘查的以下六大任务。

（1）判断明确事件性质。例如，现场事件是犯罪案件? 还是意外事件? 伪造现场? 还是谎报假案? 只有明确了事件性质，才能确定是否需要立案侦查。

（2）查明犯罪活动情况。比如，作案的时间、地点、过程、方法、工具，以及作案人数、动机、目的等。

（3）研究犯罪嫌疑人特点。比如，通过勘查获得的大量资料，大体勾勒出犯罪嫌疑人的特征。其包括性别、年龄、身高、体态、职业、爱好、衣着等。

（4）发现获取犯罪证据。根据洛卡德物质交换原理，犯罪嫌疑人必然会在现场留下"蛛丝马迹"，发现和采获它们，是现场勘查的一项极其重要的任务。

（5）客观记录现场情况。现场勘查记录是法定的证据之一，充分运用文字笔录、绘图、照相及录像，客观记录现场情况，是现场勘查的重要任务。

（6）确定侦查方向和范围。通过现场分析，缩小侦查方向和范围。比如，犯罪嫌疑人可能来自哪些地区? 可能来自哪些行业? 属于哪些人群? 这是勘查工作成败关键。

生活中的法学

现 场 勘 查

我国《刑事诉讼法》第一百二十八条规定，侦查人员对于与犯罪有关的场所、物品、人身、尸体应当进行勘验或者检查。在必要的时候，可以指派或者聘请具有专门知识的人，在侦查人员的主持下进行勘验、检查。第一百三十条规定，侦查人员执行勘验、检查，必须持有人民检察院或者公安机关的证明文件。

我国公安部制定的《刑事案件现场勘查规则》，对现场勘查的任务，组织领导以及勘查的内容、要求、步骤、方法等作了明确规定，侦查人员进行现场勘查时，必须严格按照有关法律规定，以保障现场勘查活动正确、合法进行。

经过现场勘查之后，首先要对事件性质进行明确，这对是否能够进行刑事立案非常重要。我国《刑事诉讼法》第一百一十二条规定，人民法院、人民检察院或者公安机关对于报案、控告、举报和自首的材料，应当按照管辖范围，迅速进行审查，认为有犯罪事实需要追究刑事责任的时候，应当立案；认为没有犯罪事实，或者犯罪事实显著轻微，不需要追究刑事责任的时候，不予立案，并且将不立案的原因通知控告人。控告人如果不服，可以申请复议。

进一步探究

要想出色地完成现场勘查任务，有哪些“锦囊妙计”？

现场勘查是一项综合性、实践性和协作性都很强的工作，若想取得好的效果，并非易事。不过，如若随身携带以下勘查“锦囊”，则可安心前往。

第一个：“团队组织”锦囊

众所周知，现场勘查就像完成一份案情拼图，具有极强的复杂性。因此，现场勘查对团队成员的合作能力要求极高，指挥、工作、保障等必须协调一致。所以，为了确保勘查工作的顺利进行，通常需要派遣业务能力、组织能力和统一指挥能力皆出色的成员，担任“现场勘查指挥员”。与此同时，指挥员随后应对参与调查的团队成员进行科学、明确的分工。

通常情况下，可将调查人员分为以下四个小组。

1. 现场保护组

这一般由派出所民警、治保人员和内部保卫干部组成。现场保护组担负的主要任务：全面负责警戒，封锁现场，维持现场周边秩序，禁止无关人员和车辆进入现场，防止一切意外情况的发生，保证现场调查顺利进行。

2. 现场访问组

这主要由侦查员组成。现场访问组担负的主要任务：全面负责证人的访问工作和对有关人员进行询问，了解一切与案件有关的情况，寻找、搜集侦查线索，固定证人证言。

3. 实地勘验组

这由技术员和侦查员组成，必要时，还应有聘请的专家或具有专门知识的技术人员。实地勘验组担负的主要任务：全面负责对与犯罪有关的场所、痕迹、物品、人身等进行勘验、检查，发现、固定、提取、检验现场的痕迹、物证，制作勘验、检查记录等。

4. 机动综合组

这由侦查员、派出所民警、警犬训练员组成，如案情重大或需要应对紧急情况、采取紧急措施的，还可调集其他警种的民警参加。机动综合组的主要任务：对现场的有关部位进行搜索与追踪，参与追缉堵截，监视、看管已抓犯罪嫌疑人。

各类案件现场情况千差万别，调查分工也各不相同。对一些特殊类型的案件和特别复杂的案件，还需要部署更多的功能群体。

此外，必要时，还需聘请具有专业知识的人员。调查特别重大案件时，可以请人民检察院派员参加。当然，除了上述人员之外，邀请1～2名调查见证人是十分必要的。同时，保安人员和可靠群众也可以邀请加入，共同协助保护现场、追缉犯罪嫌疑人和现场搜索。

生活中的法学

见证人

为了保证现场调查的客观性和合法性，使发现的痕迹和其他物证及勘验记录具有充分的证据作用，在实地勘验以前，必须根据我国《刑事诉讼法》和《公安机关办理刑事案件程序规定》《公安机关刑事案件现场勘验检查规则》的规定，邀请1～2名与案件无关、为人公正的公民作为见证人。

见证人的邀请必须符合以下条件：凡是与案情无利害关系、为人公正的公民；为了确保所邀请的见证人符合法定条件，侦查人员在邀请见证人时应取得现场所在地派出所或内部保卫组织的协助。

不得作为见证人的：① 当事人、被害人及其近亲属；② 在职的公安、检察、审判人员和刑事技术鉴定人员；③ 有犯罪嫌疑的或者因犯罪受到过刑事处罚的人员；④ 未成年人；⑤ 精神上、生理上有缺陷的，妨碍履行见证人义务的人员；⑥ 在本地临时居住的人员。

见证人到场后，侦查人员应向其交代法律所规定的权利和义务。见证人在调查中有与其见证职能相适应的特定权利和义务。

1. 权利

（1）对现场上发现、提取的痕迹等有权进行观察。

（2）如果认为勘验人员在勘验过程中有不正确的行为，可以向指挥人员提出意见，并可要求记录在笔录中。

2. 义务

（1）自始至终观察、见证勘验过程，不能随意离开，也不得随意走动和触动现场上的任何痕迹、物品。

（2）证实提取的痕迹、物品的真实来源。

（3）证明现场调查笔录中记载内容的客观性、真实性，以及调查方法、手段的科学性、可靠性。

（4）严格保密，不得泄露所见证的情况。

（5）根据案件审判工作的需要出庭作证。

（6）勘验结束后在现场调查笔录上签名或盖章。

第二个："现场保护"锦囊

现场调查指挥员及侦查、技术人员到达现场之后，应首先了解、检查、部署现场保护的情况。如果尚未部署现场保护的，要及时予以部署。如果发现应当保护的地方未予保护或保护措施不当的，要立即扩大保护范围，强化保护措施；保护力量不足的，要进行补充：保护范围过大的，要适当进行调整。

现场保护工作应注意以下四个重要方面。

（1）听取汇报——案发经过、紧急处置、初步保护、初步调查。

（2）询问关联人——被害人、事主、发现人、报案人等。

（3）巡视现场——位置、环境、进出口、路线、痕迹、物品。

（4）调整措施——加强重点保护。

第三个："现场勘查"锦囊

当"犯罪现场"确定之后，需要立即展开现场勘查工作。如果侦破案件需要，可能还应组织开展更大范围的现场搜查。比如，需要发现、寻找遗留在现场外围的与犯罪有关的痕迹、物证，查获犯罪嫌疑人及其他重要信息。

现场勘查工作应重点把握以下几个方面的要点。

（1）着重抓好现场勘查方案的拟定，明确勘验、检查的范围，搜索的范围，勘验、检查的重点，勘验、检查的顺序和方法等工作。

（2）以避免造成现场破坏和提供调查效果及效率为目标，正确选择勘验起点和进入现场中心的路线和方法。

（3）以充分了解现场现象为目标，注重对现场的技术分析、研究。

（4）以全面发现和提取痕迹、物证为目标，把握调查重点。

① 对室内现场的调查，要重视对出入口的调查。

② 重视对犯罪嫌疑人重点行为的调查。

③ 重视对犯罪嫌疑人实施犯罪时间最长对象的调查。

④ 重视对现场外围的调查。

⑤ 重视对关联现场的调查。

⑥ 重视对反映犯罪嫌疑人心理特征和心理活动的痕迹的调查分析。

⑦ 重视法医在现场调查中的功能作用。

⑧ 重视对电信数据等电子证据的发掘利用。

⑨ 重视对微量物证的调查。

⑩ 重视对现场的搜索工作。

⑪ 确保现场痕迹、物证的全面、科学、依法提取和妥善保管。

⑫ 严把现场调查记录关，确保记录的客观性、全面性、一致性、合法性。

⑬ 及时、全面、深入、科学地甄别现场痕迹、物品。

⑭ 注意现场调查的保密工作。

第四个："现场访问"锦囊

当勘查员到达犯罪现场后，依法对被害人和证人进行正面查询访问也是一项重要使命和职责。

的确，在案件发生不久，被害人和证人对案情记忆犹新，此时是进行犯罪现场访问的最佳时机。比如，犯罪嫌疑人的体貌和衣着特征、逃跑的路线和方向及案发经过等重要信息，往往都可以通过及时的访问获得，为案件的侦查提供丰富的、有效的、完整的信息和线索。

有时，勘查员还能通过实际访问弥补现场勘查工作的不足，让两者相互印证、互相补充；同时，还可以通过现场访问对犯罪嫌疑人遗留的痕迹、物品进行现场确证，这样就可以大大节省侦查时间。

现场访问工作应重点把握以下几项要点。

（1）抓住有利时机，及时布置现场访问。

（2）分清轻重缓急，安排访问顺序。

（3）组织访问人员观察现场，以利于访问工作的开展。

（4）认真做好知情人的保护工作。

（5）重点访问对象，指挥员应亲自询问或对询问情况重点掌握。

第五个："现场分析"锦囊

当勘查员完成了现场勘查和现场访问任务之后，就要进入现场分析的环节了。什么是现场分析呢？它是指在案件发生的地点对与案件相关的物品进行勘查、检验，也包括对收集到的相关物品进行分析，将这些与案件相关的物品、检测结果汇聚到一处，通过科学的方法对其进行深入分析，从而得到与案件相关的真实信息，并通过这些信息来还原案发现场，揭示案件发生的整个过程。

如果把犯罪现场比作一张白纸，那么犯罪嫌疑人的犯罪行为就如同在这张白纸上写字，犯罪嫌疑人从作案准备、进入现场，到实施犯罪行为，最后逃离犯罪现场的全过程，都会转化成"无字之书"，镌刻在犯罪现场。

现场分析工作应重点把握以下几项要点。

（1）情况汇集环节，应确保信息的客观、全面、细致，应特别注意对信息可靠性的探究和验证。

（2）分析讨论，既要注意讨论主题的引导，又应注意发扬民主、集思广益。

（3）总结阶段应注意全面归纳，科学分析。

当然，考虑到犯罪现场的复杂性，现场上的某些情况有时不能一次认识确定，现场调查指挥员可以决定对现场进行复验。如果仍然不清楚，可以根据规定进行现场实验。

当现场勘查工作全部完成，就要进入现场勘查的善后程序了。比如，可以根据需要与可能，决定对现场的处理方式；确保对现场提取的痕迹和扣押的物品、文件的依法、科学保管、管理和利用；安排对现场进行清理，所有器材必须带离现场，妥善处置等。

司法鉴定小百科

现 场 制 图

现场制图是指侦查人员运用制图学的原理和技术，采用几何绘图和文字说明的形式，对犯罪现场情况和状态进行固定和记录的一种专门的表现形式，是现场勘验、检查工作记录的重要附件之一。现场图应当如实反映现场的位置、范围，与犯罪活动有关的主要物体、痕迹、遗留物、作案工具、尸体的具体位置，以及它们之间的距离和关系。因此，绘制现场图不仅是依法调查的需要，也是对犯罪现场的客观状态和情况的固定与记录。

现场制图是一项极其细致的工作，必须严格按照现场勘验、检查制图的程序和规范进行操作。现场制图时，不仅需要熟悉和掌握案情、确定现场范围、选择制图种类、构思具体画面，还需要对现场情况进行细致测量和绘制，以确保整个现场图的规范与准确。同时，现场图的种类较多，按照表现内容、表现形式及表现比例等划分标准，可以对现场图进行不同的分类。现场勘验、检查人员应当根据现场情况，选择制作适合于诉讼活动的现场图（图23-1、图23-2、图23-3）。

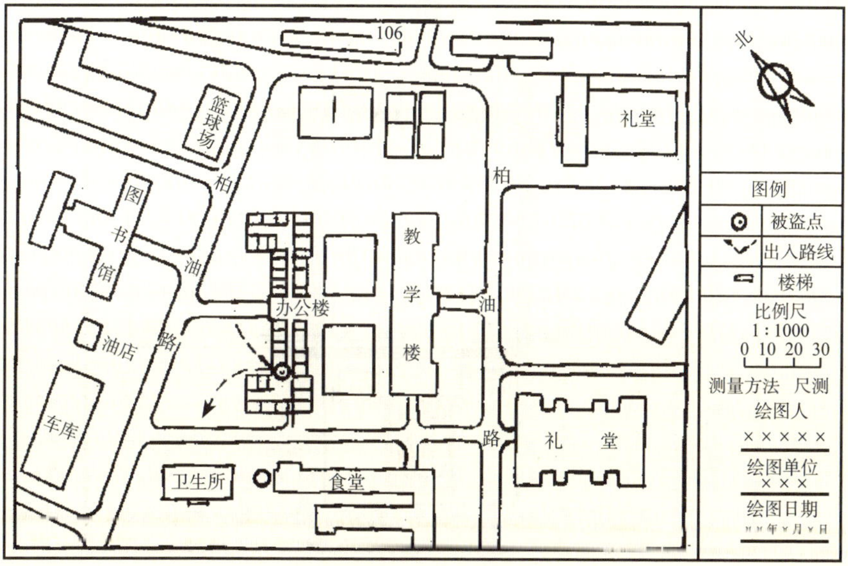

图23-1　现场方位图

绘制单位	×××
绘图人	×××
绘制日期	××年×月×日

图23-2　现场局部透视图

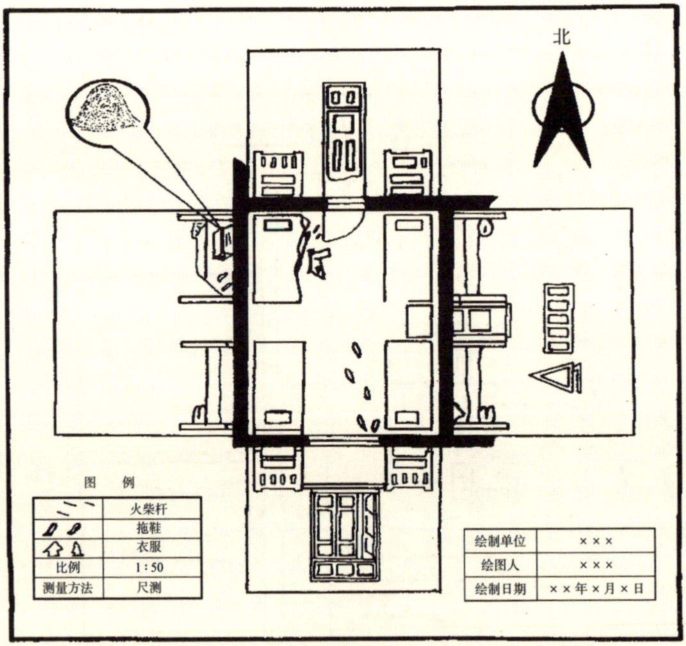

图23-3　现场平面展开图

二、任务执行与反思

第一项任务：现场勘查

发布任务

请你结合本课开篇“链接真实世界”中“当你接到‘紧急报警’之后”案例情境，由你担任现场勘查指挥员，召集并组建一支现场勘查团队（人员组成根据实际情况自定），对模拟室内犯罪现场进行现场勘查。

材料准备：现场勘查箱、防护服、鞋套、白色手套、警戒带、物证牌、照相机、笔、纸。

执行任务

执行任务时，请你和团队成员，共同完成现场勘验检查笔录（表23–1）和现场勘验检查提取痕迹、物证登记清单（表23–2），并思考以下问题。

表23–1　现场勘验检查笔录

公（　）勘〔20　〕

20__年__月__日__时__分________接到________的________报告□/指派□

现场勘验检查于20__年__月__日__时__分开始，至20__年__月__日__时__分结束。

现场地点：____市（区、自治州、盟）____县（市、区、旗）________________。

天气情况：温度__℃；相对湿度__；风向____；阴□/晴□/雨□/雪□/雾□。

勘验检查前现场的条件：变动现场□/原始现场□。

现场勘验检查利用的光线：自然光□/灯光□。

现场勘验检查指挥由________________________担任。

勘验检查情况：____

____

____

____

____

二〇　　年　　月　　日

（可另附页）　　　　共　　页　　　　第　　页

表23–2　现场勘验检查提取痕迹、物证登记清单

序号	名称	提取部位	提取方法	数量	提取人
1					
2					
3					
……					

现场勘验检查制图___张；照相___张；录像___分钟；录音___分钟。

现场勘验检查记录人员：

笔录人________；制图人________；照相人________；录像人________；录音人________

现场勘验检查人员：

单位___________；职务___________；本人签名___________

单位___________；职务___________；本人签名___________

现场勘验检查见证人：

性别______；年龄______岁；单位或地址_____________；本人签名___________

性别______；年龄______岁；单位或地址_____________；本人签名___________

二〇　　年　　月　　日

（可另附页）　　　　共　　页　　　　第　　页

- 在开始勘验笔录之前，拟定勘验方案了吗？方案内容是什么？
- 划定的勘验范围合适吗？
- 哪些是勘验的重点？哪些是次重点？为什么？
- 现场是否遭到破坏或损坏？是人为造成的吗？
- 是否有必要邀请专业人员进行协助勘查？
- 邀请调查见证人了吗？
- 逐一记录发现的痕迹或物证了吗？有没有疏漏？
- 现场调查的保密工作如何？

实践探讨

小组完成全部任务后，请你带领小组成员围绕以下问题进行探究与讨论：

- 哪些记录不理想？
- 记录有没有疏漏之处？
- 还需要进一步补充记录吗？
- 此次勘验之后，是否有必要复验？
- 完成勘验笔录遇到哪些困难？
- 此次勘验的成功之处有哪些？
- 谈一谈你们的勘验经验和心得。

第二项任务：现场访问

发布任务

在第一项任务的基础上，请你结合案情需要，委派一名侦查员和一名记录员，开展现场访问工作，采集更加丰富的现场信息，以进一步提升案件侦破的证据力。

材料准备：录像机（或录音笔）、照相机、笔、纸。

执行任务

执行任务时，请相关团队成员，完成现场访问笔录（表23–3），并思考以下问题。

表23–3　现场访问笔录

时间：__年__月__日__时__分至__日__时__分
地点：________________________________
侦查员：______________；记录员______________
访问对象：________；性别：________；年龄：________；民族________
工作单位及职业：________________________
现在住址：____________________________
问：__________________________________

（续　表）

____ 答：____ ____ 二〇　　年　　月　　日 （可另附页）　　　　共　　页　　　　第　　页

- 需要进行现场访问的人员全部纳入其中了吗？
- 如何安排访问顺序？
- 哪些是重点访问对象？为什么？
- 访问对象愿意配合你们的调查吗？如果不配合，怎么办？
- 要设计什么样的访问提纲？

实践探讨

小组完成全部任务后，请你带领小组成员围绕以下问题进行探究与讨论：

- 访问对象的回答理想吗？
- 访问对象的回答真诚吗？
- 你们的访问提纲契合现场调查的需要吗？
- 访问的问题有没有疏漏之处？
- 有需要改进的地方吗？
- 现场访问都遇到了哪些困难？
- 此次现场访问的成功之处有哪些？
- 谈一谈你们的访问经验和心得。

第三项任务：现场分析

发布任务

现场分析是现场调查指挥员在调查工作基本结束后，组织所有参与现场调查的侦查人员、技术人员，根据案件现场情况及获取的犯罪信息与资料，对犯罪行为及犯罪行为人的基本情况进行讨论、分析与推断，并作出初步判断性意见的一项专门侦查活动。

请在完成上述现场勘查任务之后，由你带领团队成员按照汇集材料、信息，单项、个别分析，综合分析，论断与决策等四个主要环节进行现场分析与研究，进一步明确案件性质及下一步侦查范围。

材料准备：笔、纸。

执行任务

执行任务时，请相关团队成员，完成现场分析内容一览表（表23–4），并认真思考下列问题。

表23–4　现场分析内容一览表

序　号	现场分析内容	结　论	证据/缘由
1	案件性质		
2	作案时间		
3	作案地点		
4	作案人数		
5	作案工具		
6	作案方式		
7	作案过程		
8	作案人特征		
9	作案目的与动机		
10	被害人身份背景		

- 现场发现与收集的证据全面、充分、客观吗？
- 你们的讨论民主吗？有没有创造各抒己见的机会？
- 分析结论是基于主观臆断，还是基于现场证据作出的？
- 你们的讨论充分吗？

- 有没有出现前后矛盾的信息？
- 还有哪些结论暂时无法得出？

实践探讨

完成全部任务后，请你带领小组成员围绕以下问题进行探究与讨论：

- 哪些内容容易分析？哪些内容难于分析？
- 你们对分析结论完全达成共识了吗？
- 现场分析过程中遇到了哪些困难？
- 此次现场分析的成功之处有哪些？
- 谈一谈你们现场分析的经验和心得。

三、课后实践

绘制犯罪现场图

请你结合本课案情的需要，担任“现场制图员”，运用测绘学、制图学的原理和技术，在现场勘查、现场访问和现场分析的基础上，开展现场制图工作，全面、客观、准确地反映现场的方位、概貌，以及痕迹，物证的方向、尺寸、距离等现场要素，分别完成“现场方位图”和“现场局部透视图”的绘制工作。

绘图须知：

实施制图的过程主要可以分为两个阶段：第一阶段主要是在现场完成草图的绘制工作；第二阶段主要在绘图室内利用手工工具，或者计算机技术完成对正式图的绘制工作。具体步骤包括如下内容。

第一步：绘制现场草图。绘制现场草图时应当按照制图的具体要求，在现场环境中绘制出现场草图的初稿。

第二步：审核现场草图。制作出现场草图以后，应当仔细审核草图中绘制的内容与现场实际情况是否一致，现场草图中标明的物体、痕迹、物证等与现场状况是否符合，或者是否有遗漏。同时，也要确保与勘验笔录保持一致。

第三步：绘制正式图。现场制图员根据审核无误的草图，应当在绘图室内利用手工工具，或者计算机完成现场图的正式图。

第24课

谁是罪犯——刻不容缓的紧急任务

核心问题

- 你认为，什么样的案件对青少年朋友最有警示和教育意义？
- 学习完这门课，你有哪些收获和心得？
- 从本次“现场勘查大比武”活动中，你学到了什么？

关键术语

- 现场调查
- 现场保护
- 现场勘查
- 现场访问
- 现场绘图

背景与目标

为进一步提升核心战斗能力，更好地保护人民群众生命和财产安全，特举行“现场勘查大比武”活动，通过完成一项主题为“谁是罪犯?”的紧急任务，锤炼队伍、磨砺精兵，实现“以比促学、以赛促练、以战促评”的期末考核目标。

学习领域

综合实践。

建议时间

120分钟。

学习任务

实践出真知。通过“现场勘查大比武”的前期筹备、实战探究、能力比拼，促进学习内容的综合运用与深度体验，进一步提升自身的综合实践能力。

“现场勘查大比武”主题：谁是罪犯?

比武对象

拓展课全体学员及法庭科学迷。

比武方式

采取“两支队伍”互相对抗的方式。

队伍组成

每支队伍分为“案情组”和“破案组”。

“案情组”的任务

设计案情，布置现场，拍摄案件视频和解密视频，掩藏真实的犯罪嫌疑人，给对战队伍的“破案组”制造难题。

“破案组”的任务

根据“案情组”提供的视频、现场信息及相关的证人证言，抽丝剥茧，发现隐藏在案件背后的嫌疑人。

比武环节

第一步：布置现场环节

在该环节，每支队伍的“案情组”根据自己所拍摄的案件视频，在规定的时间和场合内布置相关的现场。

安全提示：案情设计方案务必提前经专家评委审核，审核通过后方能采用。

第二步：现场勘查环节

当接到报案人报警后，由现场调查指挥员统一指挥部署，对战队伍“破案组”中的“现场保护小队”立刻赶到现场，拉起警戒线保护现场不受破坏，阻止无关人员进场；“现场勘查小队”利用专业道具对现场进行勘查；“现场访问小队”讯问相关人员、证人和报警人；“现场绘图小队”对现场情况进行绘图等。

安全提示：在现场勘查环节，采取各项行动之前应做好安全评估，务必排除行动过程中的安全隐患。

第三步：案件侦破环节

在团队的通力合作下，“破案组”需要根据作案动机、时间线和完整的证据链向大家分析案件的凶手。

第四步：案情公布环节

由“案情组”向大家播放破案视频，充分还原案件视频中所隐去的犯罪嫌疑人的犯罪过程，公布真实的犯罪嫌疑人及犯罪手法。

评委点评

学校特别邀请到华东政法大学侦查学专家，对各支队“案情组”和“破案组”的综合表现进行评分。随后，进行现场专业点评。

颁奖授勋

坚持公开、公平、公正、竞争的原则，为优胜队伍颁发“一等功”奖状，为对战队伍颁发“二等功”奖状。

同时，根据职位不同，为在活动中表现优异的个人，分别授予“卓越指挥官”“杰出侦查员”勋章；为每一位参赛队员，颁发“法庭科学先锋”证书；为贡献特别突出的个人授予“少年法庭科学家”荣誉称号。

由校长和专家共同为参赛队伍与个人进行授勋颁奖。

究竟谁是罪犯？

究竟哪支队伍能够拔得头筹？

究竟哪些同学能够脱颖而出？

让我们拭目以待！

尾　声

果然不负众望，由睿奇担当“现场调查指挥员”的“日新战队”，战绩辉煌！

日新战队克服了对手设置的重重障碍，以“破案用时最短、勘验证据最多、现场访问最全、案情分析最合理、团队配合最高效”等五项全能，问鼎本次“现场勘查大比武”的领奖台。

为此，专家评委特别为日新战队颁发“一等功”嘉奖！

随后，校长亲手为睿奇授予“卓越指挥官”勋章！同时，授予他“少年法庭科学家”荣誉称号。

作为全校第一个“卓越指挥官”，佳绩的取得着实来之不易，睿奇应校长的邀请，以“少年法庭科学家”的身份，作了即兴获奖感言：

“大家好！我非常幸运，能够进行‘法庭科学：让证据说话’这门既有趣味，又有意义的拓展课程的学习历程，与大家朝夕相处、共同成长。

的确，此前有关法庭科学的内容距离我们青少年似乎是十分遥远的，但这门课程为我们打开了一扇认识和体验法庭科学的大门，让我们有机会去接近它，为我们架起了一座从课堂迈向课外、从校园迈向社会的桥梁。

当然不仅仅是因为能够有这样的学习机会，‘实践’同样也很重要。这一课程里面一个个全新的实践项目，让我们学会洞察生活，踏入现实情境和真实问题的思考与解决之中，这对我们融通课内外所学十分有益。

在课堂上，每一位同学都有机会进入‘现场’，寻找线索、探究证据，还有的同学负责拍照、摄像，保留犯罪痕迹，记录‘法庭科学家们’认真工作的闪光时刻。在每一个案件发生的背后，我们总能学习到有关身心安全、保护自己的知识。

在讨论中，各小组成员都积极踊跃发言，大家纷纷为避免犯罪案件的发生提出意见，经过一番头脑风暴后，每一个意见都会得到老师的点评及改进。上课时讲到的那些或旧或新，或远或近的种种真实案例，让我们每一个人都认识到了假、恶、丑，从而更深刻地帮助我们理解真、善、美。

与此同时，在实践体验中，我们不仅提升了跨学科理解力和实践力，更加难能可贵的是，让我们这些平时受家人和师长保护的人，懂得了如何保护自己，学会了如何提高警惕，知晓了如何避免身边的危险，获得了防患于未然的本领。

最后，我想告诉大家，我们用‘日新战队’的称号，是受到《周易·系辞上传》中‘日新之谓盛德’的启迪，以此来提醒我们，要不断求实奋发、不断创新创造。

因此，‘法庭科学’这门课，不仅仅教会了我有趣的知识与丰富的能力，使我学会‘团结协作，敢于创新’，同样也给我带来了惊喜与快乐。我想说，今天我们所取得的成果属于在座的每一个人！

由衷地谢谢大家！”

这是一个令人难忘的时刻，当其他参赛选手从校长和专家手中接过属于自己的那份奖励和证书时，大家脸上都露出了喜悦的笑容，个个兴致满满……

附　录

司法身份与职业名词

1. 合适成年人

合适成年人是依法由未成年人保护委员会派出的热心公益并致力于维护涉案未成年人合法权益的代表。在未成年人刑事诉讼中，其法定代理人不能或不愿意到场的情况下，为保障未成年人的合法权益，为未成年人挑选符合一定条件的人，作为其合适成年人行使刑事诉讼中的相关权利。我国《刑事诉讼法》第二百八十一条规定，讯问未成年犯罪嫌疑人时应当通知合适成年人到场。

《刑事诉讼法》扩大了合适成年人的选择范围，弥补了法定代理人不能到场时的缺陷，使之更全面地保护未成年人诉讼权利。首先，关于选择权问题。选择权目前在实践中通常是由办案单位享有的。办案单位自然会倾向于选择愿意配合工作、容易通知的成年人到场，久而久之与合适成年人熟识，并建立起良好的“合作”关系。这种合适成年人容易角色异化，忽视监督保护职责，使“到场”变成“走过场”。

为了实现制度设置的初衷，合适成年人将具备以下三点。

（1）充分尊重未成年人的意愿。引导未成年人提供值得信任、能带给他关心和帮助的人。选择这样的成年人到场，更能消除未成年人恐惧、紧张的心理。

（2）应当充分尊重法定代理人的意见。特别是在法定代理人有权到场但因某种原因而不能或不宜到场的情况下，代替法定代理人到场的其他合适成年人应当是法定代理人信得过的人。

（3）保障未成年犯罪嫌疑人对合适成年人调换的权利。合适成年人到场制度设置的根本目的是在讯问时保护未成年人的诉讼权利，教育、感化未成年人。一旦未成年人对为其选择的合适成年人失去信任，就不能达到这样的目的。

因此，尊重未成年人的选择，包括尊重其更换合适成年人的选择。如果未成年人开始同意某个合适成年人到场，但在讯问的过程中，或者在下次讯问时，不再信任而要求更换时，办案单位应当尊重未成年人的意愿。另外，关于选什么人的问题。办案单位应当选择有能力保护未成年人合法权益，并被未成年人所信任的人员。

2. 被害人

被害人是合法权益遭受不法行为直接侵害的人，是诉讼参与人之一。其诉讼地位，在自诉案件中是自诉人，处于诉讼当事人中的原告地位，享有诉讼当事人中原告人的一切诉讼权利；在公诉案件中，公诉人居原告地位，被害人是诉讼当事人，享有比其他诉讼参与人更多的诉讼权利。

在公诉案件中，被害人是当事人之一，在一定程度上起证人的作用；如果他提起附带民事诉讼，就成为附带民事诉讼的原告人，享有当事人的诉讼权利。在自诉案件中，被害人为自诉人，享有当事人的地位。

被害人与证人最主要的区别在于，被害人同案件的处理结果有直接的利害关系。其享有的诉讼权利包括：有权指控犯罪；有权参加法庭调查和辩论；遭受物质损失时，有权提起附带民事诉讼；对人民检察院免予起诉、不起诉的决定如果不服，有权提出申诉等。同时，被害人有义务遵守法庭秩序，如实向司法机关反映案件情况，不得夸大犯罪行为或捏造事实、诬陷他人等。

广义上的被害人，既包括刑事诉讼中的自诉案件的被害人，也包括刑事诉讼中的公诉案件的被害人。狭义上的被害人，仅指公诉案件中的被害人。在某些刑事案件中，国家、集体也可能成为“被害人”。也有一些犯罪行为并未造成实际的人身或财产等损失，这类案件的当事人中就没有明确、具体的“被害人”，如未造成损害后果的危害公共安全类犯罪。

3. 辩护律师

辩护律师是刑事诉讼中受被告人委托或经法院指定，依法为被告人进行辩护的律师。辩护律师履行辩护职责时，必须依法进行正当辩护，不得肆意捏造事实、曲解法律，作非法辩护。

其职责是根据具体案件案情提出证明犯罪嫌疑人、被告人无罪、轻罪或者减轻、免除其刑事责任的材料和意见，维护犯罪嫌疑人、被告人的合法权益。

其具体权利：为犯罪嫌疑人提供法律咨询，代理申诉、控告；为被逮捕的犯罪嫌疑人申请取保候审；委托事项违法、委托人利用律师提供的服务从事违法活动或者委托人故意隐瞒与案件有关的重要事实的，律师有权拒绝辩护；犯罪嫌疑人被侦查机关第一次讯问或者采取强制措施之日起，受委托的律师凭律师执业证书、律师事务所证明和委托书或者法律援助公函，有权会见犯罪嫌疑人、被告人并了解有关案件情况；律师会见犯罪嫌疑人、被告人，不被监听；受委托的律师自案件审查起诉之日起，有权查阅、摘抄和复制与案件有关的诉讼文书及案卷材料；受委托的律师自案件被人民法院受理之日起，有权查阅、摘抄和复制与案件有关的所有材料；受委托的律师根据案情的需要，可以申请人民检察院、人民法院收集、调取证据或者申请人民法院通知证人出庭作证；律师可以凭律师执业证书和律师事务所证明，自行向有关单位或者个人调查与承办法律事务有关的情况；律师担任辩护人的，其辩护的权利依法受到保障。

4. 公证员

公证员是指符合法定条件，在公证机构从事公证业务的执业人员。

担任公证员应当具备的条件包括：具有中华人民共和国国籍；年龄二十五周岁以上六十五周岁以下；公道正派，遵纪守法，品行良好；通过国家统一法律职业资格考试取得法律职业资格；在公证机构实习二年以上或者具有三年以上并在公证机构实习一年以上，经考核合格。从事法学教学、研究工作，具有高级职称的人员，或者具有本科以上学历，从事审判、检察、法制工作、法律服务满十年的公务员、律师，已经离开原工作岗位，经考核合格的，可以担任公证员。

公证员专业职务是为了完善公证制度，提高公证人员的专业水平，实现公证队伍的专业化，保证公证质量，根据公证工作的性质和公证业务的实际需要而设置的专业工作岗位。

公证员履行公证职务时，依法享有权利并履行义务，其职责是受理、承办具体的公证事项，草拟、出具公证文书，并在公证书上署名。

5. 法律援助者

法律援助是指由人民政府设立的法律援助机构，组织、指导和协调法律服务机构的律师、公证员、基层法律服务工作者和法律援助机构的工作人员，为经济困难或特殊案件的当事人提供免费的法律帮助，以保障其合法权益得以实现的一项法律保障制度。法律援助的形式包括：法律咨询；代拟法律文书；刑事辩护与代理；民事案件、行政案件、国家赔偿案件的诉讼代理及非诉讼代理；值班律师法律帮助；劳动争议调解与仲裁代理；法律、法规、规章规定的其他形式。

法律援助者的对象分为以下几类：（1）未成年人；（2）视力、听力、言语残疾人；（3）不能完全辨认自己行为的成年人；（4）可能被判处无期徒刑、死刑的人；(5)申请法律援助的死刑复核案件被告人；(6)缺席审判案件的被告人；(7)法律法规规定的其他人员。

法律援助者可凭借自己的专业知识，维护社会弱势群体的合法权益，防范和化解社会矛盾，保障弱势群体的诉讼权利，彰显法律亲和力。法律援助制度在预防犯罪和保障人权方面有积极作用。

6. 刑事警察

刑事警察简称刑警，负责刑事侦查工作，分析、研究刑事犯罪情况；组织、协调侦破一般、重大、特大刑事案件；承担案件痕迹和物证提取、检验、鉴定；承担本辖区内的禁毒、反黑、反恐工作；承担本辖区内的经济犯罪侦查防范工作（部分地方有专门的经侦部门）；承担涉外刑事案件、对外警务的联络和接洽。狭义的刑警是指刑警队的警察。广义的刑警还包括经侦队、缉毒队等。其主要任务是侦查刑事案件，如盗窃、凶杀、诈骗、绑架等犯罪案件。

刑警和民警的区别有以下方面。

(1)概念不同。刑警是一种警种，民警是所有警察的统称。

(2)工作范围不同。刑警负责重大刑事案件的侦破工作，民警除了刑事案件，还有其他治安、铁路管理、森林消防等工作。

(3)分属机关不同。刑警分属于中华人民共和国公安部，省（自治区）公安厅（直辖市公安局），地级市（自治州）公安局（地区公安处），县（县级市旗）公安局（市辖区公安分局）4级公安机关，民警受同级政府和上级公安机关双重领导。

人民警察的职责是维护社会安全稳定、惩处违法犯罪行为、保证法律秩序不受破坏，促进人与人之间和谐共处，刑警在出警第一线守护人民群众人身及财产安全的同时，需要在法律的保证下，保障自身权益不受侵害，同时其权益又在法律框架内受到制约，以实现权责平衡。

7. 检察官

检察官是依法行使国家检察权的检察人员，包括最高人民检察院、地方各级检察院和军事检察院等专门人民检察院的检察长、副检察长、检察委员会委员和检察员。检察官必须忠实执行宪法和法律，全心全意为人民服务。检察官依法履行职责，受法律保护。

(1)检察官的职责主要包括：

① 对法律规定由人民检察院直接受理的刑事案件进行侦查；

② 对刑事案件进行审查逮捕、审查起诉，代表国家进行公诉；

③ 开展公益诉讼工作；

④ 开展对刑事、民事、行政诉讼活动的监督工作；

⑤ 法律规定的其他职责。检察官对其职权范围内就案件作出的决定负责。

（2）检察官的义务主要包括：

① 严格遵守宪法和法律；

② 秉公执法，不得徇私枉法；

③ 依法保障当事人和其他诉讼参与人的诉讼权利；

④ 维护国家利益、社会公共利益，维护个人和组织的合法权益；

⑤ 保守国家秘密和检察工作秘密，对履行职责中知悉的商业秘密和个人隐私予以保密；

⑥ 依法接受法律监督和人民群众监督；

⑦ 通过依法办理案件以案释法，增强全民法治观念，推进法治社会建设；

⑧ 法律规定的其他义务。

曾因犯罪受过刑事处罚的，曾被开除公职的，直系亲属或旁系亲属存在刑事犯罪记录的人员不得担任检察官。检察官的职业道德是服务社会，维护法治统一，对于恢复社会秩序、实现社会正义、保障人权等方面有极其重要的意义。

8. 法医

法医是国家司法鉴定人的一种，是运用基础医学、临床医学及相关的刑事科学技术、司法鉴定技术对与法律有关的人体（活体、尸体、精神）和犯罪现场进行勘查鉴别并作出鉴定的科学技术人员。法医按照法律法规和行业操作规范，利用各种技术或手段，在重要的时间节点内，通过公对公调查，公对公取证，进行现场医学勘查、医疗跟踪取证、伤情的活体医学检查观察、尸体解剖、症状分析、测试比对、观察审讯、遗物鉴定、调取监控、特殊查体等一系列法律医学鉴定。

法医的职责主要包括以下几种。

（1）勘查各种凶杀命案现场，适应司法实践需要或有谋杀嫌疑的尸体，判明死亡原因、时间和性质，推断和认定致死致伤的凶器，分析犯罪手段和过程，维护人类生命健康与人格尊严的权利。

（2）对民事、刑事案件中涉及法律事件的活体（人身）进行损伤、劳动能力、性别、性机能、精神状态等调查并鉴定，通过法律手段帮助社会弱势群体获得相应的经济赔偿，促进社会主义和谐秩序及人权精神的发展。

（3）检验和鉴定同犯罪有关的法医DNA物证，为个体识别和亲子鉴定提供科学依据，从证据科学的角度维护社会司法公正，减少冤假错案的发生，为法庭审判定案以及检察机关提供专家证言。

（4）对医疗纠纷案件进行鉴定，分清责任性质，通过法律手段捍卫医学人文精神的神圣性，将医学伦理道德缺失甚至沦丧的临床医生绳之以法，同时便于医疗部门提高医疗质量。

（5）通过毒物分析（药物分析）、毒理学（药理学）等分析化学的手段，检测投毒案件中毒物的种类及化学结构，协同国家有关政法部门查清重大中毒事故和意外灾害事故发生的原因和性质。

（6）医疗费用合理性评估鉴定，《中华人民共和国侵权责任法》实施以来，随着公民维权的法律意识日益提高，医疗费用合理性评估及相关医护问题的案件明显增多。其中，医疗费用合理性评估的专业性极强、鉴定最为复杂，几乎同时涉及所有临床医疗专科和诊疗项目。

（7）生物识别，法医人类学实践中利用人体固有的生理特性来进行个人身份的鉴定。在安防、金融等领域法律意义重大。

9. 法官

法官是指依照法律规定的程序产生，在司法机关（一般指法院）中依法行使国家审判权的审判人员，是司法权的执行者。在不同法系的国家中法官的角色不尽相同，但要求都是不偏不倚、不受他人影响或掣肘、刚正无私地根据法律判案。《中华人民共和国法官法》第二条明文规定“法官是依法行使国家审判权的审判人员，包括最高人民法院、地方各级人民法院和军事法院等专门人民法院的院长、副院长、审判委员会委员、庭长、副庭长和审判员”。在民事诉讼审判中法官应当是依照法律规定的程序产生的，依法行使国家民事诉讼审判权的审判人员，而且法官在审判过程中不应受任何行政机关、社会团体、企事业单位及个人的干扰。法官应当是独立地、中立地享有法定的裁判权，具有当然的裁判权威的第三方。《中华人民共和国法官法》也规定了法官的权利和义务，法官依法履行职责，并受国家法律保护。法官必须忠实执行宪法和法律，全心全意为人民服务。

10. 司法警察

司法警察简称“法警”，是司法机关所设执行特定任务的警察。其主要任务包括：警卫法庭，维持法庭秩序，押解犯人出庭受审，执行搜查、拘传、送达、协助执行人员执行法院判决和裁定，协助检察人员进行侦查活动等。《中华人民共和国人民法院组织法》规定，各级人民法院设司法警察若干人。《中华人民共和国人民检察院组织法》规定，各级人民检察院根据需要可以设司法警察。

11. 司法鉴定人

司法鉴定人是依法取得鉴定人职业资格证书和鉴定人执业证书，受司法机关的指派或聘请，运用专门知识和科学技术，对诉讼、仲裁等活动中涉及的某些专门性问题进行鉴别和判断提出鉴定意见的自然人。鉴定人实行职业资格证书制度和执业证书制度。鉴定人应当在“依法许可的业务范围内从事鉴定业务”。鉴定人是重要的诉讼参与人，鉴定人执业实行回避、保密、时限和错鉴责任追究制度。鉴定人进行鉴定后，应当写出鉴定结论，并且签名。鉴定人故意作虚假鉴定或因失职造成严重后果，构成犯罪的，依法追究刑事责任；尚不构成犯罪，应承担相应的法律责任。

司法鉴定人包括：司法精神病鉴定人（对人是否患有精神病、有没有刑事责任能力进行鉴别和判断）；刑事技术鉴定人（对指纹、脚印、笔迹、弹痕等进行鉴别和判断）；会计鉴定人（对账目、表册、单据、发票、支票等书面材料进行鉴别和判断）；技术问题鉴定人（对涉及工业、交通、建筑等方面的科学技术进行鉴别和判断的活动）；文件检验人（负责对违法犯罪案件中文件物证的研究和检验）。

12. 刑事科学技术研究所技术员

刑事科学技术研究所技术员，为刑事和民事案件提供证据服务，并进行物证技术科研开发。其工作职责涉及各类痕迹物证检验鉴定、刑事案件现场勘查的技术支援、专业技术人员培训、安全防范技术应用研究和工程施工民事证据技术服务、指纹管理与查询等。

参考文献

［1］苏雅，孙小婕. 犯罪现场保护的意义与方法［J］. 法制与社会，2017（13）：129–130.

［2］赵文勇，高丽波，卞海春. 试论现场保护的意义、现状及策略［J］. 科技视界，2015（18）：302–303.

［3］姜盈杰. 试论现场保护的重要性［J］. 广东公安科技，2006（3）：15–18.

［4］犯罪现场保护 保安员该做什么?——保安员执勤技能“犯罪现场保护”知识专题［J］. 中国保安，2001（7）：53.

［5］杨正鸣，倪铁. 侦查学［M］. 2版. 上海：复旦大学出版社，2013.

［6］张献聪. 犯罪现场物证信息研究［D］. 重庆：西南政法大学，2008.

［7］李剑. 谈指纹识别技术的新挑战［J］. 辽宁警专学报，2012，14（1）：76–79.

［8］单信洋. 论刑事诉讼中的指纹证据［D］. 北京：对外经济贸易大学，2010.

［9］张忠枝. 我国刑事诉讼指纹鉴定意见研究［D］. 青岛：青岛大学，2017.

［10］王磊，赵凌燕. 指纹痕迹检验在案件侦破中应用［J］. 中国管理信息化，2016，19（12）：163–164.

［11］张琼. 特殊的伪造签名笔迹鉴定研究［D］. 长沙：湖南大学，2018.

［12］邹瑜，顾明. 法学大辞典［M］. 北京：中国政法大学出版社，1991.

［13］齐栋旭. 足迹检验在侦查破案中的作用［J］. 法制博览，2015（30）：156–157，155.

［14］刘禹辰. 基于鞋印图像的人体身高预测方法研究［D］. 大连：辽宁师范大学，2021.

［15］Carla Mooney. Forensics: Uncover the Science and Technology of Crime Scene Investigation [M]. Chicago: Nomad Press, 2013.

［16］郝宏奎. 论犯罪现场重建［J］. 犯罪研究，2003（4）：13–21.

［17］赵凌燕，王磊. 工具痕迹和特殊痕迹在案件证据中的应用研究［J］. 中国科技纵横，2016（16）：218.

［18］梁文伟，杨永多. 浅析现场特殊痕迹、物质的发现与提取［J］. 法制博览，2015（22）：160，163.

［19］张幼芳. 植物物证检验及其在法庭科学中的应用［J］. 中国法医学杂志，2003（4）：253–255.

［20］李昌钰，蒂莫西·M. 帕姆巴奇，玛丽莲·T. 米勒. 李昌钰博士犯罪现场勘查手册［M］. 郝宏奎，译. 北京：中国人民公安大学出版社，2006：107.

［21］李昌钰，夏珍. 重返“3.19”枪击现场［M］. 桂林：广西师范大学出版社，2005：177.

［22］姜红. 刑事案件现场中微量玻璃的检验及应用［J］. 中国人民公安大学学报（自然科学版），2005（1）：8–10.

［23］张礼. 犯罪现场重建基本问题研究［D］. 重庆：西南政法大学，2013.

［24］姜红. 刑事案件现场上微量塑料的检验及应用［J］. 中国人民公安大学学报（自然科学版），2005，11（3）：37–39.

［25］凭微量物证拨开“无痕案”迷雾［N/OL］. 玉林日报，2020–09–09［2022–06–03］. https://baijiahao.baidu.com/s?id=1677316082581557964&wfr=spider&for=pc.

［26］霍塞虎. DNA技术在反恐斗争中的拓展应用［J］. 江苏警官学院学报，2017，32（1）：114–118.

［27］王任. DNA技术在刑事案件中的应用［J］. 新教育时代电子杂志（教师版），2015（23）：61–62.

［28］张亮. 指纹证据与DNA证据在刑侦中的综合应用［J］. 广东公安科技，2007（3）：27–30.

［29］姜先华. 中国法庭科学DNA数据库［J］. 中国法医学杂志，2006（5）：260–262，259.

［30］付雷. 不再陌生的DNA——纪念DNA双螺旋结构发现60周年［J］. 科技导报，2013，31（18）：84.

［31］南方都市报. 南医大杀人案纪实：追凶28年排查上万嫌疑人DNA锁定真凶［EB/OL］.（2020–12–09）［2023–08–01］. https://www.sohu.com/a/437178333_161795.

［32］七岁. 古装剧里的生物知识，真的靠谱吗？［J］. 求学，2020（5）：63–64.

［33］吴梅筠.法医物证学［M］. 北京：人民卫生出版社，1998：3–4.

［34］常冉，陆嘉麒，李昌钰. 血迹形态分析在美国的应用［J］. 中国司法鉴定，2019（5）：81–84.

［35］高振. 动脉喷溅血迹动力学及形态学的模拟实验观察［D］. 广州：南方医科大学，2013.

［36］澎湃新闻. 2020全国十大毒品（涉毒）犯罪典型案例［EB/OL］.（2020–06–29）［2023–08–01］. https://www. thepaper. cn/newsDetail_forward_8032236.

［37］王巧英，徐立，黄姣，等. ATR–FTIR法快速鉴定芬太尼［J］. 浙江化工，2022，53（3）：46–48.

［38］沈敏. 新精神活性物质的应对与挑战［J］. 法医学杂志，2021，37（4）：453–458.

［39］蔡衡衡，刘鑫. 新精神活性物质发展与管制综述［J］. 中国法医学杂志，2021，36（1）：14–19.

［40］光明网. 新型毒品来袭！如何防范？警察蜀黍为你支招［EB/OL］.（2021–06–26）［2023–08–01］. https://m. gmw. cn/baijia/2021–06/26/1302378495. html.

［41］刘伟，沈敏，陈航，等. 法医毒物鉴定专业标准体系构建［J］. 中国司法鉴定，2018（1）：42–46.

［42］长安新疆. 一瓶“冰糖雪梨”引发的中毒案［EB/OL］.（2020–04–24）［2023–08–01］. https://xw. qq. com/cmsid/20200424A0T49N00.

［43］乌日汉，毕力格，斯日古楞，等. 草乌及其他入药部位的研究进展［J］. 内蒙古民族大学学报（自然科学版），2022，37（3）：271–276.

［44］郑静芳. 浅谈草乌中毒［J］. 健康必读（下旬刊），2012（8）：353.

［45］廖林川，王玉瑾，刘俊亭. 法医毒物分析［M］. 5版. 北京：人民卫生出版社，2016：1–7.

［46］北京日报. 泡菜、“仙丹”竟是中毒元凶！中毒科医生这样破解“迷案”［EB/OL］.（2020–09–11）［2023–07–01］. https://baijiahao.baidu.com/s?id=1677503653119950566&wfr=spider&for=pc.

［47］科普中国. 触目惊心！上外女大学生被投“异物”！多平台紧急下

架……这究竟是什么？［EB/OL］.（2022–06–14）［2023–08–01］. https://m.thepaper. cn/newsDetail_forward_18565730.

［48］石钰，姜红. 磷化氢中毒在案件侦破中的启示［J］. 四川化工，2020，23（6）：49–52.

［49］极光新闻. 老人把菜分给子女，结果1死3中毒［EB/OL］.（2022–07–10）［2023–08–10］. https://m. gmw. cn/2022–07/10/content_1303036825. htm.

［50］雷震. 研究法医毒物鉴定的发展及存在问题［J］. 法制博览，2020（10）：160–161.

［51］张有志. 毒物分析鉴定的评析及其在案件侦破中的应用［J］. 科技风，2018（27）：251.

［52］官大威. 法医学辞典［M］. 北京：化学工业出版社，2009.

［53］韩均良. 法医昆虫学在刑事侦查中的重要价值［J］. 中国刑警学院学报，2004（1）：49–52.

［54］宋文贞，夏曦中，朱丽华. 实验用果蝇培养技术探索［J］. 氨基酸和生物资源，2007，29（3）：36–37.

［55］卢嘉平. 法医昆虫学在检案中应用1例［J］. 法医学杂志，2001，17（3）：184–185.

［56］沈立晋，汪旭光. 采用加速量热法评价防爆硝酸铵的热稳定性［J］. 火炸药学报，2004（2）：73–76.

［57］吕春绪，刘祖亮，倪欧琪. 工业炸药［M］. 北京：兵器工业出版社，1994.

［58］唐双凌，刘祖亮，朱广军，等. 添加剂对硝酸铵爆轰安全性和热稳定性的影响［J］. 化肥工业，2003，30（4）：28–29，32–61.

［59］白燕. 杂质对硝酸铵热稳定性的影响［J］. 火工品，2009（02）：24–27.

［60］孙毓庆，严拯宇，范国荣，等. 分析化学实验［M］. 北京：科学出版社，2004.

［61］徐剑，朱洪. 1例利用木纤维认定纸张整体分离检验［J］. 刑事技术，2012（4）：51–52.

［62］钱欣悦，陈梅，侯丽萍. 纸张结构特点及性能对印刷品质量的影响［J］. 印刷世界，2012（7）：45–47.

［63］尹宝华，郭洪玲，林雷祥，等. 基于理化检验的纸张物证的比对和分

类研究［J］. 刑事技术，2017，42（2）：124–128.

［64］王跃. 打印变造文书的检验流程及要旨［J］. 中国司法鉴定，2012（2）：62–68.

［65］柯昌林. 摹仿签名笔迹检验［D］. 重庆：西南政法大学，2007：6–22.

［66］张琼. 特殊的伪造签名笔迹鉴定研究［D］. 长沙：湖南大学，2018.

［67］陈永生. 电子数据搜查、扣押的法律规制［J］. 现代法学，2014，36（5）：111–127.

［68］江华，李恒，梁一. 公安机关开展犯罪现场访问之新探究［J］. 辽宁警专学报，2014，16（5）：38–42.

［69］耿连海. 关于现场勘查概念的几个问题［J］. 广州市公安管理干部学院学报，2005（2）：25–28.

［70］王国民，马静华. 从现场分析到犯罪重建与犯罪画像——犯罪分析理论述评［J］. 中国人民公安大学学报，2003（1）：108–114.

［71］李栋，李波阳. 物质交换原理在犯罪现场勘查中的运用［J］. 湖北警官学院学报，2010，23（4）：72–75.

后 记

为贯彻落实立德树人根本任务，发展学生核心素养，体现新时代“五育并举”的要求，上海市延安中学和华东政法大学联合成立了“上海青少年法庭科学教育中心”。

2022年，该中心所开展的“面向真实世界，构建‘五位一体’青少年法治教育实践路径的研究”课题被正式立项为上海市教育规划项目。2023年，该中心所开展的“立足综合实践活动建设高中生‘五位一体’法治教育体系的研究”课题被正式立项为中国教育学会规划课题。经过不懈研究与探索，形成了一系列丰富多彩的实践活动特色成果。

我们从众多优秀案例中精选了较有代表性的青少年法庭科学教育教学典型案例和配套的学习体验活动。它们不仅为学生提供了主动构建自身发展所需的，与科学态度、法治精神、证据意识、安全防范、犯罪预防相关的基础知识、技能与方法，还蕴含着“‘科学·社会·人文’跨界融合成长”的育人理念，希望能给同仁们带来积极启示。

本书在撰写过程中，汇集了上海教育界多位专家、学者及师生们的热情与智慧。

我们有幸邀请到了上海市特级校长、教育部校长培训中心特聘教授李德元先生为本书作序。感谢李德元先生长期以来对本项目给予的关心与支持。

感谢上海市第四期教育系统“双名工程”攻关计划名师基地主持人朱守晨老师、上海市第六期中小学骨干教师德育研究实训基地主持人陈红波老师的栽培与关怀。

感谢同济大学郭强教授在课题实施与推进过程中给予的国际研究视角与实施建议。

感谢华东师范大学青少年与社会研究中心主任、上海市阳光社区青少年事务中心理事吴同教授给予的课题研究社会学与社会工作视角及课题深化研究建议。

感谢上海市教育科学研究院胡庆芳研究员在核心素养培育方面给予的关心与指导。

感谢上海市教师教育学院张新宇老师和刘嘉秋老师、华东师范大学祝智庭教授、上海师范大学安康教授在课程建设方面给予的指导。

感谢上海市长宁区教育学院的徐成华老师、钱春老师、栗小妮老师、王文辉老师在课程教学实施方面提供的实践策略与过程方法指导。

感谢上海市延安中学的高震老师为保障实验教学顺利开展所给予的辛勤付出。

感谢上海市延安中学积极参与2020级～2023级“青少年法庭科学”选修课程学习的全体同学。尤其感谢王启雯同学对每一篇章节故事所做的精心修订与完善工作。

感谢“趣探·青少年法庭科学社”荣誉社长张雨佳、2022级社长朱宇轩、2023级社长刘雨新和副社长施嘉懿，在社团运管方面所做的特殊贡献，感谢徐瑞鑫、李明瑞、金思齐、张添意、张锦楠、张申岳等同学们的热心参与。

感谢上海市绿苑小学李敏维同学对全书配图工作给予的热心建议。

同时，感谢华东理工大学出版社编辑老师们和课题组全体同仁所做的尽心尽力的工作。在大家的合力之下，本书才得以与广大读者见面，在此我们谨致以最诚挚的谢意！

李法瑞

2023年11月于上海市延安中学正心池畔

ENE - DO NOT

国家出版基金项目
NATIONAL PUBLICATION FOUNDATION

大国攻坚·反贫困社会工作丛书
丛书主编　向德平

反贫困社会工作导论

向德平　等　著

華東理工大學出版社
EAST CHINA UNIVERSITY OF SCIENCE AND TECHNOLOGY PRESS
·上海·

图书在版编目(CIP)数据

反贫困社会工作导论 / 向德平等著. — 上海：华东理工大学出版社，2020.12(2024.12 重印)
(大国攻坚·反贫困社会工作丛书 / 向德平主编)
ISBN 978-7-5628-6423-3

Ⅰ.①反… Ⅱ.①向… Ⅲ.①扶贫—社会工作—研究—中国 Ⅳ.①F126

中国版本图书馆 CIP 数据核字(2020)第 270965 号

内 容 提 要

本书运用社会工作理论和方法来分析贫困问题，阐述反贫困社会工作的价值观，介绍反贫困社会工作的理论，分析反贫困社会工作的要素、内容和过程，梳理中国反贫困政策的发展轨迹，探索中国反贫困社会工作的模式与方法。本书是国家社科基金重大项目“精准扶贫战略实施的动态监测与成效评价研究”(16ZDA022)、教育部哲学社会科学发展报告建设(培育)项目“中国反贫困发展报告”(11JBGP038)的研究成果。

策划编辑 / 刘 军
责任编辑 / 王凯莉
装帧设计 / 王 翔
出版发行 / 华东理工大学出版社有限公司
地址：上海市梅陇路 130 号，200237
电话：021-64250306
网址：www.ecustpress.cn
邮箱：zongbianban@ecustpress.cn
印 刷 / 上海中华商务联合印刷有限公司
开 本 / 710 mm × 1000 mm 1/16
印 张 / 24.25
字 数 / 273 千字
版 次 / 2020 年 12 月第 1 版
印 次 / 2024 年 12 月第 2 次
定 价 / 96.00 元

编委会名单

丛书总序

我国以脱贫攻坚为标志的国家级重大反贫困行动，于2020年年底取得了预期成果，绝对贫困总体上被消除。脱贫攻坚可以说是中国乃至世界反贫困史上的一件大事，值得书写一笔。社会工作作为一种专业力量参与其中，并发挥了重要作用，其实践和经验值得总结。由向德平教授主编的“大国攻坚・反贫困社会工作丛书”在这方面做了开创性的工作，值得我们称赞。

一、社会工作参与反贫困是一项重大的专业实践

（一）反贫困是社会工作的一项核心任务

社会工作自产生之日起，就与反贫困结下了不解之缘。不是社会工作“贪恋”反贫困，而是贫困给贫困群体带来了巨大的痛苦。社会工作作为一种以帮助困难群体缓解困难、追求社会公正与社会进步为己任的专业，理应把反贫困的责任放在自己的肩上。在世界社会工作反贫困历史上，发达国家的社会工作参与反贫困基本上是通过实施社会救助和社会慈善的方式进行的，并形成了社会工作的著名模式。第二次世界大战以后，发展中国家的反贫困主要面向农村展开，经济开发、社区发展成为其主要模式，20世纪50年代联合国倡导的社区发展原则正是社会工作参与反贫困所应遵循的。20世纪80年代以后出现的发展型社会工作，一方面与发展中国家的政府、社会工作者、发展工作者的实践有关，另一方面也受产生于发达国家的社会投资

等理论的影响。这些实践取得了一定的成绩，也为后来发展中国家的反贫困提供了借鉴和参照。

我国作为经济社会政策和发展项目的反贫困工作是从20世纪80年代中期开始的，最初是经济开发，接着是扶贫攻坚，主要是发展经济，由政府部门、国有大中型企业和贫困农户承担主要责任。2015年，我国开始实施脱贫攻坚工程，中央明确要求形成由专项扶贫、行业扶贫和社会扶贫互为补充的大扶贫格局，做到扶贫开发与经济社会发展相互促进，不但注重产业脱贫，而且加强教育等多层面脱贫；要求坚持群众主体，激发内生动力，注重扶贫扶智，增强贫困人口自我发展的能力，同时实施扶贫志愿者行动计划和社会工作专业人才服务贫困地区计划。这样，社会工作力量作为脱贫攻坚的有机组成部分，有了“特殊”的实践机会，也能够更有针对性地参与反贫困行动。2017年，《民政部 财政部 国务院扶贫办关于支持社会工作专业力量参与脱贫攻坚的指导意见》（以下简称《意见》）要求中国社会工作教育协会发挥推动作用，进行教育扶贫。同时，我国开始实施社会工作服务机构“牵手计划”，从发达地区选择专业性强的社会工作服务机构，与贫困地区社会工作服务机构等进行结对。社会工作教育界积极响应政府部门的号召，组织、动员和支持各社会工作院系参与这一具有历史意义的反贫困行动。各类群体参与脱贫攻坚成为中国社会工作重建以来，规模最大、时间较长、有组织、有目标要求的集体性行动。

（二）社会工作参与脱贫攻坚取得了积极成果

按照民政部等部门的《意见》，中国社会工作教育协会参与脱贫攻坚是教育扶贫，其主要任务如下：高校社会工作专业院系要与贫困地区合作建立社会工作专业培训、教师实践和学生实习实训基地，帮助贫困地区培养社会工作专业人才；高校社会工作专业教师到贫困地区开展专业督导，引导社会工作专业在校生到贫困地区进行社会实践；支持鼓励社会工作专业毕业生到贫困地区就业。在中国社会工作教育协会的组织动员下，各社会工作院系秉持专业精神、发挥主观能动性，组织师生、链接资源、深入贫困地区，开展了多项服务，较好地完成了《意见》提出的任务，并尽己所能地为贫困地区的居民做贡献，在脱贫攻坚中取得了不少开创性成果。社会工作教育界支持了贫困地区的脱贫工作，促进了贫困地区社会工作人才和专业力量的发展，也获得了参与反贫困的直接经验，使我们感受到了当地干部群众和派驻的扶贫干部在反贫困中表现出来的坚韧不拔的精神。同时，参与脱贫攻坚也成为各社会工作院系坚持理论联系实际、开展实践教学、在实践中培养学生、在比较中进行研究的重要场域，因而参与者的收获是丰硕的。

对于参与脱贫攻坚，中国社会工作教育协会领导班子给予了高度重视，设计行动计划、动员组织力量，推动了整个工作向前发展。中国社会工作教育协会还建立了反贫困社会工作专业委员会，在贯彻落实协会的总体部署、推动整个活动发展方面发挥了积极作用。作为反贫困社会工作专业委员会的负责人，向德平教授和他主持的反贫困研究机构积极配合、主动工作，有力地推动了中国社会工作教育协会工作的开展。

二、社会工作界参与反贫困是理论与实践比较、互动和提升的过程

（一）社会工作教育界参与反贫困是理论与服务实践的互动过程

社会工作教育界参与反贫困的特点是，一批批具有深厚社会工作理论

与知识积累的高校教师和研究生、高年级本科生开展实践活动，这同时也是他们走出课堂和校门开展社会工作服务的过程。在一定意义上，它是理论指导实践的过程，也是实践检验书本知识和理论的过程。反贫困工作是在自然环境复杂、文化传统多样的贫困地区展开的，社会文化因素深深地影响着反贫困行动的开展。在上述经济、政治、社会、文化背景下开展的反贫困，必然比书本上介绍的复杂得多。社会工作界参与反贫困，必然会遇到上述复杂因素的影响，会遇到许多亟待解决的"中国式"问题。这是一个不断比较、选择、实践和反思的过程。对社会工作教育界来说，这是一系列挑战，也是在克服困难中不断成长的过程。

（二）书写经验是反贫困理论和实践成果的延伸

社会工作者的基本品格是奉献和共享发展成果，同时社会工作教育界又有改进教育、传播知识、贡献社会的责任。从这个角度来说，将参与反贫困的经验和思考写出来，是十分有意义的事情。向德平教授主编的这套书正是此种努力的体现。该丛书组织了国内社会工作界20多位专家学者，基于社会工作实践，总结反贫困的相关模式和经验，生产社会工作知识，价值显而易见。

该丛书以实践为基础，兼顾了反贫困知识和实践的完整性。它是多视角、全方位和具有整体性的。其主要视角包括社区为本视角、抗逆力视角、内生动力视角、资产建设视角、金融服务视角、可行能力建设视角、赋权视角、贫困治理视角、心理弹性和生涯辅导视角等。它关注的服务对象主要包括儿童、老年、妇女、残疾人及西部农村中的弱势群体。该丛书既介绍既有的社会工作理论，也介绍中国特色的社会工作实践。基于本土实践，它介绍了社会工作参与反贫困模式的多样化和经验的多元化，反映了中国反贫困的经验及社会工作参与反贫困的机制，阐明了专业社会工作是如何发挥专业优势、实现服务效能的。

该丛书也是系列教材，体现了从理论到实践、从实践到知识的转化过程。这里包含了对反贫困知识和理论的选择，包括在实践中对社会工作知识的运用和反思，也包括基于实践的知识建构，还包括不同类型和不同层次的建议。该丛书内容丰富，有借鉴、有创新，可指导实践，也为反贫困研究提供了参考框架，是反贫困领域的学术力作，是社会工作本土化的重要成果。

三、在乡村振兴中更好地运用和发展社会工作参与反贫困的经验

到2020年年底，我国在总体上消灭了绝对贫困，但是相对贫困还会长期存在。中国共产党第十九届中央委员会第五次全体会议提出“实现巩固拓展脱贫攻坚成果同乡村振兴有效衔接”，我国巩固脱贫成果和反贫困的任务依然是十分繁重的。在走向乡村振兴、实现共同富裕的进程中，已经取得的反贫困经验在一定程度上依然有效，这与相对贫困现象在地域、群体、经济状况、社会生态和文化上的连续性密切相关。当然，相对贫困也有自身的特点，贫困群体有了以往反贫困的经验，有了相对好的经济基础和社会生活条件，他们摆脱贫困的内在动力和能力也有所增强。但是我们也要看到，在新的国际国内形势下，面对不断加剧的市场化竞争，相对贫困群体的生存压力不会减少，反贫困的发展性要求会更加突出。我国已经进入社会主义现代化建设的新阶段，要贯彻新的发展理念，构建以国内大循环为主体、国内国

际双循环相互促进的新发展格局，其中乡村全面振兴、遏制返贫现象发生、实现共同富裕任务艰巨。在这种背景下，社会工作者在参与脱贫攻坚中获得的经验仍然有重要的参考价值。我们也期待社会工作者群体在参与乡村振兴和解决相对贫困问题方面取得新的成果。

把论文写在祖国大地上，中国社会工作教育界以自己的实际行动在认真践行。

王思斌
北京大学社会学系

主 编 序

打赢脱贫攻坚战，是实现中华民族伟大复兴的底线要求，是贫困地区与全国一起全面建成小康社会的关键之举，是实现国家长治久安的重要保障。

我国扶贫开发进入精准扶贫、精准脱贫的新阶段。精准扶贫战略贵在精准，精准与专业具有同构性，只有调动专业的力量参与精准扶贫，才能进一步提升精准识别、精准帮扶、精准管理的精准度，才能更专业地解决贫困人口在脱贫过程中的个性问题与发展问题。社会工作参与脱贫攻坚具有重要的意义，在反贫困工作中扮演着重要的角色。

社会工作作为专业力量参与脱贫攻坚，将专业队伍、专业方法、专业力量运用到脱贫攻坚的工作中，发挥了不可替代的专业优势和人才优势，提升了反贫困工作的专业性。事实上，社会工作起源于贫民救济或慈善事业，其发展的历史就是人们与贫困做斗争的历史。社会工作的专业方法、理念正是人们在与贫困及相关社会问题做斗争的实践中逐步形成和发展起来的，因此，社会工作参与脱贫攻坚具有深厚的历史基础和重大的现实意义。社会工作参与脱贫攻坚是社会扶贫的重要组成部分。作为精准扶贫的专业力量，社会工作通过需求评估，精准识别贫困人口及其致贫原因；通过资源整合，动员与协调各方扶贫力量和扶贫资源；通过提升扶贫对象的能力，激发和提升扶贫对象的内生动力和可行能力。社会工作参与脱贫攻坚，有助于提高反贫困工作的精准性和可持续性，实现由“输血型”扶贫向“造血型”扶贫、救助型扶贫向发展型扶贫的转变。

党中央、国务院十分重视社会工作专业人才服务贫困地区的工作,《中共中央 国务院关于打赢脱贫攻坚战的决定》(中发〔2015〕34号)、《中华人民共和国国民经济和社会发展第十三个五年规划纲要》和《国务院关于印发“十三五”脱贫攻坚规划的通知》(国发〔2016〕64号)对实施社会工作专业人才服务贫困地区计划、支持专业社会工作和志愿服务力量参与脱贫攻坚提出了明确的要求。为贯彻落实党中央、国务院的决策部署,支持社会工作专业力量参与脱贫攻坚工作,《民政部 财政部 国务院扶贫办关于支持社会工作专业力量参与脱贫攻坚的指导意见》发布,民政部办公厅、国务院扶贫办综合司出台了《社会工作教育对口扶贫计划实施方案》。

为落实《民政部 财政部 国务院扶贫办关于支持社会工作专业力量参与脱贫攻坚的指导意见》的精神,贯彻实施民政部、国务院扶贫办联合制定的《社会工作教育对口扶贫计划实施方案》,深入推进教育扶贫工作,全国社会工作专业学位研究生教育指导委员会和中国社会工作教育协会积极实施“社会工作教育对口扶贫计划”,组织全国200多所高校参与社会工作教育对口扶贫工作。在反贫困社会工作实践中,社会工作教育和实践工作者积极探索,积累了较丰富的实务经验,总结了一批典型案例,产出了一系列理论成果。本丛书是中国社会工作参与反贫困成果的系统呈现。

2019年3月16日,中国社会工作教育协会反贫困社会工作专业委员会与华东理工大学出版社在武汉举行“大国攻坚·反贫困社会工作丛书”启动仪式。来自十几所高校的20余名作者代表参加了会议。会议研讨、确定了本套丛书的写作框架和主要内容。

本丛书是在全国社会工作专业学位研究生教育指导委员会、中国社会工作教育协会的指导下，由中国社会工作教育协会反贫困社会工作专业委员会具体组织完成的。王思斌教授、阮曾媛琪教授、谢立中教授、蔡禾教授、关信平教授、马凤芝教授、彭华民教授全力支持反贫困社会工作专业委员会的工作，指导本丛书的编写。

中国社会工作教育协会前任会长徐永祥教授高度重视本丛书的编写工作，为丛书的编写和出版提供了巨大的支持。本丛书寄托了全体社会工作同仁对徐永祥教授的深沉怀念！

感谢所有关心、支持本丛书的专家和同仁！

向德平
华中科技大学社会学系

前　言

贫困是人类社会的顽疾，是世界各国在经济社会发展进程中面临的共同挑战，是全球性的重大问题。作为世界上最大的发展中国家，中国面临着严峻的反贫困任务。1949年以来，中国长期致力于在经济社会发展过程中解决贫困问题。特别是党的十八大以来，党中央把脱贫攻坚摆到治国理政的突出位置，推动脱贫攻坚取得决定性进展。截至2019年年末，全国农村贫困人口从2012年年末的9 899万人减少至551万人，贫困发生率从2012年年末的10.2%下降至0.6%。[①] 中国新时代脱贫攻坚取得了历史上最好的反贫困成绩，创造了世界反贫困发展史上的“中国奇迹”。

社会工作作为一种专业力量参与脱贫攻坚具有重要的意义，在反贫困工作中发挥着重要的作用。

社会工作为反贫困提供专业价值观。社会工作强调尊重人的权利与价值，在提供社会福利服务的过程中，注重人的能力建设，坚持个别化的原则，协助个人发展潜能、实现自我价值。

社会工作为反贫困提供专业理论。社会工作将“系统视角”“优势视角”理论运用到反贫困工作中，能够提升反贫困的质量与效果。社会工作通过“系统视角”将个体及其所处环境看作一个相互影响的有机统一体，对个体能力、社会关系以及宏观环境综合开展工作，从根本上帮助贫困人口摆脱贫

① 新华网：《2019年全国农村贫困人口减少1 109万人》，http://www.xinhuanet.com/politics/2020-01/24/c_1125498602.htm。

困。社会工作秉持"优势视角",帮助个体认识、挖掘自己的潜能,并帮助个体将自身能力和优点运用于解决问题之中。

社会工作为反贫困提供专业方法。社会工作从其产生之初就一直在探索解决贫困问题的方法。在长期的反贫困工作中,社会工作逐渐形成了一套科学的工作方法与工作技巧,个案工作、小组工作、社区工作等工作方法以及个案辅导、团体治疗、资源链接、问题挖掘等工作技巧,保证了反贫困工作的专业性和有效性。

社会工作为反贫困提供专业平台。社会工作独立于各反贫困主体以及贫困群体之外,与各反贫困主体、帮扶对象之间相互合作,起着"桥梁"和"润滑剂"的作用,有利于实现反贫困政策与帮扶需求相对接,增强反贫困主体之间、反贫困主体与帮扶对象之间的了解、信任和默契,对于构建更广泛的社会参与以及长效反贫困机制具有重要意义。

本书运用社会工作理论和方法来分析贫困问题,阐述社会工作参与反贫困的价值观,系统梳理反贫困社会工作的理论,分析反贫困社会工作的要素、内容和过程,并根据中国贫困的特点及反贫困政策的演变,探讨本土化、科学化、专业化的反贫困社会工作模式与方法。

向德平

目　　录

CONTENTS

第一章　反贫困社会工作概述

2017 年 7 月 6 日,《民政部 财政部 国务院扶贫办关于支持社会工作专业力量参与脱贫攻坚的指导意见》下发,该文件明确指出,社会工作专业人才是为贫困群众提供心理疏导、精神关爱、关系调适、能力提升等社会服务的新兴力量,在帮助贫困群众转变思想观念、树立自我脱贫信心、拓宽致富路径、提升自我脱贫能力等方面可以发挥积极作用。该文件还明确了社会工作专业力量参与脱贫攻坚的服务内容,即参与贫困群众救助帮扶、参与贫困群众脱贫能力建设、促进易地搬迁贫困群众融合适应、参与贫困地区留守儿童关爱保护;同时提出,支持实施社会工作专业力量参与脱贫攻坚重点项目,针对其他特殊困难人群开展关爱服务。

社会工作助力脱贫攻坚,就是将社会工作的专业价值、专业理念、专业方法、专业力量运用到脱贫攻坚的工作中,发挥社会工作不可替代的专业优势和人才优势,提高反贫困工作的专业性,培养反贫困领域社会工作人才,并调动社会力量参与反贫困事业,构建社会扶贫大格局。社会工作发展的历史就是与贫困做斗争的历史,社会工作的专业方法、理念正是在与贫困及相关社会问题做斗争的实践中逐步形成和发展的。

社会工作参与脱贫攻坚是社会力量参与精准扶贫实践的重要组成部分。作为脱贫攻坚的专业力量,社会工作通过需求评估精准识别贫困人口和致贫原因,通过资源整合动员与协调各方扶贫力量和扶贫资源,通过能力建设激发与提升扶贫对象的进取精神和可行能力,实现由“输血型”扶贫向“造血型”扶贫、救助型扶贫向发展型扶贫的转变。

第一节　反贫困与社会工作的关系

一、反贫困的中国经验

改革开放以来,中国坚持实施大规模扶贫开发,通过发展带动脱贫使7亿多人口摆脱贫困,为全球减贫事业做出了巨大贡献。我国深度贫困地区致贫原因复杂,贫困程度深,脱贫难度较大。全面打赢脱贫攻坚战是全面建成小康社会的底线目标,为此,中国做出了精准扶贫、精准脱贫的战略部署。社会工作作为一门关注弱势群体、化解社会矛盾、专业助人的学科,理应关注贫困遭遇者的生活境遇,积极参与脱贫攻坚,为中国减贫事业做出应有的贡献。

中国的反贫困进程是一个对贫困认识不断深化、扶贫政策和实践不断创新的过程。改革开放之初,我国实行以家庭联产承包责任制为基础的双层经营体制,在财政体制改革和农村改革的强劲推力之下,农业生产力快速提升,有效缓解了农村贫困。20世纪80年代中期,中国政府组建了专门的扶贫工作机构,强化国家主导的有组织、有计划、大规模的开发式扶贫。根据这一时期贫困人口的分布特征，国家确定了反贫困开发的县级瞄准机制，在全国范围开展针对扶贫开发工作重点县的专项扶贫工作。1994年起，我国在《国家八七扶贫攻坚计划(1994—2000年)》实施过程中，逐渐形成了专项扶贫、行业扶贫、社会扶贫互为补充的大扶贫格局；21世纪初，国家因应扶贫开发形势的变化和目标任务的调整，颁布了《中国农村扶贫开发纲要(2001—2010年)》，在这一阶段，产业扶贫、整村推进、雨露计划等专项扶贫模式渐趋成熟，连片开发取得了可喜成绩，为后续的反贫困工作积累了宝贵经验。我国每年都投入大量人力、物力、财力对贫困地区予以扶助，从开始的"输血型"扶贫逐步转向"造血型"扶贫，在贫困人口减少和基本解决农村居民的温饱问题两方面取得了举世瞩目的成就。①

2014年1月，中共中央办公厅、国务院办公厅印发了《关于创新机制扎实推进农村扶贫开发工作的意见》，该文件首次提出了建立精准扶贫工作机制的若干举措，从战略层面对新一轮扶贫开发工作做出规划。2015年，《中共中央 国务院关于打赢脱贫攻坚战的决定》将"精准扶贫"上升为脱贫攻坚的重要战略。

精准扶贫是通过系列机制有效识别贫困人口，在此基础上投入扶贫资源，推动贫困人口脱贫与贫困地区发展。与过去的扶贫方式相比，精准扶贫是以实现"精准滴灌"、精准消除贫困为目标，在政府、市场、社会、社区以及贫困对象共同参与的基础上，统筹分配扶贫资源，实现对

① 向德平、黄承伟：《中国反贫困发展报告(2012)》，华中科技大学出版社2013年版，第68页。

扶贫对象的精准识别、精准帮扶和精准管理的贫困治理模式。精准扶贫是一个系统、完整的工作机制。精准识别是回答“扶持谁”的问题，是精准扶贫战略的基础；精准帮扶和精准管理是解决精准扶贫“谁来扶”和“怎么扶”的问题，其中精准管理是精准识别和精准帮扶的重要制度保障。

改革开放以来，我国成功走出了一条中国特色的扶贫开发道路，形成了贫困治理的“中国经验”。一是独特的反贫困战略。中国反贫困的独特性，首要特点在于坚持通过发展经济带动减贫。中国政府的反贫困行动经历了从“救济式扶贫”到“开发式扶贫”的转变，在注重经济增长的益贫效应的同时，强调可持续性的开发式扶贫。二是强劲的政府主导。“政府主导”是中国反贫困经验的核心。政府主导的反贫困行动所涵盖的内容颇为广泛，不仅包括国家的财政政策、产业政策、社会保障政策，也包括区域的发展规划、发展战略部署、时序选择等多重要素。三是广泛的社会参与。中国反贫困道路的总体构架可以概括为“三位一体”的大扶贫格局，即专项扶贫、行业扶贫与社会扶贫相结合。社会扶贫在扶贫开发工作中发挥着越来越重要的作用。社会组织、公民个人通过资源投放、经验分享、政策倡导等方式，积极推动反贫困事业的发展。四是全面的贫困治理。早期的扶贫往往采取基于生计的、有条件的社会救助。贫困问题的成因具有多样性，反贫困手段也应该是多样的、综合的。全面的贫困治理，是针对贫困地区、贫困村和贫困农户的致贫因素进行总体性治理，从贫困地区的基础设施、公共服务体系、基层组织能力、社区文化等多方面着力，推动贫困地区经济、社会、文化、生态的全面发展。

二、精准扶贫与社会工作的契合

精准扶贫与专业社会工作有着内在契合性，主要表现在两者对于个体疾苦的极大关注、对于社会公正的自觉追求、对于科学方法的推崇三个方面。①

1. 对于个体疾苦的极大关注

最初的社会工作是在慈善救济活动中孕育并萌芽的，后来随着救助活动的发展而不断规范化和专业化，最终发展成为一门学科。② 社会工作在整个发展历程中，都表现出对处于困境者和弱者的同情与个体疾苦的极大关注，社会工作把助力有困难的社会成员当作其专业的基本着眼点，致力于维护个体尊严免遭侵害。专业社会工作介入反贫困，可以明确致贫因素，制定合理目标，对贫困个体进行经济救助的同时更加注重其能力的提升，将反贫困重点从经济救助过渡到能力提升；强调对于贫困个体的赋权、社会资本重建以及个人资产建设，逐渐从救济型贫困治理过渡到发展型贫困治理，这也是社会工作介入反贫困之后的目标导向变化。同样地，精准扶贫的提出也强调了对于个体的关注。精准扶贫的提出是对以往“社区面向”反贫困模式的降维，从“区域发展”到“以人为本”，将个体从社区中抽离出来，不再将个体淹没在社区中进行“大水漫灌”式扶贫，转而更加关注个体的贫困境遇。“贫穷千万家，原因各不同”，致贫原因的多样性决定了反贫困手段的差异

① 高飞、向德平：《专业社会工作参与精准扶贫的可能性与可及性》，载《社会工作》2016年第3期。

② 刘继同：《英美社会工作实务范围内容演变与现代社工实务概念框架建构》，载《社会工作》2013年第3期。

性，只有找准原因才能“对症下药”。从这一层面上来看，社会工作与精准扶贫均表现出对于个体疾苦的极大关注和“以人为本”的价值指向。

2. 对于社会公正的自觉追求

追求和实现社会公正是社会工作孜孜追求的基本目标。社会工作者坚信年龄、性别、职业、种族的区分并不是不平等的理由之所在，人们应该平等地享受社会的发展和进步所带来的成果。通过追溯社会工作的发展历史，我们不难看出社会工作的发展过程始终贯穿着对于社会公正的自觉追求。社会工作的价值基础是社会公正，社会工作的专业优势在于运用专业技能及其科学方法，协助弱势群体发挥自身潜能，协调社会关系，预防和解决社会问题，最终促进社会公正。从政策动议来看，社会工作可以通过影响社会政策的制定，呼吁出台有利于扶助弱势群体的政策，争取和维护弱势群体的合法权益。从政策执行来看，社会工作可以通过社会财富的二次分配，合理协调群体之间的利益关系，维护社会公平。从具体服务来看，社会工作关注社会中的弱势群体，通过对社会不平等和贫困现象进行有目的的干预，重点满足弱势群体的基本需求，保障弱势群体的基本权益。消除贫困，改善民生，实现共同富裕，是社会主义的本质要求。精准扶贫、精准脱贫战略的提出亦是对这一命题的直接回应。国家投入了大量的资源进行扶贫开发，在取得巨大成效的同时也衍生了一系列的问题，传统的反贫困制度设计存在缺陷，反贫困中针对性不强，低质、低效等问题普遍存在。因此，对于贫困必须运用“精细化”治理的思维，将资源用在贫困群体身上，将扶贫落实到最需要扶持的地方。解决贫困人口脱贫问题，能够使全体人民在共建共享发展中有更多获得感，缩小收入差距，实现社会公正。

3. 对于科学方法的推崇

社会工作是以一定的价值理念为导向，系统运用专业知识、技能和方法，为弱势个体、群体、社区、组织提供专业服务，帮助他们解决问题、协调关系、恢复社会功能和发展能力，促进社会和谐的职业活动。社会工作之所以能够成为一门职业，是因为除了专业的价值理念之外，它还有着科学的助人方法。社会工作方法有小组社会工作（简称“小组工作”）、个案社会工作（简称“个案工作”）、社区社会工作（简称“社区工作”）等，此外，社会工作还有着个案辅导、团体技巧、社区资源调动、咨询、培训等多种介入技巧，通过系统的科学方法了解受助者困境，从受助者的角度出发，尊重受助者的主体性，提供差异化、人性化的社会服务。精准扶贫同样有着系统的科学方法，具体包括四个施策，即分类施策、因人因地施策、因贫困原因施策、因贫困类型施策；六项精准，即扶持对象精准、项目安排精准、资金使用精准、措施到户精准、因村派人精准、脱贫成效精准；五种渠道，即通过扶持生产和就业发展一批，通过易地搬迁安置一批，通过生态保护脱贫一批，通过教育反贫困脱贫一批，通过低保政策兜底一批；十项工程，即职业教育培训工程、干部驻村工程、扶贫小额信贷工程、易地扶贫搬迁工程、电商扶贫工程、旅游扶贫工程、光伏扶贫工程、构树扶贫工程、致富带头人创业培训工程、龙头企业带动工程。四个施策、六项精准、五种渠道和十项工程，体现出精准扶贫中更加明确的目标和更加系统科学的反贫困方法。

三、精准扶贫对社会工作的要求

从贫困人口的总体规模来看，经过四十多年的贫困治理，我国绝对贫困人口数量大幅缩减。此成就的取得，得益于中国农村改革释放的强大动力和中国经济发展的良好总体形势，特别是近十年来中国经济持续向好的快速发展。但是，进入新时期，由于经济投入的边际效益开始递减，单纯的经济增长已经很难继续为贫困问题的治理提供有力的支撑，因此我国需要不断创新贫困治理体系，完善贫困治理机制，探索不同以往的精细化反贫困模式。社会工作在反贫困中大有作为，与此同时，反贫困也对社会工作提出了新要求。①

1. 将农村社会工作带回到社会工作的中心

从起源来看，社会工作是在工业化的进程中产生的，它与城市有着天然的亲和关系。伴随着西方现代化的浪潮，农民离开乡村社会的支持和家庭的庇护，独自面对城市社会的陌生生活，贫困、饥饿、疾病等社会问题时常侵袭他们，他们需要社会力量的支持以摆脱困境。社会工作就是在这样的背景下发展起来的。相比于社会工作对城市底层人民的关注，农村人口在西方社会工作的视野中往往是被忽视的对象。西方社会工作的发展轨迹对中国社会工作也有影响，由于服务意识、经济条件等种种原因，我国目前开展的大部分社会工作活动主要是在城市地区开展的。但是，进入新世纪新阶段以来，面对全面建成小康社会的任务，解决农村人口的全面小康问题，尤其是农村贫困人口的小康问题变得尤为迫切。贫困问题不只是单纯的经济问题，更是包含着多种社会因素的综合性问题；贫困治理也不应该只是提供资源，而更应该重视贫困人口体能的提升及其社会关系的建立与社会功能

① 高飞、向德平：《专业社会工作参与精准扶贫的可能性与可及性》，载《社会工作》2016年第3期。

的恢复。因此，需要动用多种力量来共同解决。上述困难群体、弱势群体的生活窘境和发展困局亟须社会工作的介入，重视和发展农村社会工作已经变得非常迫切。国际经验已经证明，社会工作参与反贫困成效非常显著。① 在当前精准扶贫的背景下，社会工作至少可以从以下三个方面推进反贫困工作：第一，社会工作可以为留守老人、留守儿童、留守妇女和失独家庭等弱势群体提供社会服务、社会支持和心理抚慰；第二，社会工作可以帮助基层工作人员科学判断贫困群体的基本需求，合理制订帮扶计划；第三，社会工作通过动员和发掘社会资源，帮助农村居民接纳新技术，改变困难群体被边缘化的状态，形成村庄凝聚力，提升农村人口的生活质量。

2. 发展农村社会工作人才队伍

将农村社会工作带回到社会工作的中心，是发展反贫困社会工作的前提；大力发展农村社会工作人才队伍是发展反贫困社会工作的关键。因为农村地处偏远、交通受限、生活条件艰苦、上升渠道有限，所以农村大学生往往很少有毕业后回乡的意愿，这就使得农村地区尤其缺乏社会工作者。因此，发展农村社会工作，不能复制城市里招聘大专院校社会工作专业毕业生的老路，而是要采取"两条腿走路"的思路，将"培养"和"培训"相结合，将"专业"和"半专业"相结合，缓解农村社会工作者匮乏的现状。第一，制定鼓励措施，给予激励政策，以优惠的条件吸引社会工作专业的大学毕业生到农村地区就业工作。第二，对"一村一大"项目进村的大学生进行社会工作培训，使他们懂得社会工作的价值理念，初步掌握社会工作方法。第三，利用本地

① 张和清、杨锡聪、古学斌：《优势视角下的农村社会工作——以能力建设和资产建立为核心的农村社会工作实践模式》，载《社会学研究》2008 年第 6 期。

资源发展社会工作人才队伍，对本地的驻村干部、乡村教师、大学生村官等素质相对较高的群体进行社会工作培训，建设本地社会工作人才队伍。[1]

3. 重视农村社会工作服务中心建设

《中共中央 国务院关于打赢脱贫攻坚战的决定》提出坚持群众主体、激发内生动力、增强贫困人口自我发展能力的原则，实施社会工作专业人才服务贫困地区计划。发展农村社会工作，培养农村社会工作人才队伍，需要有社会工作服务中心作为平台和载体。在如何建设农村社会工作的服务机构这一问题上，可以考虑在镇村两级建立“站-中心”的两级联动机制，即在乡镇一级建立规模较大的社会工作服务中心，在行政村或自然村一级建立规模较小的社会工作服务站。社会工作服务中心具体负责统筹和协调本乡镇范围的服务站工作，不承接具体服务内容，工作人员主要由政府部门工作人员和非社工专业毕业生构成。社会工作服务站主要负责本村范围内的具体服务。

总之，社会工作以人为本的工作理念契合了精准扶贫的“靶向”识别，二者均是以弱势群体的需求为导向，重视对弱势群体真实生存状态的了解，以解决弱势群体最关心且最直接、最现实的问题为切入点。从过程上来看，社会工作除了重视对弱势群体的经济救助之外，更加强调开发其自身潜力，对其进行教育；重视能力建设，通过增加弱势群体的知识和技能，提高其个人能力，帮助他们获得更好的发展。精准扶贫同样重视弱势群体的能力提升，通过教育、培训、产业发展等多种手段培育弱势群体的社会资本，加强其社会关系网络和社会支持体系建设。从社会参与上来讲，社会工作和精准扶

① 王思斌：《积极发展农村社会工作》，载《中国社会工作》2015 年第 7 期。

贫均倡导社会参与，贫困治理不是政府或者弱势群体单方面的事情，而是全社会的事情，只有当政府、社会工作者和更广大的社会力量携起手来积极行动，才能取得反贫困这场战役的最终胜利。

第二节　反贫困社会工作的意义与作用

一、反贫困社会工作的意义

贫困是指部分社会成员在特定的社会背景下，由于缺乏必要的资源而在一定程度上被剥夺了正常参与经济、社会活动和获得生活资料的权利，导致他们的生活质量持续性地低于该社会的常规生活标准。[①] 从 1978 年开始，我国经历了通过制度性变革推动大规模缓解贫困、以区域瞄准为主的开发式扶贫、全面建设小康社会进程中的扶贫开发三个重要的阶段。在党和人民的共同努力下，我国的反贫困工作取得了巨大成效，在贫困标准逐年提高的情况下，我国贫困人口数量从 1978 年的 7.7 亿人降低到 2018 年的 1 660 万人，贫困发生率从 97.5%降低到 1.7%。随着社会的发展，贫困呈现出新的特点。贫困形式由绝对贫困向相对贫困转变、区域性贫困向阶层性贫困转变、社会分割性贫困向社会转型性贫困转变、个体归因性贫困向综合归因性贫困转变。[②] 在贫困问题呈现多样化、复杂化和交叉化的背景下，单单依靠行政力量承担反贫困任务、实现反贫困目标是远远不够的，政府主导式的反贫困在一定程度上能够保证反贫困工作的效率，但是这种模式也

---

① 向德平、姚霞：《社会工作介入我国反贫困实践的空间与途径》，载《教学与研究》2009 年第 6 期。

② 姚霞：《反贫困与社会工作的介入》，载《社会工作下半月(理论)》2009 年第 7 期。

存在着诸多不足。一是政府力量单一。在政府主导的反贫困模式中，社会力量参与较少，政府需要在资源有限的情况下承担大量的反贫困工作，压力较大。二是服务内容单一。政府主导的反贫困工作多以“输血式”的经济帮扶和物质援助为主，缺乏对贫困群体的能力建设和心理、精神支持。三是成果稳定性差。由于“输血式”的帮扶模式难以帮助贫困群体建立并提高抵御风险的能力，一旦帮扶结束或者经济环境发生变化，贫困群体往往容易再次陷入贫困中，甚至出现“脱贫—返贫—再脱贫—再返贫”的恶性循环。①

在这种情况下，转变反贫困工作模式、提高反贫困工作效率成为必然，社会工作对于反贫困发展的意义与作用也进一步凸显出来。事实上，产生于西方工业革命浪潮的社会工作，最初的专业目标就是解决各类社会问题。而贫困作为广泛存在于各个国家的主要社会问题，从社会工作产生之初，就是其重点关注的领域。通过长时间的实践，社会工作逐渐摸索出了一套行之有效的反贫困工作方法和实务模式。反贫困社会工作具有互动性、持续性和服务性的特征，在“大社会、小政府”的时代背景下，社会工作介入反贫困领域既是大势所趋，又是必然选择。②

二、社会工作在反贫困中的作用

社会工作的价值目标是实现社会公平、创新管理体制、解决社会问题、化解社会矛盾、完善社会服务、促进人与社会的发展。社会工作把实现社会

①② 向德平、华汛子、金旖：《视角转换与方式创新：减贫社会工作的本土实践》，载《社会工作与管理》2017 年第 6 期。

公正作为自己的核心价值理念，注重社会资源的合理分配与社会利益的协调，并通过专业服务实现社会公正。从政策层面上来看，社会工作通过宣传、影响社会政策等方式帮助弱势群体，争取和维护其合法权益。社会政策遵循一定的程序，动员、利用、分配各种社会资源，保障弱势群体的基本权益，合理有效地协调社会各阶层的利益关系，维护社会公平。社会工作通过社会财富的二次分配，对社会不平等和贫困现象进行有目的的干预。它特别关注社会中的弱势群体，重点满足弱势群体的基本需求。从实践层面上来看，社会工作已经发展出一套专门的技术与方法，帮助人们发掘内在潜力，运用外在资源去面对困难，协调社会关系，解决社会问题，满足人们的物质需求和精神需求。社会工作通过专业的方法帮助有困难、有需要的社会成员获得社会资源，帮助社会成员建立社会关系网络和社会支持网络，帮助他们开发潜能，提高个人能力。社会工作平等、尊重、助人自助、和谐互动的专业理念，助人、救难、解困、发展的专业功能，对于保障社会成员特别是弱势群体的权益、协调社会利益关系、维护社会公正具有重要作用。社会工作在反贫困中的作用表现在以下几个方面。①

1. 社会工作为反贫困提供专业价值观

社会工作是一种专业化的服务活动，这种专业化的服务活动是建立在系统的理论知识基础之上的。社会工作是一种助人活动，这种助人活动是建立在利他主义等价值基础之上的。社会工作是一种以价值为本位的专业，作为社会工作的灵魂，价值贯穿于社会工作的始终。

① 向德平、姚霞：《社会工作介入我国反贫困实践的空间与途径》，载《教学与研究》2009年第6期。

助人自助是社会工作的核心价值观。助人自助是指社会工作者在助人的工作中，协助案主摆脱困境并提升其发展自我的能力，使其在离开社会工作者的帮助后，也能够解决或避免类似其之前遇到的问题。简单地说，助人自助就是使案主能够自我完善、自我发展和适应环境。

社会工作助人的过程，绝不是单方面地施惠于人，更不是扮演救世主的角色。社会工作者相信，个人、团体、社区乃至社会都有克服困难、解决问题的潜能，一旦这种潜能得到发挥，问题便可迎刃而解。社会工作者的任务就在于帮助贫困人口在困境和无助中，了解自己的真实处境，引导他们用一种客观、正确、健康的观点来看待自己的处境，引发他们采取积极、有效的行动来解决问题。社会工作的整个过程是以助人开始，以受助者自助结束，因而社会工作过程是一个助人自助的过程。

2. 社会工作为反贫困提供“系统视角”“优势视角”

贫困产生的原因不是单一的，而是多样的，同时存在多种因素相互作用的情况。因此，在开展反贫困工作时，社会工作往往不是从单一层面对贫困人口进行介入，而是将个体及其所处环境看作一个相互影响的有机统一体，对个体能力、社会关系以及宏观环境综合开展工作，这是社会工作的“系统视角”。一般认为，贫困是由社会或个体自身的某些原因导致的，因此，帮助对象的过程，实际上是在帮助贫困人口解决问题。这是“问题视角”。社会工作者认为，每个人都是有潜能的，贫困人口之所以身陷困难，是因为其潜能没有得到充分发挥，其能力没有得到提升，因此，帮助贫困人口最重要的是赋权——发挥潜能、提升能力，最终实现助人自助。这是“优势视角”。社会工作不但致力于解决人们遇到的各种困难，而且致力于促进人的发展。

在助人过程中，社会工作者充分尊重贫困人口的自主与自决，尊重贫困人口自我选择、自我决定的权利。社会工作还充分调动贫困人口的主动性、积极性和创造性，不仅要为贫困人口救难、解困，而且更重视帮助贫困人口提高自助的能力，实现自我发展。社会工作者动员各种社会资源和社会力量，动用一切社会条件对贫困人口进行援助。社会工作通过增加受助者个人的知识和技能、增强个人克服困难的能力、提高个人与社会协调能力，帮助个人、社会群体及社区获得更好的发展。社会工作者注重对贫困人口的教育，通过教育使贫困人口调整自身心态和行为，以适应新的社会环境。社会工作者还注重贫困人口个人内在资源的开发，如智力的提高和能力的培养等，为受助者的个人发展创造条件。

3. 社会工作为反贫困提供专业的方法与技术

社会工作从其产生之初就一直在探索贫困问题的解决方法。可以说，整个社会工作的发展史就是一部反贫困工作史。在长期的反贫困工作中，社会工作逐渐形成了一套科学的工作方法与工作技巧，通过个案工作、小组工作、社区工作等专业工作模式与方法，从微观、中观和宏观三个层面开展反贫困工作，以保证反贫困工作的全面性和有效性；运用个案辅导、团体治疗、资源链接、问题挖掘等工作技巧，提高反贫困工作效率。在实际工作中，社会工作者不仅重视助人自助的理念，而且重视运用专业的技术和手段。例如，运用个案辅导、团体技巧、社区资源调动、咨询、培训等多种介入方式与技巧，了解贫困人口的困境，评估贫困人口的需求，培育、挖掘和提升贫困人口的能力，协助他们走出困境，增强贫困人口融入社会的能力。社会工作作为一种制度设计，其核心在于把助人自助的理念转变为加强贫困人口能力建设的过程，即把依靠外部支持转向贫困人口的自主自立发展。

4. 社会工作为反贫困提供专业平台

社会工作独立于政府和贫困群体之外，在反贫困工作中处于第三方地位，与各个反贫困主体既相对独立又相互合作。社会工作作为第三方主体，起着“桥梁”和“润滑剂”的作用，与各反贫困主体进行沟通和交流，能够有效了解各主体在反贫困工作中的需求，传递各主体的经验和问题，这不仅有利于实现政府反贫困政策与贫困人口需求相对接，还有利于增强反贫困主体之间的了解、信任与默契，对于动员社会力量参与反贫困、提高反贫困工作的有效性、构建长效反贫困机制具有重要意义。

第三节　反贫困社会工作的理念与方法

一、反贫困社会工作的理念

社会工作为反贫困事业的发展提供了新的理念和视角。随着社会工作理念的传播，人们对贫困的内涵、原因和反贫困的理念、方法等的认知经历了一个从经验到科学的过程，具体表现在以下几个方面。①

1. 贫困内涵上，既重视绝对贫困又关注相对贫困

在早期的反贫困实践中，人们对贫困的认知主要停留在绝对贫困层面，认为一定数量的货币和服务对于个人、家庭的生存和福利是必需的，而缺乏获得这些物品和服务的经济资源或经济能力的任何家庭的生活状况，即贫

① 向德平、华汛子、金旖：《视角转换与方式创新：减贫社会工作的本土实践》，载《社会工作与管理》2017 年第 6 期。

困。[1] 受当时的社会环境和对贫困认知的影响，早期的反贫困工作更偏重于绝对贫困，更多关注经济和物质层面的帮扶，较少涉及心理和精神层面的支持。反贫困工作的主要帮扶对象也主要是低于社会贫困线的极端贫困群体，而较少顾及那些在贫困线附近徘徊或收入和生活水平略高于贫困线的边缘贫困人群。随着经济社会的发展，人们对贫困的理解由绝对贫困转向相对贫困，即认为贫困是指一个人或家庭的收入比社会平均收入水平低到一定程度时所维持的那种生活状况，这种理解不是依据某一固定标准，而是根据低收入者与社会其他成员的收入差距来定义贫困。[2]

2. 贫困原因上，由单一归因转向综合分析

在致贫原因的分析和解释中，有两种对立的观点。一种是贫困个体主义解释，即认为任何人都有通过努力工作获得发展的机会，如果一个人陷于贫困，那肯定是个人的原因。[3] 另一种是贫困结构主义解释，即认为人人都有获得社会平均生活水平的能力，个体陷入贫困的原因并不在于其自身，而在于不合理的社会结构以及不友好的政策制度环境。尽管两者的观点相反，但这两种理论都将贫困产生的原因简单归于单一的原因，而忽视其他因素对贫困产生的影响。因此，早期的反贫困实践往往将工作重心集中于单一个人层面或单一社会层面，而不是将两者结合起来进行考虑，也较少关注个人和社会制度以外的文化价值观念等因素的影响。实践表明，将贫困产生原因简单归于个人或社会层面往往难以找到贫困产生的真正原因。实际上，造成贫困的原

①②　王思斌：《社会工作概论（第二版）》，高等教育出版社 2006 年版，第 317 页。
③　郑杭生：《社会学概论新修（第三版）》，中国人民大学出版社 2003 年版，第 385 页。

因既有个人的，也有社会的，还有文化价值观念的，各种因素相互影响、交叉存在，共同导致了贫困的发生。因此，在单一归因理论的指导下，反贫困的工作效率和成效都不尽如人意。在此背景下，人们开始摒弃以往的个人或社会单一归因理论，发展出贫困文化理论、社会互构理论、生态系统理论等综合性解释理论，反贫困理论呈现出贫困归因由分散、单一转向综合、多元的发展局面。

3. 理论视角上，从问题视角转向优势视角

无论是贫困个体主义解释、贫困结构主义解释还是贫困文化理论，都只是认为贫困产生的原因是个人、社会或文化价值观念等存在某些问题，反贫困的主要内容和任务是解决个人、社会或文化价值观念中导致贫困产生的问题，这是反贫困社会工作的“问题视角”。在问题视角的影响下，反贫困工作往往更注重挖掘个人和社会及文化环境中可能导致贫困产生的不良因素，并在工作过程中着重解决这些问题。但问题视角可能会忽略贫困地区和贫困群体的优势，进而无法充分调动和发挥贫困地区、贫困人口的积极作用。应该说，反贫困工作不仅是一个解决问题的过程，还是一个培育能力的过程。只有认识到贫困人口自身的能力、优势，并在提供帮扶的过程中对这些优势进行培育、提升，建立贫困群体的抗风险能力，才能真正实现社会工作“助人自助”的专业目标。由此，反贫困工作的视角开始发生转变，在“问题视角”的基础上逐渐发展出了“优势视角”，在评估服务对象的问题和需求时将他们的优点纳入其中，利用服务对象的优点和资源帮助他们解决困难，寻求识别、利用、建立和强化人们已有的优点和能力。[①] 在优势视角的影响

① 全国社会工作者职业水平考试教材编写组：《社会工作实务(中级)》，中国社会出版社 2014 年版，第 8 页。

下，反贫困社会工作更加注重贫困群体的优势挖掘和能力建设，为贫困群体的优势发挥和能力培育创造有利的环境条件也成为反贫困社会工作的重要诉求。

4. 分析维度上，从一般分析转向差异化分析

工作方式是工作理念的具体表现。由于对贫困状况的了解不够深入，加之政策制度环境和社会文化氛围也未能为反贫困工作提供组织支持，早期的反贫困工作更多地从具有普适性的一般层面进行探讨，没有对不同阶层、地区、性别和群体的贫困问题进行区分与研究，无法根据贫困地区和贫困群体的具体情况制定具有针对性和差异性的反贫困方案，存在理论与方法的本土化不足、服务与需求不匹配、难以提供服务对象所需服务以及服务失效等问题。社会工作介入反贫困实践之后，尝试对不同贫困地区、贫困群体进行区分，根据实际情况探寻其陷入贫困的原因，制定并实施具体反贫困方案，形成了城市贫困社会工作、农村贫困社会工作、妇女贫困社会工作等具有个别性、差异性的视角和方法，“是否符合地区实际情况”以及“是否满足贫困群体实际需求”成为衡量反贫困工作有效与否的重要指标。反贫困社会工作也更加注重扶助方法的个别化和差异化，不仅考虑地区之间、群体之间的不同，还考虑个体与个体之间的差异，有针对性地开展反贫困工作。

二、反贫困社会工作的实践路径

中国的反贫困社会工作经历了一个从无到有的发展过程。社会工作专业力量积极参与脱贫攻坚，积累了一些成功经验，这主要体现在实践方向多元化、介入渠道多极化、服务方法专业化、实践理念积极化、工作模式系统化

等方面。①

1. 实践方向多元化

近年来，反贫困社会工作的覆盖范围和工作内容不断拓宽，其服务对象不断多样化，其实践方向也逐步由单一转向多元。经过不断的实践与探索，社会工作所覆盖的地区、服务的群体呈现广泛、多元的特征，社会工作的服务内容也更加精细化、人性化，社会工作在社会服务、社会治理等方面发挥着愈益重要的作用。目前，反贫困社会工作覆盖全部贫困地区特别是深度贫困地区；服务对象既包含妇女、老人、儿童和残疾人等重点社会弱势群体，也包含全部的贫困人群及边缘群体。在工作内容方面，反贫困社会工作在为贫困群体提供经济帮扶和物质援助以外，更加注重贫困群体的心理、精神支持和价值、能力提升；同时，反贫困社会工作不仅关注微观层面，还关注中观层面和宏观层面，在提升个体能力的基础上，将政策环境的改善、文化价值的提升和生态环境的保育等也纳入工作范围，工作内容更加丰富。

以广东绿耕社会工作发展中心的实践为例，自 2001 年涉足反贫困社会工作以来，绿耕社会工作发展中心先后实施了云南平寨农村社会工作项目、湖南通道民族社会工作项目、四川雅安灾害社会工作项目、广东从化农村社会工作项目和广东红星农村社会工作项目等反贫困社会工作项目，服务覆盖范围从最初的中西部地区逐渐扩展到东部沿海城市。在服务过程中，绿耕社会工作发展中心不仅积极链接社会资源，改善贫困人口的经济生活状况，还充分挖掘贫困地区的发展潜力与能力，探索村集体经济、出租田地等

① 向德平、华汛子、金旖：《视角转换与方式创新：减贫社会工作的本土实践》，载《社会工作与管理》2017 年第 6 期。

增加经济收入的方式，环境保育和文化传承也被纳入反贫困工作的内容中，实践领域和内容都在不断丰富之中。

2. 介入渠道多极化

由于政府支持的不足和社会认同的缺乏，早期社会工作介入反贫困领域的渠道很少。在政府主导的反贫困模式中，社会工作难以通过承接政府服务介入反贫困，大部分社会工作机构和社会工作者只能通过直接联系贫困群体或贫困地区的方式开展实践，介入渠道十分单一。随着“大社会、小政府”理念的提出及政府职能的转型，政府在反贫困领域中让渡的空间逐渐加大，社会工作在反贫困领域中获得的实践机会也相应增加，反贫困社会工作获取实践机会的途径不再只有与服务对象联系的直接性渠道，还包括以承接政府、市场和社会组织反贫困项目等间接性渠道。简言之，社会工作介入反贫困领域的渠道主要包括两个方面：一是为贫困对象提供服务的直接性渠道，二是承接政府、市场和社会组织反贫困项目等间接性渠道。介入渠道的丰富和优化为社会工作更好地在反贫困领域发挥作用提供了机会与途径。社会工作通过这两种渠道介入反贫困领域，不仅有利于社会工作为贫困人口、贫困地区提供专业的服务，也有利于提升各部门、组织、机构实施反贫困项目的效率与效益。

成都蜀光社区发展能力建设中心的反贫困实践很好地体现出了反贫困社会工作介入渠道的发展过程。在早期的反贫困实践中，直接介入是其开展工作的主要方式，康定县①参与式社区发展能力建设试点项目、绵竹灾后

① 编者注：2015 年，撤销康定县，设立县级康定市。

重建项目等都是通过直接与服务对象联系促成的。在后期的反贫困实践中，该组织与政府建立了合作伙伴关系，承接政府反贫困项目，实施了NGO（非政府组织）与政府合作反贫困试点等多项工作，间接性渠道成为该组织介入贫困问题的重要途径。

3. 服务方法专业化

为了提高社会对反贫困社会工作的认同度，推动中国反贫困社会工作的进程，社会工作机构和社会工作者进行了大量实践。通过对实践进行总结和反思，反贫困社会工作机构和社会工作者有效提高了自身的专业服务能力。反贫困社会工作服务方法的专业化发展，可以通过两个方面得以体现。一是机构管理规范化。近年来，国家在政策法规和制度设计上对社会组织的登记、注册和管理等都提出了更加明确的要求，出台了多项政策法规以指导社会组织的管理工作。在政策指导下，社会工作机构更加注重内部管理，通过建章立制，将反贫困社会工作的介入方式、评估指标等内容以规范的形式确定下来，有效提高了实践的专业性。二是介入手法专业化。在充分认识中国贫困问题的特殊性之后，形成了以本土实际情况为基础，以不同致贫因素为依据，以社会工作专业方法为措施的工作策略。灵活、实用是反贫困社会工作的主要特点。根据不同的致贫原因，反贫困社会工作采取不同的工作策略，包括通过个案工作缓解贫困给人们带来的精神压力和心理问题，通过小组工作提高贫困者对自身状况的认识和对社会生活的适应能力，通过社区工作提高贫困者参与社区事务的意识和能力。服务方法的转变提高了服务效果，反贫困社会工作的成效获得了政府和社会的广泛肯定。

4. 实践理念积极化

社会工作通过将利他主义、平等、助人自助和以人为本的社会工作价值理念运用于工作实践中，树立起以帮助贫困群体建立自我帮扶机制为主的“造血式”帮扶理念，改变以往提供单一、暂时的经济帮扶和物质援助的“输血式”工作手法，帮助贫困群体发掘自身优势、进行能力建设。这样不仅能够有效增强贫困群体的自尊心和自信心，还能切实降低贫困群体再次返贫的可能性，避免福利依赖问题的产生。与此同时，反贫困社会工作还确立了“参与式”工作理念，强调贫困群体的参与，改变了以往政府和贫困群体自上而下单向传递的救助模式，提高了反贫困工作的效果。

广东绿耕社会工作发展中心通过多年的反贫困工作实践，逐步确立了“扎根社区”“培力弱势”的“发展”工作理念，在开展从化农村社会工作项目以及红星农村社会工作项目中，注重帮助贫困群体进行能力建设，发展多样、可持续的生计方式，避免项目结束后贫困群体再返贫现象的出现，提高反贫困工作的长效性。

5. 工作模式系统化

通过不断积累工作经验、汲取工作教训，中国社会工作形成了一套系统的工作模式，从经济、心理、精神、文化、生态等多个方面开展反贫困工作，发展出了利用农村小额信贷开展反贫困工作，提高贫困群体收入的金融反贫困模式；开展团体治疗、小组工作坊和个案辅导，解决贫困群体心理和精神问题的个体反贫困模式；进行文化传承、文化发展和文化保育，传递积极文化思想的文化反贫困模式；倡导环境保护、绿色发展，降低灾害发生率和提高旅游吸引力的生态反贫困模式。其中，金融反贫困模式和个体反贫困模式的发展已较为成熟，文化反贫困模式和生态反贫困模式仍处于完善阶段。多种工作模式构成了一个系统、科学的反贫困系统，通过不同工作模式的交叉使用，反贫困社会工作的工作效果得到了有效保障。

第四节　社会工作介入反贫困的空间和途径

一、社会工作介入反贫困的空间

贫困是市场经济的制度性排斥和人们面对风险的脆弱性相结合的结果。“经济剥夺”和“社会排斥”不仅使贫困者受到物质匮乏带来的严重后果，而且使他们在社会上处于被孤立的地位，给他们的精神和心理带来严重的伤害；同时，严重的贫困问题还会带来社会冲突，危及国家和地区的安全稳定与可持续发展。要解决这些问题，除了宏观层面的政策设计和制度建设之外，还必须从贫困者的角度，尊重贫困者的主体性，为他们提供差异化的、人性化的社会服务。而在反贫困实践中发展起来的社会工作可以在这一方面发挥重要作用。①

1. 从起源上看，反贫困是社会工作的起点

社会工作与反贫困具有同源性，它的产生是与反贫困紧密联系在一起的。早期的社会工作从慈善救济活动中萌芽，并随着救助活动的逐渐规范化和制度化，发展成为一个职业、一项专业、一门学科。社会工作的任务是助人，帮助有困难的社会成员是社会工作的出发点和基本功能。

---

① 向德平、姚霞：《社会工作介入我国反贫困实践的空间与途径》，载《教学与研究》2009年第6期。

2. 从历史上看，反贫困贯穿于社会工作发展全过程

追踪历史我们可以发现，社会工作发展的历史就是与贫困做斗争的历史，社会工作及其各种专业方法正是人们在与贫困和其他各种社会问题做斗争的实践中逐步形成和发展的。社会工作通过为遭受贫困和各种困难与不幸的人提供必要的物质和精神上的帮助，保障他们的基本生活需要，使他们能够发挥自己潜在的力量，增强他们适应社会的能力，这在一定程度上缓解了由贫困及其他各种社会问题带来的社会紧张和冲突，促进了社会的稳定和发展。社会工作的发展史充分体现出其反贫困的专业本质。

3. 从理念上看，反贫困蕴含着社会工作的价值

社会工作是价值介入的专业助人活动，其价值基础是人道主义和社会公正；其目标是满足人的需求，协助个人和团体解决社会问题；其策略是帮助人们通过自助和互助来适应社会环境。因此，“扶贫济困、助人自助”是社会工作者的重要使命，“扶贫济困”代表的是社会工作者实务活动的目标，“助人自助”则反映的是社会工作者的专业理想。当代社会工作已形成多层次、宽领域、广覆盖的服务体系，其工作对象主要是贫困群体或极易陷入贫困的弱势人群，其工作目标是帮助这些人群解决实际问题，提升他们的个人能力，增进其社会资本，促进其融入社会，“社会工作是以利他主义为指导，以科学的知识为基础，运用科学的方法进行的助人服务活动”[①]，这一定义明确地说明了反贫困在社会工作价值理念中的地位。

从我国反贫困的实践来看，将社会工作导入反贫困是一个必然的选择。[②]

① 王思斌：《社会工作概论（第二版）》，高等教育出版社2006年版，第12页。

② 向德平、姚霞：《社会工作介入我国反贫困实践的空间与途径》，载《教学与研究》2009年第6期。

1. 反贫困需要导入社会工作价值观

社会工作是助人的工作，社会工作机构和社会工作者通过为案主提供物质和精神支持，以帮助案主克服面临的各种困难。但是，社会工作不是单方面的给予或单纯的施惠，社会工作者认为个人、团体、社区乃至社会都有克服困难、解决困难的潜能，一旦潜能得以发挥，问题就可迎刃而解。因此社会工作的精髓在于，给案主以希望、信心和决心，充分调动案主的主动性、积极性和创造性，最后达到求助者自助并在自助中得以发展的境界。

2. 反贫困需要专业社会工作方法与技术

社会工作是一种问题导向的职业，社会问题的出现促使人们寻求解决方案。社会工作的发展历史经历了一个从非专业化到专业化的发展过程，这表现为服务提供者由慈善助人者向专业助人者的转变，从仅凭爱心和热情、不太注重工作技巧到十分强调专业工作方法的转变，从慈善性、分散化、非职业性和非专业化的初始形态向理性化、组织化、职业化和专业化的现代形态的转变。一方面，专业社会工作者运用个案工作方法、小组工作方法和社区工作方法等，直接解决社会问题；另一方面，专业社会工作者还可以采用社会工作行政等社会工作方法，通过对社会福利行政、社会保障政策等施加影响，最大限度地预防社会问题的产生或间接地解决社会问题。同时，社会工作可以通过开发社会资源，建立社会成员社会支持系统。

3. 反贫困需要全社会的广泛参与

反贫困的基本目标在于通过实施有效的经济政策和社会政策去缓解贫困，并逐步创造最终消灭贫困的经济条件和社会条件。因此，能否有效动员群众、号召群众、组织群众参加反贫困开发，发挥其主动性和创造精神，在国家的支持下改变自身状况，在很大程度上取决于政府、市场、社会组织和公众的参与程度。事实证明，各种非政府组织、社区组织等在整合、调动反贫困资源方面具有灵活性和可行性。反贫困需要全社会的广泛参与。社会工作能较好地动员社会力量，整合社会资源。

二、社会工作介入反贫困的途径

社会工作在反贫困领域具有广阔的介入空间，社会工作介入反贫困的途径主要包括以下几种。[1]

1. 树立以人为本的工作理念

社会工作者以贫困者的需求为导向，重视对贫困群众生存状态和需求的了解，以解决贫困群众最关心、最直接和最现实的问题为切入点，切实帮助贫困群众解决他们最关心、最迫切的问题，把以人为本的理念贯彻到反贫困工作的方方面面。

2. 搭建社会工作介入平台

社会工作应注重培育和调动社区内部反贫困的动力，发挥社区在反贫困中的发动、组织、整合和推动作用，使反贫困成为增强社会资本的过程，使社区成为反贫困的重要主体。社区具有特殊的组织结构和运作机制，联系着社区的每个成员，社区成员也正是通过一定的组织结构和运作机制参与社区生活与社区管理的。同时，社区是推动社会政策的重要的行为主体。社会工作者可通过开发社区的公共物品与服务，增进社区的社会资本，构筑以社区为平台的社

① 向德平、姚霞：《社会工作介入我国反贫困实践的空间与途径》，载《教学与研究》2009年第6期。

会团结。除了社区外,群体、家庭、社会组织也是社会工作介入的重要平台。

3. 重视贫困者的能力建设

社会工作者要重视人的能力建设,通过增加人的知识和技能、提高个人能力,帮助个人、群体及社区获得更好的发展;要注重对受助者的教育,通过教育使受助者调整自身心态和行为,适应社会环境;要积极培育贫困者的社会资本,推动贫困居民的自助组织的发展,加强社会关系网络和社会支持体系建设,为贫困者脱贫营造良好的社会环境。

4. 促进贫困者的社会参与

社会工作者要促进贫困人口的社会参与,提高其参与能力,鼓励其通过正常渠道表达自身的利益要求,增强其在脱贫工作中的主动性;要充分意识到反贫困并不是政府单方面的行为,而是政府、贫困人口以及非贫困人口之间的互动行为。贫困人口也不只是被动接受援助的客体,其本身也是反贫困的行动主体之一。经验表明,在反贫困工作中,重视贫困人口的参与会取得更好的反贫困效果。

5. 运用专业理念和方法提供服务

贫困人口面临的问题有时是十分复杂的,需要接受专业化的辅导,而贫困人口本身的自卑与宿命心态,使之求助意愿较低。因此,社会工作者要运用个案工作方法主动接触贫困人口,一方面,对其说明接受专业人员帮助的重要性,以及社会工作的助人性质和程序;另一方面,也要向他们说明其所面临的问题和所处的状况以及应该努力的方向,引导他们走向自助和自立。除了对贫困人口运用个案工作方法外,社会工作者还运用小组工作方法、社区工作方法为贫困人口提供服务,如创建由贫困者子女参加的成长小组,帮助他们互相接纳、彼此支持，并培养他们积极的生活态度、健全的人生价值观和良好的人际关系。

三、反贫困社会工作面临的挑战

我国反贫困社会工作发展态势整体向好，在理论和实践层面都取得了显著进步，但也存在专业性不足、认同度较低、独立性欠缺的问题。专业水平有待提高、社会认同亟须加强、角色定位尚待明确和工作模式仍需优化构成了反贫困社会工作发展的四大挑战。①

1. 专业水平有待提高

专业性是社会工作提供服务与政府提供服务最大的不同，这种专业性不仅体现在工作理念、工作方法上，还体现在组织管理和人员结构中。当前，我国社会工作专业人才匮乏，从事反贫困社会工作的专业人才则更加紧缺，导致社会工作介入反贫困工作时难以将专业优势充分发挥出来。在组织管理方面，尽管在政策指导下，大部分社会工作机构开始建章立制，但是规范设置不合理、管理流于形式等问题仍然十分普遍，这在一定程度上也影响了反贫困社会工作的专业水平。

2. 社会认同亟须加强

社会认同度较低是当前反贫困社会工作面临的一大问题，既包括政府对社会工作参与反贫困的认同较低，也包括社会对社会工作参与反贫困的认同较低。在政府层面，这种低认同主要体现在政府与社会工作机构在反贫困领域合作不足、相关政策支持难以落实以及让渡空间不足等方面。随

① 向德平、华汛子、金旖：《视角转换与方式创新：减贫社会工作的本土实践》，载《社会工作与管理》2017 年第 6 期。

着社会工作在反贫困领域中发挥着越来越重要、越来越专业的作用，政府对反贫困社会工作的认可度已逐渐提高，但是要在全国范围内实现普遍的认同，还有很长的路要走。在社会层面，这种低认同主要体现在个人、群体、企业、社会组织等主体对社会工作参与反贫困不了解、不支持和不看好。在社会认同度较低的情况下，反贫困社会工作容易出现“悬浮式发展”——机构及工作人员无法真正扎根运作，这不仅不利于社会工作机构的生存，也不利于社会工作的专业发展。

3. 角色定位尚待明确

在“社会反贫困”“合作反贫困”的理念倡导下，政府不再是反贫困领域的唯一主体，社会力量开始在反贫困中发挥作用。作为独立于政府和贫困群体、专业性程度较高的社会工作组织或机构，在反贫困工作中处于第三方地位，与各个反贫困主体既独立又合作。然而在政府主导反贫困模式尚未完成转型的情况下，政府的行政力量在反贫困工作中仍然具有绝对优势，大量反贫困工作资源仍由政府掌控。为了获取生存空间，社会工作组织或机构十分容易出现专业角色模糊问题，组织独立性受到削减，产生行政化倾向，从而无法充分发挥反贫困社会工作的专业性和第三方优势。

4. 工作模式仍需优化

在反贫困实践中，社会工作的工作模式取得了长足进步，形成了“造血式”能力建设模式、“参与式”互动工作模式等，切实推动了反贫困工作的开展。但是，反贫困社会工作的工作模式有待进一步优化，主要体现在模式实施、应用过于生硬刻板，难以根据不同贫困问题的具体情况综合、灵活运用各种工作方法，容易导致模式失灵。工作模式自身及使用过程中的缺陷降低了反贫困工作的效能，影响了社会工作的公信力。

四、反贫困社会工作的发展策略

具有理念科学性、方法专业性以及地位独立性等多方面优势的社会工作，在反贫困工作中将扮演越来越重要的角色，如何将其反贫困优势充分发挥出来，是需要政府和社会共同思考的问题。从反贫困社会工作的发展状况来看，社会工作者的专业化程度、政府的投入力度和社会认同度是影响其发展的主要因素。因此，深化专业价值理念、加强职业社会工作者的能力建设、强化反贫困社会工作的社会认同度、构建反贫困社会工作的介入平台以及完善相关政策制度是促进反贫困社会工作发展的重要策略。①

1. 贯彻“助人自助”的价值理念

反贫困工作不仅要以经济援助来改善贫困群体的生活状况，还要通过经济、心理、社会、文化等多方面的介入，提高贫困群体通过自身努力获取经济来源和心理成就的能力，创造一个有利于其实现自我价值的社会环境。为此，反贫困社会工作应更加注重“助人自助”价值理念的应用，以发展的眼光开展反贫困工作，将“助人自助”价值理念贯彻在反贫困工作的方方面面，帮助贫困群体建立起自强自立的意识，提高其自我发展的能力，以实现反贫困工作的长效化，降低贫困文化和社会排斥的负面影响。

2. 明确社会工作的角色定位

在战略上拥有第三方地位的社会工作，不仅具有促进各反贫困主体之

① 向德平、华汛子、金旖：《视角转换与方式创新：减贫社会工作的本土实践》，载《社会工作与管理》2017 年第 6 期。

间互动合作的“桥梁”功能，还具有为贫困群体提供服务的专业优势。然而在当前各反贫困主体角色定位尚未完全明确的情况下，社会工作的地位和专业优势难以得到充分发挥。通过建立健全相关政策制度法规，以制度形式厘清各反贫困主体之间的关系边界，将各反贫困主体的责任、权利及义务以规范的形式确定下来，明确各反贫困主体的角色位置，能够提高各反贫困主体的合作质量，降低反贫困社会工作的资源依赖度，有效避免反贫困社会工作的行政化倾向。

3. 加强机构和工作者的能力建设

社会工作由于在国内的发展时间较短、实践经验不足，因而在参与反贫困工作时难免会出现专业性不强、成效较低等问题。因此，提高社会工作机构和社会工作者的专业水平与工作效率是推进反贫困社会工作建设的必要条件。加强能力建设，不仅要提升组织的管理水平和规范化程度，还要强化社会工作者“以人为本”的专业服务理念，切实将增能、赋权、资源链接和优势挖掘等社会工作专业方法运用于反贫困工作中，推动反贫困的专业化、制度化和长效化。此外，政府应加大对社会工作的支持力度，为反贫困社会工作提供更大的发展空间和更多的实践机会，增加其对中国本土贫困问题的认识与了解，提升反贫困社会工作的发展水平。

4. 重视贫困群体的社会参与

在政府主导的反贫困模式中，政府与贫困群体的关系往往是自上而下的单向传递，贫困群体处于被动接受状态，无法将自己的真实诉求传递给帮扶者，容易出现政府帮扶与群体需求不对等的情况，影响反贫困工作的效果。反贫困社会工作作为各反贫困主体间的“纽带”，促进各方主体的沟通协作是其重要任务。因此，在开展反贫困工作时，社会工作应更加注重贫困群体的参与，以获知其问题、需求，并据此制定可持续的“个别化”战略、推动相关政策制度的完善。这样，不仅能够有效避免供需不对等的问题，而且可以提高群众参与积极性，增强他们的“主人翁”意识，避免单向施与可能造成的自尊下降与福利依赖。

5. 提高政府和社会的认同水平

提高政府和社会对反贫困社会工作的认同水平，能够为社会工作参与反贫困创造一个良好的政治环境和社会环境，调动社会工作机构和社会工作者参与反贫困工作的积极性，扫清参与过程中的制度、行政及社会障碍。一方面，要加大反贫困社会工作成果的宣传力度，提高社会工作在反贫困领域的社会公信力，从而增强社会认同；另一方面，社会工作要加强与政府部门的合作互动，与政府共享工作信息，为相关政策制度的制定献策，以实际行动让政府看到社会工作在反贫困领域的优势与成就，进而提高政府认同水平。

6. 推进社会工作的制度化建设

反贫困领域社会工作制度化建设的缺失是导致当前社会工作介入平台较少、介入渠道不足的主要原因。尽管政府大力推行“社会扶贫”“合作扶贫”的工作理念，并在工作中简政放权、加快职能转型进程，但社会工作的制度化建设才刚刚起步。事实上，社会工作在反贫困领域中大有可为，但因缺乏相关的制度支撑，所以参与反贫困实践的广度和深度有限。政府应加大对反贫困社会工作的重视力度，以制度化形式将社会工作纳入反贫困工作体系，充分发挥社会工作在反贫困中的作用与价值。

第二章　反贫困社会工作理论

反贫困社会工作理论是指社会工作相关理论在减贫发展领域的实践应用，它可以依托专业的方法和技巧，协助解决与贫困社区和贫困人口相关的问题，满足贫困人口的多元需求，推动贫困社区的可持续发展。反贫困社会工作理论在减贫发展领域的应用是多元化的，针对不同的减贫情境，可以采取有针对性的社会工作理论进行引导。从服务主体来说，反贫困社会工作理论主要集中在“福利多元主义”“第三部门”“贫困治理”等理论视角，强调在多维贫困的现实情境之中，必须依托不同减贫主体的互动合作，方能防止减贫资源的浪费，防止减贫方式和贫困人口的需求不对应，最终实现减贫效能的提升。从服务环境的角度来看，反贫困社会工作理论主要强调贫困是社会建构的产物，是与社会结构、社区环境紧密相关的，因而不能只聚焦于贫困人口本身的生活习性问题来分析致贫原因。这部分理论主要集中在“系统理论”“社会支持”“地区发展”等理论视角，强调要坚持整体性、综合性视角，分析贫困产生的原因，并依托社会资源解决贫困问题。从服务客体角度来看，反贫困社会工作理论特别强调在服务过程和方式上，摒弃对贫困人口的“问题化”和“弱势化”意识，秉持“优势视角”，对贫困人口进行“赋权增能”，充实贫困人口的“人力资本”和“社会资本”，挖掘贫困人口潜能，实现贫困人口的内源式发展。需要说明的是，为了学术上分析方便，我们对上述各种理论视角进行了类别划分，但并不代表这些理论是孤立的，互不联系的。实际上，这些理论具有内在统一性，彼此之间相互依托，我们需要在反贫困过程中对其进行综合应用，而不是有所偏废。

第一节　反贫困社会工作的多维主体论

反贫困作为一种社会行动，其行动主体是多元化的，既可以是政府，也可以是企业与社会组织。从历史角度来看，对于贫困的治理是一个从以民间慈善为主过渡到以政府为主，进而发展到政府、企业与社会组织建立合作伙伴关系、共同治理贫困的过程。① 这个过程也是多元反贫困主体逐步互相了解、妥协与合作的过程。在反贫困领域中，任何一个治理主体都没有充足的知识和资源来独自解决所有问题，只有彼此依赖与协调合作，并采用不同的治理方法才能更好地解决贫困问题。本节以“多维贫困”理念为基础，探讨以社会工作为代表的社会力量参与反贫困的理论依据和应用空间。

一、多维贫困需要多主体的协同治理

反贫困需要包括社会工作者在内的多个行动主体的集思广益和互动合作，这主要源于贫困本身的多维属性和反贫困行动的社会属性。对于贫困

① 田凯：《中国的非营利部门与城市反贫困治理》，载《学术探索》2004 年第 3 期。

本身,人们会有一个基本的共识,认为贫困是与苦难和不安全感联系在一起的,而这种苦难和不安全感首要体现在饥饿、营养不良、粮食短缺与可支配收入的缺乏。但如果仅仅把贫困等同于经济收入的缺失,而忽略了贫困人口的客观生活环境和主观感受,就会使得贫困分析趋于单一,无法有效应对复杂的减贫情境,所以有必要对贫困的内涵进行全面而科学的界定。1985年,著名经济学家阿马蒂亚·森在《商品与能力》一书中系统阐述了"能力方法"(Capabilities Approach),即在评估一个人的优势时,应考虑其真实自由的重要性,这主要在于考察个人在将拥有的资源转换为其可实现的价值活动方面存在的能力差异。此后,以一种多维视角看待贫困而非单纯聚焦于个人收入,逐渐成为学术界的共识。以阿马蒂亚·森为代表的不少学者开始试着从各自的角度去建立多维贫困的指标,多维贫困(Multidimensional Poverty)的核心观点是,人的贫困不仅仅是收入的贫困,还包括饮用水、道路、卫生设施等其他客观指标的贫困和对福利主观感受的贫困①,它是一种基于复杂关系网络的多元建构。这些学者注重运用"多维贫困指数"对贫困进行测量,在经济收入之外,将健康状况、教育水平、工作质量和生活水平等多个方面纳入考量范围,以判断个人和家庭是否处于贫困状态。它从微观层面来反映个体贫困状况以及贫困的深度,在反映一个国家或地区在人文发展方面取得的进步上具有更好的效度和信度。

因此,尽管现代社会历史性地把贫困建构为一个经济性的存在,但当人们从能力、文化、权利乃至自由、平等、价值建构等不同的侧面来谈论贫困

① 王小林、Sabina Alkire:《中国多维贫困测量:估计和政策含义》,载《中国农村经济》2009年第12期。

时，已经表明贫困绝非一个单一的经济性事实，而是关联到文化价值观、社会结构、政治权利及不同个体或不同群体所接受的关系和位置的社会性配置的一个总体性存在。贫困究其本质，是一种社会性的存在，是人与人之间的关系以及地位的表达①，以往仅从经济意义上去定义和阐释现代性贫困，只是强调了物质财富和货币收入等价值形式的重要性，这也导致了以往的反贫困模式过于强调浅显可见的硬件设施与短暂的物质收入的改变，忽略了其他维度的贫困。同时，与多维贫困并生的是致贫原因的复杂性，从不同的视角入手会有不同的结论。既有因为个体身体健康损伤、谋生能力受限、发展意识不足造成的个体性贫困，也有因为地理环境、自然灾害、意外伤害等造成的偶发性贫困，还有因为制度设置、文化传统、社会排斥等造成的结构性贫困。不同的致贫原因与复杂的减贫情境给反贫困行动带来了更大的挑战。

从反贫困行动来看，现代性的反贫困话语是基于西方发达国家的发展模式和历史经验建构起来的，具有明显的现代性特质。一是以追求个体主义和自由主义为价值，以“手段—目的”的工具理性作为穷人达至幸福的行动准则；二是将经济增长、技术进步和加强穷人的经济理性作为脱贫的基本手段，以线性的发展观为脱贫的目标；三是将贫困群体设想为“他者”，针对目标群体的反贫困在本质上更多地体现为某种对穷人的“规训”和管理。在这种话语体系之下，反贫困更加强调贫困区域的经济增长、技术转移和穷人“规训”，援助者为此开展了各式各样自上而下的扶贫工程，通过积极规划，以资金和技术为主要媒介干预贫困群体的生活世界，同时普及现代性的观

① 张帆：《现代性语境中的贫困与反贫困》，人民出版社 2009 年版，第 4 页。

念和意识，改变贫困群体的生存方式，试图将其纳入现代性的整体社会工程之中。[①] 这种反贫困话语体系强调了经济属性与干预者的自我价值取向，而忽略了反贫困的社会性。

反贫困的社会性涉及自我与他人、个体与社会的关系，它不把贫困对象与外部援助者看作单独的原子式个体，而是看作与其他主体的共在，是各个行动主体间、行动主体与外部场域之间的共在。反贫困作为一种社会行动，从社会学的角度看也有四层内涵：一是有主体指向性，或者说有主体间性，反贫困不是单个个体的减贫行为，而是指向他人和组织的有目的、有选择的行为；二是有结构导向性，行动主体的行动是与自身的发展结构以及外界的固有社会结构密切相关的，这直接引导着行动者的减贫选择，从而影响减贫效果；三是有系统功能性，不同的行动者处在不同的系统之中，系统的异质会带来反贫困的复杂性，但在行动者的主观能动性与社会制度的调试下，也会带来新的功能整合，提升反贫困效率；四是有反思性，行动者本身，不仅是指个体，也包括组织自身，都应该具有一种反思性，这种对自身行动以及外界环境的内省，可以更好地保证反贫困的延续性和专业性。

总之，从贫困本身的多维属性和反贫困行动的社会属性来看，反贫困应该是各方力量广泛参与，动员多方资源，形成合作关系，共同协助贫困人口，最终实现反贫困目标的过程和状态。[②] 这一社会行动既是社会力量参与贫困地区社会治理的过程，也是改变传统的政府单一行动模式，实现各利益群体权利平等化的有效渠道，它意味着减贫主体的多元化，也意味着反贫困领

① 张帆：《现代性语境中的贫困与反贫困》，人民出版社 2009 年版，第 169 页。
② 刘敏：《NGO 与贫困治理：以香港为例》，载《兰州学刊》2008 年第 8 期。

域中权力与利益的分散化。反贫困不仅是政府单一主体的经济扶助行为，而且是包括社会工作者在内的多个行动主体在互动网络中对反贫困结构和关系进行重新调试与整合的过程。

二、社会工作参与反贫困的理论依据

社会工作参与反贫困的理论依据主要集中于福利多元主义、第三部门和贫困治理等理论视角。其核心思想在于承认社会福利供给的社会化，推动政府、市场和社会组织的协同合作，依托各主体的行动优势，满足民众的多样化需求。

1. 福利多元主义

福利多元主义是为解决西方福利国家的债务危机与信任危机，于20世纪80年代兴起的理论范式。它主张社会福利来源的多元化，认为社会福利资源的供给既不能完全依赖国家，也不能完全依赖市场，福利是全社会的产物①，需要动员全社会的力量进行支持完善。福利多元主义又被称为混合福利经济思想，其理念最早由英国学者理查德·蒂特马斯(Richard Titmuss)所阐释，他建构了由社会福利、财税福利和职业福利构成的福利体系，认为三者相互配合，共同维持了该体系的运行。但是，理查德·蒂特马斯并未直接谈及三种福利具体由谁来负责提供("福利从哪里获得"的命题)，因而他只能是西方社会福利多元主义理论的拓荒者而非奠基人。

学术界普遍认为，福利多元主义理论发轫于西方社会对英国学者沃尔

① 彭华民、黄叶青：《福利多元主义：福利提供从国家到多元部门的转型》，载《南开学报(哲学社会科学版)》2006年第6期。

芬德(Wolfender)在1978年所做的报告《志愿组织的未来》(*The Future of Voluntary Organizations*)所引发的有关"福利来源"问题的讨论浪潮,该报告主张"把志愿组织也纳入社会福利提供者行列"。1979年由英国全国志愿组织联合会(National Council for Voluntary Organizations)出版的《变动世界中的格莱斯顿志愿活动》(*Gladstone's Voluntary Action Organization in a Changing World*)一书,因主张"有效的福利供给应该更多地依赖志愿行动",而将大讨论推向高潮。英国学者理查德·罗斯(Richard Ross)是福利多元主义理论的奠基者,他在《相同的目标、不同的角色——国家对福利混合的贡献》(*Common Goals but Different Roles: The State's Contribution to the Welfare Mix*)一书中剖析了福利多元主义的概念,指出福利多元主义存在两个核心内涵——多元化和分散化,即福利供给主体的多元化和福利资源配置的非垄断性。进而,他提出了福利多元组合理论:福利社会应当是混合型的,即混合福利社会,由家庭、市场、国家充当三个不同的福利提供者,社会总福利等于三个部门的福利加总。①

福利多元主义的核心是要平衡国家、市场和社会的关系,更加强调社会的独立性和自主性,通过政府开放性政策空间的供给和各种社会力量的培育,构建国家和社会的良性互动机制。多元福利供给组织和互动平台的搭建,可以将来自民间的各种社会资源汇聚起来,积极合理地表达基层民众的利益诉求,发挥集体的行动优势,共同推进反贫困事业的开展。福利多元主义理论对社会工作参与中国减贫事业有着积极意义,减贫事业作为社会福

① 徐进:《一个简明述评:福利多元主义与社会保障社会化》,载《西南石油大学学报(社会科学版)》2019年第3期。

利事业的有机组成部分，需要社会工作这一社会力量的积极参与，需要社会工作专业性公共服务的供给。

2. 第三部门

“第三部门”指的是非公非私，既非国家机构也非市场机构的一类组织，它最先由美国学者西奥多·莱维特(Theodore Levitt)提出，并与公共部门(政府)、私人部门(企业)共同构成了现代社会的三大支柱。① 在西方，第三部门代表着公/私领域二元建构基础上的一种社会中介机制，既发挥着不同于政府的社会事务管理功能，又履行异于一般商业经营的社会服务义务。早在20世纪70年代，美国就有组织社会学家阐释过第三部门在公共行政管理领域中的作用，或将其作为社会管理的一种实务策划来推行。自20世纪八九十年代开始，随着西方国家福利制度的改革进程的演进和社会经济的发展，参与公共事务和影响政府社会政策的第三部门再次成为学术领域的一个中心话题，这些话题包括对第三部门发展历史的考察及其角色的阐述。第三部门的活动既不是基于一种强制性的规范，也不是以交换服务或商品来获取利润。第三部门是以实现公共利益为目标，强调非营利性、志愿性的合法组织，具有比政府公共部门灵活、创新机制更好和基层参与性较强等特征。尤其是它在社会福利服务领域内的广泛介入，使公民参与的需要得到满足，并使社会问题在一定程度上得到缓解或解决。同时，第三部门还通过社会性福利服务这种利他行动来促进社会性伦理的完善，并使社会整合程度提高。第三部门所具有的有效信息反馈系统(与民众的互动)和

① 姚华平：《国家与社会互动：我国社会组织建设与管理的路径选择》，华中师范大学2010年博士研究生学位论文。

理性的决策体制(专家系统的引入),经常使它在社会福利服务推行中成为典范。①

第三部门的存在可以更好地应对国家经济与社会发展过程中出现的“政府失灵”和“市场失灵”,弥补政府和市场在公共资源供给上的不足,发挥社会力量的集聚作用,更好地满足不同利益群体的特殊需求。在西方国家,第三部门具有自身独特的行动方式和发展空间,这一方面是基于西方社会长久以来的公民传统和民主意识的培育,另一方面也是由于政府部门和市场组织在公共服务领域的不足,为其提供了充足的发展空间。第三部门可以协助政府提供更加丰富灵活的社会服务,改善弱势群体的生活境遇,也可以在基层社区之中积极地化解某些社会矛盾,促进社会和谐稳定,满足人们的多种合理需求。这一理论同样对我国社会工作参与减贫事业提供了一定的理论指导,但这是与西方较为完善的经济社会发展环境以及相对发达的公民社会紧密相关的,与我国当前的国情相差较大,需要在实践之中不断调适。同时,第三部门也具有自己的发展局限性,在资源获取与合法性获得等方面,还需要积极与其他主体合作,形成协作互补的良好发展局面。

从“第三部门”的视角来看,在反贫困领域中,任何一个治理主体都没有充足的知识和资源来独自解决所有问题,只有彼此依赖与协调合作,并采用不同的治理方法才能更好地解决贫困问题。这就要求权力主体与权力实现的手段必须走向多样化,必须由单一转向复合,既要有政府通过行政手段或

① 熊跃根:《转型经济国家中的“第三部门”发展:对中国现实的解释》,载《社会学研究》2001年第1期。

借助市场手段为贫困人口提供公共产品和服务，也应有市场化组织通过市场化手段为贫困人口提供公共产品和服务，还要有社会工作通过市场化或社会动员的方式为贫困人口提供公共产品和服务。在这个过程中，各种社会力量的有效参与可以丰富农村反贫困资源，使社会弱势群体的利益得到有效保护，也可以提升农村反贫困工作的整体性和灵活性。反贫困强调行动主体在共同目标引导下建立一种合作、协商的伙伴关系。这种伙伴关系不仅意味着反贫困体系内部的成员可以分享资源，满足彼此需求，分享发展成果，也意味着这些成员要通过互动协商解决彼此之间存在的问题和分歧，共同承受风险，为贫困群体创造更为宽广的反贫困空间。

3. *治理与贫困治理*

从词源上来看，西方的“治理”(governance)一词来源于古希腊文与拉丁文，原意是掌舵、引导和操纵①，其历史进程从原始民主治理、古希腊城邦自治、中世纪社会宗教治理一直演进到“多极协商治理”“联合治理”“社会自主治理”等丰富多样的现代治理模式，其表现形式则经历了“权威—依附—服从”“契约—协作—纪律”“服务—信任—商谈”三个阶段。西方从统治到治理的发展过程，本质上就是多元主体信任协调机制逐步构建、成熟与完善的过程。② 在中国，“治理”一词也有着很长的发展史，古代历经了“五帝治埋”、“诸子治国理政”、汉朝“修齐治平”、唐朝“制瀌(法)成治”、宋朝“资治之鉴”、元代“治乱警监”、明朝“重修吏治”和清朝“治权之辨”等历史阶段，当然，这

① 翁士洪、顾丽梅：《治理理论：一种调适的新制度主义理论》，载《南京社会科学》2013年第7期。

② 魏崇辉：《当代中国政治语境下的治理理论研究——一个分析框架构建的尝试》，载《政治与法律》2009年第4期。

主要是从国家治理角度来讲的。中华人民共和国成立后，我国经历了“全能主义国家治理模式”和社会管理创新的“内生性演进模式”①，党的十八届三中全会提出了全面深化改革的总目标，强调要促进国家治理体系和治理能力现代化，治理现代化方略基本形成。

“治理”在学理上被广泛研用，则是源于1989年世界银行发表的《撒哈拉以南非洲：从危机到可持续增长》这一报告中“治理危机”概念的提出。20世纪90年代以来，中西方学者在对福利国家危机、全球化等现实问题的反思之上，对“治理”做出了更深入的解释，初步形成了治理理论。从已有的研究成果来看，这些研究主要分为“多元主体的互动过程”和“权力资源的调适机制”两类。第一类研究主要是从政府在社会资源配置中的局限性出发，认为治理是多元行动主体的网络化互动过程。治理理论的主要创始者詹姆斯·N.罗西瑙认为，治理是一种在共同目标和规则支持下的活动，是各种公共或私人组织、个人或机构管理共同事务诸多方式的总和。它是使相互冲突的或不同的利益得以调和并采取联合行动的持续过程。② 罗茨认为治理是指包括自组织在内的各个组织间的网络结构，它补充了市场与官僚制组织的局限，可以更好地实现资源分配的控制与协调。③ 英国学者格里·斯托克从治理主体的多元、治理责任的模糊、主体间权力的依赖、治理网络的自主和

① 李龙、任颖：《“治理”一词的沿革考略——以语义分析与语用分析为方法》，载《法制与社会发展》2014年第4期。

② ［美］詹姆斯·N.罗西瑙：《没有政府的治理》，张胜军、刘小林等译，江西人民出版社2001年版，第5页。

③ 翁士洪、顾丽梅：《治理理论：一种调适的新制度主义理论》，载《南京社会科学》2013年第7期。

治理工具的现代性五个层面对治理内容做了进一步的丰富与拓展。① 库伊曼强调，治理不是一种固定的安排，而是国家与社会以新的方式互动，来应对日益增长的社会问题及其政策议题的复杂性、多样性和动态性。② 这方面的研究侧重于国家治理中权力行使方式的灵活性与网络性，认为治理是政府与社会力量通过面对面合作方式组成的网状管理系统③，是以问题和管理事务性质为导向而构建起来的多种形态的社会合作网络体系。对话、协商、资源共享与互惠合作的机制和组织结构，可以有效化解各种治理问题，提升供给主客体之间的协调和资源利用效率。

第二类研究认为治理是一种机制调适，治理是在对新自由制度主义的批判与反思基础上发展起来的，它可以被视作一种调适的新自由主义理论，是指掌舵社会系统实现其目标的机制④，它可以更好地平衡公共物品与集体物品的供给。美国新制度经济学派代表人物奥利弗・E. 威廉森在《治理机制》一书中，从经济学意义上阐述了自己关于治理的观点。他认为治理是一项评估各种备择组织模式功效的作业，目标是通过治理机制建立良好秩序，治理结构可以被视为制度框架，一次交易或一组相关交易的完整性就是在这个框架中被决定的。⑤ 日本学者青木昌彦在其著作《比较制度分析》中，也

---

① 格里・斯托克、华夏风：《作为理论的治理：五个论点》，载《国际社会科学杂志(中文版)》1999 年第 1 期。

② J. Kooiman, "Social-political Governance: Overview, Reflection and Design," *Public Management*, 1999(1).

③ Gerald W. Johnson and Donald F. Kettl, "Sharing Power: Public Governance and Private Markets," *American Political Science Association*, 1994(6).

④ James N. Rosenau, "Governance in the 21st Century," *Global Governance*, 1995(14).

⑤ [美] 奥利弗・E. 威廉森：《治理机制》，王健、方世建等译，中国社会科学出版社 2001 年版，第 13 页。

从经济学角度对交易治理机制的多样性、特征等问题进行了分析。他在总结了有关各种交易治理机制的讨论后，认为作为制度安排复合体的各种私人的、公共的和正式的、非正式的治理机制在市场经济的发展中可以同时发挥作用。① 我国有学者将治理与统治、行政和管理区分开来，认为治理一词介于负责统治的政治与负责具体事务的管理之间，它是对以韦伯的官僚制理论为基础的传统行政的替代。② 俞可平认为治理是指官方的或民间的公共管理组织在一个既定的范围内运用公共权威维持秩序，并在各种不同的制度关系中运用权力去引导、控制和规范公民的各种活动，以最大限度地增进公共利益，满足公众需要。③ 事实上，这一类的阐释主要侧重于治理的机制化、模式化，通过对以往政府与市场运行机制的反思，创造出更加合理有效的治理模式。

总之，治理拥有自己的发展历史和文化传统，是在面对政府和市场有限的理性基础上演化出来的持续性过程，是一套用于解释现代国家与社会结构变化特征的规范性分析框架。治理旨在促进一种国家与社会、政府与非政府组织、公共机构与私人机构等多元主体之间协调互动的发展状态的形成，这是一种在科学规范的规章制度的指引下，强调各行为主体主动参与的社会发展过程。④ 治理为贫困治理提供了理论指导，而贫困治理则成为治理理论在减贫领域的现实实践。从治理的角度来看，贫困治理亦属于社会治

① [日]青木昌彦:《比较制度分析》，周黎安译，上海远东出版社 2001 年版，第 88 页。
② 毛寿龙、李梅、陈幽泓:《西方政府的治道变革》，中国人民大学出版社 1998 年版，第 7 页。
③ 俞可平:《治理与善治》，社会科学文献出版社 2000 年版，第 5 页。
④ 向德平、苏海:《“社会治理”的理论内涵和实践路径》，载《新疆师范大学学报(哲学社会科学版)》2014 年第 6 期。

理的有机组成部分，有效的贫困治理可以促进贫困地区经济、社会的发展，有效地预防或缓解各种社会矛盾的发生。改革开放以来，中国农村反贫困工作取得了巨大的发展成就，农村绝对贫困人口数量持续下降，贫困农民的生活条件得以持续改善，农村基础设施也逐步完善起来。然而，制约贫困地区发展的深层次矛盾依然存在，建立在单一收入基础上的传统贫困研究不足以厘清贫困对象面临的复杂情况，相对贫困和社会排斥逐步取代绝对贫困成为贫困研究的主要方面，收入之外的其他维度的贫困表现突出①，这种多维度的贫困现状与复杂的贫困治理环境亟须更具针对性与实效性的贫困治理理念的指导，也需要多元行动主体的协作沟通，才能助推贫困治理效率的提升。

三、社会工作参与反贫困的理论启发

将社会工作运用于反贫困领域，可以使我们重新审视已有的减贫工作，具体而言，体现在以下三个方面。第一，反贫困不是政府单方面的事，而是全社会的事，它更为突出社会力量的作用，即反贫困不是由政府单一主体构成，而是政府、市场组织、社会组织、社会公众多主体合作的网络互动结构。第二，反贫困的过程是多个行动主体积极嵌入反贫困场域之中，共同开展反贫困项目，对多种贫困资源进行协调整合的过程。反贫困强调减贫行动中各相关利益主体之间的合作，这种合作是减贫行动主体之间的互构，即主体之间紧密联结，深度嵌入。反贫困不仅是一种政府强制输入的政治行动和

① 王小林、Sabina Alkire：《中国多维贫困测量：估计和政策含义》，载《中国农村经济》2009 年第 12 期。

提升经济收入的经济行动，而且是一种社会行动，是嵌入社会关系网络中的社会行动。在这种互动关系的建立过程中，各行动主体可以更好地实现反贫困资源的整合，拓展贫困群体的发展机会，提升其自主发展的能力。第三，反贫困的总体效应是贫困人口数量减少及其贫困程度减低，社会发展的均衡程度提高以及反贫困效率的有效提升。要实现贫困区域社会发展的均衡性，就需要不断调整已有的反贫困策略，使其适应贫困区域独特的社会文化发展环境。除对不同区域、不同贫困群体采用不同的反贫困措施之外，农村减贫工作还应关注区域之间的贫困表现与贫困程度的差异，各地还应该根据本地区多维贫困的特点和状况，选择有针对性的反贫困政策和措施①，保证反贫困工作真正落到实处。

贫困是一个社会问题，贫困问题的解决有赖于多方力量的共同努力。外部资源的推动是有效、快速地缓解贫困问题的重要因素。让广大人民群众共享改革发展成果是社会主义的本质要求，是社会主义制度优越性的集中体现，是中国共产党坚持全心全意为人民服务这一根本宗旨的重要体现。② 只有建立协同治理贫困的格局，才能实现共享发展的目的。目前，贫困地区尤其是深度贫困的地区，内生脱贫的要素、结构尚未健全，需要较长的时间去构建、去完善。不论是市场主体还是慈善组织，在脱贫攻坚中都扮演着不可或缺的角色，都能够为扶贫工作提供坚实的力量，实现贫困地区脱贫的目标。中华人民共和国成立以来，党和政府始终高度重视扶贫开发工

---

① 郭建宇、吴国宝：《基于不同指标及权重选择的多维贫困测量——以山西省贫困县为例》，载《中国农村经济》2012 年第 2 期。

② 中共中央党史和文献研究院：《习近平扶贫论述摘编》，中央文献出版社 2018 年版，第 9 页。

作，带领人民为消除贫困做出了巨大努力。政府主导的减贫工作极大地推动了中国的减贫事业，取得了极大的发展成效。但政府主导的减贫工作也具有诸如财力不足、效率偏低、存在官僚作风及容易滋生腐败等缺陷，不利于减贫事业的持续发展和长久进步。

扶贫开发作为一项公共福利政策，可以通过各级政府自上而下的组织管理以及各类福利机构的个别化服务传递给扶贫对象。其中，将政策操作化融入社会行政，是各级政府比较熟悉的事务；针对贫困家庭和个人采用个别化应对方式，则是政府相对生疏的技术。但是，这项"最后一公里"技术恰恰是扶贫成功的关键，这也就为社会工作介入贫困治理提供了条件和基础。[①] 社会工作作为一种社会力量，在减贫领域中具有自己独特的行动优势。它能够通过各种方式撬动更多的本土以及国际上的反贫困资源，并通过治理方式的创新来提高反贫困资源的使用效率，提高反贫困瞄准精度，积极回应贫困群体的多样化需求。

社会工作可以通过基层社会网络的搭建，增加贫困人口的社会资本，推进他们的能力建设，也可以通过增加贫困人口的经济机会、促进赋权和加强安全保障三个方面来形成持续性的减贫动力。[②] 因此，社会工作应该依托自身的反贫困优势，积极参与减贫事业，以应对政府反贫困工作的不足，提升反贫困效率，改善反贫困结构。

---

① 顾东辉：《精准扶贫内涵与实务：社会工作视角的初步解读》，载《社会工作》2016年第5期。

② 世界银行：《2000／2001年世界发展报告：与贫困作斗争》，中国财政经济出版社2001年版，第108页。

第二节　反贫困社会工作的系统支持论

反贫困是一项系统性的工程，它是在准确聚焦贫困群体致贫原因和发展需求的基础之上，采取有针对性的扶助措施，实现对贫困的源头治理和系统治理，是一种系统、科学和专业的工作方式。从服务环境的角度来看，反贫困社会工作理论主要强调贫困是社会建构的产物，是与社会结构、社区环境紧密相关的，因而不能只聚焦于贫困人口本身的生活习性问题来分析致贫原因。这部分理论的阐释主要集中在“系统理论”“社会支持”“地区发展”等理论视角，强调要坚持整体性、综合性视角，分析贫困的产生原因，并依托社会资源解决贫困问题。

一、反贫困系统支持论的理论背景

一直以来，关于贫困的原因，存在两种观点。一是从贫困个体的角度来看，贫困是贫困个体应负的责任，这种观点将贫困归咎于个人的能力问题和思想问题，反对政府过多的干涉；二是从整体的角度去研究贫困，认为贫困是一种整体性、结构性的问题，与贫困群体所处的生态环境、文化环境和社会环境紧密相关，也与外部的制度设计和资源分配有着显著的关联性。事实上，贫困具有“系统性”的特点，不仅是单一现象、个体现象，还与贫困地区的内在秩序、治理水平、经济社会发展水平甚至整体社会转型存在明显联系。①

① 李迎生、郭燕：《推动社会工作精准介入反贫困实践》，载《中国人民大学学报》2018 年第 5 期。

首先,从生态环境来看,贫困问题的形成与其自然地理条件紧密相连。“空间贫困”理论提出了“地理资本”的概念,与物质资本、社会资本相提并论,“地理资本”是指把多种差异集合在空间地理位置这一要素之中,如教育、卫生、社会保障、政治等在城乡之间、贫富人群之间的各种差别,都可以用空间地理位置禀赋不同来确定。地理位置越偏远,推动当地发展的由自然、经济、社会等多种因素集合而成的地理资本也就越低,反之,地理位置越优越,地理资本也就越高。正是因为空间地理位置禀赋低劣(或者说地理资本低),才造成了农户自身发展能力低下,进而使其陷入“贫困陷阱”之中。[①]贫困地区的生态环境恶劣,生态环境脆弱性高。我国西部地区集中了全国主要的大山、高原、沙漠、戈壁、裸岩、冰川以及永久性积雪地域,寒、暖、干、湿季节变化很大,这种复杂多样的地理条件导致自然灾害频繁发生。[②] 同时,由于贫困人口的抗风险能力差,基础设施落后和贫困带来的社会环境的脆弱性等使自然灾害对这些地区的破坏力极大,特别是给农业生产带来了灾难性影响,严重威胁到人们生计的维持和地方经济的发展,这也进一步加剧了贫困地区的脆弱性。

其次,从文化环境来看,贫困文化是贫困阶层所具有的一种独特的生活方式,是对长期生活在贫困之中的人们经济状况的影射与适应。形成于贫困环境中的行为方式、风俗习惯、心理定式、生活态度和价值观深刻地影响着贫困人口的生活,导致了文化贫困、能力不足、机会丧失、社会排斥等情况的出现,这不仅使他们难以摆脱贫困,而且在一定程度上造成了巩固和加深

① 陈全功、程蹊:《空间贫困及其政策含义》,载《贵州社会科学》2010 年第 8 期。
② 王国敏:《农业自然灾害与农村贫困问题研究》,载《经济学家》2005 年第 3 期。

贫困的后果。[①] 人类学家奥斯卡·刘易斯首先提出了“贫困文化”的概念，他认为贫困文化是一个拥有自己的结构和理性的社会亚文化，它表现出在既定的历史和社会脉络中，穷人所共享的是有别于社会主流文化的一种生活方式，同时也表现为穷人对其边缘地位的适应，正是由于对这种贫困文化的自我适应，才使得穷人难以摆脱贫穷的命运。深度贫困地区存在一些制约减贫的文化因素，如贫困人口的文化水平不高，人口受教育程度较低，各种专门人才与科技人员稀缺，文化设施相对落伍；某些传统文化和习俗限制了贫困人口多元化生计的选择，并对脆弱的生态环境形成了严重压力。

最后，从社会环境来看，造成贫困的社会环境可以从宏观的社会制度环境和微观的社区治理环境两方面来分析。从宏观的社会制度环境来看，某些社会制度和社会政策的制定会把贫困群体排除在主流社会之外，个体得不到应有的进入主流社会的机会，因此陷入贫困的境地。贫困群体所处的不利环境决定了贫困文化的存在并使他们陷入贫困。[②] 从微观的社区治理环境来看，当前的农村存在“空心化”和“三留守”等问题，社会变迁和社会流动速度加快，很多农村劳动力和知识青年流向城市，造成参与农村社区治理的人力资本不足，不利于反贫困工作的开展。总之，贫困是与贫困群体所处的外部环境紧密相关的，而非单一因素造成的。因此，反贫困也必须要综合考虑贫困人口与外部环境的关系，我们可以利用社会工作理论中的社会生

① 周怡：《贫困研究：结构解释与文化解释的对垒》，载《社会学研究》2002 年第 3 期。
② 向德平、黄承伟：《减贫与发展》，社会科学文献出版社 2016 年版，第 81 页。

态系统理论、一般系统理论、社会支持理论和地区发展理论，系统地开展反贫困工作。

二、反贫困系统支持论的理论内涵

从反贫困角度来讲，系统理论、社会支持理论和地区发展理论等是具有共性的，都会强调在详细分析贫困地区和贫困群体的发展环境、发展资源和发展需求的基础之上，通过整合各类反贫困主体的行动优势，提高贫困群体的发展能力，推动反贫困效益的提升。

1. 系统理论

系统理论起源于管理学和心理学中的一般系统理论，系统理论对个人和环境的双重聚焦，对众多因素的综合考察，对关联性的重视都被纳入社会工作综合模式，成为主流社会工作实践的基础性要素。在社会工作中，系统理论主要被区分为社会生态系统理论和一般系统理论。[①] 社会生态系统理论是用以考察人类行为与社会环境交互关系的理论。该理论把人类生存于其中的社会环境（如家庭、机构、团体、社区等）看作一种社会性的生态系统，强调生态环境（人的生存系统）对于分析和理解人类行为的重要性，注重人与环境间各系统的相互作用及其对人类行为的重大影响，是社会工作领域的重要基础理论之一。社会生态系统理论注重把人放在环境系统中加以考察，注意描述人的生态系统如何同人相互作用并影响人的行为，揭示了家庭、社会系统对于个人成长的重要影响。1935 年，英国生态学家阿瑟·乔治·坦斯利（Arthuror George Tansley）受丹麦植物学家尤金纽斯·瓦尔明

① 高鉴国：《社区工作》，山东人民出版社 2013 年版，第 32 页。

(Eugenius Warming)的影响,对生态系统的组成进行了深入的考察,并首次提出社会生态系统的概念,即社会生态系统是一个"系统的"整体。这个系统不仅包括有机复合体,而且包括形成环境的整个物理因子复合体。这种系统是地球表面自然界的基本单位,它们有各种大小和不同种类。①

20 世纪初期,两位社会工作专业的先驱各自在其倡导的社会工作运动中,强调将社会作为一种宏观的社会生态系统,考虑其对社会工作的影响。一位是玛丽·埃伦·里士满(Mary Ellen Richmond),其主导的慈善组织会社(Charity Organization Society)运动主张以"社会诊断"的方法来检视案主个人需求与环境间的互动问题,进而提升个人对环境的适应能力,并建构社会工作"人在情境中"的观点。另一位则是劳拉·简·亚当斯(Laura Jane Addams),其所倡导的睦邻组织运动以社区发展的方式组织社区居民自助助人,从事社会改革以改善个人与家庭的生活。他们两位都提到了社会与社区的作用,即个体所面临的环境或情境的作用。"社会诊断"方法和"人在情境中"的观点包含着大量生态学的隐喻。②

美国威斯康星州怀特沃特大学社会工作系教授查尔斯·H. 扎斯特罗(Charles H. Zastrow)是现代社会生态理论最著名的代表性人物之一。查尔斯·H. 扎斯特罗在他的新版《理解人类行为与社会环境》一书中指出,个人的生存环境是一个完整的生态系统,即由一系列相互联系的因素构成的一种功能性整体,包括家庭系统、朋友系统、工作职业系统、社会服务系统、政府系统、宗教系统等。人是在环境中与各种生态系统持续互动的主体。人

① 文军:《西方社会工作理论》,高等教育出版社 2013 年版,第 224 页。
② 同上书,第 225 页。

在生存环境中，既会受到各种不同社会系统的影响，也会持续和具有活力地与其他系统相互作用。他把人的社会生态系统区分为三种基本类型：微观系统（Micro system）、中观系统（Mezzo system）和宏观系统（Macro system）。微观系统是指处在社会生态环境中的看似单个的个人，个人既是一种生物的社会系统类型，更是一种社会的、心理的社会系统类型；中观系统是指小规模的群体，包括家庭、职业群体或其他社会群体；宏观系统则是指比小规模群体更大一些的社会系统，包括文化、社区、机构和组织。① 不同类型的系统相互作用，影响着个体的生活角色和行动方式。

按照系统理论的观点，个体发展是个体与周围系统密切联系的结果，在与环境的互动中，人发展出独特的个性。个体发展的生态系统可以被分为微系统（与个体最接近的系统，包括家庭、学校和社区）、中系统（微系统中不同组成部分之间的联系和互助，包括家庭—学校组织、社区义务工作服务队伍）、外系统（与个体没有直接联系的外系统，包括父母的社会网络和社区街道委员会）、宏系统（组织层面影响个体的社会制度，包括文化和价值观），这些系统会直接或间接地影响到个体的生存和发展。人们与各个系统之间的关系应该是互惠的，社会工作的目标是增强人们与其生存环境之间的适合度，把人与所需资源、服务和机会联结起来，以试图改变系统，从而更有效地满足个人需求。②

一般系统理论则强调社会工作应该重视个人所在的各个系统的改变，

① 师海玲、范燕宁：《社会生态系统理论阐释下的人类行为与社会环境——2004年查尔斯·扎斯特罗关于人类行为与社会环境的新探讨》，载《首都师范大学学报（社会科学版）》2005年第4期。

② 文军：《西方社会工作理论》，高等教育出版社2013年版，第230页。

如系统的封闭或开放系统的互惠性关系、系统的熵或系统的协同等活动。该理论认为系统是一群客体间以及这些客体所具有的特质之间存在的关系。开放系统是指系统内的能量可以越界地互动，容许内部能力、资料及资源与外部环境相互交流和交换，其界限是可以相互渗透的。封闭系统是指系统内的能量不能越界与外部环境互动和交流，因为其界限是固定的，系统与环境完全是独立的。[①] 如果我们用一般系统理论去理解贫困群体所处的社区环境，则可能会认为贫困社区是一个具有独特结构和沟通模式的系统，具有系统边界，也有多种次系统。社区环境的最佳调适在于配合，社区沟通系统的畅通有赖于接收到恢复等信息传递渠道的畅通，正式和非正式资源对社区同等重要。社区系统的平衡和维护，有赖于系统自身内部运作沟通技能的养成。[②]

系统理论回应了社会工作致力于改善案主心理与环境状况的传统，并提出了整合的框架，以个人和环境的关系为干预焦点，认为案主所经历的困境为生活中的问题。它重视人与环境的交换，将系统作为一个整体来考察，关注系统内外的压力和平衡，从而把社会工作者的注意力重新指向人与环境之间的互动，而不是把二者分离开来。

2. 社会支持理论

在社会工作中，借助外部力量帮助他人获得情感性支持或物质性资源以克服困难的行为都属于社会支持。学界的研究可追溯到迪尔凯姆在《自杀论》中所提到的社会团结（社会整合）的概念。迪尔凯姆认为社会团结是

① 文军：《西方社会工作理论》，高等教育出版社2013年版，第228页。
② 高鉴国：《社区工作》，山东人民出版社2013年版，第32页。

把个体结合在一起的社会纽带，是建立在共同情感、道德、信仰或价值观基础之上的个体之间以及群体之间以结合或吸引为特征的联系状态，可分为机械团结和有机团结。社会支持作为一个理论概念正式产生于20世纪60年代末70年代初，源于对心理健康和压力问题的关注。研究表明，相同的压力情景对不同的个体所产生的影响和作用是不同的。相对而言，那些能得到家人或朋友等较多支持的人心理承受力更强，身心也更健康；相反，那些很少获得类似支持的人心理承受力相对较弱，身心健康状况也相对差些。①

社会支持是一定的社会网络运用一定的物质手段和精神手段，对社会弱者进行无偿帮助的一种选择性社会行为。② 从支持者和被支持者的互动行为的性质出发，社会支持是一种支持者与被支持者之间的互动行为，强调双方的互动反应。支持者单方面提供社会支持是不完整的，这一行为本身需要被支持者接受与认可才能发挥作用。社会支持是人与人之间的亲密联系，可以为人提供精神或物质上的帮助。社会支持的功能在于帮助个体实现个人目标或满足其在某一特殊情形下的需要。它需要由重要的他人，比如家庭成员、朋友、同事等正式和非正式的支持主体来完成。社会支持主要提供情感支持、信息支持、物质支持和陪伴支持等方面的内容。③ 社会支持理论特别强调服务对象现存的人际关系和所处环境有发展潜力的关系，根据家庭成员角色不同获取不同类型支持，注重区分朋友与邻里，因人而异采取支持策略。它还注重采取志愿连接策略和相互援助网络策略，帮助有困

① 文军：《西方社会工作理论》，高等教育出版社2013年版，第206—207页。
② 陈成文：《社会弱者论》，时事出版社2000年版，第158页。
③ 文军：《西方社会工作理论》，高等教育出版社2013年版，第210—212页。

难的人与非正式的辅助者建立“一对一”的帮扶关系，把具有相同问题、兴趣与能力的人聚在一起，建立良性互动关系，实现个体行为与外界环境的良性互动。

社会支持网络反映的是个人与其生态环境中其他系统之间的关系状态。一个人所拥有的社会支持网络越大，就能够越好地应对来自环境的挑战。案主往往是这方面的弱势群体。社会工作的重点是帮助案主学习建立社会支持网络和利用社会支持网络。社会支持包括有形支持和无形支持，它既包括我们所拥有的客观的、物质化或可以数量化的支持，又包括这些支持给我们主观上带来的感受和体验。社会支持也是我们健康生活的一个重要保障，当我们处于逆境之中，良好的社会支持系统可以带给我们力量和信心；当我们处于顺境之中，它同样可以使我们感到快乐和充实。社会支持是外界提供给我们的，可能会因为我们每个人的个性和心理差异而导致我们对其感受度和利用度存在差异。

关于贫困群体的社会支持网络，大致可分为三类：一是以地域为基础的，以直接服务为主，在社区内动员亲友、邻里和志愿者，建立支援系统；二是建立服务对象本身的互助小组，使他们能以自助助人的方式相互支持；三是社区紧急支援网络，以协助个人或家庭预防突发事故或危机。社会支持理论重视个人从人际关系中得到的资源，以及社会系统中各种资源的流通。它能帮助人们从宏观的角度去分析问题，从微观的角度介入并解决问题，能给需要帮助的群体提供全方位的服务，能在个人或社会矛盾出现后迅速地做出全面的分析并采取相应的措施。①

① 高鉴国：《社区工作》，山东人民出版社 2013 年版，第 37—38 页。

3. 地区发展理论

社区工作中有多种实务模式，每个实务模式背后会有不同的实务理论支撑。其中美国社会工作学者杰克·罗斯曼(Jack Rothman)主张以“地区发展”“社会策划”“社会行动”三种模式来诠释和界定社区工作，这三大模式涵盖了社区工作定义中的不同变量，包括社区工作的理念、分析问题的视角、具体的工作策略，甚至对社区工作者不同角色的分析等，对社区工作理论的发展具有重要的参考价值。地区发展模式强调居民的参与和合作，强调通过集体组织管理或利用社区资源、解决社区问题、满足社区福利需要，以增强社区凝聚力和归属感。

地区发展模式有几个关键假设。一是关于个人的假设，该模式认为个人本来是在自己的自然社区里相互团结、相互合作，有能力按原来的价值和意义生活的，但是随着现代化过程的实施，工业化和城市化的推进，以及由于现代社会组织的科层结构化，个人渐渐倾向冷漠的、孤立封闭的状态，越来越缺乏传统社区中密切的人际交往关系，同时缺乏主动参与社会公共事务的热情和动机，因此，居民也越来越显得无助和脆弱，个人和社区公共问题都很难得到解决。

二是关于社会构成的假设，该模式认为社会正在慢慢丢失传统社区的自然联系，而逐渐形成一种现代工具理性的制度化的组织关系和市场交换关系，这种关系会造成社会的分层和两极化。对落后的地区来说，不管是加入市场体系，还是被纳入国家的科层组织结构，都只不过是发达中心地区的外围依附部分，最后会进一步失去自身原有的文化、知识、信心和能力。

三是关于个人行动动机的假设，地区发展模式假设个人倾向于团结的、合作的，而非竞争的、对抗的关系，假设个人是愿意沟通交往、参与民主讨论的，认为这样比科层集中决策会更有效地解决社区问题。虽然个人行动是理性追求个人利益最大化的，但是只要能够在集体行动中照顾到个人的需求和动机，并且能够培养一种集体归属感和认同感，个体就会在情感和价值层面上有参与社区基层组织活动的动机，并在活动中做出自己的贡献。

在不同的社区类型之中，地区发展模式主要针对衰败、紊乱、传统的静态社区。社区工作者通过促成、协调与催化，培育社区自助、互助能力，推动社区居民广泛参与，界定本身的需要，并采取行动去解决社区问题，从而改变社区。① 地区发展是一种组织和教育的过程，其行动目标可以分解为任务目标和过程目标两大类。任务目标主要是指一些实质性的工作，或者解决一些特定的社区问题，主要体现在社区经济的开发、社区社会的发展、社区公共基础设施建设和社区文化的发展四个方面。过程目标则是指要建立长久的制度和组织，以促进社区关系的根本性改变。例如，社区各种社会网络的重新确立，居民互动及交往频率的增加，邻里关系的改善，居民及团体间紧密联系的重建，居民认识到参与的重要性并愿意承担责任，居民对社区更加认同及投入。通过解决共同的问题，社区工作者可以改善居民的生活，促使每个个体发挥他们的潜能，创造社区意识。

地区发展模式主要采取以内部资源的动员、参与、行动为主，以外界资源的帮助和技术引进为辅的基本策略。通过居民参与和互助合作，地区发展模式把所有人团结在一起，然后谈论并决定社区事务。地区发展模式立足社区基层群众公共利益的扩大，通过沟通、对话和讨论促使不同居民小组成

① 文军：《西方社会工作理论》，高等教育出版社 2013 年版，第 194—195 页。

立;社区组织之间进行协商、妥协、合作;对社区精英进行争取、团结和支持;对社区大众进行争取并对其采取包容态度,使其参与到发展项目中来,以协商一致策略为主,避免冲突和竞争,共同解决社区问题,提升社区共同体意识。

三、反贫困系统支持论的实践应用

从社会工作的系统理论、社会支持理论和地区发展理论来审视反贫困工作,可以让我们对贫困群体面临的减贫环境有一个系统的认识,也可以让我们利用专业的社会工作介入方法去认知和解决贫困问题。第一,贫困群体与外部环境是不可分离的,个人或家庭所面对的问题和困境是由于环境资源的不足或障碍所导致的,并不能完全归因于个人。贫困个体的问题是生活过程中的问题。个人的行动是有目的的,而个人意义是环境赋予的,所以对贫困个体问题的理解和判定也必须在其生存的环境中进行。第二,贫困个体或贫困家庭所经历的问题源于众多变量的互动结果,社会工作不能只评估某一方面的系统,而应评估所有层次系统,尤其是影响个人发展的相关社会结构以及历史变迁的生活事件,这些都能够对贫困群体的生活产生意义。因此,反贫困必须重视案主所经历的历史事件。第三,贫困群体生来就有与环境和其他人互动的能力,贫困群体与环境的关系是互惠的,并且贫困群体能够与环境形成良好的相互调和度。社会工作者应善于运用个人的生活经验及非正式系统的支持,将其作为干预的切入点,通过正面的关系和生活体验提高贫困群体的个人胜任感和自信心,提升他们根据环境做出适应调整的能力,恢复贫困群体与环境之间正常的适应状态。当然,适应的过程也是人与社会环境和物质环境之间持续地进行信息、能量及其他资源交换的过程。社会工作应该帮助贫困群体应对与外部社会环境之间的适应不良问题。

具体而言，通过运用系统理论和社会支持理论，社会工作者可以采取以下步骤开展反贫困工作。一是社会工作者要在政策设计中起到倡导者的作用，协助政府部门开展反贫困政策的制定工作。反贫困政策设计体系要从系统的整体性原则、相关性原则、层次性原则、动态性原则、开放性原则五个方面统筹考虑，改善贫困群体的生活处境，构建具有包容性的反贫困政策。包容性反贫困政策要统筹兼顾自然、经济与社会发展，统筹城乡、区域、行业发展，统筹兼顾不同群体的利益，以此来塑造一个包容性的政策环境。在此过程中，通过政策推动，社会工作者能够帮助贫困群体获得公平的发展机会，改变针对贫困群体的社会排斥和固化的社会流动情境，协助贫困群体做出正面改变，增强贫困群体适应市场经济变化的能力，以此来摆脱贫困。

二是反贫困行动可以涉及四个基本系统。这四个基本系统分别是：促变主体系统，即社会工作者及其工作机构；工作对象系统，即寻求帮助并与促变主体系统中的个体、群体和团体等协同工作；目标系统，即促变主体系统试图改变以完成目标的对象；行动系统，即促变主体系统与其工作以实现目标。① 社会工作者可以从贫困者个人与各种环境系统互动的角度考察其面临的问题，深入了解贫困者与所有社会系统及生理系统间复杂的交互关系及形成的意义，同时注重改变个人和社会环境，促进两者间的良性互动。社会工作者不仅要重视助人自助的理念，在实际工作中还可运用专业的技

① 顾东辉：《精准扶贫内涵与实务：社会工作视角的初步解读》，载《社会工作》2016 年第 5 期。

术和手段，如在方法上运用社会工作中的小组工作、个案工作、社区工作的方法，运用个案辅导、团体技巧、社区资源调动、咨询、培训等多种介入方式与技巧，了解贫困者的困境，评估其需求，培育、挖掘和提升贫困者的能力，协助他们走出困境，提高他们融入社会的能力。社会工作者尤其可以通过社区组织动员和整合社区资源，强化人们参与社区事务的意识和能力，增强社会凝聚力。

三是在具体的操作步骤上，社会工作者要通过对与贫困群体相关的系统进行积极评估，增强贫困群体在处理生活中的压力情境和应对环境挑战以及充分利用环境资源时的自主意识，特别要通过多维度的思考和各种社会资源的输入，来构建贫困群体的社会支持系统；要进入贫困群体的系统，与贫困群体相关的重要他人就案主（贫困群体）感兴趣的事件进行谈论，进入案主世界，并绘制贫困群体的生态图，寻找案主生态系统中的基本问题与优点；要将贫困群体所关注的问题与社会增权结合起来，与案主生态系统中的重要他人进行协调与沟通，通过内部不同次系统中的集体行动来完成改变。总之，贫困群体的系统是一个整体性、结构性的存在，系统的平衡与和谐运转有赖于外部资源的输入与内部不同次系统之间的沟通协作。社会工作者就是要利用专业技巧，为贫困群体塑造一个稳定而充满活力的系统，有效避免系统复杂性的产生及发展，实现反贫困的目标。

第三节　反贫困社会工作的赋权增能论

习近平总书记曾强调：“贫困地区发展要靠内生动力，如果凭空救济出一个新村，简单改变村容村貌，内在活力不行，劳动力不能回流，没有经济上的持续来源，这个地方下一步发展还是有问题。一个地方必须有产业，有劳动力，内外结合才能发展。”这段话实际上指明了扶贫开发目标能否实现的根本标志，即贫困人口是否建立起了内生发展动力。坚持贫困人口在减贫中的主体地位，激发其内生脱贫动力，是打赢脱贫攻坚战的根本策略和主要目标。当前，中国的扶贫开发已经进入攻城拔寨、打通“最后一公里”的攻坚阶段。这一阶段的扶贫开发开始从追求脱贫的数量向提高贫困人口的综合能力、构建可持续生计框架、解决相对贫困问题以及实现贫困社区内源式发展等高质量的脱贫目标转变。在这一阶段，扶贫路径也由政府单一自上而下“输血”向多主体参与的自下而上“造血”转变，更加注重为贫困人口提供公平发展的机会，创造可持续发展的社会环境。阿马蒂亚·森所论述的“能力贫困”和“可行能力”(capability)，以及社会工作领域的赋权增能、优势视角等理论，可以为贫困群体内生动力的提升提供理论的指导和借鉴。

一、赋权增能论的理论背景

从贫困主体的角度来看，贫困的核心特点是具有缺乏性，贫困群众表面缺乏的是物质资源、经济收入以及其他影响其生存和发展的直接资源，实质上缺乏的是获得与应用各种社会资源的能力，以及促进其脱贫致富的发展机会。习近平总书记在党的十九大报告中强调：发展是解决我国一切问题的基础和关键，发展必须是科学发展，必须坚定不移贯彻“创新、协调、绿色、开放、共享”的发展理念。脱贫攻坚领域也必须坚持可持续发展，而不是数字式和运动式脱贫。要实现贫困群体的可持续发展，就必须持续不断地提高贫困人群的脱贫能力。2017年6月23日，习近平总书记在深度贫困地区脱贫攻坚座谈会上的讲话中指出，由于历史等方面的原因，许多深度贫困地区长期封闭，同外界脱节，不少群众安于现状，脱贫内生动力严重不足，需要加大内生动力培育力度。习近平总书记强调，扶贫要同扶智、扶志结合起来，智和志就是内力、内因。没有内在动力，仅靠外部帮扶，帮扶再多，也不能从根本上解决贫困问题。“智”就是心智，摆脱贫困需要智慧和能力，这样才能阻止贫困的代际传递。“志”是指要从思想上强化战胜贫困的决心，要具备勇于脱贫致富的勇气，要有“人穷志不短”的精神，因为贫穷并不可怕，可怕的是自己以为自己命中注定贫穷或一定老死于贫穷的思想。

在减贫发展领域，存在一种“福利依赖”的现象。“福利依赖”假设社会救助会影响受助者的行为，强调受助者对外部政策支持和物质扶持的依赖性，主要表现为有劳动能力，但不愿意也不积极地寻找工作、谋求自身发展，只依靠外部扶助的生存状态。“福利依赖”源于西方福利国家的高福利制度，是西方发达国家一直在解决的社会问题之一，它会侵蚀人们自我支持的动力，还会培养甚至加重底层心态，从而孤立和污名化福利接受者。① 某些贫困户呈现出“等靠要”等贫困文化特征，完全依赖外部帮扶，形成了“我是贫困户我光荣”及“比比谁更穷”等错误思想。这类人群市场观念淡薄，求稳怕变、排斥变革、习惯于按固有思维方式行事的守旧意识极大地抑制了其脱贫致富的自觉性和主动性。同时，这类贫困人群的受教育程度普遍较低，局限了其认知能力和自我发展能力。不少贫困户因自身禀赋和后天能力不足等，无法

① 韩克庆、郭瑜：《“福利依赖”是否存在？——中国城市低保制度的一个实证研究》，载《社会学研究》2012年第2期。

将外部输入的资源为己所用，这不仅打击了农村贫困群体继续勤劳致富的信心，而且强化了其“等靠要”的负面思想。因此，从内生动力的角度出发，要解决贫困问题就要注重调动贫困群众的积极性、主动性和创造性，注重培育贫困群众发展生产和务工经商的基本技能，注重激发贫困地区和贫困群众脱贫致富的内在活力，注重提高贫困地区和贫困群众自我发展的能力。

另外，从反贫困的方式来看，长久以来，反贫困目标都呈现出一种工具理性的特点，在这种理性的支配之下，一切治理手段都被从实际效用的角度予以考察，治理效用的高低成为其取舍的标准。工具理性下的行动主体以追求个体主义和自由主义为价值取向，难以产生共通性、普适性的问题解决规则。为了生存与竞争，行动主体必须讲求效率与实绩，但由此而膨胀的工具理性常常会导致价值上非理性行为方式的出现，以及把工具理性当作扶贫的终极目标来追逐①，本应该发挥主要效用的沟通机制则成为手段。援助方过度将经济增长、技术进步和加强穷人的经济理性作为脱贫的基本手段，以线性的发展观为脱贫的目标。在具体的方式上，扶贫工作一般会以政府行政性的强制输入为主，对贫困社区发展特殊性的敏感性不足，这极大地阻碍了反贫困的长效均衡发展。

社会工作则秉持优势视角，在为贫困社区输入社会资源的同时，强调有效发掘贫困对象作为发展主体的潜力，鼓励贫困对象参加社区的全部决策过程，贫困对象的参与被视为其能彻底脱贫并获得可持续发展的重要条件。社会工作注重贫困社区生态、文化和秩序的可持续发展，强调贫困群体本身的能动性和主体地位的发挥，通过赋予贫困群体更大的选择权和实践权，构

① 牛玉兵：《沟通理性应成为农民理性维权的建构基点》，载《理论导刊》2011 年第 9 期。

建平等的对话机制来实现贫困社区内各利益群体的共同进步和发展。它在瞄准机制、项目制定、项目实施和项目评估等环节上都强调贫困群体的主动参与,促进各利益群体的良性合作。在这个过程中,社会工作更加注重自下而上的治理方式,注重提升贫困群体的发展主动性,构建符合当地发展状况的反贫困模式。此外,它还通过各种社区发展项目的实施以及各种专业治理手段的应用,改变贫困群体落后的发展观念,调动贫困群体的参与意识,增强其发展能力,改善贫困群众的生存状态,提高其生活水平。社会工作关注贫困群体的能力建设,重视培育贫困群体的参与积极性,试图营造一种贫困群体自我主动发展的环境氛围。这种先进的又略带理想色彩的价值理性,使社会工作在项目实践中非常重视收入提升与环境保护的协调,注重调适贫困群体之间的发展差异性,注重运用性别视角去关注贫困妇女群体,这些都已成为保障反贫困项目持续性开展的关键。

二、赋权增能论的理论介绍

从贫困的缘起角度来看,贫困产生的原因之一是贫困群体缺乏生存技巧、发展知识、社会资源以及情绪管理能力,以致无法令自己有效扮演重要的社会角色。因此,增能就是要孕育、恢复贫困群体的能动性和创造力,促使贫困群体觉知自己的主体价值并实践自己的理想。关于贫困群体的增能主要有以下三种研究取向。

1. 能力贫困视角

在20世纪80年代之前,学者们对贫困的认识主要是从资本的角度去理解,然而贫困是一个过程,它随时间、空间以及人们思想观念的变化而变化,与人类发展及人类权力有密切关系。资本视角的减贫研究将贫困群体或个体作为被动承受减贫政策或措施的客体,在很大程度上忽略了人的主体性,忽略了个人的发展。由此,阿马蒂亚·森提出了能力贫困理论,并引起了广泛的关注与影响。他认为贫困的实质是贫困人口基本能力的剥夺和发展机会的丧失。要想实现贫困人口的全面发展,就必须赋予其实质性的自由去选择有价值的生活。具体而言,就是需要通过政治自由、经济条件、社会机会、透明性保证和防护性保障五种工具性自由,来提高贫困人群的收入水平,改善其居住条件、健康状况,提高其知识水平和社交能力等,最终实现贫困人群的脱贫和发展。①

阿马蒂亚·森在《伦理学与经济学》中开宗明义地提出,“经济学起源于对人类生活而不是商品生产的兴趣”,但是资本视角下的发展观由于将资本的增值作为发展的核心而忽略了对人类生活本身的关注。阿马蒂亚·森认为必须超越传统的以国民生产总值的增长衡量发展的狭隘观点,尤其是以收入水平作为贫困判定主要指标的狭隘贫困观。他强调发展中的个人主体地位,认为在关注发展尤其是弱势群体的发展时应从微观的视角入手,应该以自由的视角来看待个人的发展。为了解读贫困背后的深层次原因,阿马蒂亚·森提出了“实质自由”“可行能力”等核心概念。“实质自由”即享受人们有理由珍视的那种生活的“可行能力”,也可以说是人们能够过自己愿意过的那种生活的“可行能力”,它包括免受困苦——诸如饥饿、营养不良、可避免的疾病、过早死亡之类——的基本可行能力,以及能够识字算数、享受

① 徐烽烽、李放、唐焱:《苏南农户土地承包经营权置换城镇社会保障前后福利变化的模糊评价——基于森的可行能力视角》,载《中国农村经济》2010 年第 8 期。

政治参与等的自由。“实质自由”与“可行能力”紧密相连。阿马蒂亚·森认为,“可行能力”是指个人“有可能实现的、各种可能的功能性活动组合”,而“功能性活动”是指一个人实际上达到的成就,因而可行能力是个人选择的各种相互替代的功能性活动组合。总之,可行能力包含两个层面:它既意味着个人在给定的社会境况下享有的机会,又涉及个人确保行动和决策自由的过程。

在对贫困进行分析时,阿马蒂亚·森认为应该从实质自由的视角来看待贫困,贫困必须被视为基本可行能力的被剥夺,而不仅仅是收入低下。他对两种看待贫困的视角——收入低下视角与可行能力被剥夺的视角——进行了对比分析。首先,阿马蒂亚·森分析了收入低下与可行能力被剥夺之间的双向关联。阿马蒂亚·森承认收入低下是一个人的可行能力被剥夺的重要原因,低收入可以既是饥饿和营养不足,又是文盲的一个主要原因。他认为提高个人的可行能力会扩展人的生产能力和挣钱能力,“更好的教育与健康有助于获得更高收入”。其次,阿马蒂亚·森分析了收入的工具性意义与可行能力建构性意义之间的区别。他认为收入对于可行能力是重要的手段,但是“收入不是产生可行能力的唯一工具”。同样的收入在不同的境况和条件下,在不同的具有“异质性”的人那里对可行能力有不同的影响,仅仅减少收入贫困不是反贫困政策的终极动机。可行能力视角十分关注个人的主体性,阿马蒂亚·森认为,如果有适量的自由,个人可以有效地决定自己的命运并且互相帮助,他们不应该被看作精心设计的发展计划的利益被动接受者,而应该被看成构建自己发展的能动主体。在阿马蒂亚·森看来,可行能力视角对贫困所做的贡献是,通过把注意力从手段(而且是经常受到排他性注意的一种特定手段，即收入）转向人们有理由追求的目的，并相应地转向可以使这些目的得以实现的自由，加强了我们对贫困和剥夺的性质及原因的理解。因此，在阿马蒂亚·森那里，贫困不只是收入低下，其真正含义是贫困人口的能力贫困。[①]

2. 赋权增能论

在《社会工作词典》中，赋权是指帮助个人、家庭、团体和社区提高他们个人的、人际的、社会经济的和政治的能力，从而实现改善自身状况的目的的过程。赋权取向的社会工作实践虽然是在20世纪70年代开花结果的，但却不能否定历代社会工作先驱在社会改革的理念、知识与行动上为其开辟了道路。传统的社会工作价值观认为有些人之所以会成为“弱势群体”，是因为他们自身存在问题。社会工作者把案主当作“病人”来看待，并帮助其制订“回归正常人”的计划。从赋权增能论的角度来看，弱势群体之所以出现严重问题，根源在于他们缺乏足够的能量和信心。社会工作者要做的就是给案主“增权”，帮助案主找回自信并增强自我意识。

1960年以来，民权运动成为赋权理论兴起的催化剂。芭芭拉·所罗门(Barbara Solomon)在1976年出版的《黑人赋权：受压迫社区中的社会工作》一书标志着以赋权取向的社会工作实践理论的诞生。芭芭拉·所罗门明确使用“赋权”(empowerment)一词，并用它来描述美国社会中黑人少数民族因长期遭受同辈团体、优势团体与宏观环境的负面评价而倍感无权的状况，同时建议社会工作的介入应致力于增强黑人的权力，以解除社会中的“制度性种族主义”所加诸的压迫与疏离，以提升案主个人的自我效能并增

① 向德平、黄承伟：《减贫与发展》，社会科学文献出版社2016年版，第71—72页。

强社会改革的力量。在学术语境中,“赋权”与“增能”是可以合并共用的,主要强调通过外部的制度设计,赋予服务对象平等的权利,并使之具有维护自身权利的能力。其基本假设是：个人的无权或失权状态,是外部社会环境的压迫和排挤造成的;外部社会环境中的直接、间接障碍,限制了个人自我能力的发挥。但个体并不是无能力,只是缺少合适的机会平台,在适当的协助之下,个体完全可以提升自己的权利和能力。①

赋权理论包括以下观点：一是使个体有能力去控制自身的生活,二是使个体有能力获取自身所需的资源,三是使个体有能力进行自我发展与自我抗争。作为方法,赋权则包括挑战那些压制性的个人与体系——这些体系阻碍了个体、团体或社区获得满足自身基本需求的重要资源,并由此再将权利与控制交回到被边缘化与被压制的群体的手中。赋权的主旨,在于通过减少社会和个人障碍对行使现有权力的影响,增强运用权力的能力和自信,以及从某些群体或个体身上转移权力,去帮助案主获得对自己生活的决定权和行动权。② 贫困群体的赋权增能就是要把每个贫困人员作为有潜能的社会个体,以自主、自助和潜能开发为原则,通过多主体(政府、企业、社会组织)、多层面(个人、人际与政治层面)的介入和社会资源的供给,为贫困群体提供发展的理念、策略、机会和技巧,培养其科学的思维方式,塑造更具包容接纳性质的社会环境,唤醒其权利意识与主体意识,引导他们从自我处境出

① 程萍:《社会工作介入农村精准扶贫：阿马蒂亚·森的赋权增能视角》,载《社会工作》2016 年第 5 期。

② 文军:《西方社会工作理论》,高等教育出版社 2013 年版,第 281—283 页。

发，逐步获得或增强对自身生命的掌控能力，实现生活质量持续改善的过程。①

3. 优势视角

优势视角理论形成于20世纪80年代的美国，注重对个人能力、家庭与社区资源的挖掘。它的核心是对案主的优势和资源的洞察。美国堪萨斯大学社会福利学院教授丹尼斯·塞勒伯(Dennis Saleebey)在《优势视角：社会工作实践的新模式》一书中提出，“优势视角是以优势为核心，社会工作者在对案主进行帮助时强调将关注点聚焦在案主身上，尽可能地发挥案主自身的能力和优势，并利用案主的这些优势帮助其进行自助和自我发展”。1982年，查尔斯·拉普(Charles Rapp)教授及其团队初次尝试采用优势视角为慢性精神病患者提供治疗服务，视案主为虽有问题但也有优势的人，充分发挥和运用社区资源来帮助案主们融入社区生活，效果显著。1989年，美国的韦克、拉普、沙利文等发表《社会工作实践的优势视角》一文，宣告优势视角的诞生。1992年，塞勒伯编写出版了《优势视角：社会工作实践的新模式》一书，该书成为阐释优势视角的主要文本。1998年，拉普提出“优点个案管理模式”，将优势视角与个案管理模式相结合。

与优势视角相对应的是问题视角，问题视角也被称为缺陷视角，它是以服务对象的问题为切入点，强调将关注点聚焦在案主所面临的问题和困难上，在对案主所遭遇到的问题进行分析的基础上界定问题，然后再根据问题

---

① 王英、谭琳：《赋权增能：中国老年教育的发展与反思》，载《人口学刊》2011年第1期。

的属性制订一系列帮助和改变案主的计划。问题视角导致案主与服务提供者之间存在一定的距离，这种距离或不平等使得服务提供者常常无视受助者的个人见解、看法或内心感受。在这种工作视角下，案主根本没有办法去保全面子或提升自尊感，他们相对于助人者而言，是没有尊严的。“优势视角”是一种关注人的内在力量和优势资源的视角。优势视角强调人们自身及其生活环境中的优势和资源，并将这些优势和资源作为社会工作助人过程中所关注的焦点，从而抛弃对案主问题和病理的关注。优势视角认为个人所具备的能力及其内部资源允许其能够有效地应对生活中的挑战。几乎所有的事情在某种特定的条件下都可以被视为一种优势，其中不仅包括个人的品质和美德，还包括个人的技能，甚至包括社区中的环境和资源。人们在疾病、困惑、压迫之中挣扎和抗争时，不仅可以依靠自身的力量，而且能够从他人那里获得帮助，并在经历痛苦和危难之后成长。社会工作在助人过程中所关注的焦点是人们及其环境中的优势和资源，而不是专注地集中于问题和病理。社会工作者要从开发和利用案主的优势和资源出发，与案主一同探寻促成案主改变的所有有利因素，协助案主运用这些优势实现目标。

二、赋权增能论在反贫困中的实践应用

从赋权增能和优势视角的理论假设来看，贫困群体的贫困主要源于贫困群体所拥有的知识、技能、经验等要素的不足，这也导致他们产生了无力感。贫困地区环境较为封闭，教育发展水平相对落后，人口文化水平较低，容易陷入“贫困　受教育程度低—文化水平低—更贫困”的恶性循环。因此，要摆脱贫困，就必须将提高贫困群体的能力和文化水平作为重点。社会

工作者要做的就是给贫困群体增权，帮助他们找回自信、发现优势并提高自我发展意识。具体而言，一是要以精准识别主体需求为起点，制订贫困群体增权计划。社会工作对反贫困行动的介入，必须从精准识别贫困人口，了解其致贫原因，回应其脱贫需求着手，制订详细的赋权增能计划。

二是要链接资源，社会工作服务的前提是要对贫困群体的资源系统进行分析，将贫困群体的正式资源系统与非正式资源系统链接起来，解决服务对象的问题。在社会工作者看来，资源系统实际上是包括物质资源、精神资源、社会资源的支持系统。社会工作者可以通过不同方法将各种资源动员起来，进行链接和集约，以更好地利用积极因素促进脱贫。①

三是要向贫困群体提供具体及社会性的支持，向贫困群体传授技巧，重视贫困群体的参与，以文化教育服务为基点，提升贫困群体的综合素养。依据人力资本理论可知，文化水平较低、缺乏专业技术技能是限制贫困群体发展的主要原因，社会工作应重视从知识、技能、文化等多方面提高贫困群体的综合素质，培养其自助能力。

四是要以自治经济组织为依托，挖掘脱贫的内生动力。在经济活动中，人们对社会资本的掌握程度决定了个人发展的实现程度，社会工作者可以争取扶贫资助，建立项目团队。社会工作者介入项目担任管理顾问，链接项目，鼓励乡贤、精英组织管理，实现贫困户的自我增权②；通过社区团体成员的互助合作，发挥社会组织在解决个体问题中的功能与作用，构建社会支持

① 王思斌：《精准扶贫的社会工作参与——兼论实践型精准扶贫》，载《社会工作》2016年第3期。

② 程萍：《社会工作介入农村精准扶贫：阿马蒂亚·森的赋权增能视角》，载《社会工作》2016年第5期。

网络，来抵御各种社会风险。在增权实践中，社会工作者和案主要作为一个团队发挥功能，去收集资料、评价信息、形成策略、提出建议，进而明确目标，增加案主的参与度，控制那些左右其生活的事件和他们所关注的事件的影响力。增权实践中的目标确定从个人扩展到人际，再扩展到政治。社会工作者可以与案主在结成伙伴关系的基础上扮演多种角色，可以从"一对一、家庭、群体、组织、社区、国家"等多方面进行介入。①

第四节　反贫困社会工作的社会融合论

反贫困社会工作的社会融合论主要为了解决贫困群体面临的社会排斥问题，最后评估增权实践的结果，回应贫困群体的需求，维系和增进贫困群体的改变，从政策设计、社会结构和文化传统等方面分析贫困群体社会排斥现象产生的原因；通过对贫困群体周边社会环境的调查分析，提倡设计更为包容的扶贫政策，营造更为包容的文化氛围，搭建贫困群体和非贫困群体、政府、企业、社会组织等不同群体之间的良性互动关系，维护和扩展贫困群体的生计来源，建立和谐的社会关系，推动贫困群体融入正常的社会生活之中。

一、社会融合论的理论背景

在反贫困领域，社会排斥是一个值得探讨的现象。"社会排斥"这一概念源于对"新贫困"问题的研究。"新贫困"是与"贫困"相对而言的概念，主

① 陈树强：《增权：社会工作理论与实践的新视角》，载《社会学研究》2003 年第 5 期。

要是指20世纪60年代末70年代初西方主要国家经济爆发恶性通货膨胀，出现严重的经济萧条，因社会结构转型、经济结构转型而引起的新型贫困。这个概念指向了那些没有被传统的社会保障体系所覆盖的人，包括单亲父母、残疾人、失业者等易受伤害的人群。由于“社会排斥”概念包含追求社会正义、多样性以及保护权利等内容，因此这一概念的出现迅速对主流的发展话语产生很大的影响，受到了多学科的关注与重视。

在当代社会中，有两种比较明显的排斥类型：一种是对包括贫困群体在内的处于社会底层的人们的排斥，将他们排除在社会提供的主流机会之外；另一种是社会上层人士的自愿排斥，也就是所谓的“精英的反叛”——富人群体“离群索居”，从公共机构中抽身而出。前一种是“非自愿排斥”，后一种是“自愿排斥”。通过对这两种排斥类型的进一步分析，吉登斯认为，解决上层群体对其他群体的社会排斥不仅仅是一个经济问题，因为经济上的排斥性总是涉及物质和文化两方面的含义；正像社会上层的排斥性一样，社会底层的排斥性也是可以自我再生的。因此，他主张必须设法制定策略来打破贫困的恶性循环，帮助缺乏基本技能和资格的成年人获得它们，帮助技能已经落伍的人们更新它们，提高所有那些由于长期失业而陷入悲观失望心境的人的自信心。①

由于对社会排斥的定义有着不同的理解，国内外学者对其成因的分析也见仁见智，对社会排斥成因的分析可以被概括为五种观点：一是自我责任生成论，认为社会排斥是弱势群体自身的行为和态度造成的；二是社会结构生成论，强调社会排斥是不平等的社会结构有意无意地将一些群体排斥在

① 向德平、黄承伟：《减贫与发展》，社会科学文献出版社2016年版，第68—69页。

正常的社会生活之外所导致的；三是社会政策生成论，认为有设计缺陷的制度系统化地向某些社会群体提供资源而拒绝向另一些社会群体提供社会资源，使之不能完全参与社会生活，从而导致其陷入生活困境，因而就产生了社会排斥；四是劳动过程生成论，认为迅速发展的科技以及由此产生的新一轮专业化分工，强化了新兴部门内部的人际交往与员工的参与，对"场外人"形成了强烈的社会排斥，而劳动与社会生活圈的分割是社会排斥的主要原因；五是意识形态认可论，某些传统的"道义"认为，特定的社会群体取得相应的社会利益是公正的，从而形成了一种"道义"上的排斥，导致了对强势群体的优惠政策倾斜与对另一些群体的"污名化"。① 总之，社会排斥既是一种社会事实和社会问题，也是一种被边缘化的机制与过程。贫困人群在经济、政治、社会生活、福利制度和文化五个维度上遭受着社会排斥，社会排斥及其他因素综合作用，形成了农村贫困再生产机制，使农村贫困处于恶性的代际传递与循环之中。在外界社会性因素持久而强烈的影响之下，贫困人口本身也逐渐形成了独立于外界的交往圈子和生存文化，呈现出主客观两方面排斥并存的现象，因而亟须社会观念的转变、社会力量的支持以及减贫策略的创新来改变这种状况。

二、社会融合论的理论内涵

社会融合是通过各种措施确保机会平等，从而让每一个人不受其背景影响均能发挥他们生活中的全部潜能的过程，这些措施包括促进获得公共服务的平等机会的政策和行动，以及动员公民参与影响他们生活的政策决

① 银平均：《社会排斥视角下的中国农村贫困》，载《思想战线》2007 年第 1 期。

策过程。社会融合作为一个社会政策概念,起源于欧洲学者对社会排斥的研究。被社会排斥的群体通常是弱势群体,往往处于社会的最底层。弱势群体具有脆弱性的根本原因在于他们自身存在某种障碍,如果得不到必要的社会保护,他们就很容易被主流社会所抛弃、疏离和排斥。因此,保护弱势群体应该是一个社会的基本伦理。然而,社会排斥常常表现为不同阶层之间的排斥与疏离,以及存在于人与人之间、群体与群体之间的社会距离。①

弱势群体理论认为,人类的脆弱性并不意味着所有的脆弱性都应该被淘汰从而实现完美的人类,而是意味着人类对脆弱性的尊敬和保护。弱势群体的脆弱性是我们对他们负有特别责任的来源。脆弱性来自生命中不可避免的一部分,或者来自社会安排。我们不仅要承认自己对脆弱性的家人和朋友负有特殊的责任,而且要在更广泛的道义责任层面上去保护社会中的弱势群体。因为他们自身存在某种障碍,在现有的经济和社会生活中缺乏必备的竞争能力以及暴露在自然灾害面前时缺乏应对能力。②

人类的脆弱性与贫困是相生相伴的,贫困人口容易受到经济以及经济之外其他因素的冲击。贫困个体或家庭面临某些风险的可能性较大,并且会由于遭遇风险而导致财富损失或生活质量下降。这种脆弱性与贫困之间的关系主要体现在两个方面:一是当社会风险的冲击发生之后,越是贫困的人,其受到的剥夺越多;二是贫困者的脆弱性很强,缺乏应对风险的能力,在遭受风险冲击后恢复很慢。有相当一部分的贫困人口处于一种极贫状态,缺少应对风险的资源和能力。

---

① 高鉴国:《社区工作》,山东人民出版社 2013 年版,第 312 页。

② 黄匡时、嘎日达:《社会融合理论研究综述》,载《新视野》2010 年第 6 期。

社会融合的经典定义是一种相互同化和文化认同的过程,即"个体或群体互相渗透、相互融合。在这个过程中,通过共享历史和经验,相互获得对方的记忆、情感、态度,最终整合于一个共同的文化生活之中"。国内学者任远、邬民乐认为,社会融合是不同个体、群体或文化间相互配合、适应的过程,它并不是一成不变的单维度概念,而是动态的、渐进式的、多维度、互动的过程。[①] 2003 年,欧盟在关于社会融合的联合报告中对社会融合做出如下定义:社会融合是这样的一个过程,它确保具有风险和被社会排斥的群体能够获得必要的机会和资源,通过这些资源和机会,他们能够全面参与经济、社会、文化生活和享受正常的生活,以及在他们居住的社会享受正常的社会福利。社会融合要确保他们有更多的参与生活和获得基本权利的决策机会。卡梅伦·克劳福德(Cameron Crawford)认为,社会融合至少包含两层意思:一是在社区中能在社会、政治、经济、文化生活层面上平等地受到重视和关怀;二是在家庭、朋友和社区中拥有互相信任、欣赏和尊敬的人际关系。从以上定义可以看出,社会融合这一概念所强调的是一种状态和目标,其宗旨是为百姓谋取福利和人人享有平等的权利,最终达到一种互相融合和平等的状态。[②]

三、社会融合论在反贫困中的实践应用

社会融合理论力图阐释每个贫困个体是如何从原有的生活场域中走出

---

① 宋月萍、陶椰:《融入与接纳:互动视角下的流动人口社会融合实证研究》,载《人口研究》2012 年第 3 期。

② 陈成文、孙嘉悦:《社会融入:一个概念的社会学意义》,载《湖南师范大学社会科学学报》2012 年第 6 期。

来，适应新的生产生活模式与文化传承方式，又是如何在传统和现代之间谋求平衡的。社会融合理论的具体实践方式，可以被划分为三个层次：一是源于迪尔凯姆的社会团结理论和马克思的社会共产思想，后被帕森斯、洛克伍德、哈贝马斯和吉登斯等演化为社会整合理论，这一理论旨在通过宏观的制度规范和文化规范，来改变贫困群体面临的不利情境；二是针对外来群体与流入地当地居民之间的社会关系，为了有效避免各种行动主体之间的利益冲突，摆脱各种社会排斥现象的发生，就必须改变贫困群体的生存环境，并在新的生存环境中赋予贫困群体应有的权利，增强其经济发展能力和社会适应能力，实现内源式发展；三是社会融合的心理建构，主要从微观个体的心理层面研究社会融入和社会接纳，强调个体在社会融合中的能动作用，肯定社会融合是个体对社会的主动融入，突出了个体在社会融合中的主动性和积极性，认为个体的融合心理和能力是实现社会融合的关键。①

社会融合理论给我们的启发是：在反贫困实践之中，要系统地解决贫困群体的贫困歧视和污名化问题。相对于贫困人口的福利依赖而言，贫困歧视是指外部人群对贫困人口产生的负面的刻板印象。对因病、因祸致贫的家庭来说，突如其来的巨大创伤常常会使家庭成员一蹶不振，他们很容易因此而产生长期的心理负担，并且长期处于不利的社会交往环境之中。贫困人口在长期的压力中生活，会形成自卑、封闭、羞怯的性格特征，疏于人际交往，也缺乏一定的组织动员能力，这既不利于贫困人口主动融入社会，也不利于脱贫效率和质量的提高。解决贫困问题的主要方式就是提高贫困人口的自我发展能力，通过贫困人口内部信心和精神状态的改善，以及外部社会

① 黄匡时、嘎日达：《社会融合理论研究综述》，载《新视野》2010年第6期。

资源和机会的注入，彻底打消贫困人口的依赖思想。同时，要营造互助共济的慈善氛围，实现贫困人口的可持续发展。

另外，在反贫困实践中还存在“易地扶贫搬迁”这一减贫模式。“易地扶贫”这一概念属于中国的本土词汇，在国外一般被称作“生态移民”，其本质是对贫困群体的生存环境、生存成本与生存方式关系的系统性考量，是针对“一方水土养不起一方人”地区的贫困人口进行系统与整体搬迁的一种扶贫方式。易地扶贫搬迁对象离开了原来熟悉的生活环境，转移到新的环境中，面临着文化习俗、生产生活方式不同和身份、心理状态改变及社会融入等问题。由于移民具有特定的历史记忆、集体情感和文化习俗，因而解决移民的社会融合问题是减贫政策的关键所在。

贫困群体如何调整生活习俗和文化心理来适应城市社会，其本质属于一种从农村(传统)生活到城市生活的“现代性融合”，涉及经济、社会及心理等层面的社会融合问题。在马克思主义视域中，社会融合是一种双向的主体实践——无论是流动人口，还是流入地居民，双方都能够理解、接受、尊重和适应彼此的生活习俗与社会规范，在生活世界的交互中建立起普遍交往的社会纽带；与此同时，社会融合还是一个双向的意义互动过程，既包括物质的社会成果共享，也包括社会地位层面的平等和互助——全体社会成员在行为模式和组织模式上处于一种共生状态，并由此产生了一种积极的融合机制，使社会具有平等、合作、互惠和互补的共生特征，进而促进人的全面而自由的发展。①

① 丁宇、姜丹：《社会融合的理论类型和政策实践原则》，载《学习与实践》2019 年第 3 期。

贫困群体在搬迁之后，因原有生计资本“遭到破坏”而新的生计方式尚未建立，所以其贫困脆弱性比较高，社会融入感不强，面临着多种生计风险。因此，在易地扶贫搬迁的政策实践中，应该注重增强搬迁民众的主动参与意识，继续实施多元的生计资本配置策略，动员社会力量参与到搬迁民众的社会情感调适之中，建立搬迁民众社会融入长效机制，丰富生计资本存量，这样才能降低贫困群体的脆弱性，提高易地扶贫搬迁的整体效能。[①] 社会工作者可以从“获取服务、自我管理、参与社区服务和管理”三个维度，通过为贫困群体争取公平的就业机会、教育政策和社区服务机会，链接各方资源、搭建不同扶助主体的交流平台，以引入专业社会工作方法，开展社区工作活动的方式，实现搬迁户的自我身份认同，建构邻里互助的社区融入氛围，解决他们所遇到的问题与困难，让他们更好地融入当地生活，参与社区的服务和治理，实现自我接纳和社会接纳。

第五节　反贫困社会工作的社会资本论

在现代市场经济体系之中，贫困的诱因之一是贫困人口缺少参与市场经济的能力和机会，也未能被劳动力市场体系所接受和包容。社会资本所体现的社会互惠、社会合作、互信互助的社会关系可以构成一种支持机制，增强贫困人口适应市场经济变化的能力，帮助贫困人口在互助合作中防范和化解各类风险。当贫困人口遭遇疾病、事故、市场变动等意外风险时，社

① 叶青、苏海：《政策实践与资本重置：贵州易地扶贫搬迁的经验表达》，载《中国农业大学学报(社会科学版)》2016 年第 5 期。

会资本可以转化为他们所需要的发展资源，并提供必要的人力、物力和财力支持，减少其获取资源所需的成本，最终帮助贫困人口脱贫。

一、社会资本论视域中的贫困

从资本的角度来看，对于贫困成因的解释大体经历了从物质资本范式到人力资本范式，再到社会资本范式的转换。早期的贫困研究者们对收入水平的关注与物质资本范式是相符合的，认为贫困人口的贫困属于物质缺乏，在这种贫困状态下他们难以维持基本的生活。从物质资本范式出发，反贫困的主要路径就是促进一个国家或者地区的经济增长，以此带动贫困人口收入的提升。后来，以西奥多·W. 舒尔茨(Theodore W. Schultz)为代表的研究者开始从人力资本的角度分析贫困问题，他认为“贫困国家的经济之所以落后，其根本原因不在于物质资本短缺，而在于人力资本的匮乏和自身对人力资本的过分轻视”。人力资本范式对贫困的解释受到世界各国学者和专家们的普遍认可。于是，对贫困人口的教育和培训又成为反贫困的主要手段之一。当社会资本兴起后，贫困研究者们开始把目光投向这一新兴资本。[①] 对于贫困人口来说，社会资本是嵌入其日常生产和生活中形成的社会关系和社会信任。社会资本不是社会上流通的资金，而是指人类在各项活动中产生的社会联系、信任以及行为规范，是由各种社会机构、社会成员的互动作用产生和发展的，具有公共物品性、使用强化性、不可转让性、可传递性和可转换性等特征的社会网络关系。由于贫困地区市场发展不完善，市场功能不完整，社会资本在一定程度上弥补了市场的不足，并在某些

① 郑志龙：《社会资本与政府反贫困治理策略》，载《中国人民大学学报》2007 年第 6 期。

领域发挥了市场所无法起到的作用，比如自我监督、风险分担、信息共享、互助行为等，可以为贫困家庭提供一种制度上的保障。良好的社会资本有利于提升物质资本及人力资本的产出效益，进而在个人、企业、区域乃至国家等不同层面产生经济效益。它是联结各种减贫要素投入的“链条”或“黏合剂”，通过影响各要素的产出效益，进而影响着扶贫工作的效率。①

社会资本的缺乏是贫困人口产生的重要原因。人们拥有社会资源的多寡影响着人们的社会地位，而社会地位控制着社会资源的分配。社会中的人是处于一定社会关系之中的个体，并且属于不同的社会阶层和社会群体，而各阶层或群体都倾向于为自己的团体谋取更多的利益。贫困则是各社会群体争夺有限的资源导致的结果，那些社会地位较高或在社会关系中处于核心位置的群体往往能够凭借自身的权力、资源优势，优先占有更多有限的社会资源，并使得资源仅在自身群体内被分享，弱势群体则因仅占有少量资源甚至缺少社会资源而陷入贫困。对于处于弱势地位的农村家庭来说，社会资本存量的缺乏限制了他们的社会行动能力，让他们无法借助社会资本获取利益和实现脱贫目标，从而使其现有境况恶化了。② 社会地位和社会资源的相互影响造成两个后果：一是形成社会排斥，即强势群体排斥弱势群体；二是社会贫富差距被进一步拉大。强势群体可以利用社会地位维护自身利益，穷人与富人之间的关系纽带断裂，使得穷人借助于富人的关系网络获取资源的希望渺茫。穷人的社会网络小，他们的日常活动半径也非常小，与外界的联系较少。因此，他们失去了从家庭和社区以外获得各种信息渠

① 李玉恒、王艳飞、刘彦随：《我国扶贫开发中社会资本作用机理及效应》，载《中国科学院院刊》2016 年第 3 期。

② 周治勇：《社会资本理论视角下的反贫困工作》，载《改革与开放》2011 年第 18 期。

道的方法，而社会资本的匮乏会使贫困群体丧失发展和改变贫穷状态的能力以及动力机制。同时，因社会资本缺乏而发生的贫困往往是一种恶性循环机制，它不断地加剧着贫困者的贫困程度，并可能会造成贫困的代际传递。[①]

随着中国市场经济的迅速推进，传统社会向现代社会的转型，农村市场化程度的逐步提高和农民社会流动速度的加快，以及传统道德整合作用的衰退和宗族关系的弱化，传统农村差序格局下的社会资本正在不断丧失。由于经济或能力的弱势已不能形成互惠链，弱势群体得不到其他成员的信任，因而弱势人群的农村社会网络参与度不断降低。相对而言，强势的富裕人群由于市场化服务的出现对互助需求降低，也同时减少了与其他群体的联系，进而降低了彼此信任度。[②] 这些现象使得贫困人口处于社会结构中的不利地位，影响和制约着他们的持续发展。所以，在反贫困的过程中，除了重视对贫困人口物质资本和人力资本的投资外，还应积极投资社会资本，努力增加贫困人口的社会资本存量，提高贫困人口的社会适应能力和发展能力。

二、社会资本论的理论介绍

社会资本概念的产生最早可追溯到汉尼芬（Hanifan，1916）[③]，此后，雅

① 林闽钢、陶鹏：《中国贫困治理三十年回顾与前瞻》，载《甘肃行政学院学报》2008 年第 6 期。

② 李晓红、龙游宇、雷德宇：《论社会资本对经济发展的影响》，载《南昌大学学报（人文社会科学版）》2006 年第 1 期。

③ L. J. Hanifan, "The Rural School Community Center," *The Annals of the American Academy of Political and Social Science*, 1916(67): 130－138.

各布斯(Jacobs,1961)[①]在比喻意义上使用了社会资本概念,奥康纳(O'Connor,1973)[②]也曾使用过社会资本一词,但这些均未引起学术界的过多关注。直到法国学者布迪厄(Bourdieu)于1980年发表《社会资本随笔》一文正式提出社会资本的概念后,此概念才引起了学术界的普遍关注。[③] 布迪厄认为,社会资本是实际或潜在资源的集合,这些资源与相互默认或承认的关系所组成的持久网络有关,这些关系或多或少是制度化的,这种网络从集体拥有的资本角度为会员提供支持。它是一种与群体成员资格和社会网络联系在一起的资源,是以相互认识和认知为基础的。科尔曼认为社会资本是个人之间的关系,它由信任、义务、期望、信息网络、规范和权威等组成,存在于人际关系结构之中,并能为结构中的个人实现目标提供便利,具有结构性质及公共产品性质。科尔曼认为,社会资本一经创造,就会有益于相关社会结构内的所有个体;通过利用不同形式的社会资本,行动者不仅可以实现他们个人的目标,而且可以实现集体行动目标。帕特南这样定义社会资本:社会资本指的是社会组织的某种特征,如信任、规范和网络,它们可以通过促进合作行动而提高社会效率。社会网络和社会规范对社会合作至关重要,尤其是朋友、同事以及邻里网络通常以相互义务和责任的形式与普遍互惠规范联系在一起,公民社会组织如工会、教堂以及社区团体等在社会资本的生产过程中起着非常重要的作用,它们弥合社会裂缝,整合不同背景和价值观的人

① Jane Jacobs, *The Death and Life of Great American Cities* (New York: Random House, 1961).

② James O'Connor, *The Fiscal Crisis of The State* (New York: ST. Martin's Press, 1973).

③ 陈辞:《社会资本视角下的反贫困瞄准机制研究》,载《理论月刊》2011年第9期。

们，促进如宽容、合作和互惠等“心智习惯”的发展，从而促进亲密的、丰富的、活跃的社会基础的形成。①

道格拉斯·诺思认为，社会资本的作用机制主要通过结构型社会资本和认知型社会资本来实现。前者通过规则、程序和先例建立起社会网络并确定社会角色，促进信息分享、采取集体行动和制定政策制度；后者指共享的规范、价值观、信任、态度和信仰。② 林南认为，社会资本是嵌入一种社会结构中可以在有目的的行动中摄取或动员的资源。他认为不同阶层的人拥有的社会资源差别很大，人们可以通过弱关系来汲取、共享网络中不同阶层成员所拥有的资源。总之，社会资本不是社会上流通的资金，而是指人类在各项活动中产生的社会联系、信任以及行为规范，是因各种社会机构、社会成员互动而产生和发展的具有生产性特征的一种社会网络，是显在或潜在资源的集合，是一种具有交互性且利于实现个人目标的社会网络关系。

社会资本具有资本的特性，而资本最重要的特性就是能够产生利益，这种作用机制是通过信息分享、互惠互利的集体行动和决策制定等实现的。贫困群体在劳动力市场中所参与的网络绝大部分属于次级市场，多集中于劳动密集型产业，该网络中所凝结的稀缺资源较少，贫困群体通过信息分享、互惠互利的集体行动和决策制定等社会资本所获得的收益极低。从社会资本视角来看反贫困行动，我们认为贫困群体的社会资本是可以建构的，反贫困工作的实施可以诱发社会资本。同时，社会工作者需要在贫困社区

① 周红云：《社会资本：布迪厄、科尔曼和帕特南的比较》，载《经济社会体制比较》2003年第4期。

② 李晓红、龙游宇、雷德宇：《论社会资本对经济发展的影响》，载《南昌大学学报(人文社会科学版)》2006年第1期。

内着重寻找、发动、运用和联结个人资产、社区组织资产、社区团体及部门资产、自然资源及物质资产去推动贫困社区发展。社会工作者应该努力培育、利用贫困社区内部和外部的社会资本，实现社会资本的可再生，帮助贫困群体构建广泛的社会支持网络，从而增强其抵御风险的能力，实现更大范围内的社会整合。

三、社会资本论在反贫困中的实践应用

社会资本代表的是个人在社会关系中现实的或潜在的资源，是一种嵌入社会结构中的资源，这些资源的获取和使用取决于行动者的主观能动性，只有当个体意识到资源的存在，并意识到他们拥有或能够获取资源时，他们才能将资源资本化。[①] 从社会资本视角出发，我们可以搭建一种多元协同的反贫困机制，扩大反贫困参与主体，搭建反贫困主体之间的网络式互动沟通平台。挖掘与拓宽社区社会资本存量，既注重充分发挥社区精英人物的功能，也注意提升包括贫困妇女和年轻人在内的社区其他行动主体的发展能力，促进扶贫工作的内生性与持续性。

社会资本中的信任在农村贫困地区具有特别重要的作用。处于绝对贫困地区的村庄具有更强的封闭性，因此村庄内的长期重复交易形成的信任使得博弈各方更容易选择合作，从而能克服“搭便车”的难题，提供更好的公共服务。在市场化进程中，基于信任的社会网络对农民获取非农就业机会和提高打工收入也起到了重要作用。具体来看，基于血缘、地缘、业缘的原始社会资本，以及外部输入地社会关系网络能够起到对正式制度的互补作

① 郑志龙：《社会资本与政府反贫困治理策略》，载《中国人民大学学报》2007 年第 6 期。

用，促进劳动力流动，使其在农村找到比原来收入更高的工作，从而摆脱绝对贫困。由于社会资本能帮助农民找到来源较为可靠并长期提供较高收入的机会，从而积累物质资本和人力资本，因此不仅能够帮助他们摆脱短期贫困，还能够帮助他们摆脱长期贫困。贫困群体可以利用社会资本来储备粮食、获取信贷资金等，以抵抗诸如疾病、恶劣天气、政府削减投资等冲击。社会关系网络可作为物质资本的替代品或互补品，提高穷人家庭的劳动生产率并增加收入，这种收入水平的增加反过来能加强穷人家庭的社交能力，从而扩大其社会网络资本。这种良性循环将可能最终促使贫困家庭摆脱绝对贫困的陷阱。①

在当前的精准扶贫体系之下，社会工作可以通过重建社会信任、健全供给规范、扩大关系网络及政府角色换位等途径重构社会资本，为贫困地区的扶贫开发注入新的思维与活力。一方面，社会工作需要改变贫困地区社会信任缺失的情况，从多方面着手重建不同扶贫主体之间的社会信任，政府应有意识地退出某些活动领域，为市场组织和社会组织参与精准扶贫让渡一定的空间，通过贫困地区社会力量的整合，明确社会参与扶贫的重点与导向，科学指导社会资金和扶贫资源投向最需要的地方，以精准扶贫促精准脱贫。另一方面，社会工作可以充分利用亲缘、同乡、同学关系，打造贫困地区外出务工、经商、从政、从教的能人网络，为带动贫困地区务工输出与返乡创业搭建关系纽带。加大电商平台的投入建设，构建贫困地区与外界联系的重要媒介，依托电商平台的信任，促进贫困地区农产品、旅游景点等资源与

① 周晔馨、叶静怡：《社会资本在减轻农村贫困中的作用：文献述评与研究展望》，载《南方经济》2014 年第 7 期。

外界市场需求的对接，提高贫困地区的知名度及特色优质资源的经济效益。

总之，反贫困行动不仅要侧重于贫困群体短期物质收入的提升，还要更加注重贫困者的能力培训，社会资本网络的建构以及教育、医疗、住房等其他需求的合理满足与制度设计，以此来改变贫困群体社会资本缺乏和固化的情况。反贫困行动需要由单纯的经济扶持走向需求导向，政府自上而下的扶贫机制决定了其只能提供有限的服务来满足多数人的需求，这会使得那些有特殊需要的贫困群体容易被边缘化。而以社会工作者为代表的多元主体，能够依据其自身资源优势与专业化程度，以贫困群体的实际需求为导向，为不同类型的贫困群体提供更加优质的服务，由“输血式”向“造血式”不断转化，从“物质扶贫”向“多元治理”过渡①，从而提高减贫效率和针对性。

① 杜双燕：《新一轮西部大开发背景下贵州社会扶贫的机遇和挑战》，载《理论与当代》2011年第2期。

第三章　反贫困社会工作价值

第一节　社会工作价值观概述

一、价值与价值观

“价值”的概念最初源于经济学，但由于不同学科研究视角的差异，“价值”一词也存在着许多不同的定义。在马克思的政治经济学理论中，价值是指凝结在商品中生产者的无差别劳动，通常是指商品价值，用来指某一物品的用途或重要性，是商品的基本因素之一。[①] 在哲学上，价值不属于实体的范畴，它首先是一个关系范畴，其所表达的是一种人与物之间需要和满足的对应关系，即事物（客体）能够满足人（主体）的一定需要。社会学家提姆斯则从社会学角度将价值的含义细化成了七个层次，包括一种客观的群体规范、象征性的文化理想、对人行为的评价标准、对某种引人注目的事物的信

① [德] 马克思：《资本论（第一卷）》，中共中央马克思恩格斯列宁斯大林著作编译局译，人民出版社 2004 年版，第 102—103 页。

念、一种目标、一种基本取向和一种普遍化的态度。①

相对于价值,价值观有着更深层次的内涵。美国著名哲学家、教育学家杜威认为价值观是选择好的和所想的行为的指南或标准,他明确指出“我们不能把任何享受的东西都当作价值……而必须用作为智慧行动后果的享受来解说价值”②,价值是用以形容某一事物特性的词汇,是一个人对周围的客观事物(这里指人、事、物)的意义、特质、重要性等要素的总体看法。它是人们通过特定的价值并以其作为尺度来看待、评价身边事物的一种评估标准。它一方面针对事物本身价值的测量结果来确立判断事物有无价值或价值高低的标准;另一方面则通过观测到的事物价值和评价结果,树立正确的、客观的、有意义的、符合价值评价标准的行为准则。

价值观是一种内心尺度,也是一种社会意识。它是人们看待事物、认识事物、理解事物的基础,也是指导人们行动的指南,它一方面影响着人们的行动选择,另一方面也对人的行为起到约束作用。从内外两方面来看,价值观可以内化为人们的信念追求和价值标准,也可以外化为人们的价值行动。

二、社会工作专业价值观及其作用

社会工作的价值观就是社会工作者在社会工作实践中所遵循的价值标准和行为准则,任何社会工作的实践都是在一定的社会工作社会价值观的

① Noel Timms, *Social Work Values: An Enquiry* (London: Routled & Kegan Paul, 1983), p. 121.

② [美]约翰·杜威:《确定性的寻求——关于知行关系的研究》,傅统先译,上海人民出版社2004年版,第261页。

基础上和指引下进行的。

社会工作专业价值是在长期的社会工作经验与研究中被广大社会工作者及社会工作学界所认同的一种体系——这种体系能代表社会工作专业价值的普遍性的专业理想、使命与信念，更是一套有关人类福利、公平、公正、尊严方面的理想信念。[①] 它体现了社会工作的本质与目标。戈德斯坦(Goldstein)认为，“价值被视为社会工作定义的基础……在社会工作的结构中，价值被置于重要的地位”[②]。

查勒·S. 利维(Charler S. Levy)则指出，“社会工作是一个以价值为本的专业，是关于做什么事情是有价值的和它应该如何去做的准则……它充盈着理想主义的抱负和关于人们应该如何被对待的理想主义的理念……普通人不能期待的实践和关照却都可以期待于他们(社会工作者)”[③]。

美国社会工作者协会认为，社会工作价值观是指一整套用以支撑社会工作者进行专业实践的信念。它以人道主义为基础，充分体现了热爱人类、服务人类、促进公平、维护正义和改善人与社会环境关系的理想追求，激励和指导着社会工作者的具体工作，包括了对社会工作服务内容及方式的引导、对社会公正的追求、对个人尊严价值的尊重、对人际关系的维护、对社会工作者行为及能力的要求等方面。

在社会工作的实践过程中，社会工作价值观既是社会工作者的行动指南，也是社会工作者的精神动力。作为一种专业价值观，它的基础是社会主流价值和社会工作专业的独特追求。社会工作价值观在社会工作中的重要

① 许莉娅：《个案工作》，高等教育出版社2004年版，第76页。
② 王思斌：《社会工作概论(第二版)》，高等教育出版社2006年版，第105页。
③ Charler S. Levy, *Social Work Ethics* (New York: Human Science Press, 1976).

作用主要表现在理论与实践两个方面。

从其理论意义的角度来分析，社会工作价值观是构成专业社会工作的必要条件之一，是确定社会工作专业使命或目标的根据，也是社会工作专业研究、专业教育的核心内容。它是在实现专业目标的过程中总结、提炼而出的符合社会工作职业特性与专业要求的特殊信念，是社会工作实践的前提与根据。①

从其实践意义的角度来分析，社会工作价值观是社会工作者在实践过程中的行为指南，通过社会工作专业伦理标准这种形式，社会工作价值观可以指导社会工作者的实践活动，有效提高社会工作的效率，从而有效刺激社会工作者的成长。作为一种正面、积极的人生信念，社会工作价值观能给受助者带来积极影响，能有效帮助其脱离困境、树立正确的价值观。同时，社会工作价值观也是维系社会期待和社会工作专业服务关系的关键，能为社会的和谐、社会共同价值观的良性发展带来良好的推动作用。

社会工作价值观在社会工作中的地位举足轻重，这具体表现在四个方面：第一，从社会工作的发展历史与形成轨迹来看，社会工作是与价值紧密联系在一起的，现代意义的专业社会工作也是在不断成熟的价值导向下得以发展的；第二，价值是社会工作存在和定义的重要基础，社会工作是一个以价值为本的专业；第三，价值是一个专业的、理想的职业社会工作者必不可少的内在理念，社会工作者在工作过程中，必须理解、贯彻社会工作专业价值观，并将其内化为自身的个人信念和行为；第四，价值影响着社会工作的技术、方法和理论研究的运用与发展，社会工作的价值是通过坚实的理论

① 黄维宪、曾华源、王慧君：《社会个案工作》，五南图书出版公司1995年版，第85页。

基础和丰富的实践经验来体现的。[1]

值得一提的是，在讨论社会工作价值观时，我们通常也会提到社会工作的伦理。一般来说，价值与伦理之间既有联系又有区别，两者关系密切但又不完全等同。价值关注的是人心中对真、善、美以及人道主义、社会意义等问题的积极取向，而伦理更偏向对伦常、恰当和客观正确性的取向。价值反映的是人心中的信仰与崇高的追求，而伦理则是怎样对待并应用这些信仰。总的来说，价值与伦理的核心都是“正确”与“善”，伦理来源于价值并与价值保持一致，伦理是操作层面上的价值，是把价值观念转变为行动的行为守则。

三、社会工作价值观的发展

社会工作价值理念的源头可追溯到古希伯来、古希腊和古罗马。早期犹太教、基督教等宗教的思想中均塑造了善恶、平等、博爱、关爱他人的原始观念，其教义中鼓励积德行善及利他主义的思想促进了最初的社会工作服务理念的萌芽。

中世纪结束后，文艺复兴与宗教改革带来思想上的解放，平等、自由、民主、博爱等人文主义理念开始广泛传播，新型资产阶级开始主张摆脱宗教的束缚、追求人的解放与个人的价值及尊严。人们开始追求个人地位的平等，开始把解决个人问题、满足个体需求作为理所应当的诉求。在一次次思想解放运动的过程中，社会工作的核心理念逐渐确立起来。总的来说，西方社

① 李迎生：《社会工作概论(第二版)》，中国人民大学出版社 2010 年版，第 78 页。

会工作的价值基础主要包括新教伦理、人道主义精神、乌托邦思想和社会福利思想等几大方面。

新教伦理赋予了人们思想上的解放，人们开始追求现实的利益、开始重视对身边人的关怀，同时宗教等级制度的弱化、“上帝面前人人平等”理念的兴起，都推动了社会上平等观念的发展。新教伦理中“人可以通过意志行动战胜人性中的罪恶”“社会应通过一些努力刺激不成功者为了自己而努力工作、改变人生”[①]等内容，也包含了助人自助等社会工作价值观念。

人道主义精神指的是以人为中心或本位的哲学价值理念。它反对神权、神性，提倡人权、人性，抽象概括出了“人权”“人性”等概念，广义的人道主义价值观即爱护人的生命，关怀人的幸福，把人的人格权利、价值与尊严放在首位，其基本道德原则是爱人、尊重人、关心人。人道主义思想是社会工作基本价值的直接基础，是社会工作价值观的奠基石。

乌托邦思想中描绘的“理想国”“理想社会”的蓝图，代表着人们对更高社会理想图景的不懈追求。虽然这一思想带有空想的成分，但为了建立心中的乌托邦，许多社会团体、组织乃至个人都进行了一系列有意义的实践与探索，从社会整体的视角寻求社会秩序和整合，为个体创造更好的生存环境，在一定程度上促进了社会服务事业的发展，推动了社会工作价值观的进步与成熟。

社会福利思想是社会工作价值观的核心。社会福利观念是在人道主义思想的基础上发展起来的，随着资产阶级的迅速发展，工业化、城市化的进

---

① 王思斌、夏学銮：《社会工作专题讲座：第三讲 社会工作的价值体系》，载《社会工作上半月(实务)》2008 年第 3 期。

程加快，各种社会问题开始逐渐显性化、普遍化、复杂化，生产力的发展、财富分配的不均导致贫富差距不断加大、阶级矛盾日益突出，贫穷、失业等问题也日益凸显，其中，那些不幸沦为社会弱势群体的人的生存状况问题成为社会关注的焦点与亟待解决的难题。各种社会问题的频发直接促成了社会福利思想以及社会福利制度的产生。社会救助不再是穷人内部的个人问题，而成了政府和整个社会应该共同承担的责任，社会福利制度也开始逐渐从补缺型向普惠型发展。可以说，社会福利理念直接关系着社会工作的专业发展，也直接影响着社会工作的价值取向。

自 19 世纪末 20 世纪初开始，西方社会工作价值观经历了不断完善的过程。弗雷德里克·G. 雷墨(Frederic G. Reamer)将社会工作价值伦理的发展分为四个时期。

第一个时期，19 世纪末到 20 世纪 20 年代，此时社会工作的价值伦理刚开始系统化。随着社会工作专业的初步形成，社会工作价值也开始初步酝酿，此时社会工作的核心价值是大家所关注的焦点，如尊重、个体价值、自我决定权、平等、公正等。总体来说，此时的社会工作价值是社会道德观在社会工作中的广泛体现，还未和社会工作的具体实践结合在一起。

第二个时期，20 世纪 20 年代到 60 年代，这是社会工作价值伦理的早期发展阶段，随着专业发展，社会工作的理论与实践经验开始慢慢积累，社会开始逐渐提高对社会工作的关注度并越来越重视对其专业使命的讨论。在此基础上，社会工作价值观逐渐向专业化转型，社会和学术界对其核心价值也达成了一定的共识。在 1960 年，美国社会工作者协会讨论通过了美国的第一个社会工作伦理守则。

第三个时期，20世纪60年代到20世纪末，这是社会工作价值伦理的反思阶段。随着社会工作服务领域的扩大，越来越多的伦理与道德困境开始浮现，在这一时期，美国社会工作学者开始应用道德哲学的概念和其他相关学科的理论来探讨社会工作实务中面临的伦理议题与两难局面，对复杂的社会工作伦理困境与抉择进行了深入的探讨，就之前提出的社会工作标准化的价值观进行了一定的反思。

第四个时期，20世纪末至今，这是社会工作价值标准的深度讨论及风险管理期。随着专业准则与相关法律的完善以及民众法制教育的加强和维权意识的提高，许多当事人越来越倾向于诉诸法律来解决涉及职业伦理和价值准则的渎职、失职行为，社会工作的伦理标准变得更加严格。同时，社会对违反价值伦理的行为及相关行为的预防性研究也有相当的进展。面对这样的环境，社会工作在专业培养方面也加深了有关伦理风险管理的教育与训练，让社会工作者面对伦理选择时能更加谨慎，也能以更加专业的态度来关注服务对象的权益。

第二节　社会工作基本价值观

一、社会工作专业价值体系的构成

杜波依斯(DuBois)和米利(Miley)认为，价值伦理标准能够指导一个人的行为。社会工作作为一个职业，其伦理准则及伦理标准是社会工作价值观的操作化体现，通过在社会工作实务过程中的服务行为标准、伦理守则等，反映出社会工作专业对于个人、人与人、人与社会关系的认识及价值判断，这就是我们说的社会工作价值观。

目前，受到社会广泛承认的社会工作价值体系主要包括以下内容。

第一，比斯台克(Bistek)的社会工作价值体系，该价值体系主要包括以下内容：(1) 人的尊严和价值是至高无上的；(2) 人的生理、智力、情感、社会、审美和精神方面具有天赋的潜力和权利；(3) 人具有实现其潜力的天生的驱动力和义务；(4) 人具有选择的能力，并且由于其有自我实现的义务，因而具有自我决定的权利；(5) 每一个人都是一个个体，并且他有这样考虑的权利和需要；(6) 为了实现潜能，人有要求合适的手段的权利；(7) 每一个人需要在社会提供的权利和社会保证的机会方面和谐发展，以满足他在身体上、心理上、经济上、美学上和精神上的基本需要；(8) 人的社会活动在其自我实现的斗争中是重要的；(9) 社会有义务促进个人的自我实现；(10) 每个社会成员都有权利通过自身对社会的贡献而变得富裕。

第二，泰彻(Teicher)的社会工作价值体系，他认为：(1) 每一个人都有作为个人的尊严和价值；(2) 每一个人都应该受到尊敬和得到周到的对待；(3) 每一个人都应该参与影响自身的决策；(4) 每一个人都应自由发展他自己的能力和天赋；(5) 每一个人都应该公平地分享对物品和服务的控制；(6) 对于理性行为所必需的信息，每一个人都应该具有完全和自由获得的权利。①

第三，莫里斯(Morris)及谢维(Chevy)提出的一套完整的社会工作价值体系，具体表现在如下几个方面。关于人的价值观：(1) 每一个人不论贫富贵贱都有他与生俱来的价值与尊严；(2) 每个人都具有能力与动机去追求更美满的生活；(3) 每个人除了要对他自己负责之外，还要想到社会上的其他

① 王思斌：《社会工作概论(第二版)》，高等教育出版社 2006 年版，第 54 页。

人;(4) 每个人既有人类共同的需求,也有独特的偏好与需求;(5) 人人需要归属,人人要互助成群,而非单打独斗。关于社会的价值观:(1) 社会必须提供机会让每个人发挥潜能,以充实人们的精神生活与物质生活;(2) 社会应提供资源与服务,以满足人们的需求,使人们免于饥寒、病苦、失学或受歧视;(3) 让社会上的每个人有公平的机会,参与社会活动与创造新世界的工作。关于社会工作的价值观:(1) 相信所有的人均应受到关怀与尊重;(2) 应使人人有最大的机会去决定自身的生活方向与方式;(3) 应协助每一个人与他人互助,共同建立符合他们需求的社会;(4) 要认清每一个人有他的独特性,而不要以刻板印象对待任何一个人。①

二、国际社会工作价值伦理

1. 国际社会工作价值伦理

国际社会工作界把社会工作价值观归纳为以下六个方面:(1) 服务。社会工作者应当超越个人利益为他人提供专业服务。(2) 社会公正。社会工作者应追求社会变革,特别是与弱势群体一起努力,并代表他们寻求社会变革。(3) 个人的尊严和价值。社会工作者对每个个体都应给予关心和尊重,意识到个体差异、文化差异及种族多样性。(4) 人际关系的重要性。社会工作者应认识到人际关系和群体内部关系是重要的变革工具。(5) 诚信。社会工作者应始终坚持专业的使命、价值观、伦理原则和伦理标准,并用与之相适应的方式开展实际工作。(6) 能力。社会工作者应不断致力于增进专业知识和技能,并将它们运用到实际工作中。

① 李增禄:《社会工作概论》,巨流图书公司 1995 年版,第 63 页。

2. 国际社会工作者联合会准则

国际社会工作者联合会(International Federation of Social Workers, IFSW)于2018年制定的社会工作道德准则主要包括以下几个方面的内容:(1)承认人类固有的尊严;(2)促进人权;(3)促进社会正义;(4)促进自决权;(5)促进参与权;(6)尊重机密和隐私;(7)把人当作一个整体;(8)合乎道德地使用科技和社交媒体;(9)专业诚信。

三、其他国家社会工作价值伦理

在社会工作专业形成并发展的过程中,各个国家及地区对社会工作的基本价值观进行了不同的界定。其中,比较有代表性的社会工作价值伦理有如下几种。

1. 美国社会工作价值与伦理原则

美国社会工作者协会在《美国全国社会工作者协会道德准则》中,对社会工作价值与伦理原则进行了如下的解释和界定。

其一,服务。社会工作者最首要的目标就是帮助有需要的人们,并致力于社会问题的解决。社会工作者应超越个人利益来为他们提供服务。社会工作者通过利用自身专业知识和技术来协助有需要的人们,并致力于社会问题的解决。社会工作者被鼓励在不期待相当的经济回报的前提下,自愿地奉献他们部分的专业技能(免费提供服务)。

其二,社会公正。社会工作者要挑战社会的不公正,尤其要注重协同和代表弱势、受压迫之个人和团体。社会工作者在社会变迁方面首要的努力应着重于贫穷、失业及社会公正问题。这些活动寻求增加对社会压迫、文化差异和种族多样性的敏感度与认识。社会工作者致力于确保服务对象能够获得必要的信息、服务、资源和平等的机会,以及有意义地参与全民决策。

其三,个人的尊严与价值。社会工作者应尊重个人与生俱来的尊严与价值,要以一种关怀与尊重他人的态度来对待每个人,关注个别差异、文化差异及种族多样性。社会工作者促进案主做出对社会负责的自我决定,追求促进案主表达他们的自我需求并提高其改变自我的能力。社会工作者认识到自己对案主以及社会的双重责任,他们寻求能够在符合专业的价值、伦理原则和伦理标准下,实践社会责任,解决案主利益和广大社会利益之间的冲突。

其四,人际关系的重要性。社会工作者应认识到人际关系的核心重要性,了解人与人之间的关系是促进改变的重要工具。社会工作者在助人过程中扮演着案主的伙伴角色,在有目的的努力之下尝试去增强案主的人际关系,以增强、恢复、维持和促进个人、家庭、社会团体、组织和社区的福祉。

其五,正直。社会工作者的行为应是值得信赖的,他们要始终清醒地意识到专业的使命、价值、伦理原则和伦理标准并付诸实践。社会工作者要以真诚和负责的行为,去实践其所属组织符合伦理的实务工作。

其六,能力。社会工作者应在自己专业能力的范围内执行业务,并提升自己的专业技能,应持续地致力于增加自己的专业知识和技巧,并将之运用于实务工作中。此外社会工作者应鼓励自己对专业知识的发展有所贡献。

美国社会工作者协会所制定的社会工作价值与伦理原则被国际社会工作界所提倡并获得了广泛的认同。

2. 加拿大社会工作价值伦理

加拿大社会工作者协会(Canadian Association of Social Workers,

CASW)于1983年确定了以下十条社会工作价值伦理标准：(1) 关注每一个接受服务的人；(2) 履行社会工作者的责任和义务；(3) 真诚；(4) 社会工作者须有履行职责的能力；(5) 勤奋、认真的态度；(6) 尊重每一位受助者的内在价值；(7) 保密；(8) 外部利益不能危及社会工作者的专业判断、独立或能力；(9) 创建并维护符合标准的工作条件及政策，遵守工作伦理准则；(10) 采取行动，促进社会工作专业的良好发展。

3. 英国社会工作价值伦理

英国社会工作者协会(British Association of Social Workers，BASW)规定社会工作者应遵循的专业价值伦理守则为以下五个方面：(1) 认识到每个人的价值及尊严，不论出身、民族、地位、性别、年龄、能力障碍、信仰或对社会的贡献；(2) 有责任鼓励并促进每个个体提升自我意识及对他人利益的适当考虑；(3) 减轻并预防苦难和痛苦(为个人、家庭、团体及社区提供服务)；(4) 专业职责在于根据需求的变化对方法及政策进行评估；(5) 为案主向政府、社会及机构进行倡导。

第三节　中国社会工作价值观

一、社会工作价值观的本土化

相对于西方社会工作，中国的社会工作起步较晚、发展时间较短。要加快我国社会工作专业的建设，首先需要确立适合我国国情和实际需要的价值体系。在建立我国特有的社会工作价值体系的过程中，如何将原本起源于西方的价值与理念本土化，是广大社会工作者和研究者需要面对的一大挑战。

“本土化”一词中的“本土”，不只是指单纯的地理、地域环境，更重要的是指其中包含的文化、历史及社会环境；而其中的“化”则描述了某一外来事物在进入一个新的地域、文化环境之后，逐渐调整、改良自身的内外要素，并开始适应，使自己能融入这一新的社会文化区域的动态变化。

王思斌教授指出，我国社会工作的本土化，就是产生于外部的社会工作模式（一套经济的、政治的、社会文化的制度体系）同国内的文化环境相互影响进而适应中国社会的需要而发挥功能的过程。王思斌教授指出了本土化与本土性的不同，所谓本土化，指的是外来的东西进入某一社会文化区域发生的适应性变化，而本土性是原本的存在，二者是外来者与本地固有者的关系。①

我国有本土性的社会工作的基础。《礼记》中描述了孔子曾设想的“大同社会”，称“故人不独亲其亲，不独子其子，使老有所终，壮有所用，幼有所长，矜、寡、孤、独、废疾者皆有所养，男有分，女有归。货恶其弃于地也，不必藏于己；力恶其不出于身也，不必为己。是故谋闭而不兴，盗窃乱贼而不作，故外户而不闭，是谓大同”。墨子也说过“爱人若爱其身”，“有力者疾以助人，有财者勉以分人，有道者劝以教人。若此，则饥者得食，寒者得衣，乱者得治。若饥则得食，寒则得衣，乱则得治，此安生生”。这些都揭示了中国古代的传统社会福利思想。就社会工作的现代意义来看，中国的社会工作主要是行政性的、非专业化的社会工作，主要包括了中华全国妇女联合会、民政部等提供的服务。他们的工作是职业性的，但很多从业人员并没有接受

① 王思斌：《试论我国社会工作的本土化》，载《浙江学刊》2001 年第 2 期。

过国际通行的社会工作专业训练。

中国也有本土性的社会工作价值观以及伦理准则，其中包括服务机构的价值观及伦理准则。但是，不管是正式的还是非正式的，本土性助人工作所秉持的价值观及伦理准则基本上根植于中国的传统文化、思想及理念之中，与现在国际上通行的、起源于西方社会的社会工作价值观在某些方面有尚待磨合之处。

社会工作价值观的本土化是极有必要的。我国虽然有符合现代社会工作价值观的思想基础，但在具体运用和实际操作的过程中仍时常遇到文化上的冲突和伦理上的选择困境。从经济结构上来看，我国自古是一个以小农经济、种植业为主的农业国，经济形态是农业和家庭手工业相结合的自然经济；从社会结构上来看，我国传统社会结构是以生活与生产相结合的家庭为单位的家族集团式结构；从政治形态上来看，我国传统社会实行的是以血缘为依据的宗法制，人们普遍处于宗法和政治的统治之中；从文化价值体系上来看，中国传统文化是以儒家思想为主，儒、释、道融合的生活文化，讲究"尊古崇老""家与孝"，人普遍囿于较为封闭的亲友圈内，从而形成"熟人社会"，特别强调"家与孝"，形成了一种强烈的家族意识，这种意识在一定程度上阻碍了"个人主义"和"社会精神"的发展。除此之外，由于"家"这一社会单元是建立在特定的"身份"上的，故形成了中国社会的"身份取向""关系取向"的价值观念，这不符合博爱、平等的现代价值观。①

由此可见，不管是在学术研究上，还是在实务的操作上，我们都需要针对工作中具体遇到的问题，对社会工作的价值观进行一系列的本土化改造，

① 金耀基：《从传统到现代》，中国人民大学出版社1999年版，第108页。

让起源于西方的社会工作价值观能更好、更有效地融入我国的社会环境中。因此,对社会工作价值观及伦理准则进行理论层面和实践层面的本土化是必要的,也是必然的。

二、中国社会工作的专业价值

1. 我国社会工作专业价值的来源

中国社会工作专业价值的基础,除了上面所提到的中国的传统社会文化与伦理外,还包括了社会主义人道主义、中外各种有价值的社会理想与社会福利思想,以及马克思列宁主义、毛泽东思想、邓小平理论等重要内容。①

社会主义人道主义思想是在批判资本主义人道主义的基础上形成的,资本主义的人道主义精神在很大程度上推动了人的解放、推动了社会文明的发展,但也存在一定的局限性,它把实施"博爱""人权"的对象局限于资产阶级的范围内,而忽略了广大的无产阶级。换言之,资产阶级人道主义在很大程度上只考虑了资产阶级的权利,它的"平等"观念本身是不完全的、有局限的;而社会主义人道主义精神则突破了阶级的界限,适用于所有的社会成员乃至整个国家和社会,是真正平等拥护全人类权益的人道主义精神。

马克思列宁主义、毛泽东思想、邓小平理论等中国共产党的指导思想,是无数革命先辈在常年探索中得出的智慧结晶,是符合我国实际国情的思想理论体系。我国的社会工作价值观也是在遵循上述思想的基础之上构建的。其本质都是为了构建中国特色社会主义思想、维护人民权益、保障人民安居乐业、建设社会主义和谐社会。

① 李迎生:《社会工作概论(第二版)》,中国人民大学出版社 2010 年版,第 54 页。

2. 我国社会工作价值

我国在社会工作通用价值的基础上，选择代表社会工作价值基础且适合中国社会主流价值观，以及与中国文化和情景相适应的内容，将其融合发展为中国本土的社会工作价值。具体来看，我国社会工作价值主要包括以下内容。

第一，助人自助。助人自助是社会工作的核心价值与核心理念。社会工作可以在解决受助者实际困难的基础上，促进受助者个人的能力发展（特别是一些社会弱势群体成员潜能的开发），帮助其摆脱困境。助人自助也是社会工作的长期和终极目标之一，短期帮扶能帮受助对象解决临时的问题，但这样的服务效果有限，如果不真正从源头上解决受助者的个人能力与动力问题，当再次遇到类似困境时，受助者也许会再次陷入同样的困难局面。只有帮助受助者树立正确的价值观、人生观，提高其个人素质，培养其对抗危机的能力，才能帮助受助者真正地做到自我认同、自立自强、自力更生，保证社会工作成效的长久性和可持续性。这也是专业社会工作不同于一般社会服务、志愿服务的地方之一。

第二，赋权。赋权又称增权、增能。1976 年，芭芭拉・所罗门在《黑人赋权：受压迫社区中的社会工作》中提出“赋权”这一概念，这标志着赋权理论在社会工作专业中诞生。赋权是个人或团体权利意识或能力提升的过程和方式，即赋予权力或权威的过程，是把平等的权利通过法律、制度赋予对象并使之具有维护自身应有权利的能力。赋权也是一个社会工作的专业活动，其目的就是协助那些弱势群体对抗他们所遭受的不平等待遇，减低其自身的无能感和无力感，提高其能力等。通过赋权这一方式，受助者会开始了解自己所享有的权利,并有足够的能力和积极的动力去行使这些权利,如参与社会事务、运用社会资源、构筑社会支持网络等。赋权一方面作用于受助者个人,他们在社会工作者的帮助下,提高了自我认知,了解了个人权益所在,有勇气对抗各种失权造成的困境;另一方面作用于人际关系与社会层面,通过赋权,帮助受助者积极提高社会参与度,建立平等的社会联系,帮助他们合理获取应享受的社会资源,摆脱弱势群体的身份,从而真正地融入社会。

第三,尊重。"尊重"不仅是社会工作的专业价值,也是整个社会都应遵从的普遍价值。早期人道主义的基本理念之一就是承认人的价值,爱护人的生命,关怀人的幸福,尤其要尊重每个人的人格权利、价值与尊严,如前所述,人道主义的基本道德原则是"爱人""尊重人""关心人",而社会工作的目的就是要在维护个人尊严、权利、能力的基础上,帮助其解决短期乃至长期的问题。我国的社会工作准则中也提到,社会工作者应尊重服务对象的权利,如知情权等,确保服务对象在接受服务过程中了解自身与机构的权利、责任和义务,以及获得服务的情况和可能由此产生的结果。同时,社会工作者应在不违反法律和他人正当权益的前提下,尊重服务对象的隐私权,对在服务过程中获取的信息资料予以保密。除此之外,后文将提到的"接纳""个别化"等价值准则,很大程度上也都是建立在对受助者"尊重"的基础之上的,只有尊重受助者,助人者与受助者才能建立平等、正面的社会工作关系,从而有效帮助受助者摆脱困境;只有相互尊重,才能更好地推动助人者与受助者之间的互动行为;只有尊重社会工作的专业精神,才能贯彻社会工作"利他主义"的行动原则;只有贯彻平等、尊重的价值观,才能让社会工作成为改善社会问题、完善社会功能、维护整个社会和谐美好的不可或缺的推动力。

第四，敬业。在社会主义核心价值观中我们可以看到，对公民层面的价值要求是“爱国、敬业、诚信、友善”，由此可见，“敬业”不只是对某个专业或职业的要求，更是党和国家对我们每个公民的要求，是一种人生态度，也是一个成熟社会人所应具有的安身立命的根本。这一价值观在社会工作领域尤为重要。社会工作者的敬业，不只是对其本身工作性质、专业信誉以及科学精神的尊重，更涉及对工作、案主、社会工作机构以及政府、社会的责任。此外，对自身专业知识的追求也是敬业的表现，社会工作者应不断内化和践行专业理念，持续充实专业知识和技能，提升专业能力，促进专业功能的发挥和专业地位的提升。社会工作者只有认真贯彻敬业这一原则，才能更好地秉持求真、务实、勤勉的态度完成工作任务，以诚实、守信、尽责的理念维护专业形象，发挥社会工作的最大价值。

第五，接纳。社会工作专业价值中的“接纳”指的是社会工作者面对案主时体现出的平等、理解、接受和包容的态度，更深一层次来讲，接纳表现出的是社会工作者对案主的信任、关爱与尊重。实践中，要做到真正的“接纳”并不容易。我们会遇到形形色色的受助对象，他们也许拥有着与社会工作者乃至大部分普通社会成员截然不同的人生经历、价值取向和生活方式，在这种情况下，社会工作者首先不能先入为主地套入刻板印象对其贴上标签，而是应该怀着“接纳”的态度，在深入了解受助者的具体情况之后做出客观的分析。值得一提的是，所谓的“接纳”，也不是指毫无保留、毫无原则地接受与支持其他人的价值，如果受助者本身存在一些错误的越轨行为，社会工作者就应该明确自身立场，以积极、坚决的态度助其改正，帮助其建立正确的符合社会规范的价值观；如果受助对象本身没有违背道德、法律的行为，社会工作者则应该怀着理解、包容的态度帮助其找出陷入困境的原因。但无论受助人本身的情况如何，社会工作者都应该保持平等接纳的精神，以平等的道德判断或价值判断来看待受助人，不能拒绝接纳或是站在个人立场上以区别对待的态度面对受助对象。

第六，以人为本。在我国，以人为本的理念自古有之。早在先秦时期，管仲就曾提出这一概念以论治国之道："夫霸王之所始也，以人为本。本理则国固，本乱则国危。"而现在，"以人为本"这一理念强调要改变以经济发展为中心的发展方针，将社会发展的重心放在人的生存、人与社会的和谐发展之上。党的十六届三中全会曾指出，把以人为本作为发展的最高价值取向，就是要尊重人、理解人、关心人，就是要把不断满足人的全面需求、促进人的全面发展，作为发展的根本出发点。以人为本的理念既可以作为社会治理的宏观理念，也可以引申到社会的各个方面，成为社会工作发展的重要价值。如前所述，社会工作的重要思想来源之一就是"人道主义"精神，人道主义的核心就是尊重人的价值、以人的需求作为衡量价值标准的尺度，"以人为本"的价值取向正反映了这样的人道主义理念。社会工作承认个人的价值、尊重每个人的个体需求、重视个人的能力培育、强调人的自我实现，其出发点就是"助人"，认为人应当受到社会的关怀，应当享受到作为人的一切应有的权利，尤其是生存权和发展权。在实务工作中，社会工作者也一直都秉承着将当事人放在首位的原则，将当事人的个人发展作为工作的中心与重心，追求人与社会的和谐统一。

第七，个别化。个别化是用分别逐一的方式来对待不同案主的工作方法，它把每个人当成一个完全的、完整的、唯一的主体来看待，不同的受助对象应该得到“量身定做”的服务。社会工作的服务方式以个案工作为主，即使是小组工作和社区工作，其服务对象也是一个限定的团体，体量大小有限。因此，与宏观层面的社会服务、社会治理不同，比起普遍性的普惠政策，社会工作更重视工作方式的差别化和个别化，在早期的社会工作定义中，玛丽·埃伦·里士满就说过社会工作方式主要是通过以个人和家庭为着手点，通过有效改善案主个人和家庭的处境，用案主所处环境来促进其人格的发展和家庭关系的调适。不同的个体成长经历及生活背景的影响，导致不同案主的问题有着明显的个人化差异。个别化不仅仅体现在介入方式的差异上，还体现在对案主隐私的保护上，正因为对个体差异性的尊重，社会工作者才更加严密地保护案主的个人信息和具体情况，维护他们的隐私权。这具体体现在社会工作者不应该探听案主的私人信息，除非该信息对提供服务和进行社会工作评估与研究来说是必需的。一旦案主透露了其个人信息，社会工作者就应该遵守保密原则，不得在公开和半公开的场合（如过道、等候室、电梯和餐馆里等）讨论案主的秘密信息，在法律程序中，社会工作者应该在法律许可的范围内尽可能地替案主保密。

第八，社会责任。社会工作不只体现了对案主、对专业、对学科的责任，更体现了对整个社会的责任。社会工作的最终目标是在助人自助的基础上解决社会问题、增进社会福祉。《美国全国社会工作者协会道德准则》明确了社会工作的社会责任，包括社会工作者应该改善社会的一般福利，应该推进公众的知情参与以影响社会政策与制度的制定，尽最大的可能在公共突发事件发生时为公众提供适当的专业服务。同时，社会工作者应积极参与社会和政治行动，呼吁为所有人提供相同的获得资源、就业和服务的机会，以满足他们的基本需要，促进他们的全面发展。社会工作者应该清醒地认识政治对社会工作实务的影响，应该呼吁改变社会政策与法律，以改善社会条件、满足人类的基本需要、促进社会公正。

在我国专业社会工作价值体系中，社会工作的社会责任可被分为以下四个部分：其一，教化的责任，即社会化的责任，将一些未完成社会化或是社会化失败的社会成员培养成一名掌握社会生活基本技能、内化社会价值标准、适应社会生活模式的合格的社会人；其二，供养的责任，社会工作是社会福利制度、经济制度中的重要组成部分，需要支持、协助社会以维持社会成员的基本生存；其三，发展的责任，社会工作需要将视野放在人与社会共同进步的长远需求上，使人充分发挥潜能、自我实现，使社会和谐稳定、科学持续发展；其四，保护的责任，社会工作应该提供有效的应对措施，保护社会成员的安全与权利，维护良好安定的社会环境。除上述社会责任外，社会工作者还应运用专业视角，发挥专业特长，参与相关政策法规的制定和完善，维护社会的公平与正义，正确鼓励、引导社会大众参与社会公共事务，推动社会建设。同时，社会工作者还应大力推广专业服务，促进社会资源的有效传递及合理分配，使社会服务能真正惠及社会大众。在工作中，社会工作者要时时遵守宪法和法律法规，贯彻落实党和国家有关方针政策，践行社会主义核心价值观，遵循社会工作的专业伦理道德。社会工作的社会责任，反映的是社会工作在整个社会中的价值与功能。

第四节 社会工作价值观在反贫困中的运用

在打赢扶贫攻坚战、全面建成小康社会的时代背景之下，社会工作作为社会主体中的重要组成部分，成为扶贫工作中一股不可或缺的力量。在反贫困工作中，必须贯彻社会工作价值观。

一、以人为本

《中国农村扶贫开发纲要（2001—2010年）》提出，我国扶贫开发总的奋斗目标是，尽快解决少数贫困人口温饱问题，进一步改善贫困地区的基本生产生活条件，巩固温饱成果，提高贫困人口的生活质量和综合素质，加强贫困乡村的基础设施建设，改善生态环境，逐步改变贫困地区经济、社会、文化的落后状况，为达到小康水平创造条件。由此可见，解决贫困人口基本的生计问题，提升贫困人口的可持续发展能力是我国扶贫开发的基本方略，这与社会工作"以人为本"的价值观相吻合。

以人为本是反贫困社会工作的核心价值。以人为本，就是要尊重人的权利，满足人的需要和利益并科学施策。生存权与发展权是人类最基本的权利。贫困人口无法获得足以维持生计的生活资料，没有接受教育和学习技能的条件，也无法合理有效地获得与利用社会资源，其最基本的生存权与个人能力的发展权都受到了极大的限制。反贫困社会工作一方面从实际出发，用切实手段实施精准帮扶，帮助贫困人口增加收入、改善生活；另一方面，注重提高贫困人口的个人素质与竞争能力，激发贫困人口的内生动力，改变消极落后的“等靠要”观念，增强其内在的素质与自我组织能力。

“以人为本”的价值理念要求社会工作者重视贫困群众的个体需求，切实帮助解决贫困对象最迫切的问题。每个贫困者都有其特有的潜能与优点，并拥有自我发展的能力。社会工作者在扶贫工作中要践行“以人为本”的理念，深入了解并尽最大力量满足贫困群众最迫切的需求，帮助其认识并挖掘出其自身潜能，将个人的能力和优点转化为脱贫致富的长久动力。

二、助人自助

助人自助是社会工作的核心价值，这一理念与新时期反贫困工作中“授人以鱼，不如授人以渔”的“造血型”扶贫观不谋而合。所谓“造血型”扶贫，就是指通过对贫困人口的素质改造，激发贫困人口和贫困地区的内生动力，打破贫困的代际传递，使贫困群众能摆脱外界的资源供给和扶持，依靠个人能力维持自身健康发展的可持续性的扶贫方式。如果只是通过一时性的救济、均等化的分配、短期性的帮扶这样“输血型”扶贫方式来“助人”缓解贫困，只能解决当下之急，无法彻底根除贫困，还会让受助者产生习惯性、依赖性的消极心理。只有运用“助人自助”的价值理念帮助受助者学会充分发挥、利用个人所长，才能真正提高贫困群众的自身能力，使他们自力更生改善贫困的生活状况。同时，“助人自助”的手段还能培养群众利用资源、创造财富、回馈社会的意识与能力，促成扶贫主体和扶贫对象间的双向互动，达到长久、有效的扶贫效果。

我国扶贫政策将"帮助贫困群众提高内生动力"作为重点强调的内容。《中国农村扶贫开发纲要(2001—2010年)》指出,在扶贫开发过程中,要充分发挥贫困地区广大干部群众的积极性、创造性,自强不息,不等不靠,苦干实干,主要依靠自身的力量改变贫穷落后面貌。《中共中央 国务院关于打赢脱贫攻坚战的决定》强调,扶贫工作要坚持群众主体,激发内生动力,要继续推进开发式扶贫,处理好国家、社会帮扶和自身努力的关系,发扬自力更生、艰苦奋斗、勤劳致富精神,充分调动贫困地区干部群众的积极性和创造性,注重扶贫先扶智,增强贫困人口自我发展能力。《国务院办公厅关于进一步动员社会各方面力量参与扶贫开发的意见》也特别指明,要注重提高群众的主动性,充分尊重帮扶双方意愿,促进交流互动,激发贫困群众内生动力,充分调动社会各方面力量参与扶贫的积极性。

社会工作强调尊重人的权利与价值,强调"助人自助"的价值观,强调对贫困人口赋权。社会工作在提供社会福利、社会服务过程中的核心理念就是注重人的能力建设,通过个别化的原则,协助发挥个人潜能,实现自我价值。在现代反贫困治理体系中,社会工作"助人自助"的价值观与"造血型"扶贫理念成为激发贫困人口内生动力,增强贫困人口自我发展能力的重要方略。社会工作者通过能力建设可以促进帮扶对象主动参与扶贫过程,帮助他们实现从受助到自助的转变,实现助人与自助的有机结合。

三、多维识别

社会工作价值观中"接纳""尊重"的价值观与扶贫攻坚中"目标精准识别"的理念相吻合。在新时代反贫困工作中,贫困的识别方式由单一的以经济指标为依据的贫困转变为多维识别。《"十三五"脱贫攻坚规划》明确指明，脱贫攻坚的总目标是到2020年稳定实现现行标准下农村贫困人口不愁吃、不愁穿，义务教育、基本医疗和住房安全有保障(简称"两不愁三保障")；实现贫困地区农民人均可支配收入比2010年翻一番以上，增长幅度高于全国平均水平，基本公共服务主要领域指标接近全国平均水平；确保我国现行标准下农村贫困人口实现脱贫，贫困县全部摘帽，解决区域性整体贫困。多维识别正对应着上述目标，不仅从单纯的经济收入判定群众的生活标准，还将教育、医疗、住房、就业等多种指标纳入识别体系。《建立精准扶贫工作机制实施方案》明确指出，扶贫部门要抓好精准扶贫工作的顶层设计、沟通、协调、指导和服务工作；相关行业部门要按照分工，发挥职能和行业优势，切实加大对贫困户和贫困村的帮扶力度；要搭建有效平台，引导和动员社会力量参与精准扶贫工作。因此，社会工作参与脱贫攻坚强调要以综合、系统的角度开展贫困识别工作，利用多维指数从不同角度对贫困人口进行识别与瞄准，以提升反贫困的精准度与准确性。

在反贫困过程中，如何接纳不同需求的受助者，与他们建立稳定的帮扶关系，是社会工作的重点内容。反贫困社会工作的目标是提高受助对象的个人能力，助其脱贫致富，摆脱弱势群体的身份，最终实现增进人类福祉、促进社会和谐发展的目标。因此，在反贫困社会工作中，社会工作者秉持"接纳"原则，接纳不同背景的受助者，尽力满足不同受助对象的需求。反贫困社会工作者要以多维的视角识别出不同文化背景下受助对象的不同需求和受助对象间的各种差异，以包容、接纳的心态平等对待受助对象，以客观的态度分析其致贫原因，包括受助对象的生活与家庭环境、文化教育背景、地区风俗习惯等，有针对性地为他们提供服务。

四、精准施策

精准扶贫是指针对不同贫困区域环境、不同贫困农户状况，运用科学有效的程序对扶贫对象实施精确识别、精确帮扶、精确管理的治贫方式。《建立精准扶贫工作机制实施方案》发布后，精准扶贫工作正式开始在全国实施。精准扶贫最基本的含义是，扶贫政策和措施要针对真正的贫困家庭和人口，通过对贫困人口进行有针对性的帮扶，从根本上消除导致贫困的各种因素和障碍，达到可持续脱贫的目标。① 扶贫工作要坚持精准扶贫，提高扶贫成效，贵在精准，重在精准，必须解决好扶持谁、谁来扶、怎么扶的问题，做到扶真贫、真扶贫、真脱贫，切实提高扶贫成果的可持续性，让贫困人口有更多的获得感。

精准扶贫要做到六个精准，即"扶贫对象精准、项目安排精准、资金使用精准、措施到位精准、因村派人精准、脱贫成效精准"。精准扶贫要求根据每户贫困群众不同的致贫原因，制定具有差别化的介入方案。在社会工作中，"个别化"就是要根据不同案主的具体问题分别施策，这一价值与我国扶贫攻坚战略中"精准扶贫"的理念相吻合。《建立精准扶贫工作机制实施方案》特别强调要提高社会力量参与扶贫的精准性、有效性，鼓励引导各级定点扶贫单位……各类企业、社会组织、个人等社会扶贫参与主体，到贫困地区开展形式多样的扶贫帮扶活动，努力做到帮扶重心下移到贫困村、帮扶对象明确到贫困户，帮扶措施到位有效，帮扶效果可持续，实现社会帮扶的精准化、

① 汪三贵、郭子豪：《论中国的精准扶贫》，载《党政视野》2016年第7期。

科学化。社会工作应该发挥专业特色，运用“个别化”的价值观，贯彻“精确识别、精确帮扶、精确管理”的理念，根据贫困对象的不同情况提供个别化、差异化的服务，分类施策，确保扶贫效果。

五、扶智扶志

打赢脱贫攻坚战，必须注重扶贫同扶志、扶智相结合，把贫困群众的积极性和主动性充分调动起来，引导贫困群众树立主体意识，发扬自力更生精神，激发改变贫困面貌的干劲和决心，变“要我脱贫”为“我要脱贫”。培育内生动力要将“扶贫要同扶智、扶志结合起来”，要变“输血型”扶贫为“造血型”扶贫，调动贫困群众的积极性、主动性、创造性，激发贫困地区和贫困群众脱贫致富的内在动力，提高贫困地区和贫困群众的自我发展能力。

《“十三五”脱贫攻坚规划》指出，要坚持以提高贫困人口基本文化素质和贫困家庭劳动力技能为抓手，瞄准教育最薄弱领域，阻断贫困的代际传递。《中共中央 国务院关于打赢脱贫攻坚战的决定》强调，要加快实施教育扶贫工程，让贫困家庭子女都能接受公平有质量的教育，阻断贫困代际传递，实施教育扶贫结对帮扶行动计划。

推行“扶智扶志”的理念是解决贫困群众自主脱贫动力不足问题和返贫问题的有效途径。减贫工作要转变单纯的物质脱贫，重点提高贫困人口的发展能力。社会工作参与脱贫攻坚，不仅要帮助贫困人口摆脱物质贫困，还要帮助贫困人口摆脱精神贫困、能力贫困、权利贫困，为贫困人口赋权增能。社会工作坚持扶贫同扶志、扶智相结合，为贫困群体提供思想教育、文化教育、技能培训等专业服务和社会机会，提升贫困群体的内生动力和发展能力。扶智向扶志转变就是"扶教育之贫"向"用教育扶贫"的转变，要扭转贫困群体被动接受帮扶的状况，培育贫困人口的主体意识。社会工作者向来把贫困群体看作行动主体，主张在沟通、理解的基础上，与贫困群体达成共识、协力克服困难，不只注重解决受助人眼前的问题，更致力于帮助他们树立自信和信心。在反贫困工作中，社会工作能帮助贫困群众树立扶智和扶志的意识，能良好地结合社会工作价值中的赋权理论，将单纯的扶贫提升到"扶志"的层面，使群众在思想上和行动上实现"要我脱贫"向"我要脱贫"的转变。

六、权利保障

反贫困不仅是一个解决问题的过程，还是一个培育能力的过程。社会工作高度注重贫困群体的优势挖掘和能力建设，重视贫困群体的优势发挥和能力培育。权利贫困理论认为，贫困的产生是由于权利的缺失或生存发展机会的不足所造成的。阿马蒂亚·森在《贫困与饥荒》一书中指出，贫困的真正含义是贫困人口创造收入的能力和机会的贫困，其根本原因是他们获取收入的能力受到剥夺及机会的丧失。[①] 穷人之所以贫困，其主要原因就是机会的不足导致很多穷人长期处于无发展权、无自我管理权、无就业选择权的状态。为了实现社会公平与正义，市场机制必须通过创造基本的社会机会来补充这些缺失。[②]

解决贫困的关键就是要保护和实现人们的社会权利。反贫困治理一贯

① ［印］阿马蒂亚·森：《贫困与饥荒》，王宇、王文玉译，商务印书馆2001年版，第86页。
② 关怀：《劳动法》，中国人民大学出版社2001年版，第60—61页。

强调赋权于民，强调能力建设，将扶贫理念由单一的、形式化的慰问与救济转向对困难群众的能力培养和赋权，让群众了解自身价值，树立脱贫致富的自信，提升他们的反贫困能力，赋予他们平等享受社会资源的权利。社会工作在参与贫困治理的过程中，尤其需要发挥自身的专业价值与专业特点，运用“优势视角”等专业理念帮助帮扶对象认清自身所拥有的优势及各种有利因素，了解自身所具备的能力、品质以及能够获得的社会资源，如告诉帮扶对象他们遭受贫困并不完全是受个人因素的影响，还受周围环境的限制，或是自身能力没有得到合理的开发利用，因此要改变贫困的现状，就要重拾自信，了解个人、家庭、社会所拥有的内在和外在的资源。只要充分了解自己的合法权益、合理利用自身能力，一时的困境和危机也有可能转变为改变人生的机遇。

综上所述，社会工作价值观是指导社会工作者行动的思想核心，是社会工作者的精神动力。在反贫困社会工作中，社会工作者尤其需要践行社会工作的专业价值观，发挥专业优势与专业特点，展现专业价值，为完善扶贫治理的战略体系、实现脱贫攻坚的最终胜利贡献力量。

第四章　反贫困社会工作方法

社会工作专业方法的产生和发展与反贫困事业息息相关，专业的社会工作方法正是起源于工业化时代的贫民救济工作。社会工作服务对象从最初的处于极度贫困和严重困境中的老人、残疾人、孤儿等边缘群体，扩展到其他遭遇生活困难而陷入困境的人群，社会工作的核心议题也从最初的扶贫济困扩展到关注人的完善与社会和谐。伴随着这一过程，专业的社会工作方法也从最初的个案工作方法发展至个案工作方法、小组工作方法、社区工作方法、社会工作行政、社会工作督导以及社会工作研究等诸多方法并存。

作为实践工具，社会工作方法应服务于社会工作目的和宗旨的实现，即践行社会公正，扶助贫困人群、弱势群体和其他陷于困境的人们。有助于实现上述目标的方法路径均应被纳入社会工作方法领域予以规范和完善，在反贫困领域亦是如此。本章对社会工作的主要方法进行了梳理，介绍了社会工作方法在反贫困领域中的运用，同时在此基础上探索反贫困社会工作方法的特点，创新并整合实务方法。

第一节 社会工作的主要方法

一、社会工作方法的起源

社会工作从其产生之初就一直在探索贫困问题的解决方法，可以说，整个社会工作的发展史就是一部人类与贫困的斗争史。工业革命给人类社会带来了翻天覆地的变化，生产技术的革新改变了传统的生产方式，也改变了建立在传统生产方式之上的经济结构和社会形态。大工业生产方式彻底取代了小农经济的生产方式，伴随着这一浪潮，普罗大众的生活也发生了巨变。对于生活在那个转型时代的农民来说，工业化彻底改变了他们的日常生活，世世代代耕耘土地、从事农业生产的农民在激化的圈地运动中倾家荡产，流离失所，农村人口迫于生存压力向城市大规模迁移，开始了一种全新的、不同于其祖辈的生活，这种生活没有经验可以依循，其面临的问题也没有可借鉴的解决办法。大量的流动人口涌向城市，也改变了原有的城市面貌，城市居民的生活同样面临着巨大的改变。迁移至城市的农民与原有的城市居民虽然有很多差异，但是在应对新的环境和新的生活方式时，都存在适应问题，其中，背井离乡的迁移农民所面临的问题尤为突出且严重。

对于这些迁移至城市的农民来说，他们面临着多重的生存压力。第一，个体生存能力降低。在传统的农业社会，个体的生存能力在很大程度上体现为其掌握农业耕作知识和技术的熟练程度，农业耕作知识和技术掌握得越多越熟练，一个人的生存能力相对就越强。进入工业时代之后，即使是一个精通农业耕作的农民，他的生存和生活也难以得到有效保障，因为他所拥有的知识和技能属于一个已经逝去的时代，面对新的工业化大生产，他依然两手空空，原有的知识和技能在这个新时代失去了价值，这使得其生存能力被削弱。第二，家庭保障功能丧失。在传统的农业社会中，家庭既是一个基本的生产单位，也是依托于家庭分工合作为个体提供保障的基本单位。进入工业时代之后，家庭成员之间在生产劳动方面的分工合作模式被打破，家庭所拥有的资源急剧减少，其对于个体的保障功能几近丧失，这在尚未形成国家和社会保障网络的转型时期尤为明显。第三，社会支持网络断裂。传统的农业社区以熟人社会为主，蕴含着丰富的社会资本，能够对个人和家庭形成有效和稳定的社会支持。进入工业时代之后，迁徙使得原有的社区被打散，个体和家庭的社会支持网络断裂，且在同质化的城市聚集地缺乏差异化的社会资源，社会支持较之以往要薄弱得多。

多重的生存压力使大量流动人口陷入贫困状态而难以改善自身生活，较之传统的农业时代，工业时代的贫困样貌发生了改变，生产方式等结构化的因素是引起贫困的主要原因，贫困呈现出普遍化、规模化和扩散化等特征，贫困人口的贫困程度较深，传统自发形成的、零散的济贫方式已经难以满足社会的需要。在这种情况下，英国颁布了《伊丽莎白济贫法》（简称《济贫法》），该法案的意义在于，在西方历史上第一次正式承认政府有对社会中的贫困人口进行救济的责任，并建立了初步的救济行政制度与救济工作方法，政府主持公共救济事业的模式得以确立。

《济贫法》的实施在带来了政策效力的同时，也带来了一些弊端，事实证明，单一的《济贫法》并不能彻底地解决贫困问题，真正地为贫困人口带来福祉。由于诸如强制性院内救助的规定的存在，英国一些注重人权的有识之士对《济贫法》提出了批评，并且开始成立救助贫民的慈善组织，以民间行动弥补政府救助的不足。其中，最有代表性的当属在伦敦成立的慈善组织会社。慈善组织会社是因应当时众多以友善访问员方法为基础的慈善组织的出现，带来的救济效率及与国家(特别是《济贫法》)的分工和协作问题，而由索里牧师在 1869 年倡议建立的，后来扩展到英国各大城市。①

慈善组织会社的实践直接影响了日后专业社会工作的方法。首先，慈善组织会社强调科学的工作方法。他们派“友善访问员”访问救济申请者，以了解其社会背景、确定应采取的措施，对每个申请救助的个人和家庭进行调查后，按其个别情况分别予以处理。这种强调“个别化”的做法，是日后社会个案工作的滥觞。其次，慈善组织会社促进各救济机构、慈善组织为解决贫困问题进行协调合作，也为社区组织、社会行政工作的产生和发展奠定了基础。② 几乎与此同时，睦邻组织运动在英国兴起，仍着重于解决日益严重的贫困问题，并迅速扩展至美国。1886 年，纽约成立了美国第一个睦邻组织——邻里协会(Neighborhood Guild)；1889 年，劳拉·简·亚当斯在芝加哥创办赫尔馆(Hull House)，赫尔馆的成功使得睦邻组织运动在全美得以扩展。与慈善组织会社强调对个人和家庭的关注不同，睦邻组织运动以社区为工作对象，面向更加宏观的维度，开创了小组工作和社区工作方法的先河。

二、社会工作方法的特征与分类

从社会工作的发展历程可以看出，社会工作方法的发展正是随着在反贫

① 卢成仁：《社会工作的源起与基督教公益慈善——以方法和视角的形成为中心》，载《华东理工大学学报(社会科学版)》2013 年第 1 期。

② 王思斌：《社会工作导论》，北京大学出版社 2011 年版，第 33 页。

困领域工作的深入而逐渐丰富起来的，主要呈现出以下特征。第一，以解决现实问题为目标。无论是友善访问员，还是社区睦邻中心，都是依照当时贫困问题的特征而采取的合宜的解决办法，有的放矢、不落窠臼，灵活的方法选择使得对贫困问题的解决更具有效性。第二，物质救济和精神关怀并重。对贫困人口的扶助既有物质方面的，又有精神方面的，更加强调对人的关怀，这种特质渗透在方法的各个细节，使社会工作的介入能够真正打动人心，增进民生福祉，提高人们生活品质。例如，就慈善组织会社的救助原则而言，求助者的心灵和品格（mind and character）是慈善组织会社主要的工作方向，只有真正影响到求助者的心灵和品格，才能让他们未来的生活足够稳定。[①] 第三，注重资源整合。规模大、程度深、呈现出结构化特征的贫困问题是人类历史上的新情况，在尝试应对这一状况时，早期的社会工作者没有现成的章法可依，于是动员了包括宗教和教育等诸多领域的有识之士共同参与，并且推动实现社会公平正义的立法程序，如劳拉・简・亚当斯亲身参与制定美国第一部少年法庭法、妇女八小时工作制等。社会工作既有针对个人和家庭的介入方式，也有针对群体和社区的介入方式，不同的资源类型和介入方式使得工作内容更加全面丰富。

关于如何对这些专业方法进行分类，一般来说有两种观点。一种观点认为，可以依据社会工作方法出现的先后顺序及其与服务对象的关系，将其分为直接工作方法和间接工作方法。个案工作、小组工作和社区工作是社会工作传统的三大方法，主要运用于直接面对案主的实务工作中，被称为直

① Bernard Bosanquet, *Social Work and Charity* (London: Routled/Thoemmes Press, 1996)，转引自卢成仁：《社会工作的源起与基督教公益慈善——以方法和视角的形成为中心》，载《华东理工大学学报（社会科学版）》2013 年第 1 期。

接的社会工作方法;社会工作行政、社会工作咨询、社会工作督导和社会工作研究是较后出现的专业方法,它们则间接作用于社会工作服务对象,被视为间接的社会工作方法。① 另一种观点认为,可以依据为服务对象提供服务所需的知识技巧的类型,将社会工作方法分为微观社会工作方法(个人、家庭、小组及个案管理层面)和宏观社会工作方法(组织、社区和政策层面)两大类。微观社会工作方法是专指为协助个人、家庭和群体面对与消除其生活困境或压力,并促使其整合于社会组织的专业服务方法;其使用的方法包括个案工作与小组工作方法。宏观社会工作方法是指,针对社会大众的共同需求和问题所提供的,各项促进社会团体组织功能及社区组织功能协调的专业服务,运用的方法包括社区组织与发展、社会工作行政、社会工作研究、社会工作督导与社会工作咨询等。②

无论是采用哪种分类标准,社会工作的专业方法都是在实践中不断发展的,尤其是在解决贫困问题的过程中逐渐得以丰富和完善的;而社会工作专业方法的发展也推动了反贫困的历史进程。

三、传统的社会工作方法

一般来说,个案工作、小组工作、社区工作、社会工作行政和社会工作研究等是常用的社会工作方法类型。

个案工作方法是社会工作第一个完善的专业方法,是指社会工作者能运用专业的价值观、知识和技巧,帮助个人或家庭处理其与环境之间的关

---

① 朱眉华、文军:《社会工作实务手册》,社会科学文献出版社 2006 年版,第 98 页。
② 王思斌:《社会工作导论》,北京大学出版社 2011 年版,第 203 页。

系，提升其应对问题情境的能力，提高个人和家庭的生活品质。

小组工作方法针对的是有相似或相同问题的一群人，它通过小组成员之间的互相沟通、交流和支持，提高组员应对问题的能力。小组工作既是过程，也是促进组员态度改变和能力提升的手段。小组工作方法尤其重视组员之间的互动，强调通过小组工作的过程和小组动力对组员产生影响。

社区工作方法是以社区及社区居民为服务对象，通过组织和发动社区居民，共同界定社区需要，发掘社区内外的资源以解决问题，改善居民的生活环境和生活质量，促进社区整体发展。社区工作方法强调培育社区成员对社区的归属感，培育居民自助、自决与合作的精神，提升其协商和参与的意识与能力，以形成稳定的、发展性的社区内生动力。

社会工作行政是社会工作间接的实务方法，是将社会政策转化为社会服务的过程，社会工作行政是社会工作解释与落实政策功能的具体体现。具体来说，社会工作行政是社会服务机构内部的行政管理及协调活动，包括计划、组织、人事、协调与控制等一系列内容。①

社会工作研究是指对与社会工作相关的知识和主体进行研究，依托社会工作伦理和社会研究伦理，使用社会研究方法，收集和分析与社会工作有关的资料，通过研究推进社会工作理论和实务的提升与完善，更好地发挥社会工作的功能。社会工作研究必须遵循社会研究的基本伦理，一般采用定量研究和定性研究两种范式，整合多种具体的研究方法，保证研究结构的准确性。

① 全国社会工作者职业水平考试教材编写组：《社会工作综合能力（中级）》，中国社会出版社 2015 年版，第 246 页。

在这些工作方法中，个案工作、小组工作和社区工作被称为社会工作的三大直接工作方法。在发展过程中，首先出现的是个案工作方法，而后是小组工作方法和社区工作方法，对于应用来说，掌握的顺序也是如此。个案工作可以帮助社会工作者敏锐地察觉服务对象的个体特征，把握和回应其个别化的需求，为其提供更加直接和有效的支持；小组工作则重在通过组员之间的互动，为服务对象提供多元化的支持，同时培养服务对象的沟通和协作能力，小组动力对于服务对象问题的解决至关重要；社区工作则更加考验社会工作者的整体把控能力，通过在社区这一场域内综合运用各种工作方法，社区工作最终要实现的是社区整体内生能力的提升，这主要体现在社区居民的参与意识和能力的提高、社区协商和社区自治的有效落实等方面。

社会工作行政和社会工作研究是比较常见的社会工作间接工作方法。社会工作行政是将社会政策转化为实际服务的一系列活动，有效的社会工作行政既能够促使社会政策顺利落地，使目标人群充分地享受政策福利，也能够通过专业的服务提炼经验，回馈社会政策、立法或决策，提升社会政策的质量。社会工作研究则有助于提升社会工作的专业化水平，通过研究提升服务质量、提炼经验。在当前社会工作本土化的背景下进行社会工作研究，构建本土社会工作路径，寻求与我国实际情况、文化传统与行为习惯相适应的介入方法，解决当前社会中存在的现实问题，是社会工作研究的重要课题。

传统的社会工作方法在当前我国的反贫困工作中使用比较广泛，在具体的实务工作中，以社区工作为主，综合使用小组工作和个案工作的模式比较常见。社会工作专业作为舶来品，在应对本土问题时，需要在把握学科特点的同时兼顾本土特色，关注本土问题的解决，回应本土社会的重要议题。脱贫攻坚是当前中国的国家事业，是体现社会主义共同富裕特征的重要事项，关系到广大人民群众的福祉，是社会工作应当有所作为、必然会有所作为的领域，反贫困领域中的社会工作方法也应当在具体的历史实践中得到总结与提升。

第二节　反贫困社会工作方法的实践

社会工作方法是在应对现实问题的过程中产生的，也是在解决现实问题的过程中得到提升和完善的；同时，社会工作方法有别于自然学科中的方法，在具体实施中有鲜明的地方特色和时代特征。社会工作实务的四个基本系统，即服务对象系统、行动系统、目标系统和改变媒介系统，在不同的文化传统中有不同的目标选择、互动方式、行为习惯和行动意义，在具体方法的应用上也有所不同。本部分通过梳理当前反贫困工作的特点以展现反贫困社会工作发展的背景，介绍传统社会工作方法在反贫困工作中的运用，并明确反贫困社会工作方法的发展趋向。

一、反贫困社会工作方法的实践背景

反贫困领域中的社会工作方法应当能够有效回应当前反贫困的目标。随着我国脱贫攻坚事业的稳步推进，人们对贫困的认知以及反贫困的方法经历了一个从经验到科学的过程，这是反贫困领域中社会工作方法有效性提升的前提，需加以明确。

在关注领域方面，反贫困工作既重视绝对贫困又关注相对贫困。在早期的反贫困实践中，人们对贫困的普遍认知停留在绝对贫困层面，早期的社会工作方法直接应用的对象也是以贫困人群为主的社会弱势群体，因而更多关注的是在经济和物质层面对他们进行帮扶。随着社会的进步和反贫困事业的发展，人们对贫困的理解从绝对贫困向相对贫困转变，开始关注低于平均社会水平的人群的具体生活状态，对贫困的理解更加人性化。党的十九届四中全会通过的《中共中央关于坚持和完善中国特色社会主义制度 推进国家治理体系和治理能力现代化若干重大问题的决定》明确提出，要“建立解决相对贫困的长效机制”，为 2020 年以后的贫困治理明确了重点和方向。人们对贫困内涵认识的转变，要求社会工作的介入方法不仅要能够回应绝对贫困人口的物质需求和心理需求，而且要能够对较为宏观层面的社会不平等做出回应。

在致贫原因方面，反贫困工作由注重单一归因向综合分析转变。在致贫原因的分析和解释中，有两种对立的观点：一种是从个体层面进行解释，这种观点认为每个人所拥有的机会相对而言都是平等的，个人有责任通过自己的努力工作获得发展的机会，拥有相对较好的生活，如果陷入贫困，那必定是个人的原因；另一种是从社会结构层面进行解释，认为个人在不良的社会环境面前力量微弱，不合理的社会结构和制度环境是导致贫困的主要原因。这两种截然相反的观点都带有简单化的取向，将贫困的原因要么归之于个人，要么归之于社会，而长久以来的反贫困实践和研究表明，造成贫困的原因是非常复杂的，既有个人层面的，也有社会层面的，其发生机制和作用机制更是具体复杂，并不是单一因素能够概括的。对致贫原因的多维分析和精细化研究给社会工作的方法提出了更高的挑战，要求社会工作在具体方法上能够回应更加复杂和综合的目标。

在介入理论方面，反贫困工作从问题视角转向优势视角。早期的社会工作实践对服务对象多采用问题视角，在问题视角的影响下，反贫困工作往往更加注重评估和挖掘个人、社会及文化环境中可能导致贫困产生的不良因素，在工作过程中着力处理这些不良因素，从而解决服务对象的问题。随着社会的发展和反贫困工作的推进，问题视角的不足越来越明显。社会的加速发展使得随着社会变迁而出现的问题不少反多，社会各结构之间的适应问题、社会与个人之间的适应问题频繁出现；此外，问题视角指导下的社会工作介入过度动员服务对象以外的资源来解决问题，导致服务对象被动化现象严重，服务对象对外界帮助的依赖性提高，以及自我发展的动力和能力不足。优势视角对这种状况做出了回应，在优势视角的理论视角下，减贫社会工作更加注重对贫困群体所拥有的优势进行挖掘，着重于服务对象的能力建设，在运用外部资源时亦注重外部环境对贫困人群内在动力的培育与提升，这种理论转向要求社会工作的方法更加重视有效的“赋权”技术，并协助服务对象意识和能力的全面提升。

在分析维度方面，反贫困工作从一般分析转向差异化分析。我国早期的反贫困实践较多地从具有普适性的一般层面展开，在贫困人数多、贫困程度深、贫困覆盖面大的情况下，针对较为普遍的致贫原因，大规模的、统一的资源动员和介入有助于迅速改善贫困人口的生活状况，解决其基本的生存问题。然而随着反贫困事业的推进，遗留下来的难以解决的贫困问题往往不是普遍性致贫因素所能够解释的，反贫困工作需要针对贫困地区的区域特征和贫困人群的特殊性展开。在这个阶段，社会工作介入减贫实践要采用差异化的分析取向，对不同贫困地区和贫困人群进行细致区分，根据其面临的实际情况探寻其致贫原因和可用资源，形成具体的减贫方案，使减贫工作从大规模撒网式转向细致绣花式，为贫困地区和贫困人群提供个性化的脱贫方案，有针对性地开展反贫困工作。这种从一般状况向个体差异的转变要求社会工作方法个别化的介入手法更加科学和精准。

二、传统社会工作方法在反贫困工作中的运用

第一，个案工作方法在反贫困工作中的运用。如前所述，个案工作方法作为社会工作首个成熟的专业方法是在反贫困实践中形成和完善的，当前的个案工作方法已有比较完善的价值观、伦理原则和实务技巧等。在反贫困实践中，个案工作主要针对困难个人或家庭提供个别化的支持和服务，在精准扶贫、精准脱贫战略实施阶段尤为适用。扶贫先扶志、扶贫先扶智，对于贫困个人和家庭来说就意味着其自我发展意识和自我发展能力的提升，这在以往比较常规的“输血型”扶贫模式中是薄弱环节，而社会工作秉持赋权增能的取向恰好在这个方面能够予以支持。首先，个案工作方法依循“个别化”的服务理念，为服务对象个人或家庭提供有针对性的评估、计划、介入等系列服务，更加准确地把握个体特征，从而提供有针对性的服务；其次，个案工作方法有助于唤起个体的内在发展动力，社会工作者通过与服务对象直观密切的接触，与服务对象一道工作，协助服务对象厘清行为动机并予以合理修正；再次，个案工作中“人在情境中”的分析范式有助于服务对象内在和外在的平衡与统合，从而增强其自我发展的能力；最后，个案管理为致贫

原因复杂、所需资源类型较多的服务对象提供包裹式支持，有助于为服务对象多样化的需求提供较为便利的满足途径。

第二，小组工作方法在反贫困工作中的运用。根据贫困人群的实际状况，社会工作者可以招募有相同或类似特点的服务对象形成小组，通过小组活动的开展，达到特定的目标。小组工作重视小组动力在促进服务对象改变中的作用，与个案工作方法相比，小组工作方法更加依靠小组内部的人际关系改变服务对象的错误认知和行为，以实现社会化、解决问题或是社会行动等其他层面的目标。小组工作的不同模式侧重点各有不同，可根据服务对象的不同表现特征灵活使用。社会目标模式的目的是启发社会良知、培育社会责任意识及促进社会转变，可用于公共意识薄弱问题的解决；互动模式着重于组员之间的互动能力和互动行为表达，可用于反贫困自组织的孵化；组织与环境模式是希望通过了解个人的特性、社会功能及其所处的社会环境而找出解决问题的工作方法，利用小组去提供一些改变个人及环境的方法或机会，使个人能够更好地适应社会①，可用于引导服务对象发掘和运用自身资源谋求改变，亦可用于反贫困自组织的培育。当前社会工作者将小组工作方法运用于反贫困工作时，引入了生计改善因素，有效提高了服务对象的参与积极性。但需要注意的是，生计项目应该用来服务于小组孵化和培育，而不应成为小组工作的唯一目标。

第三，社区工作方法在反贫困工作中的运用。社区工作方法是宏观层面的社会工作介入方法，可发挥如下功能：调整或改善社区内的社会关系，减少冲突；寻求社会福利需要与社会福利资源的有效对接，改善社区生活质

① 王思斌：《社会工作导论》，北京大学出版社 2011 年版，第 223 页。

量;完善社区内资源与权力的配置等。当前由政府主导的反贫困工作以社区作为资源下沉的基本单位,与专业的社区工作有着共同的目标,即社区面貌的改变和人们生活水平的实质性提升,但是在具体的工作方法上亦有不同。专业的社区工作方法任务目标和过程目标并重,在某些情况下,甚至更加重视过程目标的实现;而传统的行政介入方式更加关注任务目标的完成。侧重点的不同可能会导致的结果是:同样是解决贫困问题,社会工作者和行政工作人员的工作方式和解决重点存在差异。在这种情况下,社会工作者应认真评估社区需求和资源,主动加强与行政工作人员的联络和沟通,吸收本土化的有效工作方法,做到以社区为本灵活处理而非僵化地照搬理论模式。此外,社区工作方法在反贫困工作中的运用要避免陷入"活动化"的误区,即追求社区活动开展的所谓覆盖面和影响力,表面热热闹闹而欠缺对社区整体发展能力和社区关系的提升。

第四,社会工作行政在反贫困工作中的运用。在反贫困工作中将政策转化为具体服务是关键步骤,从某种程度上来说,转化的质量好坏决定着国家政策能否为贫困人群带来"获得感"。作为一种宏观的社会工作专业方法,社会工作行政并不直接针对服务对象开展工作,而是通过行政管理支持一线服务的顺利开展。社会工作行政在反贫困工作中的运用主要分为两种类型:一是政府层面的社会工作行政,二是机构层面的社会工作行政。政府层面的社会工作行政按照政策和法律通过行政体系落实中央政策,为社会工作实务的开展提供政策支持和资源支持;机构层面的社会工作行政是社会工作服务机构通过专业的内部组织和管理,为一线社会工作者提供督导、支持和保障,从而有效地向服务对象提供服务。

第五，社会工作研究在反贫困工作中的运用。一线社会工作者和社会工作领域的专家、教师等对社会工作在反贫困工作中的介入模式、方法技巧、理论基础以及存在的问题等方面进行了一系列研究，发表和出版了相关的研究成果。社会工作研究遵循实证为本的研究逻辑，注重对介入过程和介入效果的分析。值得注意的是，我国的反贫困实践具有显著的本土特色，在政策设置、介入方法、作用机制等方面均具有不同于西方社会工作的特点，这值得进一步的挖掘和总结，从而为本土社会工作的发展提供经验积累。

三、反贫困社会工作方法的发展趋势

如前所述，社会工作方法的发展与反贫困事业的发展有着密切的联系，在我国，反贫困社会工作也经历了一个从无到有的发展过程。社会工作专业在我国面临着本土化的问题，社会工作的专业方法需要找到更加契合本土国情、文化传统和制度设置的实践路径。随着反贫困工作的深入，反贫困社会工作方法也在不断发展和完善，呈现出如下发展趋势。①

第一，实践方向的多元化和精细化。近年来，减贫社会工作的覆盖范围、服务人群和工作内容不断扩展，从最初统一化的贫困人群，到当前区分地域、性别、年龄、身体状况以及自我发展能力等特征的不同的目标人群，这些变化需要社会工作方法予以回应。在这种发展背景和需求之下，社会工作方法的具体实践呈现出多元化和精细化的发展趋势。反贫困社会工作覆

① 向德平、华汛子、金旖：《视角转换与方式创新：减贫社会工作的本土实践》，载《社会工作与管理》2017 年第 6 期。

盖了几乎全部的贫困地区，尤其是深度贫困地区，服务对象不仅涵盖妇女、老人、儿童、残疾人等传统的社会弱势群体，也包含所有处于贫困状况的边缘人群；服务方式从社区整体的发展扩展至针对个体的精准介入，从村庄层面的发展规划细化到贫困户、贫困人口等单位，使减贫效果更加直接地与人民实际生活水平的提升和整体福祉的提升挂钩；服务内容从物质扶助发展至针对个体的生理状况、心理状况、自我发展能力和资源占有状况等方面，呈现出包裹式服务的特点。服务对象、服务方式以及服务内容的复杂化要求社会工作必须通过方法的多元化和精细化，在实践层面对其予以回应。

第二，工作方法专业化的实质性提升。为了提高社会对反贫困社会工作的认知度和认同度，推动中国反贫困社会工作的进程，从事相关工作的社会工作机构和社会工作者进行了大量实践；通过对这些实践进行总结和反思，社会工作机构和社会工作者有效提高了自身的专业服务能力。反贫困社会工作服务方法的专业化发展，可以通过两方面得以体现。一是机构管理规范化。近年来，国家在政策法规和制度设计上对社会组织的登记、注册和管理等都提出了更加明确的要求，出台了多项政策法规以指导社会组织的管理工作。在政策指导下，各个反贫困社会工作机构更加注重内部管理，通过建章立制，将反贫困社会工作的介入方式、评估指标等内容以规范的形式确定下来，有效改善了早期反贫困社会工作实践的无序状态，实践的专业性得以提高。二是介入手法专业化。在认识到我国贫困问题的特殊性之后，反贫困社会工作形成了以本土实际情况为基础，以不同致贫因素为依据，以社会工作的专业方法为措施的工作策略。灵活、实用是目前反贫困社会工作的主要特点。根据不同的致贫原因，反贫困社会工作将采取不同的工作策略，包括以个案工作缓解贫困给贫困者带来的精神压力和心理问题，以小组工作提升贫困者对自身状况的认知和对社会生活的适应能力，以社区工作提高贫困者对社区事务的参与意识和参与能力等。服务方法的转变，使反贫困社会工作获得了政府和社会的广泛肯定。

第三，实践理念的积极化。社会工作通过将利他主义、人人平等、助人自助和以人为本的社会工作价值理念运用于工作实践中，树立起以帮助贫困群体建立自我帮扶机制为主的"造血型"扶贫理念，摒弃以往提供单一、暂时的经济帮扶和物质援助的"输血型"扶贫方式，转而帮助贫困群体发掘自身优势、进行能力建设。这样不仅能够有效增强贫困群体的自尊心和自信心，还能切实降低贫困群体再次返贫的可能性，避免福利依赖问题的产生。与此同时，反贫困社会工作确立了"参与"的工作理念，在开展反贫困工作的过程中强调贫困群体的参与，改变了以往政府和贫困群体自上而下单向传递的救助模式，提高了反贫困工作的效果。

第四，工作模式的系统化。通过不断积累工作经验、汲取工作教训、结合我国国情，社会工作形成了一套系统、完善的工作模式，从经济、心理、文化、生态等多个方面开展反贫困工作，发展出了利用农村小额信贷开展减贫，提高贫困群体收入的金融减贫模式；开展团体治疗、小组工作坊和个案辅导等活动，解决贫困群体心理和精神问题的个体反贫困模式；进行文化传承、文化发展和文化保育，传递积极文化思想的文化反贫困模式；倡导环境保护、绿色发展，降低灾害发生率和提高旅游吸引力的生态反贫困模式。其中，金融减贫模式和个体反贫困模式的发展已较为成熟，文化反贫困模式和生态反贫困模式仍处于完善阶段。多种工作模式构成了一个系统、科学的减贫模式，通过不同工作模式的交叉使用，反贫困社会工作的工作效果得到了有效保障，同时也夯实了我国反贫困工作的实践基础。

第三节　反贫困社会工作方法的创新

反贫困社会工作方法在跟随反贫困实践发展步调的同时，也应当思考基于社会工作的专业性，如何引导和主动推进反贫困工作的开展。这需要我们认真反思和总结反贫困社会工作方法的特点，并在此基础上对现有的工作方法进行创造式的改进。

一、反贫困社会工作方法的特点

结合我国反贫困实践的经验和发展方向，以及社会工作的专业特质和社会工作方法的实务操作机制，可将反贫困社会工作方法的特点总结如下。

首先是以贫困人群自我发展能力的提升为重要目标。习近平总书记指出，我们坚持开发式扶贫方针，把发展作为解决贫困的根本途径，既扶贫又扶志，调动扶贫对象的积极性，提高其发展能力，发挥其主体作用。“只要有信心，黄土变成金。”贫穷不是不可改变的宿命。“人穷志不能短，扶贫必先扶志。”要做好对贫困地区干部群众的宣传、教育、培训、组织工作，让他们的心热起来、行动起来，引导他们树立“宁愿苦干、不愿苦熬”的观念，自力更生、艰苦奋斗，靠辛勤劳动改变贫困落后面貌。贫困群众既是脱贫攻坚的对象，更是脱贫致富的主体。摆脱贫困不仅要摆脱物质的贫困，还要摆脱意识和思路的贫困。“扶贫必扶智，治贫先治愚。”脱贫致富不仅要注意“富口袋”，还要注意“富脑袋”。①习近平总书记对自我发展能力之于贫困人口和扶贫工作的重要性做了概括性的论述，这些论述与社会工作所强调的“授人以鱼，不如授人以渔”具有内在的一致性。提高贫困人口的自我发展意识，提升其自我发展能力，能够使反贫困工作具有稳定和长久的推动力量，真正实现贫困人口作为有尊严、有能力的人的主体地位。因此，反贫困社会工作方法在具体的实务实践过程中，应将聚焦点放在贫困人群自我发展能力的提升上，动员一切资源促进这一目标的完成。

其次是注重资源的整合与运用。脱贫攻坚是我国当前的一项重要政治任务，举全国、全社会之力共同参与，注入这一领域的资源不可谓不多，既有来自政府的官方扶贫资源，包括各种扶贫项目和政策优惠，也有来自社会和市场的多样化资源，包括慈善捐助、志愿者服务以及各种形式的帮扶等。如果能够将这些资源的效用发挥到极致，将非常有利于脱贫攻坚工作目标的实现；如果这些资源都是各行其道，没有一个统一的筹措平台，则会出现资源的重复和浪费，以及资源分配的不平衡。那些能够引起关注的贫困人群得到了很多的外部资源，而境况同样很差的部分贫困人群因与外界缺乏有效沟通而难以获得外部资源；一些非正式资源在进入扶贫领域时，也缺乏透明、可信的监督渠道，这会挫伤社会捐助的积极性，不利于反贫困工作的开展和推进。面对这种情况，社会工作者应依托自身在资源筹措方面的优势，注意获取各方资源，而不仅仅是习惯由政府提供正式资源；社会工作者应注意整合社会领域和市场领域所提供的各种类型的救助，将这些资源统筹利

① 黄承伟：《激发内生脱贫动力的理论与实践》，载《广西民族大学学报(哲学社会科学版)》2019年第1期。

用，尽量避免资源的浪费和疏漏，实现资源利用的最佳效果。

最后是社会工作方法的灵活使用和总结提炼。社会工作方法是在应对西方社会问题的过程中产生并发展起来的，社会工作方法的学术研究也有明显的西方特色。这使得社会工作方法被运用于中国国情下以应对具体问题的时候，有时显得不够具有针对性。此外，在中国反贫困的具体实践中，又有很多富有中国特色的做法，能够有效地解决贫困问题。这就需要我们在使用社会工作方法来解决中国贫困问题的时候，要注重对专业方法的灵活运用以及对本土方法的提炼和总结。对社会工作方法的灵活运用，需要建立在领悟专业方法意旨的基础之上，并适时对其进行扬弃。例如，个案工作的通用过程，第一步一般是接案，即处理求助者的服务申请。之所以有这样的一个设置，是因为在西方社会普遍存在的人们主动求助正式机构的行为习惯，如果一个人遇到了生活上的问题，他会将求助社会工作者作为解决自身问题的备选方案，这种行为习惯的养成是需要时间的，也是需要相关的制度设置的。而在中国，这些行为习惯并没有很普遍。在中国的个案工作，尤其是农村地区的反贫困工作中，主动明确地求助社会工作者的现象并不常见，其中的原因有很多，与社会工作的认知度不高有关，也与当前中国人在应对问题方面的资源动员类型不同有关。当代的中国人在遇到现实问题时，多求助于亲朋好友等非正式资源的支持。因此，通用教材中关于接案这个部分的讲述，在我国当前的反贫困领域中就不太适用。面对类似的情况，就需要社会工作者灵活地处理，把握社会工作方法的意旨，灵活地运用这些方法，如之前所举的接案的例子，虽然服务对象的来源不同，但是在这一阶段，社会工作者的核心任务是与服务对象建立起良好的专业关系。因此无论是自发求助的对象，还是社会工作者通过外展工作而识别的服务对象，在这一步骤中最主要的就是专业关系的建立。只要社会工作者在接案时把握住建立专业关系的技巧，处理好在建立专业关系时应注意的事项，就表明个案工作已经开始。

此外，反贫困实践中也有很多富有中国特色的实践类型，我们可以对其进行总结提炼，丰富社会工作的实务方法。例如，在中国的制度背景下，干部在动员民众时具有特殊号召力，与专业社会工作中“骨干”的角色相近，但是二者的核心作用和含义不同。干部的号召力在资源调动、资源分配以及资源动员方面能够起到很大的作用，尤其是在结合我国传统的群众工作方面，其促进目标达成的力量是不容小觑的。这种在中国反贫困场域中的特殊力量，当前还没有专业的方法可以涵盖，这就要求我们在实际的工作中注意总结提炼，找到在反贫困领域中有力量的中国因素。

二、反贫困中发展性社会工作的方法创新

发展性社会工作是在社会工作实践的基础上产生的。它将生产性活动和社会投资策略应用于社会工作的专业实践，在强调经济发展的同时，亦强调人类福祉的提升和改善。作为发展中国家的一员，我国在解决贫困问题时需要社会工作的参与。发展性社会工作在我国反贫困实践中具有巨大的介入空间，特别是我国反贫困工作已进入“精准扶贫”新时代，更需要社会工作参与精准识别、精准帮扶和精准管理，以提高减贫效益。近些年，我国一些社会工作机构运用发展性社会工作理论指导其反贫困活动。我国反贫困社会工作应以整合社会发展与经济发展为目标，以社区为基本介入单元，以

多重社会工作干预联动为方法，以“能力提升”和“可持续生计”为策略。①

首先，以整合社会发展与经济发展为目标。发展性社会工作聚焦于社会发展与经济发展的统一和整合。贫困人群的需求除了物质和经济等方面的基本需求外，还有发展性的需求。贫困是多维的，致贫原因是多样的，具体表现为收入贫困、能力贫困、文化贫困、精神贫困等，但贫困的结果呈现具有一致性，可以用收入水平进行衡量，这就要求社会工作者在关注贫困人口与环境的调适，恢复与提升贫困人口的社会功能的同时，也要关注贫困人口收入水平的提高及生活水平的改善。社会工作既要为服务对象提供心理疏导、生活关照、教育、安全等服务，又要重视贫困人口的赋权和能力提升，真正实现“助人自助”。对于一些因病致贫、因残致贫、因学致贫的贫困家庭来说，最紧迫的需求还是经济方面的扶持，以缓解在医疗、康复、教育方面的困难；同时，他们需要树立脱贫的信心，提高脱贫的能力。这就需要社会工作在反贫困领域中重视社会发展与经济发展的协调和整合。发展性社会工作的目标追求与我国经济社会发展的目标追求不谋而合。在发展性社会工作理念的指引下，反贫困社会工作需回应贫困人群在发展过程中遇到的现实困境和问题，以解决发展过程中的公平正义问题。

其次，以社区为基本介入单元。从某种程度上来说，福利依赖现象的形成会消减服务对象自主发展的动机。同时，因资源和机会的缺乏，即使贫困群体有参与劳动和工作的意愿与动机，贫困地区所能提供的就业岗位也十分有限。发展性社会工作应高度关注农村贫困地区和贫困人口的就业问

① 向德平、程玲：《发展性社会工作的脉络、特点及其在反贫困中的运用》，载《西北师大学报(社会科学版)》2019 年第 2 期。

题，鼓励贫困群体和弱势群体就业创业，促进社区发展。社区作为社会的基本构成单元，是发展性社会工作介入的基本单元。因此，社会工作在反贫困领域的服务提供需立足于社区，促成贫困人口在经济、政治、文化、设施等多层面融入社区生活。反贫困社会工作可以采取以社区为基础的社会投资策略，直指社区中的贫困问题，将社区的经济发展与社区成员的减贫联系起来，以改变社区及社区居民贫困落后的状况，回应社区和社区居民的需求，提升其经济水平和生活水平；可以利用和挖掘社区内部优势资源与力量，链接社区外部资源，改善社区居民的生活状况，提高社会的经济发展水平；可以将社区建设与社区生产性组织工作联系起来，如开展家庭生计互助社、农业专业合作社、平等参与的手工作坊等社区生产性组织工作，扩展服务的传递模式；还可以调动社区的内生动力，充分发挥社区成员的积极性，借由互助和自助，促进贫困人口和社区的可持续发展。

再次，以多重社会工作干预联动为方法。发展性社会工作要综合运用多种方法推动经济与社会协调发展，实现社会变迁并推动社会进步。在专业方法上，社会工作服务的提供需要围绕减贫发展目标，综合运用微观层面的个案工作方法、小组工作方法，中观层面的社区工作方法，包括社区分析、社区策划和社区发展，以及宏观层面的社会政策、社会工作行政及社会工作研究等方法，在实务过程中实现方法的整合。在实务模式上，社会工作强调的多重干预模式，如减贫与可持续生计策略、以家庭为中心策略、社区为本策略、社区教育与组织策略、社会政策、社会规划和政策倡导等，可运用到我国反贫困的实践中去。贫困人群经济救助、贫困人群关爱服务、农民合作组织的培育、生计项目的扶持、小额信贷扶贫、贫困户移民搬迁等领域也亟须社会工作的介入与参与。在干预层面上，社会工作在反贫困领域的干预可以从个人、家庭、社区和社会多层次展开，从而改善服务对象的生计。在个人与家庭层面上，社会工作主要回应贫困人口的需求，包括知识、教育、能力和意识等方面的提升与改善，实现微观层面上的“助人自助”；在社区层面上，社会工作要回应社区整体性需求，包括社区经济发展、公共基础设施的建设、社区文化建议等方面，实现中观层面上的“助人自助”；在社会层面上，社会工作要回应社会发展需求，追求社会公正，促进社会进步。

最后，以能力提升和可持续生计为策略。发展性社会工作强调将社会与经济发展联系起来，寻求一种既可以促进经济发展，又可以推动社会发展的工作策略。如此，促进经济发展的社会投资策略的发展性社会服务方案就可以替代治疗取向的社会工作服务。在具体介入策略上，一方面，反贫困领域社会工作服务需纳入更多生产性活动，关注可持续生计发展策略。例如，社会工作者可以协助社区发掘优势资产，协助社区选择生计发展项目；可以发挥资源链接和资源整合的优势，链接社会资本，以寻求社区经济的改善与发展，并实现社区经济发展与社会发展相协调的目标。另一方面，反贫困社会工作在设计社会工作服务方案时需更关注能力提升的工作策略。在追求经济收入增长的同时，反贫困社会工作还可通过人力资本投资策略和能力建设，维护并改善服务对象的健康水平，增加服务对象接受教育的机会，提高服务对象参与生计项目的能力，实现可持续生计；同时，反贫困社会工作注重从个体、组织和社区层面开展社会资本建设计划和资产积累计划，提升服务对象的社会参与能力，进而对社区发展做出贡献。

三、反贫困社会工作的整合实务方法

在实际的反贫困工作中，社会工作需要与其他专业领域深度合作共同解决问题，这是由我国的体制特征决定的，参与反贫困工作事实上可以并且已经成为我国社会工作专业在实践中得到发展的重要途径。本部分从社会工作与多领域管理工作的整合、与社会工作研究的整合、与心理学治疗方法的整合三个方面，展现反贫困社会工作的整合实务方法。

1. 与多领域管理工作的整合：个案管理

反贫困社会工作方法与多领域管理工作的整合以个案管理（case management）为主要代表。个案管理是介于社会工作直接服务工作与间接服务工作之间的一种整合性服务方法，有时候被称为“综融性社会工作”。在当前的反贫困领域，个案管理是一种有效的专业介入方法。

个案管理的定义有体系取向和过程取向两大类。体系取向的个案管理认为，个案管理是连接和协调各种不同服务体系的运作方式，用以确保运用最完善的方式来满足服务对象被照顾的需求；过程取向的个案管理强调，个案管理是一种协调的过程，通过协调和获得各种资源来协助那些面临各种问题的服务对象，他们因为这些问题而出现了无法满足的生活需求、失意和无成就感的状况。换言之，个案管理是一种提供服务的方法，它是由专业社会工作者评估服务对象及其家庭的需求，并安排、协调、监督、评估和倡导一套包含多种项目的服务，以满足特定服务对象的复杂需求，这要求社会工作者必须与掌握不同资源的其他领域和部门共同合作才能实现目标。

个案管理具有如下特点。第一，服务对象所遭遇的问题具有多重性。

个案管理的服务对象通常有两个共同的特质：一是他们所遭遇的问题很复杂，需要多领域的专业人员协作才能够解决；二是他们在获得与使用潜在的助人资源方面有特殊困难，资源获取难度较大。第二，个案管理的工作方法具有“全貌”特征，需要为面临多重问题的案主寻找其所需的服务网络，同时需要协调这个网络中的各项服务。也就是说，个案管理在关注每一项个别化的需求的同时，也要关注整个服务网络能否有效地协调配合，从而解决服务对象的问题。第三，双重功能。个案管理的双重功能一是指可以经过各项服务的协调实现服务的合理配置，即通过计划并协调不同的服务提供者与服务对象建立关系，来保障服务对象获得最适当、最完整的服务；二是强调服务的效率，在成本效益的原则下运用社会资源并提供相关的服务。

个案管理的这些特征表明，这种工作方法特别适用于反贫困中的微观层面，即针对贫困人口或是贫困家庭的工作。一般而言，贫困人口或贫困家庭具有高度的脆弱性，致贫原因复杂，在这些原因中尤以自我发展能力低为甚。要解决这种特征的贫困，个案管理所提供的全貌服务和资源融合式的服务就比较合适。

社会工作者在反贫困社会工作中运用个案管理时，需要注意以下几个方面。

第一，强调在服务过程中贫困对象的参与。个案管理强调服务对象与社会工作者一起工作，包括需求的评估、包裹式服务的规划与组织、服务的推进等，都是由双方共同决定的。服务对象需要参与到个案管理的整个过程当中，而不仅仅是被动接受。服务对象在其中要充分表达个人的需求和意见，同时要具有相当程度的选择权和自决权。这样的安排使得服务的提供能更加契合服务对象的需求和习惯。因此，社会工作者需要和服务对象建立基于信任的合作关系。在反贫困领域中，社会工作者要重视并倾听贫困人群的需求和愿望，鼓励他们表达自身对反贫困路径的看法，在采取具体措施的时候注意收集他们的意见，并尊重其所表达的想法。服务对象的参与有利于彰显和巩固其反贫困的主体地位，提升其自我效能感和自主性，使其重视在反贫困全过程中的赋权。

第二，评估必须全面准确。评估是个案管理的核心任务，包括对服务对象的需求、生理状况、社会环境、非正式网络甚至个人偏好进行考察。评估的目的是切实提供满足服务对象需求的服务，并维持服务的公平性。准确评估要求在介入之前，对贫困人口的状况进行全方位的了解，与建档立卡类似，但又不拘泥于建档立卡的标准化操作；个案管理的评估可以根据贫困区域和贫困人口的特点展开，其准确性及反映事实的精准程度是社会工作者需要考虑的重点。

第三，服务协调。个案管理工作对社会工作者的角色要求与传统的直接服务提供者有较大区别，更注重协调能力。在服务设计过程中，这种角色的特点体现为强调社会工作者需要协调各方资源为服务对象提供“全人”的服务，并不局限于对服务对象的某项特殊需要提供直接服务。这与贫困人口所面临的多重性问题是相似的，因为问题和需求是多重的、复杂的，所以社会工作者需要去融合不同的资源，与多个机构和专业共同合作，社会工作者承担的是协调者的角色。

第四，包裹式服务与专业合作。包裹式服务是指经过需求评估和可利用资源的确认后设计出一整套服务，并且通过各种服务的联结最终促使服务对象学会独立自主。专业合作是指个案管理是一种结合不同专业领域的团队工作方法，根据服务对象的不同需求，参与主体的专业也略有差异，比如在当前的反贫困工作团队中，就包含社会工作者、政府部门工作人员、自治组织成员、经济合作组织成员、自组织成员、慈善组织以及来自市场的参与主体等，不同性质的参与主体依托各自的资源回应贫困人口的差异化需求。

在当前的反贫困领域中，个案管理是比较合适的一种微观社会工作介入方法，较之同属微观层面的个案工作方法而言，个案管理回应的问题更加广泛、动员的资源更加多样，社会工作者所承担的功能也从传统的使能者、咨询者和治疗者转向教育者、协调者和倡导者，能够为服务对象提供全方位的服务，更好地体现了反贫困工作的精准特质。

2. 与社会工作研究的整合：行动研究

行动研究的概念自1944年由库尔特·卢因(Kurt Lewin)提出至今，在社会工作、教育学、心理学和医疗健康科学等多专业得到使用，其内容和方法时至今日也在不断变化与发展。行动研究多用于实用/实践取向的学科，希望研究的结果能够对政策提出实质性建议，能够为实践和行动带来指导意义，甚至希望我们的知识活动(包括研究本身)能够更好地服务在地社区和民众。在当前大规模脱贫攻坚的背景下，极具实践性的行动研究对于提炼本土经验来说具有特殊意义。

在行动研究中，研究者不再局限于单一身份，而是与问题有关的所有其他人员一起参与研究和行动，他们将研究发现直接应用于行动，对问题情境进行全程干预，进而提高自己改变社会实践的能力。行动研究属于社会工作研究的范畴,是一种比较特殊的社会工作间接工作方法。行动研究的特点主要有以下几点。第一,注重实务导向。行动研究旨在解决实践中的问题,运用行动研究的成果直接服务于社会工作实务的改善,其直接目标是优化实务过程。对于反贫困来说,时效性尤为重要,实务工作者需要根据现实问题找到现实的解决办法,促成反贫困目标的实现。第二,研究场域与实务场域合一。在行动研究中的研究者本身就是实务工作者,能够在自己的实践情境中边行动、边研究,再行动、再研究,将行动与研究融为一体。研究成果的应用者就是实务工作者和研究者自身,应用场域也是实务工作者的实务工作场所。这种研究与实务的高度统一使得研究具有很强的针对性,对于精准扶贫来说,这种针对性尤为重要。第三,重视民主参与。行动研究注重研究者与行动者的伙伴式合作。在具体的操作过程中,鼓励实务工作者、学者、专家和服务对象平等互动,共同推进实务发展。这种特征对于反贫困来说,意味着在行动中要注重对贫困人口的赋权,关注贫困人口的生活世界以及经验。

行动研究尤其适合正在推进中的反贫困工作。行动研究作为社会工作的一种间接工作方法,兼具理论建构和理论批判的双重功能,寓研究于行动的策略将理论与实践融为一体,有助于本土经验的提炼和本土理论的建构。行动研究要遵守的八个重要原则如下:(1)行动研究结合了研究和行动;(2)行动研究是研究者(researchers)和参与者(participant)的协同研究;(3)行动研究必须建构理论知识;(4)行动研究的起点是希望社会转化(social transformation)和致力于社会公平正义(social justice);(5)行动研究必须具有高度的反身性(reflexivity);(6)行动研究要探索各种各样的具有实用性的(pragmatic)知识;(7)行动研究对于参与者而言将导向有力量的学习(powerful learning);(8)行动研究必须将知识的探究放置在更宽广的历史、政治和意识形态脉络下。[①]行动研究有很强的实用性关怀,目标非常清晰,一方面,研究者是在其专业角色的社会实践中进行研究,是为了改进实务工作和更有效地完成专业实践而做研究,而不是为了研究而投身观察其他行动者的社会实践;另一方面,行动研究本身就是一种社会实践,通过研究的过程,探究介入和改变的方法,从而改变现有的社会制度和系统,摆脱社会压迫、消除社会不平等、促进社会公平正义的社会理想,要实现这些理想,行动研究的过程需要强调向民众学习,推动增权/赋权/培力(empowerment)的工作,在知识生产的层面更需要产出批判性知识。[②]

在反贫困社会工作中,不仅有一线社会工作者在从事实务工作的同时积极进行理论思考,探索本土化社会工作的发展路径,而且有社会工作领域的专家投身实务,既深化和推动了实际工作的开展,又产出了系列研究成果,积累了社会工作本土化的理论基础,这些都可以视为行动研究结出的硕果。中山大学的张和清教授及其团队在广东绿耕社会工作发展中心的发展中起到了重要作用,在绿耕行动不断深化和拓展的同时,张和清团队产出了系列学术成果,亦受到了社会工作实务界的普遍认可和赞誉。学术研究和实务开展互相强化,有力地推动了反贫困社会工作的发展。

行动研究着眼于改变,这是在反贫困实践中运用行动研究的重要原因之

① Bridget Somekh and Cathy Lewin, *Research Methods in Social Sciences* (London: Sage, 2005),转引自古学斌:《道德的重量:论行动研究与社会工作实践》,载《中国农业大学学报(社会科学版)》2017年第3期。

② 古学斌:《道德的重量:论行动研究与社会工作实践》,载《中国农业大学学报(社会科学版)》2017年第3期。

一。反贫困实践将行动研究应用于贫困人群的自我发展能力建设，即把研究的重点放在自我发展能力建设和提升的有效路径选择上；通过与贫困人群的共同努力帮助贫困人群构建自我发展能力建设的可行路径，反贫困社会工作研究的重点将是以实践为本的贫困人群自我发展能力的建设路径。

3. 与心理学治疗方法的整合：理性情绪行为治疗法[①]

社会工作与心理学颇有渊源，不仅在理论上多借鉴心理学的研究成果，而且在工作方法上与心理学有比较密切的关系，在反贫困社会工作中，与心理学治疗方法的结合亦比较普遍。下文以理性情绪行为治疗法为代表，展现反贫困社会工作与心理学治疗方法的结合。

理性情绪行为治疗理论是由美国心理学家阿尔伯特·埃利斯（Albert Ellis）在20世纪50年代创立的，这是目前在心理咨询、社会工作实务中应用最为广泛的认知行为理论之一。[②] 在这一理论的基础上，埃利斯建立了理性情绪行为治疗法，该治疗方法属于认知行为理论流派，对“理性/非理性”信念的关注是这一方法的重点。该理论认为，在限定时间内完成明确的脱贫目标，内生动力不足成为最大制约，内生动力不足的实质是精神贫困。[③] 理性情绪行为治疗法中所关注的“理性/非理性”情绪属于精神范畴，运用这一方法介入反贫困实践中精神层面的问题，尤其是内生动力不足的问题，具有一定的实践意义。

---

① 本部分理论知识资料源于由中国社会工作教育协会主办、武自珍教授主讲的第一期REBT理性情绪行为治疗咨询方法工作坊讲义，特此说明并表示感谢。

② 文军：《西方社会工作理论》，高等教育出版社2013年版，第28页。

③ 黄承伟：《激发内生脱贫动力的理论与实践》，载《广西民族大学学报（哲学社会科学版）》2019年第1期。

理性情绪行为治疗法认为，事实本身不会给人带来困扰，会给人带来困扰的是人对事实的解读。一个事件之所以让人产生不可控制的负面情绪，并在负面情绪的影响下做出不可控制的行为，是因为人基于不合理的信念赋予了这一事件负面的意义；将信念由“合理”调整为“不合理”，即理性情绪行为治疗法的质疑讨论环节，是改变问题的关键。在反贫困领域，面对贫困的现实状况，面对国家前所未有的扶贫力度，有的人选择鼓足干劲谋求发展，有的人被动接受扶持甚至是“推着也不走”，这种差别即源于其信念方面的差异，这种个体信念方面的差异导致了截然不同的政策效果。如何调整信念，使个体福祉和政策目标能够达到共振效果，是理性情绪行为治疗法在反贫困领域中的实际目标。

理性情绪行为治疗法围绕“信念”展开，合理和不合理的信念各有其特点。因为翻译的原因，理性情绪行为治疗法常常被误解为其治疗目的是帮助案主建立理性的信念；实际上，与其说是理性的信念，毋宁说是合情合理的信念（后文简称“合理信念”）。此处的合情合理，并非一般意义上与“情感”相对应的“理性”，而是包含了情感和理性双重内容。具体而言，对合理与不合理信念可做如下区分。

（1）合理信念是依据客观事实的，它建立在对客观事实的正确认识的基础之上；不合理信念则建立在臆想的、片面的现实基础之上。（2）合理信念是有弹性的，是可以针对具体的情境做出调整的；不合理信念则是绝对的，不容置疑也不可更改的。（3）合理信念会引起我们中度的情绪反应，这种情绪反应在个体可以调控的范围之内；不合理信念则往往会使我们失控，要么情绪高涨无法平复，要么情绪低落毫无斗志，阻碍我们找到解决问题的条件以及提升解决问题的能力。（4）合理信念容易帮助我们实现健康的人生目标；不合理信念则使我们囿于困境无法摆脱。依照上述四条区分原则，反贫困领域中精神贫困的诸多表现都可以被视为不合理信念造成的后果。

理性情绪行为治疗法的主要目标为：通过调整服务对象的不合理信念，使服务对象的想法更加合情合理，更加符合事实，也更具有弹性；使服务对象的情绪更加合宜，而且可以由服务对象调整控制；使服务对象采取的因应行为更有效率、效果更加理想；使服务对象的生活状态比较接近他们追求的幸福目标。也就是说，理性情绪行为治疗法的目标事实上是由“信念—情绪—行为—目标”组成的系列，而不是仅仅局限于信念的改变。通过激发贫困人口的内生动力，提高个体适应环境和获得资源的能力，促进其自主发展，最终实现稳定脱贫，这也是反贫困领域的政策目标。可见，二者都遵循从内在到外在的路径，需求内在与外在的共同改变和协调发展。

在反贫困话语体系中，贫困一般被分为物质贫困和精神贫困，理性情绪行为治疗法更加关注和直接介入的是精神贫困领域。从我国现阶段脱贫攻坚的发展现状来看，围绕“两不愁三保障”实施精准扶贫，解决贫困人口的物质生活困难问题不大，也就是说物质贫困的解决是在当下可以实现的目标。但必须注意的是，如果不解决精神贫困的问题，物质贫困的问题即使被解决了也极有可能出现反复。“后脱贫时代”面对的主要是制约发展的精神贫困。众多的扶贫调查研究发现，大多数贫困者真正贫困的原因是“精神贫困”，脱贫无望的贫困者中有90%以上处于精神贫困。①

① 唐任伍：《元叙事语境下后小康时代“精神贫困”治理研究》，载《贵州省党校学报》2019年第4期。

精神层面的贫困有独特的外在表现，不同的学者从不同角度勾画了精神贫困的表现样态。有的学者从减贫目标和减贫手段的角度，将精神贫困划分为有减贫目标而减贫手段偏离的“等靠要型精神贫困”、有减贫手段而无减贫目标的“消极盲目型精神贫困”以及无减贫目标且无减贫手段的“安于天命型精神贫困”。① 有的学者从不同的精神维度，将精神贫困的表现划分为以下几种形态：一是听天由命、消极无为的宿命观，二是安于现状、好逸恶劳的幸福观，三是“等靠要”的人生观，四是安土重迁、重农轻商的经济观。② 有的学者从内生动力的角度切入，将有劳动能力而自主发展意愿不足的贫困人口划分为福利依赖型、宿命论型和盲目从众型。具体表现为，福利依赖型贫困人口懒惰消极，对资源提供主体形成稳定预期，有不劳动的行为习惯，没有劳动积极性；宿命论型贫困人口是由于一代又一代流传下来的生活方式和行为习惯，或是由于缺乏成功经验，而对生活失去信心，安于现状，缺乏进取心；盲目从众型贫困人口是受到其他贫困人口的影响而表现出与这些贫困人口相一致的行为，缺乏发展目标，丧失自我意识，对他人行为盲目追随。③ 精神层面的贫困虽然是指由于内在原因而导致的贫困，但其相较于物质贫困有着截然不同的表现形式，同样是处于贫困状态中，缺乏“精气神”的精神贫困相当容易被辨识出来。在辨识出贫困人口处于精神贫困的状态之后，我们需要对这种状态进行分析。

---

① 黄承伟：《激发内生脱贫动力的理论与实践》，载《广西民族大学学报(哲学社会科学版)》2019 年第 1 期。

② 唐任伍：《元叙事语境下后小康时代“精神贫困”治理研究》，载《贵州省党校学报》2019 年第 4 期。

③ 程玲、向德平：《能力视角下贫困人口内生动力的激发——基于农村反贫困社会工作的实践》，载《中国社会工作研究》2018 年第 2 期。

理性情绪行为治疗法作为一种短期的治疗方法，并不固着于“现状表现—原因分析—问题解决”的思路，而是更多地将分析的重点放在造成服务对象困扰的“不合理信念”之上，并在此基础上寻求实现正向改变的行为策略。从以上所述精神贫困的表现来看，精神贫困人口的不合理信念大体可以归为以下三类。

（1）对个体/家庭的不合理信念。“安于天命型精神贫困”“听天由命”“宿命论”等外在表现，一般来说即体现了精神贫困人口对自身或家庭的不合理信念。“祖祖辈辈都是这样过来的”“这是命运的安排”“富贵是前世修来的”“命里无时莫强求”，这类语言是对个体/家庭非理性认知的典型表现。这类信念过分强调诸如命运、祖先、老天爷、前世等外在因素，夸大了这些外在因素所起到的作用，并且形成了不容置疑的“规条”。在这些绝对化的“规条”之下，人的主动性毫无发挥的余地，容易陷入悲观的情绪，因此更加难以采取有效的因应行为。

（2）对关系群体的不合理信念。“消极盲目型精神贫困”“盲目从众型”等外在表现，集中体现了精神贫困人口对关系群体的不合理信念。“大家都一样”“不做出头鸟”，这类语言是对关系群体非理性认知的典型表现。持有这类观点的贫困人口过分强调与其生活比较密切的关系群体，比如邻居、亲戚、朋友或是社区中与其境况相似的其他人的状况，以这些关系群体的表现作为自己行动的“唯一”参照。将这些与自己境况相似的关系群体视为自己行为合法性的重要依据，容易使贫困人口忽视更加宏观的整体状况，从而对现实的认识产生偏差。

（3）对环境的不合理信念。对环境的非理性认知分为两种类型。一种是对外界环境本身的偏差性认识,“不给钱就不是扶贫”“以贫困户为荣”是这类信念的典型表现。这类信念固着于对政策和环境的阶段性误读,看似是充满“生活智慧的”理性行为,实际上却是将注意力完全集中在现有的政策福利之上,而对其他发展路径完全无视。另外一种对环境的不合理信念是,无视环境而过分强调自身状况的“阿 Q 式”自满,“脚蹲小火炉,手捧玉米糊,皇帝老子不如我”是这类信念的典型表现。这类信念将注意力窄化到自身的部分因素上,对周遭的不利环境和整体状况视而不见。对环境的不合理信念,实质上都是建立在片面的、臆想中的现实之上;而这些对现实的偏差认识又导致贫困人口无法对真实状况进行评估,从而无法认清并实现其真正的健康的人生目标。

从信念合理与否的角度看待精神贫困的表现,大体可以分为上述三类,即对个体/家庭的不合理信念、对关系群体的不合理信念以及对环境的不合理信念三个层面。具体到某一个贫困人口来看,其不合理信念很有可能涵盖以上三个层面,理性情绪行为治疗法在具体的介入中要做出判断,从贫困人口最为认同的观点,也就是对其具有最大影响力的不合理信念入手。

下面我们将从介入准备、介入过程等方面,介绍理性情绪行为治疗法的实际运用。

(1) 介入准备。理性情绪行为治疗法属于人本主义流派,十分关注治疗关系本身对治疗效果的影响。因此,在介入之前,治疗者必须进行充分的自我检视,为介入过程做好准备。就精神贫困领域的介入而言,为确保介入效果,介入之前的检视和反思尤为重要,这具体表现在以下几个方面。

第一,对服务对象的看法。当前,贫困人群虽然得到了极大的政策支持和社会关注，但是毋庸置疑，针对贫困人群的一些刻板印象仍然存在。在梳理关于贫困表现的文献时我们发现，对贫困人口的负面描述和评价仍然是主流。通过对贫困人口状况的负面描述，人们容易形成对这一群体本身的污名化认识，介入者如果带着这种认识去构建专业关系，则无法真正做到尊重和平等对待服务对象，也无法保证介入的效果。因此，在介入之前，介入者必须审视自己对服务对象的看法，做到无条件地接纳。服务对象的认知与介入者、社会的主流认知可能存在着极大的不同，介入者应充分认识到这种不同的客观现实，尽量减少对这种现实的评价，既不指责与鄙视服务对象，也不过分赞美和怜悯服务对象，这两种带有主观感情色彩的评价都会弱化对服务对象自身能力的评估。介入者在介入之前应进行自我检视，形成对服务对象的正确认识，去除刻板印象，保持好奇与关切，充分接纳和尊重服务对象，构建平等的专业关系。

第二，对不合理信念的看法。因所秉持的不合理信念而导致服务对象处于贫困状态，并不意味着服务对象就能够自觉地去改变其不合理信念，介入者也不应当对其所持有的不合理信念带着先入为主的批判态度。理性情绪行为治疗法认为，人有权力在有限制的情况下尽量愉悦地生活，其当前所秉持的信念，是其所认为的在所处生活情境下的最合理选择；这对介入者来说就意味着，要接受自己所认为的不合理信念其实是贫困人口的“合理信念”这一状况。介入者对这类信念应保持好奇，采取与服务对象探讨的方法，准确把握信念背后的逻辑，从而引导服务对象摒弃不合理信念，促成其正向改变。

第三，对介入本身的看法。信念的形成不是一朝一夕的事情，因此信念的改变亦非一朝一夕就能够实现的；但同时，核心信念的改变又有可能是醍醐灌顶式的，就像是“走入了死胡同的人一下子想通了”，豁然开朗。同时，理性情绪行为治疗法认为，认知与行为的关系密不可分，认知的改变会带来行为的调整，而行为的调整又会强化认知的改变。因此，在介入中介入者应对介入的过程和效果有充分预计，既不过分推动服务对象改变认知，又应及时抓住服务对象改变的点滴表现加以推动，对介入过程应有弹性的预期；此外，介入者应充分重视行为的重要作用，在服务对象认知松动时用行为巩固和强化效果，在服务对象认知无法松动时用行为引导其改变认知。

(2) 介入过程。在反贫困实践中，理性情绪行为治疗法的运用非常灵活，既可以作为社会工作者开展个案的依据和工具，又可以为相关工作者的日常探访与沟通提供思路和方法。下面我们将对理性情绪行为治疗法在反贫困领域中开展个案的运用基础流程进行介绍。

第一阶段：在倾听中建立关系。

理性情绪行为治疗法非常关注专业关系的建立，在介入初期，介入者可以借着倾听接纳对方的情绪，了解对方的想法，建立平等的关系。在服务对象的叙述过程中，介入者应注意了解其所认定的事实，找出其对事实的解释，以及对自己、对世界和对他人等的要求。

面对贫困的状况，服务对象是如何看待贫困的，其赋予了贫困何种意义？其所认定的贫困的原因是什么？在这种情况下，自己、家庭和外界分别应该怎么做？在这个过程中，倾听是关键，介入者应做到：通过分析服务对象所表现出的不合理信念更加倾向于个体/家庭、关系群体还是环境，判断出其不合理信念的类型；通过分析不合理信念背后的逻辑，预估可以探讨的方向。

第二阶段：协助服务对象察觉自己想法中的标准期待假定。

在这一阶段，介入者重在帮助服务对象整理自己的想法，协助服务对象察觉自己的情绪，使其以人性的观点接纳自己；表达对服务对象的鼓励和接纳；找到服务对象的习惯性思维认知。

介入者应充分理解服务对象的信念和观点，表达对其状况和选择的接纳，并协助其接纳自己的状况；与服务对象探讨其想法，帮助其分析其想法背后的信念；协助其理清信念背后的逻辑。具体来说，介入者应做到：以服务对象为中心，按照服务对象的节奏来谈论和整理想法；让服务对象将自己的信念清晰化，即协助其明晰"我的状况是怎么样的""我对我的状况是怎么理解的""我的预期目标是什么""我有什么样的途径来实现预期目标"等相关问题。

第三阶段：谈论服务对象的信念。

在这一阶段，介入者将用讨论的方式，使服务对象加深对自身问题的认识。介入者应引导服务对象思考：其所认定的事实是否属实（比如，是否真的是"枪打出头鸟"？那些较早主动采取行动的人是否真的状况更差？贫困户真的更光荣吗？社会主流是否真的对"懒汉"有正面的评价？）；其所认定的因果关系是否合乎逻辑（比如，是否真的大家都不做，我就可以不做？别人的行为是否是我行为的唯一动因？）；目前的选择是否能够实现其希望的人生目标（比如，完全依赖政策福利是否就能够使自己永远过上幸福快乐的生活？）。

在这一阶段，介入者应以真诚、尊重的态度与服务对象探讨其信念以及信念背后的逻辑。在这里，介入者要注意"复述"技巧的重要性，复述服务对象的关键话语，既能够保证理解服务对象的意思，也会对服务对象产生作用。某些不合逻辑的想法，身处其中很难觉察，而一旦这些想法外化于个体，个体就很容易察觉出其荒谬之处。

第四阶段：协助服务对象转变观念。

这一阶段重点探讨服务对象的不合理信念逻辑，在原来固执的想法中加入有弹性、真实和人性化的考虑，使其更加贴近事实、更加符合逻辑，对服务对象有正向作用。

在这一阶段应注意，服务对象有可能出现认知失调而导致介入的反复。在这一阶段，服务对象有可能表现出明显的抗拒，找到更多的例子来证明自己观点的合理性，或是直接拒绝改变，这是认知失调的正常反应。介入者应对此有充分的预计，耐心地与服务对象讨论，协助其理清观点背后的逻辑，并对其情绪保持敏感。

第五阶段：转换期待，重建目标，讨论方法。

协助服务对象以合理信念和角度来看待同样的事件或情境，重新建立目标。在这一阶段，介入者应协助服务对象澄清对事实、对人的期待，并将这些期待逐步修改为合情合理的期待，用人性观点、事实观点和功能观点对目标与期待进行调整，同时，应协助服务对象增加其对事实的认识，增强其对无法改变的事实的忍受力。

在这一阶段，介入者应注意个别化原则的运用。每个个体信念转换的程度和指向不尽相同，其资源动员能力的发展程度也不尽相同，因此，介入者应充分考虑到个体因素，精准施策，制定差异化的行动方案。

第六阶段：布置家庭作业。

家庭作业是理性情绪行为治疗法在临床运用中的关键一步，它能够塑造并强化新的调适行为，减低不合理信念的频率与程度，提升服务对象应对问题的综合能力。在反贫困实践中，亦可采取相似的办法。首先，找到服务对象惯用的不合理信念，要求其在再次出现类似信念的时候，停下来想一想；其次，布置适当的行动取向的家庭作业，即找到某些对服务对象来说有用的、可以促进认知改变的行为活动，要求其规律性地践行这些行为活动，以更好地达到认知和行为的协调。

理性情绪行为治疗法作为一种源自西方的临床工作方法，在解决中国的反贫困问题上能够起到一定的作用，要推动其更好地服务于中国的精准扶贫，应在以下方面加以丰富。第一，探索从社区层面的介入策略。在中国的脱贫攻坚以及乡村振兴发展战略中，服务资源多依托社区这个平台，同时，中国农村独特的社区共同体形态，使得社区因素对个体的影响不容忽视。而理性情绪行为治疗法是一种临床工作方法，多以个案的形式展开，在社区层面的运用较少。探索理性情绪行为治疗法原则之下的社区工作方法，既有利于活化和利用社区资源，达到更好的介入效果，又能够拓展理性情绪行为治疗法的应用边界，形成本土化的介入模式。第二，探索更加灵活的介入方式。理性情绪行为治疗法作为一个成熟的心理治疗方法，有其建基于西方文化背景的常规模式，而这一模式对于中国人尤其是贫困人口来说是比较陌生的。相较于西方较为正式的介入规程，中国式理性情绪行为治疗法的应用应该更加灵活，具体表现在介入手段、操作规程、沟通方式等方面。

第五章　反贫困社会工作模式

以社会工作介入为依托的反贫困模式是适应现阶段治理贫困的新型扶贫方式。“精准扶贫”“脱贫攻坚”的国家政策为社会工作介入反贫困工作并发挥作用提供了难得的机遇。西方国家的实践已经证明,专业社会工作对于缓解和消除贫困有着先天的优势与功能。作为一个以“助人自助”为价值核心的专业,社会工作自诞生之初就对贫困问题做出了系统全面的回应。不论是“助人自助”的专业价值理念,还是个案工作、小组工作、社区工作、社会工作行政等从微观到宏观的专业干预手段,都有助于全面地改善陷于贫困境地中的人们的生存和生活状态。

国内众多研究学者指出,社会工作与精准扶贫具有高度的内在拟合性:在价值观和基本理念层面,社会工作的“助人自助”“同理心”等核心价值观与精准扶贫战略的初衷是一致的;在工作方法层面,社会工作所运用的个案工作、小组工作、社区工作等科学介入方法能够培养与提高贫困者和贫困地区的自主性,从而帮助其实现自身的长远发展。然而,社会工作在我国反贫困领域还面临着专业人才短缺、理论方法本土化程度低、制度缺位等困境。

第一节　区域发展援助模式

一、区域发展援助模式概述

区域贫困往往是由区域梯度发展引起的区域间发展不均衡以及部分地区发展不充分导致的。区域发展援助模式主要由国家制定明确的区域开发战略、开发规划与开发目标，建立健全相应的开发管理机构，重视运用宏观财税政策对落后地区进行发展援助，通过特殊、灵活的资源开发政策培育落后地区的经济增长点。

1. 区域发展援助模式的内涵

反贫困社会工作中的区域发展援助模式是指社会工作专业人才通过理念倡导、政策设计、引导参与、整合资源与绩效评估等方式促进贫困地区发展的反贫困社会工作模式。

2. 区域发展援助模式的特点

区域发展援助模式具有区域性、整体性、复杂性和先进性。

(1) 区域性。该模式聚焦于区域贫困问题，满足区域发展需求的系统性工作。

(2) 整体性。该模式既要着眼于整体贫困问题的表征及原因，同时还要识别区域脱贫的整体需求，更要设计出适用于区域脱贫的系统性政策。

(3) 复杂性。该模式是所有反贫困社会工作最为复杂的模式，社会工作者可介入的领域与路径比较丰富多元，因而理论基础、具体模式和举措等都比较复杂。

(4) 先进性。相对于社会工作而言,扶贫开发重经济发展而轻社会服务,未能及时满足贫困者的心理辅导、团体活动等社会服务需求。反贫困社会工作的区域发展援助模式秉承了“助人自助”的专业理念,通过专业的社会工作方法,整合帮扶对象的内外在资源,进而提升帮扶对象的自我“造血”能力,促进帮扶对象的持续健康发展。因此,该模式在理念、思路与方法层面均具有先进性。

二、区域发展援助模式构成

1. 问题研判

反贫困社会工作模式中的问题研判可被分为以下三步:第一步是用一定的技术手段认真收集资料以客观忠实地描述贫困问题,这一步主要是为了弄清楚何地、何人贫困。第二步是解释,研究贫困问题不仅仅是描述,还在于解释原因,即解释贫困问题产生的原因。反贫困社会工作既可以找到致贫的主要原因,也可以由浅入深、探究本质;社会工作解释贫困问题成因的方法一般有因果解释、功能解释与通则解释,同时更擅长于意向解释,即对贫困人群的主观精神活动如需要、动机、观念、态度、情绪、价值与目标等所做出的解释。第三步是撰写研究报告。

2. 政策倡导

反贫困社会工作的最大价值在于它的彻底性,即重新审视我们所熟悉的对贫困问题的理解,解构贫困人群身在其中的社会建构与权力关系,在赋权的同时倡导自信、能力建设与自我支配,推动贫困人群从依附性人格到主体性人格的重新塑造。“依附性人格”的特征是不自信、怀疑自身力量,总是将期望寄托于政府和他人，等待被拯救，甘愿充当工具和实现工具的价值。“主体性人格”的特征是逐渐增强自身的力量，了解自我或者某一群体的权利，同时又尊重他人的权利，参与决策并表达自身的诉求。“依附性人格”向“主体性人格”的转变过程正是贫困人群自我赋权的过程。贫困人群正是在精神蜕变过程中产生了由内向外的行动愿望。政策倡导要完成两大任务：第一，关注并满足贫困人群的内在精神需求，特别是处于社会主流之外的精神需求需要得到认同和支持，贫困人群更渴望寻求合作者来搭建他们生存和发展的平台与空间；第二，倡导改变贫困人群在相关政策体系中的不利地位，特别是“被忽略”的具体情况，实现政策资源与政策机会向贫困人群倾斜流动，改善其生产生活的社会环境，增强其社会兜底保障与自我发展能力。

3. 资源链接

资源链接是指协调处于分散状态的内外资源使之成为整体并加以利用，既包括对现有资源的合理利用和协调安排，也包括对贫困地区潜在资源的开发运用。地区发展模式的资源链接是以内部资源的动员、参与、行动为主，以外界的资源帮助和技术引进为辅助；内部以广泛的讨论、协商一致、团结合作为主，避免冲突，化解矛盾；注重居民的组织和教育培训，培养居民自主开发反贫困项目的能力比引进具体的项目更为更要；动员居民广泛讨论，以民主的方式自下而上地决定地方发展事务，而不是自上而下地由精英决策。既要立足于贫困人群的需求促进社区组织之间的协商和合作，又要争取、团结和支持当地精英，争取获得社区中大多数居民对项目的支持并使他们参与到反贫困项目中来。

4. 主体参与

反贫困社会工作的过程由四个基本系统构成,这四个基本系统分别是改变媒介系统、服务对象系统、目标系统和行动系统。四个基本系统是社会工作过程当中的参与主体,正是这四个基本系统不断地互动,才实现了彼此间的相互协同。扶贫工作也是这样的系统,需要各个参与主体的协同努力。反贫困工作的成效取决于这些主体能力的共同作用,而不是单一因素的孤立作用。反贫困参与主体的能力建设是影响反贫困实施效果的重要因素,它分为反贫困项目与资源的管理能力、反贫困信息的沟通能力、政府与社区的内部管理能力、反贫困项目的参与能力、反贫困对象的自我发展能力。反贫困社会工作的核心任务就是能力建设。

5. 绩效评估

区域发展援助模式以目标导向原则、科学性原则、可操作性原则为基本原则,立足于制度建立情况、统筹整合力度、服务执行进度、精准使用情况、信息公开情况、贫困人口减少、资金档案管理、日常工作考核八个维度对反贫困社会工作绩效进行评估。

三、区域发展援助模式典型案例

1. 典型案例一:CH 大学对口教育扶贫 W 县

W 县是吉林省延边朝鲜族自治州的一个国家级贫困县。为贯彻落实 2017 年国务院提出的“实施社会工作教育对口扶贫计划”要求,CH 大学社会工作团队对接 W 县,以职业生涯教育为切入点,从教育扶贫视角入手,通过社会工作专业手法,为 W 县第四小学提供了一系列服务。

本次教育扶贫的目标是利用职业生涯教育在W县第四小学的落地实施，进而推动整个W县的中小学职业生涯教育共同发展；服务对象是W县第四小学四年级的学生。

农村孩子往往在中学阶段就开始面临生存压力，而且农村孩子的父母本身文化水平不高，无法在日常生活中给予孩子更多的关注和学业上的帮助。W县青壮年选择出国（韩国或日本）打工的较多，大部分学生与父母长期分离，这严重影响了学生的成长教育。这也是W县第四小学校长乃至W县教育局领导长期感到困扰的问题。W县第四小学校长认为现阶段学校有很多差生正是由于家庭教育缺失，家庭和学校之间缺乏连贯性造成的。尽管目前学校正在建设家校合作平台，但收效甚微。与此同时，学校教师文化素质普遍偏低，学校也并未配备驻校社会工作者和心理咨询师。

基于对W县第四小学的初步了解以及和校长的深度对话，CH大学社会工作团队设计出一套介入方案，从学校教育、朋辈教育和职业教育三个方面入手，运用社会工作专业手法，通过个案、小组、社区活动的形式帮助孩子们重构一个科学合理的职业规划模式。

（1）学校教育。学校教育的成果主要体现在以下两个方面：所培养学生的思想道德符合国家和社会的发展要求，所培养的学生智力发展结果符合社会发展需要。可见，要达到学生的全面发展，学校的责任重大。有关调查结果显示，当代小学生有一个显著的特点，就是他们所亲近的人能够在很多方面影响到他们。这说明，当小学生对学校的校长、老师不感到亲切的时候，那么校长和老师对他们的影响就非常有限。

W县第四小学的部分教师在教学中存在教育方式方法不当的情况，

如忽视家庭社会环境的影响,仅依据学习成绩和排名便认为差生没有上升空间,这种教学态度极易打击学生的学习积极性。CH 大学社会工作团队紧急介入,通过向学校领导反映等,使相关教师端正教学态度,并助其改进教学方法。

(2) 朋辈教育。就 W 县第四小学的情况而言,朋辈接触远高于家庭接触。CH 大学社会工作团队尝试通过渗透朋辈教育的方式增加适龄儿童义务教育的黏性。社会工作者根据调查走访得知,W 县第四小学小升初模式是所有学生直升 W 县第一中学,从一定程度上来说,这减少了学生的学业压力,但其弊端在于家庭教育参与学生学习的积极性以及学生学习的目的性变得越发不清晰。因此,CH 大学社会工作团队为每个学生建立了霍兰德人格六角形模型,以个案访谈中所获得的每个学生的兴趣爱好为基础,结合霍兰德人格六角形模型的结果进行分析,将具有不同岗位职业兴趣点的学生分类,为他们开展相应的职业初体验活动,让他们重新审视和定义自己的兴趣爱好,并使其在同龄同伴的相互促进下,加强对于自身兴趣爱好的巩固。

(3) 职业教育。农村职业生涯教育需要结合农村学生早就业特征来考虑。如此,就需要加强农村劳动力转移就业培训、贫困家庭劳动力职业教育和培训、农村实用技术培训,既要进行就业前的针对性培训,把现有劳动力培训成具有一定技术知识的合格劳动者,又要加强战略性培训,面向未来培养社会需要的劳动力,着重培养生产经营的熟练劳动力和初中级技术人才。CH 大学社会工作团队通过跨界链接资源,将 W 县当地及周边工厂企业纳入合作实习单位,为当地学生提供接近其年龄段的工种和岗位,帮助其了解新科技并做好提前适应社会的准备。

2. 典型案例二：社会工作专业力量参与扶贫的遂宁实践

2016 年以来，四川省遂宁市在船山区、安居区和蓬溪县等地通过政府购买服务的方式，实施了一批扶贫社会工作试点项目；其中，在遂宁全市实施了 6 个扶贫社会工作项目，重点推出“牵手同行”“希望芋禾”“活力四益湾”等较有影响力的扶贫社会工作项目。遂宁市财政局、民政局将脱贫攻坚作为工作的重中之重，引领社会组织和专业社会工作者深度介入精准扶贫工作。

通过积极发挥资源链接的优势，遂宁嘉善社会工作服务社在当地的一个四益湾扶贫项目中，与安居区拦江镇一家酒店对接，为当地村民提供了 20 桌“坝坝宴”；遂宁慈航社会工作服务社在安居区西眉镇扶贫项目中，成功筹划 20 多万元社会捐赠，为当地 200 余名留守儿童改善了学习生活条件。遂宁艺宁女子公益俱乐部在蓬溪县瓦房沟村扶贫项目中，与文化公司合作，开展感恩奋进专题会演，引导当地群众踊跃参与；在四益湾扶贫项目实施中，吸引当地在海南经商办企业的退役军人回乡试种荔枝，3 年后可望挂果，产业扶贫得以促进。在芋禾村扶贫项目中，相关负责人协调民办医院到村里提供健康服务，将社会资源引入贫困村。

承接购买服务和公益创投项目的社会服务机构充分发挥专业优势，开展需求评估，分析致贫原因，促进精准管理，为贫困对象提供心理疏导、社会融入、邻里互助等服务，推动健全物质帮扶与心理社会支持、救助服务与个性化服务相补充的新型救助模式。蓬溪县心连心社会工作服务中心的社会工作者在荷叶乡马坪村探索“社会工作者组织＋贫困村＋贫困户”的社会扶贫工作方法，为 148 户贫困家庭、296 名贫困人口提供救助帮扶服务。

遂宁嘉善社会工作服务社通过院坝会、村民骨干培养等方式，帮助村民转变观念，用脱贫专项资金 89 万元购买了挖掘机、拖拉机等，出租挖掘机每年租金收益 8 万元、租期 10 年，解决了村集体收入增收难题。

遂宁市将继续深入践行党的十九大报告中关于“坚持大扶贫格局，注重扶贫同扶志、扶智相结合”的新思想，以政府购买服务方式继续支持社会组织专业社会工作者参与脱贫工作。

第二节　社区工作模式

社区发展作为一项世界性的运动，“二战”以后一经联合国倡导，便立刻引起了世界各国的普遍重视，尤其是近年来因越来越受到许多国家和政府的欢迎与推广而得到迅速发展。社区发展已从原先针对新兴不发达国家存在的大量的落后社区，转化为一种普遍服务各类国家和地区的社区建设与发展目标。

一、社区工作模式概述

反贫困社会工作中的社区工作模式作为社会工作的一部分在西方已有较长的历史，从早期社区救助、社区组织到后来的社区发展运动，该模式已经有上百年的发展历程。

1. 社区工作模式的内涵

反贫困社会工作中的社区工作模式是一种运用社区组织方法，合理利用民间资源，发挥社区自助力量的贫困社区发展模式。

2. 社区工作模式的特点

反贫困社会工作脱胎于农村社会工作，具有通用性和社区特征。在反贫困过程中，社会工作必须有赖于基层，必须以社区已有的价值和方法为基础，与社区内的个人和组织建立联系，要有社区联合的意识，以一种优势为本的合作方法，目的在于促进个人和社区的发展，通过致力于恢复和维持传统乡村的礼俗社会，依靠乡村社区自身的力量实现个人和社区增权。在整个社区发展过程中，农村社会工作者的角色是倡议者和推动者，为社区资源的合理分配指明方向，并以社区成员的身份参与社区建设。

二、社区工作模式构成

1. 以需求为本的反贫困社区工作模式

（1）内涵。以需求为本的反贫困社区工作模式是指社会工作者以专家身份识别贫困社区存在的各种问题，如贫困、失业、贫困亚文化等，从问题中探究其形成原因，促进问题解决，激发需求。社会工作者以代理人的身份，去整合资源并满足贫困社区居民需求。

（2）特点。该模式具有两大特点：第一，以需求为本能吸引社区居民的注意力，并促使他们获得足够的动力，通过集体行动发出更大的声音，以获得相应的帮助来解决问题；第二，能够争取到更多的外界支持，但长此以往会使贫困社区被负面标签化、产生外部依赖性、居民自身能力下降。

（3）基本策略。该模式的基本策略在于发现居民的需求，根据科学的方法进行需求评估，根据贫困社区问题的严重程度与需求紧迫性，确定需求满足的先后顺序，对外发布需求，整合多方资源，促进贫困及其他问题的解决。

2. 以资产为本的反贫困社区工作模式

（1）基本内容。以资产为本的反贫困社区工作模式聚焦于社区的优势和资产，从社区“有什么”（优势）而非“没什么”（问题）出发，以社区“组织”和“关系”等社会资本作为驱动力，激活社区的内在动力，从而实现社区可持续发展。该模式分为四个阶段：第一，前期动员，让社区内所有的组织和个人了解社会工作者将要开展的社区发展计划，赢得社区对这一计划的广泛支持，达成社区共识；第二，社会工作者与居民共同评估社区资产，发现社区问题，讨论社区未来规划，发现社区内的优势资产（包括人才资源充足、公共设施完善、社会治安良好、地理位置优越等）；第三，建立社区发展指标，社会工作者推动社区居民依据社区现有资产和社区问题制定社区可持续发展方案，并制定社区可持续发展的有效衡量指标；第四，推动社区自治，社区居民通过各种形式（如定期聚会、社区发展网站等）持续参与社区可持续发展。

（2）特点。以资产为本的反贫困社区工作模式具有三大特点：第一，以资产为本的社区发展理论的假设是基于对社区自身优势、资产和能力的坚信与依靠，倡导外来工作者通过识别、挖掘和整合未被确认的社区内部人财物等资源，创造当地经济社会发展机会，进而实现社区发展；第二，以资产为本的社区发展更加关注将社区内部的微观资产与宏观社会环境相链接，充分调动社区内外部各种资源，借助个人、组织和机构的力量推动资产建设；第三，以资产为本的社区发展注重培育当地的社区组织，社区组织作为资产识别的载体，能够整合社区的内外部力量和福利资源，有效推动社区发展。

（3）基本策略。以资产为本的反贫困社区工作模式通常采取“以退为进”的策略，正式、非正式的社区组织和社会支持网络皆被视为社区建设内生力量的源泉，以社区自身网络资源而非外部组织的力量实现社区可持续发展。社区发展工作者需重视社区共享的力量和成就，并引导社区将其作为社区发展的转折点或突破口，从而将正式、非正式的网络资源嵌入社会关系，推动社区改变。

三、社区工作模式典型案例

1. 典型案例一：无锡社会工作介入精准扶贫实践

2018 年，江苏省无锡市滨湖区金邻居社工事务所与安徽省亳州市谯城区仁达社工事务所进行“牵手计划”项目对接，将本地成熟的社会工作方法和社会工作者培养经验输出到当地社区，进行社会工作者专业技能方面的“软扶贫”。

据了解，2017 年 10 月，《民政部办公厅关于做好首批社会工作服务机构“牵手计划”实施工作的通知》发布，民政部从社会工作先发地区遴选 100 家社会工作服务机构一对一牵手帮扶贫困地区。经过层层选拔，金邻居社工事务所成为首批派援机构之一，与仁达社工事务所结对帮扶。每个月，金邻居社工事务所都会安排两名专业社会工作者到仁达社工事务所开展相关培训或进行实地指导，同时在线上也随时与其对接，为其解答疑惑。

金邻居社工事务所项目主管薛明峰介绍，亳州市社会工作发展的氛围不够，市、区两级都没有专项资金扶持社会组织的发展，相关经费只能到省里去申请。此次对接的仁达社工事务所是亳州市第一家社会工作者机构，成立于 2016 年，但里面的工作人员全都由社区工作人员兼职，没有一个专职的社会工作者。该机构所在的魏武社区在当地已经算比较重视社会工作的了，但持证社会工作者却只有两名，而居民对社会组织、社会工作者更是完全没有概念。“他们的工作人员几乎没有专业的背景，都是半路出家，日常的工作也是以行政工作为主，然后定期举办一些文艺活动。”薛明峰表示，因为缺乏专业的社会工作者知识，所以仁达社工事务所在很多方面做得不够规范，在活动该怎么策划、项目如何管理、台账如何整理等方面，都存在很多困惑。

“结对以后，我们要做的就是技术输出、项目督导以及帮他们提升社会工作能力。把我们这边经过实践检验的成熟经验带过去。”薛明峰表示，亳州本身的历史文化是非常丰富的，魏武社区周边就有许多历史景点，社区里也有书画队、合唱队和戏剧队，“可以利用的资源其实挺多的，只是他们不懂得如何发挥这些现有的优势，把这些内容引入社会工作中。另外，他们的信息渠道很少，只知道眼巴巴等着省里的经费，却不知道其实社会上有很多基金会都愿意支持贫困地区，国家也有一些相关的项目。”针对这种闭塞的状态，金邻居社工事务所还帮他们对接资源，比如针对经费不足问题申请各种基金会，或者结对爱心企业。薛明峰进一步表示：“即使牵手计划结束以后，我们还是会继续跟踪，希望能够帮助当地社会组织成长起来。”

2. 典型案例二：社会工作介入易地扶贫搬迁的社区工作实例

H省B县地处秦巴山区连片特困地区，境内沟壑纵横，地势起伏多变，找到一个合适的集中安置点是一个难题，而部分乡镇政府选址的不合理又给村民带来交通、通信和生活上的不便，因此有很多贫困户并不愿意搬迁，这往往会导致易地扶贫搬迁工作陷入停滞状态。

社会工作者在人本中心理念的指导下，具体介入易地扶贫搬迁工作中为需要帮助的服务对象提供服务。这种工作模式具有独特的人文关怀气息，能够使易地扶贫搬迁工作尽可能地减少阻力，从而协助地方政府做好易地扶贫搬迁工作。

B 县 P 村是一个古老的村庄，腹地广阔，人口密度高，户主之间彼此相互熟悉，因此社会工作者决定采取社区发展模式来开展社区工作，以增强农村贫困户的归属感和认同感，加强农村社区的凝聚力，让贫困户体会到社区的温暖，全方位调动社区贫困户的积极性，让更多的人在社区参与中获得快乐和经验，提升贫困户在思维和体能等各方面的能力，培养村民自助、互助及自主解决问题的能力。

在这一过程中，社会工作者召集了 15 名社区居民，邀请他们共同组建发展小组，从该村实际情况出发为 P 村日后的发展发挥聪明才智、建言献策，并在小组成员中挑选社区领袖来促进小组更加高效地运行。在召开 8 次小组会议后，社会工作者与社区居民共同制定了以下方略：一是龙头带动。发挥 P 村扶贫龙头企业的市场主体引领作用，带动该村农业产业结构调整，探索“公司＋基地＋农户”的产业扶贫模式，延伸产业链条，改变自给自足的生产方式，促进贫困农户增收，帮助缺资金、缺技术、缺市场观念的贫困人口纠正认识上的偏差，提高致富能力。二是能人带动。P 村群众对身边的能人认可度高，因此可以充分利用致富能人等身边榜样的力量，积极培育和引导一批社区领袖骨干分子，依托 P 村优势资源和主导产业，组建专业合作社，将贫困人群联合起来，实现 P 村整体脱贫。三是公益带动。对有劳动能力的贫困人口通过开展“就业援助月”“返乡行动”“春风行动”等活动为其提供公共就业服务，帮助他们实现就近就业，对易地搬迁后形成的社区、小区和设立的福利院、综合服务社，需要设立公益事业岗位的，优先考虑贫困人口，使之实现稳定脱贫。

第三节　个案工作模式

玛丽·埃伦·里士满开创了不同于小组工作、社区工作的更加微观层面的个案工作，其出版的《社会诊断》一书标志着个案工作作为一种专业方法被社会工作者普遍接受。个案工作是社会工作的基本方法之一，它以个人或家庭为服务对象，通过一连串的工作过程，使个人状态得到有效改善，从而实现个人与社会的协调适应。

在反贫困工作中，将个案工作模式运用其中，能够真实、全面、精确地了解受助者或者受助家庭的基本信息，针对所搜集的信息进行需求分析，将国家提供的政策、资金、人才资源等匹配到个人或家庭，实现帮扶资源与受助者匹配度的最优化，减少扶贫资源的浪费，进而调动群众脱贫的积极性与信心。

一、个案工作模式概述

反贫困社会工作中的个案工作模式遵循个别化、差别化的工作原则，针对贫困个人或者家庭提供有针对性和多元化的一对一的个案服务。作为小组工作和社区工作的一种补充，个案工作更加重视个人或者家庭等微观层面，会从心理层面或者家庭层面加以干预。

1. 个案工作模式的内涵

专业社会工作者通过运用个案工作模式，可以从受助者个人、驻村干部以及社会网络等方面对贫困情况进行预估，分析致贫原因并从心理、家庭以及社会等多方面造成贫困的源头进行介入，链接社会资源，寻求政府政策支持，从而帮助贫困人口摆脱贫困。

2. 个案工作模式的特点

（1）灵活性。由于个案工作的服务对象的情况多样，单独个人或者家庭的问题更加易于把握，因而专业社会工作者在进行介入的同时可以根据服务对象的具体情况及时进行调整，从而避免计划滞后等问题的出现。

（2）精确性。“个别化”的原则要求社会工作者对受助对象的具体情况进行了解之后，针对受助对象的具体情况进行一对一的帮助；社会工作者所实施的举措因人而异，能够精准评估出受助对象的问题和需求并及时介入。

（3）独特性。个案工作的受助对象是个人或者家庭，两者可能都处于贫困状态，但背后的致贫原因、受助对象的具体情况及其所享有的社会资源却可能完全不同，这就要求我们要根据具体的情况制订具有针对性的计划。

二、个案工作模式构成

1. 建立信任关系

反贫困社会工作实务更多涉及的是社会中的弱势群体，与受助对象建立良好关系有助于社会工作者帮扶工作的顺利开展，给受助对象带来足够的安全感和信任感，使其与社会工作者一起确定目标，实现助人自助。

2. 情况预估

预估不仅包括受助对象的家庭经济状况，还包括受助对象的社会关系情况、问题与现实需要等。开展反贫困社会工作实务的第一步就是要切实认真调查好个人或者家庭整体的信息，包括年龄、健康情况、经济条件、人际关系、心理状况等。社会工作者与受助对象从一开始便建立良好关系，有助于之后对其开展帮扶。对受助对象基本情况的了解，除了可以通过与受助对象的沟通外，还可通过调查法、访谈法、问卷法等方式，多方面、全方位地了解造成受助对象困境的外部因素。

3. 原因分析

每家每户的致贫原因不一样，或因病致贫，或因残致贫，或因观念致贫，或是以上致贫因素的多重叠加。例如，因观念致贫的，认为自己没有能力走出困境，从而产生依赖的思想，进而使自己陷入长期贫困的状态。

4. 方案制订

在了解致贫的多方面诱因后，遵循受助对象的意愿，保证其自决性，一起制订不同阶段的目标和具体的方案。社会工作者不仅要考虑从资金、物质等方面对受助对象进行帮扶，还要注重对受助对象进行心理疏导和观点纠正，增强他们的自信心，改变他们落后的思想，从根本上帮助贫困群众脱贫。

5. 计划实施

社会工作者要根据受助对象的不同的需求及时地开展计划，进行介入。介入过程要依靠多方资源，社会工作者在发挥自身力量的同时，也要注重社会关系网络的开发，要依靠受助对象亲属、家人、街坊邻居的力量对其进行经济、技术、能力、心理等方面的援助。同时，社会工作者也要向政府寻求政策支持，保障弱势群体的权益不受侵害，为受助对象提供基本的生活保障，提高他们摆脱贫困的能力。计划的实施不能脱离实际，短期、中期和长期的目标要循序渐进，并根据不同的阶段及时进行调整和反思。

6. 评估和跟进

在对受助对象的帮扶结束之后，社会工作者要对开展的情况进行评估，确认目标是否完成及完成情况如何。在结案之后，社会工作者还需要经常拜访贫困家庭，定期跟进回访，防止受助对象脱贫后再次返回贫困状态。

三、个案工作模式典型案例

1. 典型案例一：旱藕粉丝产业扶贫个案

桂西属于滇桂黔石漠化区，是国家划定的连片特困地区，也是少数民族聚集区，在这里引进社会工作专业力量参与反贫困工作刻不容缓。该案例聚焦于社会工作参与个案家庭的反贫困实践，探索社会工作如何嵌入家庭参与反贫困，并开展个别化的专业服务。

L 4 岁的儿子出现发烧症状，经过多次医治，未能恢复健康，2014 年 4 月 2 日，在广西医科大学第一附属医院被确诊患有急性淋巴细胞白血病，需要进行长期治疗，医疗费用支出巨大。自 2014 年 4 月至今，各种检查与治疗从未间断。为了给儿子治疗，L 夫妻耗尽了十几年外出务工的血汗钱，在求医过程中不得不向社会求助。

个案家庭致贫的原因：

（1）大病直接导致家庭陷入贫困；

（2）家庭的脆弱性间接决定了家庭的困境。

这里的脆弱性包括恶劣的生产生活环境、落后的生计方式和薄弱的家庭经济积累。L 家族世代生活在广西大化瑶族自治县的石漠化山区，在贫瘠的大石山区谋求生存。家庭的脆弱性加上儿子的疾病，导致 L 的家庭陷入极度贫困状态，单纯依靠恢复家庭功能，已无法解决其贫困问题。L 意识到，必须奋力改变传统的生计方式才能获得家庭境况的改善。

介入过程：(1) 深入实地调查评估，全面了解旱藕粉丝的价值。L 因儿子的大病问题，在向社会求助的过程中，结识了许多社会爱心人士。2016 年 11 月，在某爱心人士的建议下，L 开始尝试通过微信、QQ 等方式售卖当地的土特产——旱藕粉丝，并获得了一定的经济收入。可对于市场，L 却知之甚少。经讨论，社会工作者与 L 一致认为，应该对旱藕粉丝的价值进行全面的了解。据实地了解，市场上雅龙产的旱藕粉丝可卖到 25 元一斤，且口碑良好。

(2) 创新、整合政社资源，发展旱藕粉丝产业扶贫。经过调研评估，L 进一步认识了旱藕粉丝的价值。在政策的鼓励下，L 决定尝试旱藕粉丝产业扶贫项目。第一步，建立起正式的生产平台，按照市场规律与要求生产旱藕粉丝。第二步，争取并获得"熟人"的支持，筹建旱藕粉丝生产基地，以有效控制产品的质量。第三步，与做旱藕粉丝的老师傅合作。第四步，与贫困户达成合作协议，企业牵头组建旱藕种植合作社，争取政府的农业补贴，为旱藕粉丝提供有质量保障的生产原料。如此，基本形成了"企业＋合作社＋农户"的生产模式。

(3) 依托互联网优势，扩大旱藕粉丝销售市场。经考察，社会工作者发现当地同类产品通过互联网售卖的并不多，仅有几个厂家在网上销售，区外市场尚有巨大的发展空间。L 则专注于区外市场，与当地物流合作，搭建互联网销售平台，将旱藕粉丝推广到全国，尤其关注大都市对生态特产的需求。在实践中，L 坚信旱藕粉丝的价值在于创新传承传统制作工艺，坚持做生态旱藕粉丝，坚持把握互联网机遇。此外，L 非常注重"用产品回馈社会"，这一想法则源于他也曾获得过社会爱心人士的帮助。

2. 典型案例二：社会工作介入易地扶贫搬迁的个案工作实例

H省B县地处秦巴山区连片特困地区，境内沟壑纵横，地势起伏多变，找到一个合适的集中安置点是一个难题，而部分乡镇政府选址的不合理又给村民带来交通、通信和生活上的不便，因此有很多贫困户并不愿意搬迁，这导致了该地易地扶贫搬迁工作陷入停滞状态。

张某，女，66岁，因病一直卧床不起，生活无法自理，由老伴儿照顾。张某得知要搬迁到集中安置点后便有些闷闷不乐。经过询问后，社会工作者了解到张某以前是个勤劳且好胜的人，而现在却因病缠身连生活都不能自理，强烈的自尊心更是不能接受家里人带着腿脚不方便的自己搬进新家。

社会工作者在农村社区工作人员的陪同下，一起为张某提供情绪疏导服务，说服其搬迁。社会工作者分析总结出张某目前存在以下问题：(1) 生理问题。张某因病卧床，生活无法自理。(2) 心理问题。强烈的自尊心给张某带来心理上的压抑和情绪上的抗拒，而儿女疏于照顾使张某感到孤独。(3) 家庭关系问题。张某平时和老伴儿住在一起，儿女在外工作不能经常回家，因而与儿女缺少交流。(4) 残疾人服务内容问题。社会在为包括张某在内的残疾人提供的服务中偏重于提供物质保障，而忽视了他们的心理需求。

针对上述情况，社会工作者制定了下列介入计划：(1) 组织志愿者定期或不定期地探访张某并为其提供陪聊、陪散步、陪诊等服务，增强服务对象的社会支持系统，进而减轻其孤独感，缓解其身体上的原因带来的困难。(2) 联系张某的儿女并说明张某的现状，鼓励他们有空就常回家看看，给予自己的父母亲更多的关心和呵护，从而使张某保持愉快心情，重新找到自己的情感寄托，进而答应搬进临时安置点。(3) 与张某的老友们联系，主动找到他们并请他们来看望张某，帮助张某丰富精神生活，请他们减轻张某的心理负担，使她不再有更多的心理包袱。(4) 根据老年个案工作的基本原则和辅导方法，对张某开展服务。

社会工作者在介入过程中始终以人本中心理念为指导，秉承着非评判原则，鼓励并帮助张某提高自我恢复能力，帮助张某分析搬进临时安置点的优缺点，并为张某争取政府的残疾人特殊政策扶持。在社会工作者的积极帮助下，该地相关部门领导将张某暂时安置到公租房居住，直到搬进新家为止，并亲自找到张某一家说明具体情况，希望张某理解与支持政府的工作。最终，张某在社会工作者及家人的开导下卸下心理负担，主动找到领导表达了之前对政府工作不支持的歉意，并和老伴儿商量搬进新家的具体事情。

第四节　小组工作模式

社会工作作为专业的助人活动，自产生以来一直关注着贫困问题，小组工作作为社会工作三大方法之一，在社会工作者参与反贫困工作的过程中，通过建立同质性自助—互助小组，促进小组成员之间的互动。这种借助于社会工作者和小组成员的力量的小组工作模式，在反贫困工作领域发挥着重要的作用。

一、小组工作模式概述

反贫困社会工作中的小组工作模式以小组动力学、生态系统理论等为基础，由于小组成员的致贫因素存在着许多相似之处，因此社会工作者更加注重小组成员之间的相互支持，运用小组方法培育小组成员之间的支持关系，构建贫困群体之间的互助系统，使其实现共同脱贫致富。

1. 小组工作模式的内涵

小组工作不是指任意一个群体，而是社会工作者通过发掘具有共同特征的、有着相似需求的特定群体而组成的一个互助小组。反贫困社会工作中的小组工作模式聚焦于致贫原因相同的一类群体，在社会工作者的帮助下，挖掘并发挥各自的技能优势或者劳动优势等，实现优势互补，为着共同的脱贫致富目标而互相帮助，相互支持，从而帮助自身及组内成员一起摆脱贫困状态。

2. 小组工作模式的特点

（1）互助性。小组工作通常是在一个小组范围内开展的，组员之间有着相似的问题和需求，问题的解决需要小组成员互相帮助，资源互补，从而一起实现小组工作目标，摆脱贫困状态。

（2）整体性。不同于个案工作，小组工作的组员都多于一个人，因此小组计划的制订和调整要着眼于小组的所有组员，小组计划也要注意到多个方面，绝不能顾此失彼，脱离整体。

（3）阶段性。小组工作相对于个案工作而言，更具复杂性。在实施的不同阶段，要根据实施的具体情况，在尊重组员自决的情况下，及时调整计划和阶段目标，及时总结反思，防止出现不可控制的事件，影响整体进度。

（4）同质性。小组组建的前提条件就是组员有着相似的问题或者需求，比如一个小组组内成员都是因为缺乏技术而导致贫困。这也决定了小组成员之间有着共同的目标和计划，因此从这方面来说，小组是同质性的。

（5）不忽视个别需求。在保证组内成员共同问题得到解决的同时，不可忽视特殊组员的特殊需求，比如在帮助组员摆脱物质贫困的同时，也要关注其心理问题，体现出社会工作者的人文关怀。

（6）灵活性。小组可分为开放式小组、封闭式小组，主要是根据小组的性质来确定小组的类型。一般致贫的原因比较简单，社会工作者可根据具体情况决定小组成员的进出，小组工作具有较强的灵活性。

二、小组工作模式构成

1. 前期准备

小组工作前期的工作准备也叫作小组筹备，筹备内容主要有发现潜在小组成员、需求评估与目标确定。通过访谈、问卷等方式去收集潜在小组成员的资料，包括家庭基本情况、社会支持情况、致贫原因与需求等多方面资料，从而初步确定小组工作的目标。

2. 组员招募

受我国社会工作发展现状的影响，当前小组成员大都是社会工作者主动发现的。针对困难群众，社会工作者要依靠多种方式，可寻求村委会的帮助进行村内宣传和动员；社会工作者也可主动挖掘潜在对象，通过入户访谈的形式，向村民介绍社会工作者的性质、活动形式以及内容，邀请他们加入小组。最后，根据小组工作的目标，对组员进行筛选，最好选择具有相同致贫原因的组员，其需求层次相当，方便链接资源。

3. 组前会谈

在第一次正式开组之前，社会工作者不仅要做好活动的准备工作，拟定一整套的活动实施方案，针对如何摆脱贫困寻求合理的出路，做好心理干预，还要组织一次开组前的面谈，从而充分了解组员的基本情况，初步建立信任关系，并声明第一次聚会的时间、地点和内容等，避免出现正式开组时大量组员未到场的状况。

4. 计划书的撰写

在正式开组之前，社会工作者要根据小组情况制订小组计划书，对小组的活动有个统筹的安排和清楚的认识，整体把握小组不同阶段的具体目标。例如，在小组工作中期，实现多少人脱贫及何种脱贫程度；在结案时，对比开组时的人均经济状况改变程度。通过小组工作计划书，社会工作者能清晰地知道工作的程序安排和每一个工作阶段的活动节目安排，内容包括小组的理念，小组目标，小组组员的构成，小组的性质、目的、活动计划等多个方面。

5. 破冰

小组的第一次聚会是确定小组工作能否顺利开展的关键阶段。初次见面，组员之间大都是试探性的，还未建立起信任关系，对社会工作者也是持怀疑态度，不肯轻易表露自己的想法和需求。社会工作者要展现良好的个人素质，充分运用领导小组的技巧，包括积极倾听、反映、澄清、自我流露等，创造包容的小组氛围，打破小组成员之间陌生的状态，为后期的活动及目标实现做好准备工作。

6. 活动实施

小组在工作前期、中期和后期有着不同的阶段目标，组员之间在不同阶段也会出现不同的矛盾，社会工作者要充分展现良好的专业素质，对小组工作的进展做出全面而准确的预期判断，把握住不同阶段小组工作的特征，及时化解矛盾，推动小组工作继续开展。同时，在活动实施的过程中，社会工作者和组员之间是相互影响的关系，社会工作者要保持清醒，避免掉进小组的陷阱里。在小组工作前期，社会工作者要注意小组成员之间的陌生状态，积极引导小组成员之间建立信任关系；在小组工作中期，已经形成的小组可能会发生“重整”，从而引发冲突，社会工作者要准确判断这种冲突是建设性的还是破坏性的，根据冲突的性质，及时找出解决措施，化解风险和冲突；在小组工作后期，社会工作者要处理好小组成员的离别情绪，巩固小组成员正面的、积极的情绪体验，尽力消除负面的、消极的情绪体验，鼓励小组成员对自己充满信心，通过勤劳和汗水脱贫致富。

7. 结案

根据小组工作目标的实现程度，确定是否结案。小组工作结束后，社会工作者开展小组的跟进工作，防止组员脱离集体之后返贫现象的发生。

8. 评估

小组工作结束之后，可根据小组工作目标的实现程度及社会工作者在脱贫工作中的表现，对社会工作者进行评估。在社会工作者自我评估的同时，组员也可根据社会工作者介入帮助脱贫的成效情况对其进行评估。

三、小组工作模式典型案例

1. 典型案例一：“壹起来”—“牵手计划”项目

浙江嘉兴平湖市壹起来公益发展中心（简称“壹起来”）参与民政部第二批社会工作服务机构“牵手计划”项目，与甘肃柏草木社会工作服务中心（简称“柏草木”)牵手,搭建两地合作互动平台,在甘肃省甘南藏族自治州夏河县阿木去乎镇开展为期两年的帮扶项目,主要为当地困境儿童提供服务,期望通过改善和提高困境儿童这一群体的生活质量与学习环境,助力当地的精准扶贫。在这个过程中,“壹起来”协助“柏草木”建立阿木去乎镇留守困境儿童救助服务工作室,提供专业督导,以满足当地在社会工作培训、人才及服务方面的需求。

夏河县位于甘肃省甘南藏族自治州西北部,地处青藏高原边缘,海拔在3 000米到3 800米之间,平均气温为2.6°C,截至2017年年末,夏河县常住人口达8.98万人,有藏族、汉族、回族等18个民族。恶劣的环境严重制约了夏河县农牧业的发展,地区经济增速缓慢。虽然夏河县已摘掉了贫困县“帽子”,但由于起步低、发展晚,全县在教育医疗和交通运输等方面仍十分落后。阿木去乎镇小学共有师生800余人,教学设备落后,图书资源短缺。“壹起来”结合当地实际需求,链接平湖市的社会资源,为阿木去乎镇小学募集图书及衣物等物资,并于2019年3月下旬,横跨2 200多千米将这些爱心物资送到了孩子们的手中。

除了这些硬件设施外,孩子们的学习习惯和生活卫生习惯也都很差,于是“壹起来”决定引入平湖市低保家庭“暖巢行动”的做法与理念开展服务工作。在学校老师及翻译老师的陪同下,社会工作者进行了前期入户调研,了解孩子们的学习生活情况以及藏区的风土人情和文化习俗,明确了要从孩子素质养成、亲子家庭假期游学、家庭学习环境改善等方面具体落实,以满足孩子与家庭的需求。社会工作者的专业陪伴和志愿者的持续跟进,能够引导家庭成员养成良好的生活和学习习惯,追求健康向上的生活。

为了使社会工作者撤出后服务能延续，“壹起来”和“柏草木”在阿木去乎镇建立了社会工作者服务站和社会工作人才孵化培育基地，培育当地社会工作人才和志愿者，开发服务项目。在“壹起来”与“柏草木”的推动下，平湖市民政局和兰州市安宁区民政局共同搭建了“区域联动社会服务基地”，并以此为契机，进一步推进社会工作专业力量参与甘肃省的脱贫攻坚。

2. 典型案例二：社会工作介入留守儿童教育扶贫的实践（“蒲公英”计划）

随着经济社会转型发展，城市化进程的加快，山西省农村地区出现劳动力大量外流现象，家庭主要劳动力长期外出打工使得留守儿童的人数迅速增加，这引起了当地政府的高度关注。留守儿童是指本地乡镇进入城镇务工的农业户口人员留在农村的子女。山西省吕梁地区作为我国集中连片特困地区之一，经济发展尤为落后。社会工作者与志愿者在走访调研、前期服务的基础上了解到吕梁地区留守儿童主要面临生活失助、心理失衡、安全失保、道德失范、学业偏差、环境适应、陪伴缺失以及教育失衡等问题。吕梁地区留守儿童问题产生的原因主要包括家庭经济状况差、教育资源匮乏、心理健康教育缺失和医疗卫生条件差等。“蒲公英”计划致力于通过社会工作者运用专业的社会工作方法对留守儿童进行恰当的教育，进而达到教育扶贫的目的。

社会工作者在介入留守儿童教育扶贫的实践中针对留守儿童问题采取的措施如下。

(1) 改善留守儿童的教育方式。社会工作者在开展活动中，通过专业的方法引导，协助留守儿童增强人际交往能力，克服人际交往障碍，帮助他们改善人际交往关系。社会工作者在中阳开展了读书活动、个案辅导、成长小组、学业辅导、趣味运动会等活动;在乾泽园社区开展了自信心抗逆力小组活动和读书系列(写诗、朗诵、演讲比赛、故事书分享会、书签制作等)活动。

“童学计划”是从方法、兴趣、习惯三方面着手,致力于提高留守儿童的学习能力,提升其受教育水平。“增能训练营”每年寒暑假都会围绕课业辅导、兴趣培养、潜能挖掘、朋辈交往等主题开展具体的服务活动。“安全课堂”围绕“安全用火”“地震安全”两个主题,通过讲座活动培养留守儿童对火灾、地震科学的认知;引导留守儿童认识周边环境,学会排查校园及家庭环境风险隐患,并了解逃生路线;通过“减灾运动会”等活动帮助留守儿童学会在校园环境中集体协作紧急避险;全面提升留守儿童安全自护能力。

(2) 建设规范化的社会工作者队伍。社会工作者链接学校、城市、农村资源,通过来自不同专业的志愿者为留守儿童提供各类志愿服务。社会工作者队伍由社会工作专业教师、社会工作专业研究生、社会工作专业学生骨干、高校志愿者(临床、护理专业等)和当地志愿者组成。同时,社会工作者高度重视对志愿者进行规范化管理;通过对留守儿童基本资料的收集以及与留守儿童的沟通,对留守儿童进行心理疏导和鼓励,修正一些留守儿童的行为偏差,帮助他们更好地适应生活并且树立目标,健康成长。

(3) 丰富教育扶贫方式。“蒲公英”计划项目通过志愿服务团队、留守家庭成员与外出务工父母三方联动,为城市流动儿童、农村留守儿童提供成长及融合性服务。该项目提出了“1+3”服务模式,通过组织1个青年志愿服务团队,构建并实施1个“牵手”系列主题联动计划、1个“聚爱”系列主题联动计划、1个“共行”系列主题联动计划,以“乡情”为纽带,完善乡村发展平台。

首先，社会工作者构建了“牵手”系列主题联动计划，开展了“心连心、手牵手，‘友’你同行”活动，组织城乡儿童在白帽上互绘伙伴形象，实现异地朋辈互动，回忆昔日友情时光；开展“friends”小组活动，组织异地玩伴两两结对，共同参与，沟通感情，重拾友谊；建立童梦共筑小组，通过工艺制作坊、电影梦工厂等活动，为城乡儿童创造互动机会，共筑美好时光。

其次，社会工作者构建了“聚爱”系列主题联动计划，提升城乡儿童的沟通频率，扩展交流领域，实现儿童双向互动，携手共同成长；开展“友情树长青”活动，为每队异地伙伴分别分发盆栽，由儿童亲自培育，定期拍照记录，增加共同语言，持续稳定陪伴；通过定期开展节日聚会，组织城乡儿童共同筹备会演节目，巩固异地伙伴友谊，收获人际关系技巧，促进城乡儿童融入新环境。

最后，社会工作者实施了“共行”系列主题联动计划，采用线上交流技术，克服地域阻力，保障服务工作持续开展。运用“一起作业”App，实现城乡儿童在线学习交流；运用“美篇”App，由青年志愿服务团队进行协助，实现异地伙伴共同制作回忆记录画本，珍惜点滴友谊，携手共同成长。服务内容切合城乡融合趋势，并采用线上、线下双重方式开展，线下服务由山西省铸仁青年志愿服务队承担，团队以高校志愿者为后备军，利用线上互动平台，减少异地朋辈互动阻碍，实现城乡困境儿童互动互助，努力推动朋辈互动并将其升华至乡情陪伴。

(4) 加大对留守儿童的宣传力度。社会工作者积极履行倡导者角色，采用线上、线下混合方式公布志愿活动，借助政府网站、志愿服务网站宣传，并邀请黄河电视台、山西新闻网、新华网等多家媒体累计做了 31 次报道，提高了社会大众对留守儿童的关注度。

总体而言，社会工作者参与扶贫开发的广度、力度、深度和形式等还很有限。在扶贫开发中，“政府是唯一或主导性的主体”，社会工作力量或缺位，或被动参与，没有发言权，更无决策权，积极探索社会工作专业力量介入反贫困的新模式是巩固拓展脱贫攻坚成果，探索相对贫困治理机制的重要途径。

第六章　反贫困社会工作要素

反贫困社会工作包括四个要素：反贫困社会工作服务对象、反贫困社会工作者、反贫困社会工作价值观和反贫困社会工作方法。本章将详细阐述反贫困社会工作各要素的构成、主要内容及特点。

第一节　反贫困社会工作服务对象

贫困是指部分社会成员在特定的社会背景下，由于长期缺少某种资源而在一定程度上被剥夺了正常参与经济活动、社会活动和获得生活资料的权利，导致他们的生活持续性地低于该社会的常规生活标准。[①] 长久以来，一直是政府部门主导反贫困工作，政府力量的单一，自上而下的政策推行使得政府负担过重，给政府财政造成了巨大的压力。此外，政策的推行是以目标与成效为导向，因而时常忽视了贫困人群的共同参与，难以提升贫困人群

① 向德平、姚霞：《社会工作介入我国反贫困实践的空间与途径》，载《教学与研究》2009年第6期。

抵御风险的能力；一旦社会环境发生改变，贫困者将会再次陷入贫困。反贫困社会工作有效整合了政策实施与价值提升之间的相互作用，充分激发了贫困人群的主体性，从内源提升转化为外在改变。

若要理解“激发贫困人群主体性”的问题，首先需要准确定位反贫困工作的对象。反贫困社会工作的服务对象为贫困居民，主要是那些正处于危难中的贫困人群。对于贫困人群的界定主要以户为单位，是指家庭中缺乏或者丧失劳动力，无法通过个人努力脱贫的人群。致贫原因主要分为以下四种：一是因缺乏或者丧失劳动力致贫，二是因残致贫，三是因病致贫，四是因灾致贫。反贫困社会工作首先要解决的就是扶贫对象是谁的问题，即“扶持谁”。在中国，人们习惯于从家庭的视角来看待个人问题，因此，在反贫困有关的政策实施中，关于贫困人群的识别，主要采取的是以家庭为单位进行贫困状况的入户调查并开展后续工作的方法。在《中共中央 国务院关于打赢脱贫攻坚战的决定》中，总体目标包括“确保我国现行标准下农村贫困人口实现脱贫，贫困县全部摘帽，解决区域性整体贫困”。其中的扶贫方略提出，“对居住在生存条件恶劣、生态环境脆弱、自然灾害频发等地区的农村贫困人口，加快实施易地扶贫搬迁工程”。顾东辉从政策推行的角度将反贫困工作的对象分为家庭与地区，认为个人问题的解决依赖于家庭或者地区问题的解决。①

要解决“扶持谁”的问题，首先需要对贫困人群进行“精准识别”。开展科学的识别体制与精准的评估机制，规避目标错置导致的资源浪费。要将

① 顾东辉：《精准扶贫内涵与实务：社会工作视角的初步解读》，载《社会工作》2016 年第 5 期。

精准化的工作理念贯穿于扶贫的始终，做到因人施策、因户施策。如何精准识别服务对象，需要用“事实”与“数据”说话，要以证据、实践为本建立评估机制，在评定贫困人群的过程中要建立公开透明的监督机制以确定反贫困社会工作的服务对象。

就广义而言，反贫困的问题涉及农村与城市，由于城乡之间的不同发展趋势，反贫困社会工作可被分为城市反贫困与农村反贫困。尽管城市居民的收入及消费水平高于农村地区，但也同时存在着贫困问题，具体表现为相对贫困，即与社会平均水平相比，其收入水平低于一定程度时所能维持的基本生活水平状态。经过了十几年的发展，我国的城市贫困问题已经有了很大的改善，但仍存在一些生存性困难与发展性困难等问题。改革开放以后，由于经济的快速发展，城市中的不少企业适应不了市场的变化，导致部分企业职工收入不足甚至失业，城市贫困人口大量增加。当前，城市贫困主要呈现出四个显著特点：一是贫困人口大大减少，二是贫困类型不断增多，三是贫困群体多样化，四是致贫原因复杂化。[①] 概括起来，城市中的贫困者主要包括城市低保户、城市边缘贫困户及其他困难群体，包括困难老人、困难失业者、困难儿童、困难残疾人、困难妇女等。

与城市相比，乡村贫困人口基数大，致贫原因多样化，脱贫难度大，农村贫困问题更多地表现为绝对贫困。中央政府作为扶贫主体，一直将“三农”问题贯穿于扶贫过程中，农村扶贫就是帮助农村的贫困人口脱离贫困，实现区域的整体发展。农村反贫困工作主要围绕扶贫对象、扶贫主体和扶

① 关信平：《当前我国城市贫困的新特点及社会救助改革的新方向》，载《社会科学辑刊》2019 年第 4 期。

贫策略开展。扶贫对象主要根据经济发展水平来设定，以家庭收入是否低于国家现行扶贫标准和“两不愁三保障”是否达标作为判定标准。在乡村，贫困对象多集中在残疾人、老年人、妇女和儿童等群体中。政府作为扶贫主体，通过制定扶贫政策，开展贫困人群的帮扶工作，促进地区的经济发展。通过总结多年的扶贫经验，政府不断创新帮扶形式，激发贫困人群的内生动力，优化选评机制，使贫困人群实现自力更生，减少返贫现象的发生。

关于反贫困社会工作服务对象的问题，不同的学者有不同的划分。我国的反贫困社会工作内容、服务人群、服务范围不断扩展，实践选择也由单一趋向转向多元趋向。最初，社会工作的服务对象是凭借自身能力无法摆脱困境的人群，这些人被看作社会上的困难人群。随着社会问题的频发、社会结构的变迁，社会工作的服务对象不断扩大，逐渐覆盖社会全体人群，不仅包括遇到困难自身无法解决的困难人群，也包括困难人群所在的家庭与社区，社会工作不再只是针对个人提供辅导服务，而更是面向社会的一种公共服务。从狭义上来看，反贫困社会工作主要针对缺少技能和社会资源，无法依靠自身进行脱贫，需要社会工作者协助实现个体发展的贫困对象。从广义上来看，反贫困社会工作面向全体社会成员。贫困问题的产生可能会影响到周围的社会系统，因此反贫困社会工作要对贫困人群所在的家庭甚至地区开展介入工作。此外，贫困人群由于缺乏某种资源和社会支持，在社会生活中逐渐被边缘化。反贫困社会工作者要积极倡导社会公平、营造公平合理的社会环境。反贫困是一项社会性事业，需要社会成员的共同努力，为贫困者构建相互支持的社会网络。因此，改变公众态度，促进全民参与也是反贫困社会工作的重要内容。

综上所述，按照服务对象的特征进行划分，反贫困社会工作服务对象主要分为妇女、儿童、老年人、残疾人等重点困难群体，也包含全部贫困人群及边缘人群。

一、妇女

1978 年，美国社会学家米尔斯在贫困问题的研究基础上首次提出了“贫困女性化”的概念，女性贫困的议题逐渐进入了大众的视野。1995 年，在北京举行的第四次世界妇女大会首次将“妇女与贫困”纳入重点关注领域，开启了国内学者对这一主题的研究。[①] 妇女贫困相较于其他的贫困类型，更加具有隐蔽性与脆弱性。一是由于我国的扶贫政策主要是以户为单位，帮扶机制也是以户为单位，不容易延伸至对个人的帮扶；二是在多数的家庭关系中，男性由于其经济贡献、生理优势等在家庭中仍占有主导的地位，妇女的地位较为弱势。当家庭关系发生变化时，女性需要独立支撑起家庭，经济矛盾便凸显出来，较容易发生贫困问题。

妇女贫困不仅仅是由于经济收入的缺少，最主要的原因是妇女社会资源的缺失，包括教育贫困、文化贫困、精神贫困、社会资本贫困等。我们可以将“女性贫困”问题主要归结为以下两种类型。

1. 权利性贫困

相较于男性，女性在家庭财务中更多扮演的是财产管理者与使用者的角色，由于男性是家庭的主要劳动力，往往给予家庭更多的经济支持，因此

① 刘欣：《近 40 年来国内妇女贫困研究综述》，载《妇女研究论丛》2015 年第 1 期。

在家庭权利的分配中女性低于男性，使得女性在家庭中没有实际的决策权，这种现象在农村体现得较为明显。在社会关系中，资产占有的不平等，导致女性在权利使用方面次于男性，当遭遇意外事件时，女性更具有脆弱性。

2. 结构性贫困

由于社会文化因素的影响和生理结构的差异，在社会结构中，妇女在就业、资源占有、社会网络等方面缺乏平等对待，导致妇女容易被边缘化而逐渐陷入贫困状态。①

纵观当前的反贫困工作，中国的许多减贫政策对社会性别平等问题，特别是对农村贫困女性的关注不够。② 以女性为主的农村留守人口由于生理弱势、资源占有量较少等多方面困境，而更容易陷入贫困。在推动农村女性反贫困问题上，一方面要提高贫困人口的可行能力，注重能力再造；另一方面，要突破制约贫困女性脱贫的障碍因素，实现女性发展与性别平等的社会目标。③ 妇女贫困与其他类型的贫困相比具有多重属性。妇女贫困更具有隐蔽性、脆弱性、难脱贫性和传递性。妇女在家庭与社会中承担着重要责任，其发展状态将直接影响其家庭及其子女的发展。反贫困工作者要从社会文化、社会结构入手，运用"优势视角"，促进妇女"增权"，激发其发展潜力，维护妇女合法权益。

---

① 蔡生菊：《精准扶贫视角下对农村妇女贫困问题的审视与思考》，载《社科纵横》2016年第12期。

② 张颖莉、游士兵：《贫困脆弱性是否更加女性化？——基于CHNS九省区2009年和2011年两轮农村样本数据》，载《妇女研究论丛》2018年第4期。

③ 邢成举：《村镇工厂与农村女性反贫困研究》，载《妇女研究论丛》2020年第1期。

二、儿童

儿童是民族发展的希望，儿童的发展对于国家未来的建设至关重要。贫困儿童作为一个特殊的困难群体，需要得到全社会的关怀与重视。贫困儿童主要是来源于低收入家庭的儿童，如低保家庭儿童、农村五保儿童、城市福利机构收养的孤残儿童、城市救助保护机构收容的流浪儿童、受疾病影响的儿童等。① 儿童依赖于其主要照顾者进行生活，没有独立生活的能力，其家庭的发展状况将直接影响到儿童。具体而言，贫困儿童可能会遭遇到以下问题。

1. 教育问题

贫困儿童受家庭经济条件的限制与父母文化水平的影响，很难获得与同龄人同等的教育水平和条件，这种现象主要发生在农村贫困儿童的身上。尽管政府推行了各项政策强制要求适龄儿童接受教育，并给予贫困家庭一系列的教育补贴鼓励儿童接受义务教育，但部分儿童由于父母观念的影响或自身主观意愿等影响仍没有接受义务教育。此外，贫困家庭的儿童接受教育的质量有待提升，受地区经济发展条件的制约，乡村小学的办学质量与办学条件落后，这些贫困儿童并不能享受到与正常儿童相同的教育权利，从而限制了其今后的发展。

2. 安全问题

由于贫困儿童缺少父母的监管，自我保护意识较弱，其安全问题需要引

① 张时飞、唐钧：《中国的贫困儿童：概念与规模》，载《河海大学学报（哲学社会科学版）》2009 年第 4 期。

起全社会的关注。近年来，儿童溺水、被拐卖、被性侵等事件时有发生，这深刻危及贫困儿童的成长发展，其基本权利难以得到有效保障。由于贫困家庭教育的缺失、儿童心智发展不成熟、贫困地区文化落后等原因，儿童无法获得一个安全的生活环境，这严重威胁了儿童的生命安全。

3. 贫困文化代际传递问题

文化一旦产生便具有传递性，贫困文化也是如此。贫困文化代际传递是指父辈由于社会资本的缺乏或教育资源的局限，导致家庭陷入贫困；而受到家庭的影响，生长于贫困家庭的子代在社会竞争中处于不利地位，造成代际贫困的现象。这种贫困的传递性对于家庭或者子代的发展来说都是十分不利的，反贫困社会工作者就是要打破贫困文化代际传递的影响，使家庭恢复正常功能。目前已有研究显示，我国贫困家庭的青少年在人力资源方面已处于劣势，加上目前我国的整体就业压力，贫困家庭的社会处境和就业机会的缺乏，未来这一群体陷入贫困代际循环的可能性较高。①

4. 心理与行为问题

首先，贫困儿童由于受到教育与家庭环境的限制，很容易习得不良行为，若不加约束，则部分贫困儿童可能会走上违法犯罪的道路。其次，部分贫困儿童很容易陷入自我怀疑与自我否定，从而加深自卑情绪，减少“亲社会行为”。在社会性的情绪发展方面，部分贫困儿童可能会产生低自尊、低价值感，缺少积极的自我认同感，这将影响其人际交往及今后的发展。②

① 孙莹：《我国城市贫困家庭第二代就业问题研究》，载《青年研究》2005 年第 9 期。
② 冯晓杭、于冬：《城市贫困儿童：问题现状与解决对策》，载《东北师大学报（哲学社会科学版）》2008 年第 6 期。

三、老年人

老年人群体在社会中是一个特殊的群体，是贫困问题高发的对象。老年人贫困受到多方面因素的影响，主要有身体机能的退化、劳动能力的丧失、子女赡养问题等原因。还有学者认为老年贫困是由于社会变迁和社会结构所导致的。

随着农村空心化、老龄化的趋势加快，农村老年人群体日益庞大，老年人贫困的问题突出。农村贫困老年人是贫困人口中的重点群体，由于生理功能退化与社会地位下降，其面临的贫困现象更加严重，处境更加危险，扶贫的各项措施也需要不断完善。[①] 关于农村老年人的脱贫问题，涉及物质照料、医疗保障、家庭赡养等方面，因而要保证老年人能维持基本的生活，提升其收入水平，保障其身体健康。老年人贫困将带来一系列的社会问题，如家庭赡养问题、社会保障问题、医疗救助问题等。贫困老年人往往缺少子女的赡养，得不到应有的社会关怀，承受着心灵上的空虚与经济上的压力。老年人群体脆弱性强、可行能力较弱，且老年人贫困问题隐蔽性较强，不容易被发现，当出现贫困问题时，社会救助体系需要承担起必要的经济功能，同时社会的支持与关心也十分重要，要给予老年人心灵上的抚慰。老年人贫困所带来的老年人自杀、虐老等现象也时常发生，要充分发挥家庭网络对于老年人的支持作用。关注老年人贫困问题，要特别关注孤寡老人、病残老人、失独老人等群体，给予老年人精神上的关怀、经济上的资助，提供必要的社会援助。

---

① 林瑜胜：《“贫困沉淀”与农村老年人反贫困制度构建》，载《山东社会科学》2019 年第 12 期。

四、残疾人

残疾人是指因身体上的残缺导致其无法正常参与社会生活的人。残疾人由于生理上的缺陷而无法正常参与就业导致自身经济状况紧张。部分残疾人由于自身有较大的心理压力,因而无法正常参与社会生活,导致人际交往圈进一步缩小,社会关系容易发生断裂。可以说,残疾人是最容易陷入贫困的人群。残疾人容易因在生理、教育程度、资源占有、社会地位等方面存在不足而陷入贫困,农村残疾人是贫困人口中扶植难度最大的群体。[①] 残疾人家庭抗风险能力较弱,在资源与发展不平衡的农村地区,残疾人在就业、教育、医疗、婚姻等方面都处于不利的境地。

残疾可能会给个人的教育、就业等方面造成不利影响,从而导致残疾人及其家庭生活水平的降低,最终使整个家庭陷入贫困。[②] 残疾会给残疾人的就业造成困难,在一定程度上限制了其就业的类型;残疾也会影响到家庭的发展,残疾人在生活上需要得到照料,这在一定程度上也会影响其家庭成员的就业,给家庭带来较大的经济压力。

第二节　反贫困社会工作者

社会工作起源于贫民救济与慈善事业,是为应对工业化引发的社会问题而产生的。从其起源来看,社会工作与社会贫困有着密不可分的关系,可

---

① 陈倩文:《我国农村残疾人家庭反贫困经验研究》,载《当代经济》2019 年第 3 期。

② 廖娟:《残疾与贫困:基于收入贫困和多维贫困测量的研究》,载《人口与发展》2015 年第 1 期。

以说，社会工作在反贫困中成了不可替代的中坚力量。现代社会工作将实现社会正义作为实务工作的终极理想，运用专业的方法给有需要的“受难”人群提供专业服务活动。从宏观角度来看，社会工作可以通过影响制度的修订、宣传扶贫政策等反映困难群体的基本需求，保障其合法权益。从中观角度来看，社会工作作为一种政治实践，逐渐充当起了政府与民众沟通交流的媒介。在反贫困领域中，社会工作可以有效地传递社会资源，构建社会、社区支持网络，改变社会公众对于困难人群的刻板印象，帮助困难人群运用自身的能力脱贫致富。从微观角度来看，致贫原因可分为自身动力不足、制度缺陷、社会排斥、自然灾害等，社会工作以发展性治疗为导向，通过优势视角给予其自我成长的力量，激发其个人潜能，使其获得改变现状的信心与能力。

综上所述，社会工作者在反贫困工作中，以“能力建设”和“资产建设”为核心，运用社会工作专业方法，链接社会资源，实现联动发展、共同参与，帮助贫困群众提高自我发展的能力。反贫困社会工作者是以专业的价值准则为基础，运用科学的方法，识别服务对象需求，协调社会资源，帮助服务对象自主摆脱贫困。在帮扶的过程中，反贫困社会工作者应以能力建设为主，实现资源可持续为辅，提升服务对象应对风险的能力，帮助其恢复社会功能。

一、反贫困社会工作者的角色

社会工作自产生之初就是为了解决社会贫困的问题，在反贫困的过程中，社会工作的任务主要包括两个方面。[①]

① 孙莹：《社会工作者在我国城市反贫困中的使命和角色》，载《华东理工大学学报(社会科学版)》2005 年第 1 期。

一方面，围绕贫困者个人开展专业活动。在这个层面上，社会工作将致贫原因归结于个人主观动力不强，认为个人或家庭长期处于贫困状态，是由于长期受到“贫困文化”的影响，这种文化具有代际传递的特征，一旦产生便会对其子女甚至是周围的人产生持久的影响。在这种视角下，社会工作将问题聚焦于提升个人能力，激发个人改变的潜能，借助一定的外部力量促进其自立自强，削减“贫困文化”的影响，帮助贫困者通过个人努力改变贫困现状。

另一方面，通过改变社会环境改善贫困现状。在这个层面上，社会工作将致贫原因归结于社会结构、社会政策制定不完善、社会排斥等。在这种视角下，社会工作者的主要任务为上传下达，积极倡导一种公平合理的社会政策来改善社会环境对于贫困者的压迫。例如，现代致贫的常见原因是贫困者缺少劳动技能被主流社会淘汰而失业，因而社会工作者要积极倡导政策扶持，提升贫困者的社会竞争力，改善社会公众对贫困者的社会包容度；同时，社会工作者还可与司法部门、民政部门合作，为利益受损的贫困人群提供法律援助、心理咨询，保障其参与社会竞争的合法权益。

反贫困社会工作者在具体的助人活动中要做到因人而异、精准识别、全体动员、持续发展。因而我们可将反贫困社会工作者的角色归纳为服务提供者、资源获取者、需求评估者、政策影响者、使能者和倡导者。

1. 服务提供者

社会工作者在助人活动中，往往承担着一种媒介作用，通过提供直接或者间接的服务帮助服务对象解决问题。在反贫困社会工作中，贫困人群长期处于一种社会阶层中，缺少某些资源，社会工作者应利用其专业的方法和技巧，为贫困人群提供专业的社会服务。就贫困者个人来说，长期的贫困导致其自我效能感不足，缺少全面的自我认知，可能会产生自卑、自我放弃的心理，社会工作者通过个案工作、小组工作、社区工作等直接服务方法，肯定其存在的价值，给予其改变现状的信心，使贫困人群在心理方面发生自我改变，摆脱以往“宿命论”的消极影响，自立自强，自食其力。

2. 资源获取者

社会工作需要链接其他的机构，向服务对象提供帮助其走出困境所必要的资源。贫困人群所面临的最大问题就是经济问题，扩大其经济来源，实现其经济独立，需要社会工作者与社会部门相互配合，营造公平合理的社会环境。除此之外，自然灾害、教育缺失、社会结构不合理、社会排斥等原因都会导致贫困，长此以往，这些人群被主流社会边缘化，由此产生了一系列社会问题。贫困导致部分贫困对象产生了强烈的自卑心理，减少了亲社会行为，甚至可能会产生反社会人格。此外生长于贫困家庭的孩子失学率增加，法律意识淡薄，其基本的权利难以得到有效保证，这都增加了其参与违法犯罪行为的可能性。可见，贫困问题带来了一系列的社会问题。社会工作者作为社会政策实施的推动者、社会福利的传递者，需要去动用社会资源，争取各方的协助，解决贫困人群面临的问题。

社会上一部分人的冷漠与歧视导致贫困人群易产生自卑心理，他们可能会“主动”或“被动”地退出竞争社会资源的舞台。社会工作者的任务就是要帮助贫困人群重返社会舞台，与当地的政府部门、民政部门、扶贫开发领导小组办公室联系，主动寻求帮助，开展送温暖、关怀慰问等活动，为贫困人群提供物质与经济帮助；组织有劳动能力的贫困群体因地制宜、合理定位，开展农村合作社、集体经营等多种经济活动，与当地社会企业保持联系，促进个人或集体创业，实现经济可持续发展。此外，社会工作者也可以通过法律援助、教育保障、医疗援助等服务，帮助贫困人群重拾获得感，感受到社会的关爱，回归主流社会。

从社会环境的角度来看，贫困的产生是市场经济的制度性排斥和应对风险的脆弱性相结合的结果。经济剥夺和社会排斥不仅使贫困人群参与社会资源竞争的能力减弱，而且使他们在社会上处于被孤立的地位，给他们的精神和心理带来了严重的伤害。[①] 社会工作者应努力构建社会支持网络，改变大众对于“贫困”的看法，打破大众对于“懒惰导致贫困”的固有看法。社会工作者可以开展募集捐款、衣物捐赠等活动，将来自社会的物质支持与精神关怀传递给贫困人群。

3. 需求评估者

莱斯特·M. 萨拉蒙(Lester M. Salamon)认为，为了实现社会建设的目标，政府应当将一些公共服务的任务委托给社会组织完成，而政府只需提供资金支持和负责掌握全局。[②] 社会工作作为解决社会问题、维护社会稳定的一项专业助人活动，成了解决贫困问题的有力助手。

在脱贫工作执行、实施时，社会工作可以起到很好的监督与评估的作用。政府作为脱贫任务的主体，地方各级部门作为政策的实施者，在执行政策时会产生一定的偏差，其执行结果会直接体现在贫困户身上。政府不是

① 向德平、姚霞：《社会工作介入我国反贫困实践的空间与途径》，载《教学与研究》2009年第6期。

② [美] 莱斯特·M. 萨拉蒙：《公共服务中的伙伴——现代福利国家中政府与非营利组织的关系》，田凯译，商务印书馆2008年版，第143—144页。

“万能的手”，难以有效地对政策实施过程、实施成效进行评估。社会工作者作为一个客观公正的第三方角色，在反贫困工作中发挥了重要的作用。社会工作机构可以对贫困人口进行甄别，对扶贫过程、扶贫成效进行评估；对反贫困工作的实施过程进行有效的监控，可以防止资源浪费、权力滥用，让国家政策真正惠及贫困群众。

除此之外，居民在进行贫困申请时，也遭遇了诸多问题，需要社会工作者进行审查，保证制度的成功推行。目前我国贫困户的申请主要是通过街道办事处或者居委会进行，这其中就存在鱼龙混杂的现象，有不少较为“富裕”的家庭申请到了贫困补助，而真正贫困的人却没有享受到政府的补贴政策。此外，由于申请资料需要向上级政府进行汇报，申请者的资料需要向大众公开，容易导致申请者产生心理上的负担。社会工作者作为评估者开展工作时，要对评审的过程及评审标准进行规范，社会工作者可以通过入户调查的方法对个人财产收入进行核算，了解其需要。这样既防止了“错评”“漏评”现象的发生，也可以在审查的过程中运用专业方法，减轻困难人群在申请时所产生的心理负担。

4. 政策影响者

为了解决贫困问题，国家相继颁布了一系列的社会救助政策，其目的是解决贫困问题，实现社会稳定。社会工作者在服务的过程中直接面向贫困人群，关注贫困人群的直接利益问题。在政策实施中社会工作者可以敏锐地察觉到贫困人群在救助政策中的受惠程度，从贫困人群需求层面出发，了解政策的实施效果；社会工作者还能够立足于贫困人群是否真正受益的问题，将贫困人群的意见、问题、需求向政策制定者反映，以推动其修订和完善社会政策。致贫的原因多样，使得国家在很多方面都要对贫困人群进行政策照顾，以减轻贫困问题所产生的社会影响。同时，社会工作者可以及时了解社情民意，准确定位反贫困过程中贫困人群的问题与需求，使社会政策的实施真正造福于贫困群众。

5. 使能者

从致贫的原因来看，主要是“个人”或“社会环境”的原因，导致个人逐渐被社会“边缘化”，社会工作者拥有诸多的社会资源，能够帮助贫困者提升社会竞争力，而提升其竞争力的最有效方式就是促进贫困者积极就业，争取生存所需要的社会资本，实现脱贫致富。社会工作者作为使能者开展工作时，主要围绕贫困者个人的改变展开，重点是要提升贫困者的人力资本。① 一方面，社会工作者会通过开展具体的活动提升贫困者自主就业的技能与信心；另一方面，社会工作者会以“能力提升”为重点，改变“贫困文化”对贫困者的影响，激发其个人潜能，促进其自我改变。

贫困者在就业市场中缺少机会主要是由于个人所拥有的资源不足，这些资源主要包括教育资源、人际资源、劳动力资源和地域优势等，社会工作者需要从这几方面入手来提升贫困者的竞争力。古学斌在《幸福像花一样：一份中国农村文化、妇女与发展的实践记录》一书中，阐述了社会工作者鼓励当地妇女组建手工艺小组，结合当地农民自身优势，激发村民的社会参与，通过一系列的组织培育与技术支持，利用优势实践的理论激励妇女与贫

① 孙莹：《社会工作者在我国城市反贫困中的使命和角色》，载《华东理工大学学报（社会科学版）》2005 年第 1 期。

困做斗争，将“文化自卑”转变为“文化自信”的例子。①

一方面，贫困者难以找到稳定且合适的工作，是由于缺少就业技能。社会工作者可以开设一些职业技能培训课程，提升贫困者的社会资本，使其能力发展适合劳动力市场的要求。此外，贫困人群所拥有的社会资源较少，较难获取到合适的就业信息，社会工作者通过与外界链接，积极与当地企业的人力资源部进行联系。社会工作者还可以整合贫困人群所具有的特色与优势，鼓励贫困人群自主创业，通过技术扶持、经济援助、政策照顾等手段，结合“引进来”“走出去”的发展战略，提升其参与社会生活的能力。

另一方面，贫困人群由于长期被边缘化，可能会产生文化自卑、缺少自我认同感。社会工作者也应针对贫困人群的心理状况对其进行心理疏导，使其能主动地接触并融入社会，摆脱社会对贫困人群的“偏见”，使贫困人群摆脱“宿命论”的桎梏，让其有信心改变现状，重新获得对自我人生的掌握权，以“文化自信”代替“文化自卑”。

6. 倡导者

社会工作者作为倡导者开展工作时应重点关注如何改善社会环境。

一方面，倡导贫困人群积极参与市场竞争。社会工作者积极号召贫困人群要摆脱“依赖式”生存模式，避免产生“等靠要”的被动生存状态，鼓励其主动改变自身生活处境。社会工作应主动挖掘就业资源，与政府有关部门进行对接，为贫困人群拓展就业渠道。此外，政府可通过购买岗位的方式，

① 古学斌：《幸福像花一样：一份中国农村文化、妇女与发展的实践记录》，北京大学出版社 2014 年版。

给贫困群体提供一些技术要求较低的工作；与当地企业联系，给予贫困人群就业机会，也可通过当地“大户”的带动，“以富带贫”，先让小部分人自力更生，从而带动更多的人富裕起来。

另一方面，倡导公平合理分配的市场环境。首先，由于贫困人群往往缺少相应的技能与知识，因而在进入劳动力市场以后，贫困人群基本的权益难以得到保障，其应对风险的能力较弱，往往难以寻找到有效的援助途径。在进入劳动力市场以后，社会工作者要对贫困人群进行跟进反馈。此外，公众对于贫困人群的包容度影响了其参与社会生活的程度。社会工作者要努力改变公众对贫困人群的态度与认知，营造公平、包容的社会环境。

二、反贫困社会工作者的功能

反贫困社会工作自产生之初就是为了解决贫困问题，实现社会正义，缓解社会矛盾。反贫困社会工作者运用科学的技术与方法，能及时识别贫困人群所面临的危机情境，协助其全面认识自我，促进能力提升，实现自我发展，因此，助人是反贫困工作者的基本任务之一。

1. 社会工作对服务对象的功能

社会工作的基本功能是助人，主要是帮助服务对象发展掌控自我的权利。以往的反贫困工作对贫困的理解更偏重于绝对贫困，在参与贫困工作时，更多关注经济和物质层面的帮扶，而较少涉及心理和精神层面的支持①，

① 向德平、华汛子、金旖：《视角转换与方式创新：减贫社会工作的本土实践》，载《社会工作与管理》2017 年第 6 期。

这是一种“输血型”扶贫。社会工作贯彻以人为本的工作理念，充分尊重服务对象的主体性，将被动的“输血型”扶贫转化为主动的、发展的“造血型”扶贫。社会工作以提升能力资本为主导，改变以往“问题为本”的帮扶视角，致力于增强服务对象面对生活的自信心与能力，以“优势视角”增强贫困群体的社会资本，避免出现“脱贫—返贫—再脱贫—再返贫”的恶性循环。[①]

（1）解救危难。救难即解救他人于危难，反贫困社会工作就是一项救难实践。贫困人群应对风险的能力较弱，脆弱性较强，当遇到困难时很难依靠自己的力量走出困境，需要反贫困社会工作者进行介入并提供援助。贫困人群可能会抱有“家丑不可外扬”或“被动救助”等心态，不主动寻求帮助，反贫困社会工作者在与贫困人群进行接触时，要以敏锐的洞察力来评估正在遭受或可能遭受困境的贫困人群，对其进行有针对性的介入，防止因问题扩大化而进一步加剧贫困。

（2）缓解困难。贫困人群可能会遭遇各种困难，使个人的正常生活受到影响，由于贫困人群拥有的社会资源较少，当遇到困难时，个人或者家庭往往难以抵御。在这种情况下，个人或家庭需要借助于有关的政府部门或专业的反贫困社会工作者的帮助才能摆脱困境。反贫困社会工作者的基本工作目标之一就是帮助有问题、有困难的人群缓解压力，走出困境，实现个人的发展，保障贫困人群的利益。反贫困社会工作者须精准定位、合理帮扶，帮助贫困人群增强抵抗风险的能力，防止再次陷入贫困状态。

（3）激发潜能。反贫困社会工作与其他的扶贫机构最大的不同就是能

① 杨晶：《社会工作与中国农村减贫：来自湖南省贫困村的证据》，载《中南财经政法大学研究生学报》2016 年第 1 期。

根据各类贫困人群的需求与个性特征有针对性地开展助人活动，注重贫困人群内生动力的提升，激发其内在潜能。反贫困社会工作者在介入贫困问题时要帮助贫困人群激发内生潜能。部分贫困人群会产生“低价值感”，容易自我怀疑、自我否定。反贫困社会工作者要不断地增强贫困人群的自我效能感与自我掌控权，帮助其摆脱“宿命论”的束缚，使其有能力应对困难，恢复社会功能。

(4) 促进发展。社会工作的扶贫模式以开发式扶贫、“造血型”扶贫为主，其发展是可持续的。以往的救助模式以国家财政保障为主，长此以往使得贫困人群脱贫主动性变低，造成了“养懒汉”现象，国家的经济负担变重，扶贫成效变小，甚至可能出现“越扶越贫”的现象。社会工作以“助人”作为基本理念，旨在恢复服务对象的社会功能，实现其发展。相较于单向被动的传统模式，社会工作更强调服务对象个人的自主性，帮助其充分发挥个人优势，共同参与，共同治理，提升其解决问题的能力，使服务对象能独立应对类似的困难，真正实现经济改善、能力提升、永久脱贫。

2. 社会工作对社会的功能

(1) 解决社会问题，维护社会稳定。社会工作诞生之时就是为了实现社会稳定，可以说社会工作的宗旨和反贫困具有一致性。中国是人口大国，贫困人口总数仍然较大，贫困是社会中最持久也是最难解决的问题，若将其放任下去，可能会造成难以估量的社会后果。社会工作者以专业的理念与方法，在反贫困工作中做出了一系列的成绩，有效结合了社会保障、社会政策、社会福利等相关领域，改善了人民的生活条件，维护了人民的利益和社会秩序的稳定。

（2）促进社会和谐，推动社会进步。当前，贫困在对个人、家庭产生影响的同时阻碍了社会的进步。反贫困社会工作者具有“维稳”的作用，以“问题解决”为导向，在扶贫的过程中发挥了不可替代的作用，对于贫困问题的解决提出了一些新思路、新方法，缓解了社会矛盾，在一定程度上推动了社会进步。

三、反贫困社会工作者的核心能力

1. 理论层面的能力

社会工作具有专业嵌入、理论嵌入与方法嵌入的能力，在反贫困过程中发挥了重要的作用。反贫困社会工作者在实际工作的过程中不仅需要掌握牢固的专业知识，也需要掌握与反贫困有关的价值理念。

（1）树立城乡协调发展的理念。城市致贫原因与乡村致贫原因可能会存在差异，社会工作介入方法也会有所不同。虽然城乡在发展潜力、地理环境、外部资源等方面存在差异，但反贫困社会工作者在扶贫过程中要充分重视“城乡平等”发展问题，认同城乡贫困者在潜能、能力方面的平等，帮助他们共同参与社会竞争，为其倡导公平合理的社会环境。

（2）树立共同富裕的理念。反贫困社会工作以实现经济的独立为基本目标，通过小部分人来带动更大范围的人群实现经济独立，促进区域发展，减少贫困现象的发生，实现共同富裕。此外，反贫困社会工作注重精神建设，即帮助贫困人群实现经济富裕的同时注重丰富其精神生活。

（3）树立内生动力的理念。为实现“输血型”扶贫向“造血型”扶贫的转变，反贫困社会工作者应重视贫困者个人能力与潜能的开发，改变以往“扶贫不扶志”的方法，积极鼓励其参与社区生活，发掘自身优势，帮助其真正实现物质上与精神上的脱贫。

2. 科学知识的能力

社会工作在开展具体活动时，需要与各个社会部门进行联系，链接多方社会资源。因此，反贫困社会工作者应具备以下能力。

(1) 掌握政策知识的能力。根据国家下发的扶贫政策开展有效的助人活动，反贫困社会工作者可以组织民众对扶贫的相关政策方针进行学习，保障其基本权利。反贫困社会工作者作为社会政策的反馈者，要具有一种“问题”视角，能及时反馈政策实施的不足，为政策的修改、完善提出建议。

(2) 社会组织管理的能力。在开展扶贫开发的工作时，反贫困社会工作者应有效地对贫困地区进行管理。例如，在扶贫项目的决策中，反贫困社会工作者应该对项目进行可行性、普惠性、科学性、有效性的评估，选取最优方案，实现科学管理。

(3) 实务技巧的能力。专业技术是科学的价值理念的体现。反贫困社会工作者可以运用个案工作、小组工作、社区工作等直接方法对贫困者进行能力建设与心理辅导，以帮助贫困者恢复正常的社会功能；同时，反贫困社会工作者可以通过政策咨询、社区互助、就业指导、教育宣传、法律援助等辅助手段改善贫困状况，优化实务技巧，提升反贫困成效。

第三节　反贫困社会工作价值观

反贫困是一项社会性事业、历史性工程，然而无论是从扶贫的政策文本，还是从其推进过程来看，扶贫政策主要偏重于策略性建构而忽视了价值性倡导。[①] 策略性建构以任务为导向，具有效率与成效指向；价值性倡导以过程导向为主，体现能力倡导、文化扶植、持续发展。传统扶贫工作重视任务导向，将扶贫成效归结于指标实现程度，缺少理念与价值上的指导，使得政策实施难以持续发展，扶贫主体能动性无法得到调动，国家负担较大。此外，反贫困的社会导向与社会工作的专业优势呈现互补倾向，具有高度的耦合性并且能够相互建构。将社会工作的专业价值理念融入政策实施过程，使得政策具有“人性化”“以人为本”的倾向，这不仅具有现实价值，而且体现出可持续发展的核心理念。将价值建设注入扶贫政策实践的这一过程，被称为反贫困社会工作与扶贫工程的“价值亲和”。

社会工作作为一个以价值为本的学科，在具体介入中以利他主义为主导，追求社会的公平正义，注重服务对象的主体性，这些价值理念与扶贫的价值追求具有一定的契合性。

一、核心价值观——助人自助

助人自助是社会工作的核心价值观，简而言之，是指社会工作者在帮助服务对象摆脱困境的同时，激发服务对象潜能，增强其独立性，减少依赖性，传授服务对象解决问题的能力，使其能自立自强。社会工作者将“助人自助”的理念运用到反贫困工作中，可以充分发挥贫困人群的主体性，提升其脱贫意识，将“自我”作为脱离贫困的关键因素，通过激发贫困人群的内生动

① 王思斌：《农村反贫困的制度—能力整合模式刍议——兼论社会工作的参与作用》，载《江苏社会科学》2016 年第 3 期。

力，提升扶贫成效。每个人都有被尊重的需要，都需要去通过自己的努力实现美好生活，实现个人价值。贫困者首先需要具有“自助”的精神，才能重获自己人生的掌控权。从权利的层面来看，自己比他人更需要对自己的人生负责；从扶贫战略上来看，贫困者是解决贫困问题的核心，其个人发展直接影响扶贫成效；就目标而言，反贫困的最终目的是激发个人的价值，实现个人的成长；就成效来看，只有个人愿意发生改变才能真正实现长久脱贫。由此可见，个人是反贫困的核心，“自助”是个体自我价值感的核心，个体主动性的发挥程度将直接影响反贫困的实现程度。

“助人自助”的价值核心与反贫困的目标追求都是促进社会公平正义，实现共同富裕。扶贫若单纯依赖政府的福利与补贴，则会使政府负担过重，妨碍经济的高效发展，反贫困社会工作需要激发贫困人群的内生动力，由“被动脱贫”转为“主动致富”，减少国家与社会负担，早日实现共同富裕的目标。社会工作专业是伴随着社会问题（特别是贫困问题）的增加而不断发展的，其“人性化”的特点被运用于反贫困的工作中，弥补了传统扶贫工作缺乏人文关怀的问题，通过对贫困人群内生动力的开发，实现从“助人”到“自助”的转变。

二、反贫困社会工作的专业价值

1. 以人为本

社会工作以服务对象的需求为导向，保护人的基本权利与尊严。在反贫困的过程中，社会工作者以贫困人群最紧急、最迫切的问题为切入点，积极协助其解决当前问题。具体的介入过程表现为：以过程目标为导向，注重服务对象在解决问题中的自我体验感与自我成长，强调服务对象发展的可持续性。社会工作者要立足于贫困人群的生活现状，了解其问题与需求，从切实帮助贫困人群解决他们最关心、最迫切的问题入手，把以人为本的理念贯彻于扶贫工作的始终。①

传统的扶贫模式忽视了对贫困者进行心理上的扶贫，而仅提供物质上的支援，使得贫困者难以实现真正永久的脱贫。将社会工作的理念带入脱贫工作中，能够使扶贫政策的实施具有人性化的特点，从而将扶贫关注点聚焦到个人所具有的资源、个人所处的情境和个人的权利等各个方面。“以人为本”体现了社会工作对个人的关注，强调个人权利和个人需要的实现与满足，体现了“人道主义”在推进困难解决、个人发展中的重要意义。

2. 接纳

接纳即社会工作者对于服务对象的背景、社会身份、性格等的接受程度与包容程度。反贫困社会工作者在确定服务对象后首先应该做的就是了解服务对象的基本背景，接受服务对象，做到不批判。反贫困社会工作者面对不同生活背景、不同认知经历、不同价值观念的贫困人群，在实际介入的过程中，做到接纳且不批判是十分困难的。例如，当服务对象因感染艾滋病致贫或者个人自身发展动力不足持续致贫时，反贫困社会工作者需要坚持其接纳且不批判的态度，来把握个人价值观与服务对象价值观、社会价值观之间的冲突。

反贫困社会工作者在“接纳”的过程中应把握“度”的问题，既要尊重理解也要坚守原则，以平等、尊重的态度引导贫困人群摆脱困境，重塑生命价值。由于贫困人群可能长期承受着社会的排斥，因而容易产生自我怀疑感、

① 王思斌：《社会工作导论》，高等教育出版社 2004 年版，第 208 页。

无力感，甚至会自我否定。反贫困社会工作者的任务是不仅要让自己无条件接纳贫困人群，还要让贫困人群接纳当前的遭遇、处境，接纳不完美的自己，形成正确的自我认知，促进个体发展。

3. 自决

自决即自我决定。这在社会工作中不仅体现为尊重服务对象的基本权利，鼓励其在面对困境时理智地做出选择，也体现在介入过程中社会工作者对服务对象选择权的尊重。提升服务对象自我选择能力的过程也是赋予服务对象权利的过程。贫困人群长期处于社会排斥与边缘化的环境中，自我认同感较低，自我否定感较强。当面临选择时，他们往往会选择逃避或是依赖他人帮自己做决定，对自我的掌控度不够。以往的"输血型"扶贫模式，使贫困人群习惯于"被帮扶"的生活方式，政府在扶贫中逐渐"主体化"，贫困人群在脱贫中逐渐丧失主体性，并主动撤退到脱贫的附属位置。导致贫困的原因主要是某种或多种社会资源的缺失，教育条件的落后加之贫困人群长期处于传统、滞后的文化影响之中，这使得他们容易产生"习得性无助"的心理，从而降低了他们与现实生活不公现象进行抗争的可能性。

首先，反贫困社会工作者的任务就是要提升贫困者在脱贫过程中的主动性，既扶贫也要扶志，社会工作者作为倡导者与使能者，要改变贫困者的习惯性应对方式，赋予其改变现状的信心，重获自我的掌控权。其次，当贫困者能自主做出决定时，反贫困社会工作者也需要为其提供必要的社会资源，尊重贫困者做出的选择，实现贫困者在脱贫过程中的"主体化"。

4. 个别化

在反贫困社会工作中，社会工作者会面临各种各样的贫困人群，因而不能用单一的方法来处理多变的情境；由于社会工作者所接触的人群在性格、价值观、行为方式、家庭背景等方面各不相同，因此要做到具体问题具体分析。反贫困社会工作的服务对象从广义上来看可以分为城市与农村，从狭义上来看又可分为妇女、儿童、老年人和残疾人等，因此社会工作者要针对服务对象不同的心理特征及其所处的社会环境开展个别化的介入工作。

城市中贫困人口的致贫原因主要是社会体制转型、社会结构不合理等问题，相比之下，农村中的贫困问题更加复杂，如劳动力的缺乏、教育的缺少、地理交通闭塞等。面对城乡差异，仅仅依赖某种固定的模式开展工作是完全不够的，社会工作应结合贫困者个人性格、个人优势和地方特色做到因人而异、因地制宜。不管是贫困个体还是贫困群体，其问题不同，对策也应不同，应使用个别化原则。个别化原则就是一种“大水漫灌”向“精准滴灌”的转变，社会工作者须通过入户调查，掌握致贫原因，按照“缺啥补啥”的原则，坚持宜农则农、宜工则工、宜商则商、宜游则游的重要指示精神，帮助贫困人群改善生产生活条件。①

反贫困社会工作的目标就是完善贫困人群的自我“造血”功能，以能力建设为本，逐步向资本建设转变。虽然国家的政策扶植、政策兜底改善了贫困者的生活，但要实现长久稳定的脱贫，必须要在精神层面做出努力。自我是改变的核心，在此过程中社会工作者要努力激发贫困人群的内生动力，激发其个人潜能，使贫困者能积极地在市场环境中获取资源，这样才能使扶贫工作取得良好成效。

① 顾东辉：《精准扶贫内涵与实务：社会工作视角的初步解读》，载《社会工作》2016 年第 5 期。

第四节　反贫困社会工作方法

贫困人群在社会上处于孤立无援的状态，社会支持与人际交往系统的断裂，将会给其身心带来更大的压力，从而引发一系列的社会问题与社会冲突。从宏观层面上来看，为解决贫困所带来的问题，保障贫困人群的基本权利，促进贫困个体可持续发展，国家需要对扶贫制度进行设计与建设，促进就业，健全社会福利制度，为贫困者提供基本生活保障。但制度设计与建设以成效为本，很少关注贫困者的心理状态与个体潜能。这种自上而下的推动式模式，不仅无法激发贫困人群脱贫的主动性与自信心，还会给政府带来巨大的财政压力。

反贫困社会工作在制度设计的基础上，从尊重贫困个人主体性的角度出发，为其提供个别化、多样化的服务，将贫困人群内心深处的“文化自卑”转变为“文化自信”；在工作方法上，将社会工作的个案工作、小组工作、社区工作运用于反贫困的工作中，从社会资源方面为贫困者提供一定的物质帮助，在行为上促进贫困者“亲社会行为”的发展，在心理上实现贫困者的“自我认同”，在成效上实现“社会共建”。此外，反贫困社会工作通过社会工作行政等间接方法，在制度实施方面落实政策照顾、福利补贴、就业指导和社会包容。

一、个案工作

反贫困社会工作中的个案工作是以专业的价值理念为基础，通过专业的方法，为贫困个人或者贫困家庭开展有针对性、个别化的服务，其目的是帮助贫困个人或贫困家庭解决问题，提升发展能力，恢复社会功能，增强改变的能力与信心，增加社会适应能力。

从宏观上来说，致贫的原因可分为个人原因与社会原因，但就个人来说，致贫原因既有普遍性也有特殊性，因此需要具体问题具体分析。反贫困社会工作者要解决贫困个人或者贫困家庭所面临的贫困处境，要从源头看到本质，针对具体的问题提出不同的解决策略。查默斯（Chalmers）认为个案工作是直接的“一对一”个体化工作，需要给予服务对象足够的关怀；不将贫困的源头归因于服务对象，而要给服务对象以关怀、支持与理解。个人系统发生的问题与情境存在着密不可分的联系，反贫困社会工作者要注意贫困者与情境的关系。在开展具体活动时，反贫困社会工作者要从贫困者所处情境中看待导致其问题产生的原因，要在改变大环境的前提下解决贫困者的问题。在资源链接方面，反贫困社会工作者要充分利用好贫困个人或贫困家庭的“自然资源”，充分动员家庭成员、亲属、好友等支持网络，必要时通过向社会号召来获取资源。

在个案工作的过程中，反贫困社会工作者除了要给予贫困者积极的支持与尊重，同时也要充分调动贫困者的主观能动性，使其积极参与扶助过程。由于受到反贫困社会工作者专业地位等因素的影响，贫困者很容易将自己置于“从属”或“被动”的地位，而将反贫困社会工作者视为一种“权威”，认为其处于“主动”地位，这使得贫困者自我发展的主动性难以被激发，且反贫困社会工作者的权利被放大，不利于扶贫目标的实现。反贫困社会工作强调以贫困者为中心，充分激发起其自我改变的信心，这需要将贫困者“主体化”。反贫困社会工作者要与贫困者处于一种相互平等、相互促进的关系之中，调动贫困者的积极性与主动性，使其主动对自己今后的发展进行规划。反贫困社会工作者应使贫困者认识到环境对个人的影响，改善其不正确的自我认知，提高其解决问题的能力，使贫困者实现真正脱贫。

在反贫困的过程中个案工作还有一些具体的操作模式（如危机介入模式、任务中心模式、叙事治疗模式、社会心理模式、行为治疗模式），可以为贫困个人或贫困家庭提供物质支持和心理疏导。

1. 危机介入模式

反贫困过程中的危机介入模式是指反贫困社会工作者从贫困者所面临的危机事件入手，了解危机事件发生的原因，了解影响贫困者的最大危机事件，将问题聚焦在目标上，使贫困者对于危机事件有准确的认识。当服务对象经历了危机事件并陷入贫困或遇到危机事件使得生活更加窘迫，个人或家庭无法解决问题，还影响到今后的生活时，反贫困社会工作者可以通过危机介入模式帮助贫困个人或贫困家庭摆脱危机。反贫困社会工作者在识别了危机事件后，对贫困者所出现的焦虑情绪进行疏导，与贫困者共同寻找解决问题的有效方法，帮助贫困个人或贫困家庭重新恢复正常状态。

2. 任务中心模式

反贫困社会工作者从贫困个体当前最关心的问题入手，与其共同商议并寻找解决问题的方法，强调问题解决模式与方法。任务中心模式将个人放在治疗的中心，帮助贫困者界定问题，了解问题产生的根源，探讨如何实现目标以及目标实现过程中的障碍。在这种模式中，反贫困社会工作者要与贫困者保持一种良好的合作关系，充分激发贫困者的自我主动权，帮助其减少在决策过程中的障碍，提升其受助意愿，提高其解决问题的能力。

3. 叙事治疗模式

叙事治疗模式以日常的对话为主要工具，通过语言的外化，帮助个人进行自我反思。反贫困社会工作者可以重新审视整个治疗过程，贫困者也可以在此过程中反思自己对生命的态度以及对自我的看法。这是一种内化治疗的模式，反贫困社会工作者可以引导贫困者说出自己生命历程中的事件，帮助其重新构建对于自我、他人和社会的看法，使其能够正确地看待自我，重新审视自身所具备的能力资源，为个体的转变创造条件。

4. 社会心理模式

社会心理模式注重贫困者心理状态的发展，将贫困者的心理与其所处的社会环境结合起来进行分析，认为贫困者心理状态的改变是由于其所处社会环境的改变而发生的，因此，反贫困社会工作者要从贫困者所处的社会环境出发来开展具体的工作。反贫困社会工作者要积极关注贫困者所处的社会环境，用联系与发展的眼光来分析产生贫困的社会环境，从贫困个人所处的环境入手改善贫困者的处境。反贫困社会工作者可以通过了解贫困者的状态来看待问题产生的具体根源，在社会环境层面寻找有利于贫困个人或贫困家庭发展的有利资源，为其创造健康、合理、公正、支持的社会环境。

5. 行为治疗模式

行为治疗模式将行为修正作为核心，认为个人的行为会受到外部环境的影响，因而个体行为可通过社会学习来进行重塑。提升贫困者解决问题的方法与技巧，需要反贫困社会工作者为贫困者树立榜样作用，改变贫困者惯用的思维方式与应对模式，引导贫困者学习正确的行为模式。贫困者应作为主动的学习者，通过改善自身行为方式，实现自我转变。

二、小组工作

小组工作是以小组为工作对象而开展的活动。具体而言，小组工作是指通过开展各项发展性活动，促进组员的成长，帮助组员恢复社会功能，实现组员及小组的发展。贫困造成了个人的自卑感和无力感，使得贫困者无法正常地参与社会生活，无法获得自身发展应有的社会资源，从而逐渐在社会中被“边缘化”，贫困者自我发展的权利受到了剥夺，这对贫困个人及其家庭产生了巨大的影响。小组工作以专业的方法与技巧，帮助组员在小组中获得归属感与自我认同感，帮助其重新审视自我，获得自我价值。

小组工作坚持平等互助、相互支持、关怀接纳、团结协作、共同成长等原则，这些原则也是反贫困社会工作应遵循的基本价值。小组是由一群有着相似经历的人所组成的，反贫困社会工作者将相似经历的贫困者聚集在一起，鼓励其相互分享。在分享的过程中，组员可以学会互相倾听，倾听他人的感受和经验。社会工作者可以邀请一些依靠自身努力成功脱贫的人士为小组成员做经验分享，通过发挥榜样的示范引领作用，激励小组成员。此外，小组可以产生“1＋1＞2”的力量，通过部分人的力量来带动小组成员共同行动。同时，小组内部也是一个支持网络，组员之间通过相互倾诉、相互鼓励逐渐消除内心的自卑。贫困人群的社会交往网络狭窄，一是贫困人群资源有限，容易被边缘化；二是有些贫困者主动“撤离”社会，他们很少与外界系统进行联系，与外界的社会关系发生断裂，无法获得社会支持性的资源。小组的产生便为这些贫困者提供了一个相互支持的平台，鼓励其从封闭、孤立的生活状态中走出来，重构社会关系，主动构建自己的社会支持网络，重新定义自我。

社会工作者在运用小组工作处理贫困问题时，主要有三大模式。

1. 社会目标模式

社会目标模式关注个人与群体间的互动，个人或者群体是否会出现问题与社会系统是否正常运行有关，因此要解决个人问题需要通过促进社会系统的改变来完成。社会目标模式注重培养小组成员的社会责任感，通过小组的发展来增强组员的自我意识，提升其自信心与自尊心，使其能主动地参与社会生活。小组作为一个统一的个体，可以最大限度地激发贫困人群的力量，使其共同参与改变的过程，从而实现社会系统的变迁。

2. 治疗模式

治疗模式以治疗个人的问题行为为导向，反贫困社会工作者通过运用小组工作的方法与技巧，推动问题行为的转变。该种模式适用于自身动力不强而导致贫困的人群，反贫困社会工作者在小组过程中使贫困者认识到自身的问题行为和不正确的生活态度，在与贫困者不断地进行沟通和互动的过程中，激发其改变自我的意识，反贫困社会工作者在此过程中对贫困者进行行为指导，改变其以往“等靠要”的生活态度，改变其问题行为。

3. 互动模式

互动模式是在小组开展的过程中，努力促进个体与整体的互动。互动模式起初是将贫困人群聚集在一起，他们可能会有抵触的心理，不愿意与他人进行交流。反贫困社会工作者的任务就是促进组员之间的交流与互动。小组是一个支持系统，贫困者在小组内可以获得情感的寄托与物质上的帮助，组员之间相互影响，共同进步，相互支持，共同解决小组所面临的问题。在此过程中，贫困者参与社会生活的主动性增强，提升了解决问题的能力。

三、社区工作

社区工作是以整个社区为服务对象的介入方法。它通过发动社区居民共同参与活动来解决社会问题，整合社区资源，寻求社会的协助，推动社区建设以达到消减贫困的目的。社区工作还通过强化人们对于社区事务的参与意识并提高其参与能力，来增强社会凝聚力，减少社会冲突。[①]

贫困问题的发生不仅表现为个体贫困，还体现了整个地域的贫困。大规模、连片性的贫困难以用个案工作或小组工作来解决，而需要运用社区工作的方法寻求社会资源，并且通过社区居民的广泛参与，实现地区的发展来解决。贫困社区的产生与贫困地区的文化有着密切的关系，贫困文化一旦产生将会使贫困具有持久性。因此，要解决贫困问题要从改变贫困文化入手，反贫困社会工作者要通过社区工作的专业技术方法，改变贫困人群对生活的固有态度和应对问题的方式，使其在心理层面肯定自我。贫困个人或者贫困地区需要摆脱“贫困文化”对人思想的桎梏，要从“贫困文化”的限制中走出来，真正实现个人和地区的发展。

在贫困社区中，社区居民作为服务对象，要积极参与整个社区工作的过程，反贫困社会工作者要与社区居民共同寻找导致贫困的主要问题和贫困社区的资源，动员社会力量，寻求社会有关机构的支持，解决社区导致贫困的最主要原因。在解决问题的过程中，反贫困社会工作者要发现社区居民

---

① 程胜利：《论专业社会工作在城市反贫困中的作用》，载《社会工作》2004 年第 2 期。

的能力，激发其潜能，帮助社区居民在社区行动中重新发现自我能量，还可以通过“赋权”“增能”等方式提升社区居民行动的能力，激发其改变的内在动力。通过社区行动，逐步减轻“贫困文化”对个体的影响，树立新的价值观念，塑造新的行为方式。此外，在社区工作中还可以挖掘和培养社区领袖，提升社区居民的社会参与度，使他们在改变贫困处境的同时提升个人参与社会治理的能力。

非贫困社区可以给贫困社区提供人力支援和物质支持，通过志愿服务等方式参与到反贫困工作中。非贫困社区作为一种社会力量，通过号召全社会消除对贫困者的歧视，倡导一种公平、合理、友爱、和善的社会环境。反贫困工作需要政府、反贫困社会工作者、贫困人群三方的参与，更需要全社会共同关注、共同参与，为反贫困的工作营造一种良好的社会氛围。社会对贫困人群的包容程度与接纳程度，将直接影响贫困人群能否顺利地参与社会生活。贫困问题的解决不是某一方努力的结果，而是全社会成员共同参与的结果。只有全社会团结起来，共同实现地区发展，才能更好更快地解决贫困问题，促进社会稳定与发展。

根据社区工作的实践发展，罗曼斯将社会工作分为三种模式：地区发展模式、社会策划模式、社会行动模式。

1. 地区发展模式

地区发展模式通过增强社区成员参与社区建设和发展的责任意识，以社区共建自治来推动社区的进步，鼓励社区成员不断参与社区治理，从而提升其参与社区事务的积极性。反贫困社会工作者通过在社区活动的过程中，发掘培养社区领导者和能人，为社区治理提供力量。反贫困社会工作者应动员社区内每一位成员积极参与社区活动，贫困者要参与到促进自我发展与社会发展的活动中来，在社区活动中切实提升抵御风险的能力；社区内的非贫困人群也要积极参与社区活动，给贫困人群以关怀、尊重，为社区发展出谋划策，实现整个社区的脱贫。

2. 社会策划模式

社会策划模式在实践的过程中需要借助外部力量来完成，即需要邀请有关领域的专家进行调查与策划，先通过小范围的试点，再进行大规模的落实、推行。反贫困社会工作者不是万能的，需要链接外部资源以更好地开展服务。反贫困涉及社会政策、经济发展、就业趋势、社会教育等多个议题，需要专业的人士进行指导，这种自上而下的发展模式规避了集体决策可能导致的风险，使社区发展更加具有科学性、合理性，但也有可能压制了居民参与社区事务的积极性。

3. 社会行动模式

社会行动模式是指将社会中的困难群体联合起来，通过与其他团体合作，争取支持和资源，促使社会权力、地位和资源再分配。这是一种较为激进的行动模式，若策划过程有偏差或被一些不法团体所利用，则可能会影响社会秩序与社会稳定。因此，反贫困社会工作者应慎用该行动模式，代而用一种温和的行动模式。反贫困社会工作者应该积极收集群众对于政策实践的意见，并根据群众的反馈，将意见集中反映给政策制定者，积极参与政策制定的过程，使政策的实施惠及更多贫困群众。

社区工作的介入方法是多样的，针对不同的情况可做不同的调整。在开展工作时，反贫困社会工作者可从社区公共的问题入手，创造良好的社区环境，构建积极的社区支持网络。从社区教育入手，“贫困文化”的产生可能会导致社区内的贫困问题加剧，因而需要通过社区教育，改变贫困人群原有的思维模式和应对方法。社区可通过开展技能培训、就业指导等活动提升贫困人群的劳动能力；给予社区内的儿童足够的资源与支持，督促落实好“九年义务教育”政策的实施，让社区内所有的适龄儿童有学可上；从互助合作入手，积极发动社区内每一位成员参与到社区建设的队伍中，每位社区成员都有责任与义务关怀社区内的困难群体，营造良好的社会环境；通过发挥每一位社区成员的带动作用，给予贫困人群温暖与关怀，积极支持其发展，利用社会的公共资源解决贫困问题。

四、社会工作行政

反贫困社会工作者是社会福利的传递者，需要按照行政程序，向贫困人群提供社会帮助，协助社会政策的实施，监督社会政策的实施效果。反贫困社会工作者可以将反贫困社会工作的价值理念注入政策推行与实施的过程中。反贫困社会工作者需要与政府部门、民政机关以及当地的扶贫开发领导小组办公室等进行合作，按照合法的程序推动反贫困工作的开展。反贫困社会工作者的方法与技巧在微观层面上可以为贫困人群提供保障，改变其生活状况。

第七章　反贫困社会工作内容

作为反贫困领域的重要社会力量，社会工作在促进扶贫主体多元化和扶贫资源合理配置的同时，能够发挥专业优势，为贫困地区各类人群提供多样化、有针对性的服务。2017 年，《民政部 财政部 国务院扶贫办关于支持社会工作专业力量参与脱贫攻坚的指导意见》发布，该文件对社会工作介入反贫困工作进行了专门部署，明确了社会工作专业力量参与脱贫攻坚的服务内容，即参与贫困群众救助帮扶和贫困群众脱贫能力建设，促进易地搬迁贫困群众融合适应，针对贫困地区留守儿童及其他特殊困难人群开展关爱服务。具体来看，一方面，社会工作可以为一般贫困人群提供救助帮扶、资源链接、能力建设、融入适应等服务，增强他们的脱贫信心和内生动力，提升他们的生计发展能力，争取早日实现脱贫致富；另一方面，社会工作也可以为贫困地区留守儿童、贫困老年人、贫困妇女、贫困残疾人以及其他特殊人群（如社区服刑人员、刑满释放人员等）提供关爱保护、精神慰藉、情绪疏导、权益维护等服务，强化心理社会支持，帮助他们改善家庭和社区关系，恢复和发展社会功能。

第一节　参与贫困群众救助帮扶

在社会救助领域,我国先后建立了最低生活保障、特困人员供养、受灾人员救助、城乡医疗救助、教育救助、住房救助、就业救助、临时救助等制度,构建了一个项目完整、内容齐全、程序规范、对象明确的社会救助制度体系,在保障困难群众基本生活、维护社会稳定、促进公平正义等方面发挥着越来越重要的作用。

从贫困救助领域来看,当前大量的贫困户是因病、因残、因教致贫,或是因突发性灾难等意外致贫。对贫困人群来说,其基本需要是获得经济方面的救济,以应对在医疗、康复、教育、意外灾难等方面的重大开支,维持家庭基本生活的稳定。除此之外,贫困人群在提高能力建设、拓展社会支持、增强社会功能等方面同样存在需求。从现实层面来看,我国行政性的制度资源仅能低程度地满足贫困人群救助的基本需求。在目前的社会救助体系设计中,农村最低生活保障制度通过发放低保金的形式对部分特殊困难家庭给予了货币形式的社会救助,但最低生活保障制度覆盖面不全,救助标准不高,不能充分满足贫困人群的救助需求;城乡居民基本医疗保险制度虽已基本实现全覆盖,但大病救助制度有待进一步完善。进一步来看,我国社会救助体系虽然建立了一些专项救助制度,但各项制度之间衔接配套不够,制度“碎片化”明显。另外,社会资源投入不足,社会参与度不高,社会力量参与贫困救助服务不充分等问题的存在,影响着贫困救助工作整体水平的提高。

就当前的贫困救助实践而言，贫困人群的救助需求、社会力量的快速发展、扶贫政策释放的制度空间，不断推动着贫困救助实践的转型，推动着社会工作对社会救助领域的嵌入与延伸。

一、社会工作参与救助帮扶的专业优势

社会工作具有理念科学性、方法专业性以及地位独立性[①]等多方面优势，在贫困救助帮扶工作中能够发挥专业优势，创新救助帮扶理念和方法，配合社会救助经办机构，实施对救助对象的精准识别和精准管理。

一是创新救助帮扶理念。行政性社会救助一般是自上而下对救助对象的救急、救难，侧重于对救助对象基本生活和经济的援助，由此救助关系被建构成一种“施与—接受”的不平等关系，救助对象处于完全被动接受的地位，不能发挥主动性。相比之下，社会工作从利他主义出发，强调平等对待每一个救助对象，维护其人格尊严，并且相信每个人都有自己独特的个性，都存在着自我改变、成长和不断进步的潜能。社会工作倡导平等尊重的救助过程，以此构建平等的助人关系和助人过程，在对救助对象充分接纳与尊重的基础上了解救助对象的状况，提供帮助。社会工作在介入社会救助时首先强调“救”，随后进一步推进，更加注重“助”[②]，既帮助救助对象摆脱急难困境，又帮助其获取长期可持续发展的动力与资源。

二是拓展救助帮扶范畴。一方面，社会工作在救助对象范围上涵盖更

---

① 向德平、华汛子、金旖：《视角转换与方式创新：减贫社会工作的本土实践》，载《社会工作与管理》2017 年第 6 期。

② 原会建：《专业社会工作介入社会救助的路径与策略》，载《人民论坛》2014 年第 35 期。

广，除了传统的贫弱群体，还包括在生活中遭遇各种危机、感受到困难的个人、家庭、群体及组织。另一方面，传统的社会救助主要是向贫困者提供以现金方式为主的经济援助，以维持困难家庭最基本的生活，而没有关注贫困者还有能力提升、精神脱贫和社会融入等方面的非物质需要，社会工作的介入正是要向贫困者提供专业服务，通过危机干预、社会支持系统重构、社会资本培育以及社区发展推动，不仅帮助救助对象解决当前的问题，而且协助救助对象发展自身能力、积累人力资本、参与社区发展，形成自助互助的社会环境。

三是完善救助帮扶方式。社会工作介入社会救助，首先是通过一对一的沟通，了解潜在救助对象的处境与问题，确认潜在救助对象接受救助的意愿及期待，在此基础上与救助对象建立基本的信任关系，然后对救助对象的需求和资源状况进行交互评估。评估不仅考虑救助对象本人及其家庭的状况，也注重了解整个环境系统中影响救助对象解决问题的助力与阻力的资料。在此基础上，社会工作者推动社会救助对象积极参与救助工作，发挥救助对象的主体性作用，鼓励救助对象自己决定解决问题的方向，与救助对象一起探讨解决问题的计划和策略，帮助救助对象了解自己的能力、权利，强化救助对象在解决问题过程中的努力和进步，提升救助对象的自我价值感及应对问题的能力。

二、社会工作参与救助帮扶的介入路径

在对贫困人群救助帮扶的主要路径方面，社会工作能够在救助帮扶的诸多工作环节发挥重要作用。例如，社会工作可以帮助困难家庭申请各类

政府援助，协助政府部门开展救助工作，利用社会工作人才队伍，加强对政府部门社会救助政策的宣传和倡导，并联合其他社会组织、志愿者等社会力量提供全面的救助服务。社会工作的参与使政府、社会、第三部门及其他各领域的资源得以有效整合，在提升管理效能的同时，也提高了管理的人性化水平，更有助于做好对贫困救助对象的精准识别和精准管理，充分实现社会救助的最优成效。社会工作主要从以下方面介入救助帮扶工作。

一是开展需求评估。需求评估是在对服务对象的情况进行全面了解的基础上，通过综合分析，发现和确定服务对象需求的满足程度及影响因素，形成评估结论。发现和评估被救助群体的实际需求是社会工作的专业优势，社会工作能够协助政府部门开展工作，弥补其在社会救助领域行政资源的不足，增强工作人员的主动性，寻找潜在的救助对象并对其问题及处境进行甄别，确认救助对象的危机状况及其接受帮助的意愿。在实践操作层面，社会工作可以根据协助政府部门按照现行政策标准做好救助对象的家庭调查、需求分析、救灾政策有效性评价等工作，对影响救助对象的各种因素进行评估。除此之外，社会工作的专业评估还考虑救助对象多样化的生存需求、发展需求及其摆脱贫困的意愿，考虑救助对象的感觉性需要、表达性需要、规范性需要及比较性需要，综合考虑救助对象的价值观、关心的问题以及希望实现的目标，把救助对象的相关问题和环境结合起来，从而为制定有针对性的救助帮扶政策提供科学依据。

二是分析致贫原因。现代社会救助是在社会救济基础上发展出来的社会政策，是社会保障制度与社会福利体系中最低层面的子系统，其直接功能是“救济”与“救急”，对因各种原因遇到特别困难的社会群体给予物质性的接济，以使其渡过难关。至于救助对象陷入困境的原因，以往更多从“弱势视角”或“问题视角”展开分析，强调救助对象的“无能”或“无用”，将受助者视为“失败者”。

与上述观点不同的是，社会工作在看待和分析贫困群体方面有独特的理论视角。例如，生态系统理论强调“人在环境中”，该理论认为一个人能否与其所生活的环境系统形成积极的互动关系，直接决定一个人的生活状态。因此，救助对象的贫困问题不是单纯的个人问题，而是受其所在系统如家庭、社区支持薄弱，社会分配不均，社会环境的限制等的影响。① 社会支持理论认为，社会支持网络是个人生命过程的组成部分，为了维持人们正常的社会生活，人与人之间的相互支持是必不可少的。个体在生活中所遇到的问题往往是由于缺少必要的社会支持而产生的，贫困者也可以被界定为社会支持网络不足或利用社会网络资源的能力不足的个体。

三是完善救助管理。社会救助管理是一个复杂的过程，包括对社会救助申请者的审查、审批，对受益者的管理，以及对社会救助工作的绩效评估等。目前，社会救助服务提供者一般靠行政系统自上而下地开展工作，因此，他们多以行政权执行者的角色为救助对象提供救助服务，使得救助对象在整个救助过程中处于被动的受助地位。在具体的救助管理工作中，包括入户调查、单位求证、公示与群众监督、经济状况比对、民主评议等，行政部门仅仅关注救助政策的落实，保证救助金及时、足额发放到位，而不去考虑

① 刘群、韩峰：《发展型救助与社会工作介入》，载《东岳论丛》2012 年第 6 期。

救助对象的发展，并为之设计差异化的救助策略，链接相关资源。[①] 因此，这些救助措施所带来的社会效益并不十分理想。

与之相比，社会工作者不仅站在与救助对象平等的地位上，向救助对象提供各种物质支持、心理支持和社会服务，而且在整个救助过程中，能够帮助救助对象争取并安排、管理好各种可用资源，并在服务过程中发现服务对象的个别性问题。社会工作介入社会救助管理，可以帮助基层政府部门收集、分析、研判贫困人群的各类信息，并结合实际的情况帮助救助对象做出申请或不申请、向什么机构申请这样的救助决定，以使其所获取的救助资源在符合规定的情况下最大化。因此，在整个救助服务过程中，专业的社会工作者不再只是社会救助政策实施的具体执行者和救助服务的提供者，更是扮演着资源管理者和救助政策的影响者等多重角色。

具体来看，在初次接触救助对象之时，社会工作担当的是情绪疏导、治疗者的角色，帮助救助对象有效面对问题、形成对问题的良好认知。在评估救助对象需求并制订救助方案的过程中，社会工作承担着评估者、协调者、策划者的角色，帮助救助对象有效评估问题、需求和资源，协助救助对象获取资源，与救助对象共同策划问题解决方案。当救助对象的问题涉及社区层面甚至更广的社会制度层面时，社会工作则开始扮演倡导者角色，推动制度和政策的完善以从根本上解决救助对象的问题。总体来看，在协助政府部门完善救助管理工作中，社会工作一方面可以作为政策制定的间接参与者，通过对救助

① 关信平：《社会工作介入社会救助的需求、能力及体制机制分析》，载《湖南师范大学社会科学学报》2017 年第 1 期。

对象的了解，协助国家、地方政府制定更合理的救助政策；另一方面可以作为基层与国家、地方政府联系的纽带，对救助政策的实效性、持续性进行关注和反馈，推动救助政策的完善。社会工作的参与可以协助政府在提升管理效能的同时，更好地将管理与服务结合起来。

三、社会工作参与救助帮扶的实践特征

在参与贫困人群救助帮扶工作的过程中，社会工作倡导并实践发展型救助理念与策略。所谓发展型救助，就是在救助理念上，将发展注入贫困救助的价值之中，从而为贫困救助新增"发展"这一价值基石。[①] 在干预方式上，社会工作注重改变以往贫困救助以资金分配为单一手段的机制，在保障贫困人群基本生存需要的前提下，运用多种手段满足贫困者的多方面需要，特别是为有潜能的贫困者增加经济参与的机会并提高其自我发展能力，实现基本救助服务与发展型救助服务相结合，物质资金帮扶与心理社会支持相结合，使得贫困者能够摆脱脆弱性，实现长久脱贫。这也是社会工作参与救助帮扶的实践特征。

第一，基本救助服务与发展型救助服务相结合。社会工作在服务贫困人群时，坚持以人为中心，强调从贫困者的实际需求出发，利用国家救助政策为贫困个体和贫困家庭提供现金、物质援助以及各种非物质服务，注重保护贫困者的基本权益，强调对贫困者的人文关怀，从"个人权利"[②]的视角去审视救助和服务的内容，将人文关怀渗透到救助和服务的各个环节和各个

---

① 刘群、韩锋：《发展型救助与社会工作介入》，载《东岳论丛》2012 年第 6 期。

② 杨荣：《社会工作介入社会救助：策略与方法》，载《苏州大学学报(哲学社会科学版)》2014 年第 4 期。

方面，并且要避免以损害贫困者的其他权利来换取救助和服务，让贫困者真正感受到政府和社会的关爱。

通常而言，贫困表现为收入的低下、物质的匮乏，而实质却是机会和能力的不足。因此，贫困者不只需要收入和福利的增加，更需要知识和技能的培养、信心和观念的提升、参与和机会的保障、社会资本的增进等。在基本救助服务的基础上，社会工作强调发展型救助，所谓发展取向的贫困救助，是指不局限于生计的维持，不单纯地追求收入的增加，而是在保障基本生存需要的前提下，更加注重服务的供给，从宏观环境的改善与个人能力提升方面帮助服务对象自我改善、自我发展，将服务对象获得全面的、可持续的发展能力作为救助的最终目标，包括开发贫困者人力资源(通过教育与培训、治疗与康复、扫除经济参与障碍等方式)，协助贫困人群建设用于发展的经济性资产，积累社会资本，致力于扶持有潜力的贫困者就业和创业，等等。发展型救助可以为贫困家庭的发展和贫困个人的能力展示创造条件，使有劳动能力的服务对象逐步减少并脱离对社会救助的依赖。

第二，物质资金帮扶与心理社会支持相结合。对于贫困者来说，首先需要解决的当属物质资料不充足的问题，特别是不能依靠自身力量解决基本生活的特殊困难群体，他们需要国家提供保障其基本生活的救助，目前最为典型的救助系统就是城乡居民最低生活保障制度及农村五保供养制度。作为现代社会保障和福利制度的“最后一道防线”，基本生活层面的社会救助是缓解贫困，实现社会“底线公平”的重要举措。政府作为该层级最为核心的责任主体，起着政策制定、资金拨付、监督落实的重要作用。与此同时，社会工作可以利用自身优势，联系各类慈善机构及各种社会组织，帮助贫困者链接各类第三方资源,从不同方面,以不同方式支持此类家庭和群体在享受最低生活保障的基础上,进一步提升生活质量。

在为贫困人群提供物质资金帮扶的基础上,社会工作更为关注贫困人群的精神需求和社会需求,为他们提供心理社会支持,解决贫困人群心理层面的问题。大量研究表明,贫困人群易形成封闭、自卑、不求进取的心理趋向,进而在价值观念、工作态度、社会行为乃至家庭行为等方面都容易形成一种非优选择。对此,社会工作在具体服务实践中,坚持"助人自助"的原则,采用合适的社会工作方法和技巧,将"问题视角"转化为"优势视角",注重评估、挖掘、激发和培育贫困人群的潜能,增强他们的自我发展能力。社会工作者可以通过教育培训提升贫困人群的人力资本,通过加强贫困人群的社会交往能力、人际关系、社会参与等,丰富其社会资本,进而提高贫困个人和贫困群体的政治参与能力,使贫困人群在社区和社会公共事务中有更大的发言权,最终提高贫困人群的基本素质和能力,最大限度地发掘他们的潜能,帮助他们摆脱困境。

四、社会工作参与救助帮扶的具体内容

在不断提高贫困人群社会救助目标的背景下,社会工作参与贫困人群救助帮扶的内容也在不断扩展,从基本生活救助领域扩展到专项救助领域和灾害救助领域,不断创新实践,提升救助帮扶水平。

第一,基本生活救助。从制度设计上来看,基本生活救助在农村主要包括农村最低生活保障制度和特困人员供养制度。社会工作参与救助帮扶工作的具体内容分为两个方面。一方面,社会工作者参与社会救助政策的制

定、实施与评估。社会工作者是救助政策实施的具体执行者，并在执行过程中对社会救助政策的合理性和政策实施的公平性进行检验，以促进救助政策更加科学、更加完备。另一方面，以社区为基础推动生活救助各项政策的实施。在具体的服务实践中，社会工作者一是为服务对象提供物质帮助，利用国家救助政策为贫困个人和贫困家庭提供现金、物质援助以及一些服务支持等；二是为服务对象提供就业机会，为贫困家庭的发展和贫困个人的能力展示创造条件，使有劳动能力的服务对象逐步减少并脱离对社会救助的依赖；三是积极开发和整合各类单位、社会组织的资源，将政府支持与社会力量相结合，形成社会救助的合力。

第二，专项救助。专项社会救助制度的目的在于解决贫困群体遇到的基本生存之外的特殊困难，如儿童教育问题、看病就医问题、家庭住房问题等。在教育救助方面，社会工作者采用的具体做法有以下几点：参与政策制定，促进政府加大对教育救助的投入；动员社会力量参与教育救助，整合社会资源；针对学生个人需求，开展分层分类救助（奖、贷、助、补、减）；提高救助效果，健全救助网络。在医疗救助方面，社会工作者主要有两种救助方式。一是寻找社会工作与医疗救助的结合点。一方面，与社会保障部门相结合，通过医疗救助为贫困人员缴纳居民医疗保险，并帮助贫困人员通过社会保险机构报销相关的医疗费用；另一方面，与医疗机构和民政部门相结合，帮助符合医疗救助条件的贫困人员准备各种申请资料，使其及时就医，并协助其办理二次救助。二是为医疗救助政策的制定提供政策建议，改进医疗救助程序。在住房救助方面，社会工作者主要采用以下两种救助方式：其一，帮助贫困家庭申请住房救助，帮助贫困家庭熟悉当地住房救助政策和申请程序，并与相关机构进行协调，使服务范围内符合条件的贫困家庭都能获得住房救助；其二，参与住房救助的管理和监督，协助住房管理部门和低收入家庭认定部门建立动态跟踪机制和退出机制，及时掌握住房救助家庭的人口、经济状况变化情况，从而减少或杜绝骗租、瞒报财产等行为。

第三，灾害救助。灾害救助社会工作主要包括灾害紧急救援和灾后社区重建两个方面。在灾害紧急救援方面，社会工作者的服务内容包括以下三个方面。其一，参与紧急救援，减少人员伤亡和财产损失。社会工作者在当地政府的统一领导下，帮助群众转移到安全的地方，安置受灾群众，保护受灾群众的人身和财产安全。其二，为受灾群众提供基本的生活保障。社会工作者协助政府部门，统筹安排好社会救助生活物资的筹集、发放和使用等工作，解决好受灾群众的吃饭、穿衣、住宿、饮水、医疗等基本生活问题。其三，安抚受灾群众情绪，对其进行心理疏导。社会工作者采取措施稳定受灾群众情绪，及时进行心理救助，运用专业手法给予受灾群众适度干预和心理疏导。

在灾后社区重建方面，社会工作者的工作内容主要包括以下三点：其一，在现有灾后恢复重建工作管理体制下，采用社会工作的理念和方法，在政府统一领导下，负责组织协调社区人居环境的恢复重建；其二，恢复社区正常的社会生活秩序；其三，恢复社区正常的经济秩序和生产能力。

第二节　提高贫困人群脱贫能力

1990年，联合国开发计划署提出，贫困不只是收入不足，更是基本生存与发展能力的匮乏，因而要实现贫困人群的可持续发展，就必须持续不断地提高贫困人群的脱贫能力。贫困的核心特点是具有缺乏性，贫困人群表面上缺乏的是获取物质资源、经济收入以及其他影响其生存和发展的直接手段，实质上缺乏的是获得与应用各种社会资源的能力，以及促进自身脱贫致富的发展机会。因此，精准扶贫不只是增加贫困人群的经济收入，更重要的是通过对贫困人群的"赋权"与"增能"建设，增强他们自我发展的动力和能力，社会工作的基本价值理念是实现助人自助，强调尊重人、关心人，社会工作介入精准扶贫的专业优势就在于运用助人自助的理念，以培育和激发贫困社区、贫困家庭和贫困个人的主体性与自我发展能力为基本着力点，关注贫困人群的生活形态，了解他们的所思、所想、所愿，发现他们的优势及局限，分辨和澄清他们的真实需要，用专业化的社会工作助人方法去影响、改变他们的观念和行为，促进其发展动机的形成，提升贫困人群的自我脱贫能力。

一、贫困人群能力贫困的表现

贫困个体的发展意愿和发展能力是推动精准脱贫、增强自我发展的内生动力，但是贫困人群发展动力不足、能力不够目前已成为制约脱贫发展的一大障碍。政府所提供的反贫困优惠政策和资源虽然给贫困人群带来了发展机遇，但是也让部分贫困个体产生了严重的"等靠要"思想，缺乏自我发展意愿。[①]

① 张勇、陈太勇：《中国农村贫困社区"六轮驱动"扶贫模式研究——以 XMN 中国扶贫发展项目为例》，载《开发研究》2017 年第 2 期。

第一，从贫困人群的主观表现来看，部分贫困群众存在着“贫困依赖”。所谓贫困依赖，主要是指贫困人群科学文化知识贫乏，脱贫致富内生动力不足，很少有追求进步的意愿，“等靠要”思想严重，对脱离贫困状态缺乏很强的欲望与动力，从而使自身长期陷于贫困状态。

基于可行能力视角，阿马蒂亚·森将贫困界定为可行能力的剥夺，即个人所掌握的“免于贫困”的能力不足。当贫困人群不具备自我发展能力时，他们大多寄希望于外部帮扶，久而久之产生依赖心理，慵懒懈怠，缺乏脱贫志向，从而导致内生脱贫动力不足，一旦脱离外部扶持，便会再次陷入贫困“陷阱”，形成“贫困—依赖—贫困”的恶性循环，呈现出“等靠要”等贫困文化特征。从致贫原因来看，一些贫困家庭不缺劳动力，其贫困问题源于内在发展能力不足。有的贫困个体长期处于贫困生活状态，已经适应了贫困环境，形成了一种贫困心理，缺少脱贫致富的积极性。此外，大多数贫困人群的受教育程度较低，局限了其认知能力和自我发展能力，又因其自身禀赋与后天能力不足，所以无法将外部输入的资源为己所用。对于贫困人群而言，自我发展能力的提升是激发其产生脱贫动力的一种内生性力量，有助于激励其坚定脱贫信念，采取积极行动。

第二，从贫困人群的客观环境来看，贫困人群容易被边缘化。从边缘化的角度来看，贫困是指贫困人群社会地位的下降，在心理上对社会和自身失去信心，进而产生一种不公平感的过程，边缘化的直接结果是边缘人群的产生及其社会经济状况的恶化。“参与式减贫”在一定程度上可以改变这种贫困现象，一方面，贫困人群的参与和意见表达，为政府和其他外部力量了解贫困人群的需求，并开展有针对性的服务提供了有效机制；另一方面，它通过赋权于贫困人群，给了贫困人群“在干中学”的机会，有助于提升贫困人群的能力，增强贫困人群对扶贫过程和扶贫项目的拥有感，发挥贫困人群的主动性和创造性。总之，“参与式减贫”能够让贫困人群在国家政策扶持和自身能力提高中均衡分享社会财富，最终实现贫困人群的可持续发展。

二、社会工作提高贫困人群脱贫能力的介入路径

社会工作在反贫困中的一个基本策略和方法，就是以能力建设为重点开展精准扶贫。按照阿马蒂亚·森的“可行能力”理论，真实的自由是建立在人们所具备的可行能力基础上的行动自由，即对生活中的挑战和风险能够做出积极的回应，从而使他们摆脱困境、得到发展。在这里，社会工作所倡导的能力建设，不只是简单地培养和发展某种适应现代社会需要的技能的问题，更是一种态度、一种价值观、一种理解力及批判精神的培育与发展的过程。它是一个掌握新的技术、方法和技巧的过程，这一过程是与人的生活态度、生活方式、行为模式和世界观的转变相结合的整体成长过程。因而，在反贫困行动中，社会工作必须把“精准”放在人的转变上，以“助人自助”为出发点，以“自助助人”为归宿，把“授人以渔”和“授人以鱼”结合起来，开展以能力建设为重点的精准扶贫，重点激活并培育贫困人群的个人能力、家庭能力和社区能力。

一是运用个案工作方法，提升个人能力。贫困者是反贫困的重要主体。反贫困必须以人为基础，相信人在生理、智力、情感、社会、审美和精神方面具有天赋的潜能和权利，并应不断挖掘人自身的各种潜能，使其最终能够自己解决自己的问题。个案社会工作要瞄准贫困者的主体性培育，通过激发

他们的内生性动力，培育可行能力，形成内源发展的主体。首先，改变贫困人群的落后观念，帮助贫困人群实现从扶贫到脱贫这一观念的转化，即改变其单方面接受扶贫的落后观念，使其建立“自助”理念，实现观念上的脱贫。其次，提升贫困人群的脱贫主动性。社会工作者要深入贫困人群的家庭和村落，与扶贫对象互动，引导贫困人群发挥主观能动性，积极参与，承担责任，从而在“输血型”扶贫的基础上实现“造血型”扶贫，培养其获取资源的能力，最终实现可持续的脱贫发展。

二是运用小组工作方法，激发群体动力。小组社会工作可以将贫困者由精准的“点”连接成同类的“面”，共同的经历感受、共同的问题能使贫困者在小组中找到情感的理解、支持和关联，成员之间对相同问题的探讨，有助于自信心的建立，这是对贫困人群“赋权”“增能”的良好基础。针对贫困人群生活的社会环境、文化特质、生计方式、生活习俗、经济状况等问题开展小组工作，可以给予他们资金、技术、信息、生产经营、市场营销等技能层面的支持、辅导和培训。针对贫困人群在生活方式、行为方式和价值观念等方面存在的缺陷和不足，社会工作者可以通过小组工作开展观念更新和行为改变的小组教育，增强他们应对困难和挑战的信心，提升他们抗御生活风险、发展生计的行动能力。

三是运用社区工作方法，营造脱贫环境。贫困问题的解决，除了需要对个体、群体进行精准的增能赋权，还需要从社区公共精神建设、贫困文化消除、人际关系网络构建等方面采取综合性、系统性的社会行动。[①] 按照

① 席晓丽：《社会工作助力精准扶贫的“嵌入”和“浸润”路径》，载《贵州社会科学》2018年第5期。

社区工作的观点，社区环境不仅包括人口、土地、房屋等有形的硬件环境，还包括社区凝聚力、社区归属感、社区人际关系等软件环境。在贫困地区，社区公共精神的缺乏，村民对公共事务的参与意识普遍较弱，贫困户被边缘化，消极的人际关系，贫困户“等靠要”心理等社区软件环境的缺陷在相当程度上制约了贫困人口的脱贫成效。社会工作可以利用运用社区组织的社区工作方法和沟通协调、互助合作的技巧，带领贫困人群立足于社区之内的人力、物力、财力和文化资源的识别与发掘，组织农民开展自助互助活动，帮助他们建立专业合作组织和社区协调组织，引进社会组织为村民解决生产、生活问题提供协助和支持，营造积极健康的社区文化，增加社区凝聚力和认同感，提升社区公共精神，完善贫困治理结构，实现社区的内源发展。

三、社会工作提高贫困人群脱贫能力的具体内容

社会工作参与脱贫攻坚，在缓解贫困对象物质贫困的基础上，更要注重挖掘贫困对象潜能，激发其脱贫意愿，帮助贫困对象发展社会支持网络，建设社会资本，提升生计发展技能，稳定收入渠道，最终实现脱贫致富。

一是挖掘贫困对象潜能，激发其脱贫意愿。认知行为理论认为，个体生活中发生的事件与个体对该事件的认知以及发展出的情绪和行为之间是相互联系的，认知发挥着中介和协调的作用，直接影响着个体最终的行动。贫困对象在面临困境时容易产生宿命、无能、无望等错误的认知，从而陷入绝望、听天由命、自暴自弃的情绪中。社会工作在理解贫困对象现实处境的基础上，可以通过教育和伙伴式探讨的方式，改变贫困对象的错误

认知，鼓励和倡导贫困对象以理性、务实、积极的态度和行为应对面临的困难。

在社会工作看来，个体、群体、家庭、组织和社区都有优点及内在能力，都拥有着内在和外在的资源，贫困对象所面临的困境和挑战可能为其带来了伤害，但也可能成为机遇。优势视角理论指导下的社会工作实务强调发现受助者自身的比较优势，尽最大可能让受助者自身的潜能得到发挥。社会工作在对贫困对象的需求进行科学评估的基础上，将贫困对象自身和环境的优势及资源考虑进来，并帮助贫困对象尽力识别、利用、强化这些优势和资源。首先，相信贫困对象的潜能，看见他们的优势，如勤劳朴实、坚强的特征和踏实苦干、不抱怨的精神；其次，增强他们的权利感、能力感和自信心，贫困者也有自己的各项基本权利，社会工作者在扶贫中要帮助贫困对象增强自主、发展和参与意识；最后，增强贫困对象自我帮助的能力。社会工作力求让贫困对象在获得帮助的过程中认识到脱贫的重要性，形成自我脱贫的意识和行为，增强自我发展的能力。

二是发展社会支持网络，建设社会资本。社会支持网络是一个人获得物质援助、情绪支持、服务、信息、新的社会接触的一组关系网。[①] 贫困人群在经济贫困之外，更缺乏心理慰藉和社会支持网络。对于贫困者来说，个人的社会支持网络越强，则其自身的安全性和发展能力以及脱贫的持续动力也越强。在贫困人群的社会支持网络建设方面，社会工作具有专业优势，能够通过互助、支持等方式，帮助贫困对象重新参与社会，构建起正式及非正

① 席晓丽：《社会工作助力精准扶贫的“嵌入”和“浸润”路径》，载《贵州社会科学》2018年第5期。

式的社会支持网络。在生产互助和生活照料方面，社会工作可以整合邻里乡亲、生产互助组、专业合作社、长者协会等本土的社区资源为贫困者提供生产帮助和日常照料的人力支持；在医疗社会救助方面，社会工作机构可以凭借其资源整合优势和信息技术优势，利用信息网络快速为贫困对象链接专业资源，并通过线上、线下支付形式筹集到医治大病的大额救助资金；在文化资本方面，社会工作可以提供文化教育和技能培训，改变贫困文化和落后观念对贫困对象的消极影响。

三是提升生计发展技能，稳定收入渠道。社会工作在“扶志”的同时，也要对贫困者进行“扶智”，实现“扶志”与“扶智”的有效结合。社会工作者一方面可以利用自身所拥有的社会网络资源从外界积极争取职业技能培训和就业等资源，运用专业知识和专业方法指导贫困人群学习和掌握脱贫技能，提升运用资源的能力，增强抗击贫困风险的能力；另一方面可以辅导贫困人群学习科学文化知识，使其接受社会主流文化，从而培育文明乡风，促进贫困地区移风易俗，摆脱贫困亚文化的影响，逐步提高贫困人群的科学文化水平和自我可持续发展能力。具体来看，社会工作在评估农户发展能力的基础上，针对有劳动力和发展潜能的贫困者，重点调动其积极性，为其输入资源并提供发展机会，增强其谋生能力；坚持以贫困户为中心，充分考虑贫困户的发展意愿和自身优势，制订贫困户帮扶计划。例如，为贫困户中的女性提供手工技能培训，组建妇女手工小组并搭建成品售卖平台，协助其申请微店并探索销售渠道等。社会工作还可以帮助贫困人群获得理财知识和技能，消除其获得金融服务、实现资产积累的制度性障碍，如推行社区小额贷款的模式，让贫困人群能够更加便利地获得金融贷款及服务。

第三节 促进易地搬迁贫困人群融合适应

易地搬迁是指将居住在自然条件和生存环境恶劣、不具备基本生产和发展条件的贫困人群搬迁到基础设施较为完善、生态环境较好的地方，改变其现有的居住环境和生产生活条件，使其能够融入现代社会，跟上现代社会发展的步伐，接收到更多信息，受到更好的教育，为其彻底脱贫致富创造条件。从实践效果来看，易地搬迁改善了贫困人群的居住条件，完善了公共服务，提升了贫困人群的获得感和幸福感。与此同时，易地搬迁也面临着一些挑战，如社区发展后劲不足，贫困人群缺乏多元生计支持、缺乏社会支持网络以及社会融入困难等问题。社会工作作为扶贫服务主体之一，是可持续脱贫能力形成的补充性力量，能够发挥专业优势，帮助易地搬迁贫困人群疏导不良情绪、加强关系调适、联系就业资源、发展自助互助组织、重构社会支持网络，促进其更好地融入新的社区生活。

一、易地搬迁贫困人群面临的主要问题

易地搬迁不是简单的人员迁徙、家园变换，更是一个经济重组、社会重构的系统工程。易地搬迁使贫困人群的传统社会经济系统解体，同时重建新的社会经济系统。搬迁后，贫困人群的生产生活方式、人际关系等都会发生改变，并可能在较长一段时间内面临生计发展、环境适应、社会融入等方面的问题。

一是搬迁人群生计发展能力不足。贫困人群在搬迁之前一般是以纯农业活动为经济来源，通过直接利用土地的方式获取生活资料，生产生活受自然气候条件的影响较大，自给自足的生产生活方式也减少了他们对外部社会环境的依赖。搬迁之后，传统的生产生活方式被改变，贫困人群丧失了原有的生产资源和生活资源，面临非农就业的挑战。搬迁人群大多市场意识淡薄，市场风险承受力偏弱，自主择业创业能力不强，在劳动力市场上处于弱势地位，面临无业可就的风险。贫困人群因人力资本缺乏、就业能力薄弱，其金融资本层面的能力积累更进一步受到限制。在就业和收入不稳定的环境下，较高的生活成本必然会增加搬迁群体的生存压力、生活负担和心理落差，他们将更多考虑如何在迁入地生存下去，而不是追求长远发展，这必将影响可持续脱贫的实效。

二是搬迁人群面临环境适应困难。贫困人群在搬迁前对搬迁后的生活有着一定的规划与设想，希望改善以前自身经济落后、贫困的局面。但是受传统的农村生活方式、封闭的社会环境和较低的文化水平等限制，贫困人群远离社会主流文化而处于自我维系的“贫困亚文化”体系中，思想观念封闭、社会支持网络狭窄、改革创新意识不强，这些都限制了他们文化技能的提高和社会交往能力的提升，导致其人力资本和社会资本层面的综合能力不足。搬迁之后，原有封闭型社会支持网络面临转型，新的开放型社会支持网络尚未建立，社会资本缺乏。他们在新的社会文化和交往环境下因缺乏归属感、认同感和安全感，容易产生心理压力，遭遇适应危机，更容易消解自身脱贫致富的生活追求，影响自身的稳定性发展。

三是搬迁人群面临社区融入问题。易地搬迁安置点多数集中在独立的居住小区，这种安置方式往往会导致搬迁贫困户产生社会交往“隔阂”。① 这种“隔阂”主要体现在两个方面。一方面是搬迁贫困户社会交往的空间隔阂。易地搬迁安置点多数设在县城或中心镇的边缘地带，与市区有一定的距离，且安置点的居住人群基本是从不同地方搬迁来的贫困户，这种安置方式导致该群体在搬迁后的社会交往仅限于简单的“同质群体”的增加，与周边居民的交往非常有限，这在一定程度上会造成搬迁居民与本地居民之间的居住分化。另一方面是搬迁贫困户的心理隔阂。贫困户搬进新社区后面临着思想观念、生产生活方式和交往方式的革新，由于贫困户具有保守性、弱势性特点，因而让其主动融入社区生活，仍面临很多障碍。

二、社会工作促进易地搬迁贫困人群融合适应的具体内容

易地搬迁在做通搬迁人群的思想工作，使他们克服故土难离的思想，自愿配合易地搬迁的同时，还要让他们在情感上真正接受搬迁。从实践效果来看，只有地方政府的常规性帮扶还不足以消除搬迁人员的社会适应障碍，引入专业社会工作的理念与方法为搬迁人群提供更具针对性、个性化的服务，可以从更深层次地解决他们的社会适应问题。

一是从个体层面来看，社会工作可以提升易地搬迁人群的自我发展能力。部分搬迁人员长期贫困，搬迁到新居住地以后，内心有强烈的无力感和不适感，不相信可以依靠自己的力量改变境遇，潜意识里仍然想依赖政府帮扶或者安于现状。对此，社会工作者从优势视角出发，协助搬迁人员发现自身的资源与能力，让搬迁人员了解自己的资源与能力所在，找到适合的生计

① 王春蕊：《易地扶贫搬迁困境及破解对策》，载《河北学刊》2018 年第 5 期。

之道。社会工作者还可以作为资源链接者，挖掘有助于搬迁人员职业能力成长的资源，协调政府、企业、社会组织等各方力量，共同推动搬迁人员职业能力成长。在搬迁人员的职业培训中，社会工作者可以通过研究与行动，协调政府、培训机构与搬迁人员行为，从搬迁人员所理解的发展出路中发现技能培训的需求，并帮助政府了解与回应搬迁人员的需求，通过服务解决职业培训过程中信息不对称的问题。

二是从关系层面来看，社会工作可以提升易地搬迁人群的社会资本。社会工作可以促进搬迁社区的组织建设，提升搬迁社区的社会资本。其一，社会工作可以帮助搬迁社区形成良好的社区文化，促进搬迁居民之间的相互联系与支持。通过组织集体活动，加强搬迁社区内居民之间的联系，促进彼此的了解与信任，激发搬迁人员参与公共事务的热情，提高其行动能力。其二，社会工作者作为资源链接者，通过挖掘资源推动各类组织的成立，能够促进搬迁人员的自我管理和自我服务，通过组织建设提升移民社区的社会资本。其三，社会工作服务能促进搬迁人员与当地居民之间的关系。社会工作者可以通过联合协助组织开展对搬迁人员的宣传推介活动，增加当地居民对搬迁人员的了解；可以通过举办搬迁人员与当地居民共同参与的活动，加强他们之间的沟通与理解；还可以通过服务增加搬迁人员的社会参与，消除其封闭或自卑心理，鼓励他们主动与其他人包括当地居民建立联系，构建新社区共同体，让他们更好地融入社区，融入当地生活。[①]

① 向德平：《社会工作助力开启易地扶贫搬迁群众的新生活》，载《中国社会工作》2019年第22期。

三是从信息层面来看，社会工作可以畅通易地搬迁人群的信息渠道。现代社会信息是重要资源，对于搬迁人员来说，缺乏信息来源也是影响其发展的主要障碍之一。得不到企业的用工信息，搬迁人员难以找到合适的工作岗位；不了解政府的相关信息，搬迁人员难以维护自身权益，也难以得到政府的相关支持。社会工作者可以作为中介加强搬迁人员与相关政府工作人员之间的联系，使政策本身及政策的执行过程为搬迁人员所知晓，从而消除其困惑。社会工作者可以通过组织搬迁人员参观本地企业等方式，搭建搬迁人员与本地企业之间的联系平台，使搬迁人员了解企业，增加在企业工作的机会，也使用人企业减少招聘成本，找到自己所需要的员工。

四是从环境层面来看，社会工作可以倡导营造利于易地搬迁人群的发展环境。社会工作可以通过政策倡导为搬迁人员营造友善的政策环境。搬迁人员作为特殊的弱势群体，需要公正的政策环境来保障自己的权益。社会工作可以从多方面进行政策倡导。其一，通过调查研究推动搬迁人员政策的完善，通过调查分析搬迁人员政策本身与执行过程中的不足，推动搬迁人员政策走向公正与效率相统一的道路。其二，推动政府从资源投入和岗位设立等方面促进搬迁人员社会工作的开展。其三，推动产业政策方面的公正。产业的发展可能对一部分人有利，对另一部分人不利。社会工作推动对搬迁人员有利的产业政策，能使搬迁人员在当地经济发展中更好地分享发展成果。①

① 刘辉武、吴晓萍：《论促进扶贫移民社会适应的政策选择》，载《贵州师范大学学报(社会科学版)》2019 年第 4 期。

第四节　参与贫困地区留守儿童关爱保护

贫困地区留守儿童问题的解决是一项长期性、复杂性、艰巨性的系统工程，更是一个重要的社会政策问题。目前，在还不能彻底消除农村留守儿童留守状态的情况下，要最大程度地做好对农村留守儿童的权益维护和利益保障，尽可能减少“留守”对他们造成的负面影响。在构建和完善农村留守儿童关爱保护政策体系的过程中，社会工作能够发挥巨大作用。社会工作能够会同相关部门、联合相关力量开展贫困留守儿童及其家庭的监护随访、调查评估、监护指导等工作，督促并指导农村留守儿童家庭承担监护主体责任。在具体开展服务工作的过程中，社会工作以困境儿童为重点服务对象，开展成长辅导、法制宣教、临界预防、行为矫正、社交指导、情绪疏导等工作，配合学校和社区做好适龄儿童“控辍保学”工作并提供成长关爱服务。

一、贫困地区留守儿童的主要问题

不同于一般的贫困群体，贫困地区留守儿童呈现出多维度的贫困特征，在身心成长、人格发育、安全和健康教育、人际交往、行为特征和学业发展方面存在很多问题。

第一，身心成长和人格发育方面的问题。父母是孩子最重要的陪伴，由于留守儿童的父母外出打工，使得他们长期不能与父母在一起生活，不能获得全面的父母关爱和情感呵护。缺乏父母的陪伴和情感交流，对留守儿童的身心成长和人格发育都会造成负面影响。尽管留守儿童的父母可以通过打电话或使用网络工具与子女保持联络，但这种非接触性的隔空交流，对亲子关系和亲情获得产生的积极影响较小。多数留守儿童的父母因长期不在子女身边，不能尽心照顾子女而产生歉疚，希望通过物质满足的方式进行补偿，纵容子女无节制消费，导致一些留守儿童沾染上好逸恶劳、奢侈浪费、攀比等不良习气。长期缺失父母关爱，不少留守儿童存在诸多成长障碍，表现出不同程度的人格缺陷，如自卑、冷漠、孤僻等性格特征。

第二，安全和健康教育方面的问题。由于父母不在身边，因而留守儿童的安全意识和自我保护能力普遍较弱。很多留守儿童在父母外出打工期间没有得到良好的保护和监管，一些留守儿童甚至遭遇过校园欺凌、邻里欺凌等伤害性事件，因而容易产生孤独无助、悲观寂寞的情绪，害怕被同学或邻里欺负，缺乏安全感。很多留守儿童生活在隔代照顾家庭中，祖辈多数文化水平不高，思想观念与孙辈有很大差异，与孙辈的交流和沟通有限，他们平时或忙于维持生活没有太多精力照顾留守儿童，或体弱多病没有能力监护孩子，使得留守儿童普遍面临安全隐患和健康教育缺失。

第三，人际关系和行为特征方面的问题。留守儿童家庭中的父母与子女长时间分离，导致留守儿童情感生活缺失。父亲外出往往会使其子女产生胆怯心理或缺乏自信，而母亲外出往往会使子女做事不细心或缺乏友爱精神，父母长期不在身边的孩子更容易出现怯懦、自卑、粗心和情感淡漠等状况。很多农村留守儿童缺乏人际交往上的引导，人际互动具有盲目性、随机性、冲动性等特点，部分留守儿童交友不慎甚至误入歧途；还有一些留守儿童喜欢拉帮结派，遇到棘手的问题容易走极端，成为越轨儿童，出现违纪违法行为，甚至有个别留守儿童发生抢劫等犯罪行为。留守儿童在人际交往方面的“问题化”和行为特征方面的“偏差化”为其个人、家庭和社会的未来发展带来很大隐患。①

第四，学业发展方面的问题。由于缺乏父母的陪伴和监督，很多留守儿童无心学习，出现厌学、进取心不足、不求上进、成绩较差等问题。留守儿童家庭的父母很少打电话询问子女的学习情况，照顾者认为只要孩子不犯大错、吃饱穿暖就好，学业方面顺其自然，很少对其进行学习方面的约束与管教，导致部分留守儿童自由散漫，不遵守学校的各项制度要求，迟到、旷课、逃学、上网现象较多，学校由于职责与人力所限，对留守儿童的相关教育和管理也存在困难。

二、社会工作参与留守儿童关爱保护的主要任务

《关于在农村留守儿童关爱保护中发挥社会工作专业人才作用的指导意见》明确提出，社会工作在参与农村留守儿童关爱保护中的主要任务包括三个方面。

一是协助做好救助保护工作。社会工作应协助开展农村留守儿童家庭随访，对农村留守儿童的家庭组成、监护照料、入学就学、身心健康等情况进行调查评估，对重点对象进行核查，确保农村留守儿童得到妥善照料。及时发现并报告遭受或者疑似遭受家庭暴力或其他受虐行为的情况，协助做好应急处置工作。协助做好对无人监护或遭受监护侵害的农村留守儿童的心

① 沈冠辰、陈立行：《社会工作介入我国农村留守儿童的实务模式研究》，载《吉林大学社会科学学报》2018 年第 6 期。

理疏导、精神关爱和临时监护照料工作。帮助农村留守儿童及其家庭链接社会救助、社会福利和公益慈善资源，引导公益慈善力量、相关社会组织和志愿者等社会力量为农村留守儿童及其家庭提供物质帮助与关爱服务。

二是配合开展家庭教育指导。社会工作应协助开展农村留守儿童监护法制宣传和家庭暴力预防教育，对农村留守儿童父母、受委托监护人开展家庭教育指导，引导其正确履行抚养义务和监护职责。配合调解农村留守儿童家庭矛盾，促进建立和谐家庭关系，为隔代照顾家庭提供代际沟通、关系调适和能力建设服务。引导外出务工家长关心留守儿童，增进亲情关爱，帮助农村留守儿童通过电话、视频等方式加强与父母的情感联系和亲情交流。

三是积极开展社会关爱服务。社会工作应协助中小学校和农村社区做好安全教育工作，帮助农村留守儿童增强防范不法侵害的意识、掌握预防意外伤害的安全常识。协助做好农村留守儿童心理健康教育，及早发现并纠正其心理问题，为农村留守儿童提供心理援助、成长陪伴和危机干预服务，疏导心理压力和负面情绪，促进农村留守儿童心理、人格健康发展。提供社会融入服务，增强农村留守儿童社会交往和社会适应能力。协助做好农村留守儿童不良行为临界预防，对有不良行为的留守儿童实施早期介入和行为干预，帮助其纠正偏差行为。

三、社会工作参与留守儿童关爱保护的具体内容

社会工作具备深厚的多学科理论基础，具备将宏观社会问题、中观群体问题和微观的家庭与个人问题联系起来的能力，具备多理论、多视角分析问题和解决问题的能力。社会工作者通过选择有针对性的理论，为农村留守

儿童进行资源链接，提供情感关怀与心理支持，可以有效地协助农村留守儿童提升自信心和应对困境的能力，提升其心理健康水平及自我发展的能力。

第一，从个案工作角度出发，促进家庭成员角色的价值回归，建构留守儿童亲缘关系尤其是核心家庭关系的支持网络。就农村留守儿童问题而言，长期与父母分隔两地使得亲子关系极为脆弱，家庭成员角色的界限渐趋模糊，角色错位甚至缺位现象时有发生，导致农村留守儿童容易产生情绪与心理危机。社会工作可以帮助留守儿童建构亲缘关系支持网络。一方面，社会工作者通过“一对一”的辅导活动，倾听留守儿童的现实诉求，并在此基础上借助结构式家庭疗法、理性情绪行为治疗法等，疏导留守儿童的心理难题，引导他们形成对自我、对家庭的正确认知，进而促使其融入社会环境、回归正常社会生活；另一方面，社会工作者可以通过加强与留守儿童父母的联系和互动，阐明留守儿童家庭应承担起监护主体责任，阐述良好亲子关系的重要性。通过个案工作，社会工作者能够在留守儿童与其父母之间起到桥梁和纽带的作用，满足留守儿童的情感需求，推动家庭成员角色的价值回归，强化家庭支持网络，重拾弱化的亲缘关系。

第二，从小组工作角度出发，建构留守儿童的同辈群体互助关系，增强对留守儿童的情感关怀与关系支持。社会工作可以充分发挥同辈群体的作用，带领留守儿童成立各类小组，在小组活动过程中，社会工作者可以通过促进小组成员间的沟通与互动，引导其自由表达自身的需求、释放自身的情绪、共享彼此的成长知识，以此调和组员间的人际关系、建立共同的团体目标并增强组员间的群体认同。除此之外，社会工作者需要主动与学校教师建立联系，使教师增强对留守儿童行为的理解和认知，让他们主动帮助这些儿童缓解学习压力，并呼吁学校加大对该类群体情感关怀的力度，以此为其健康成长营造和谐友爱的学校氛围。

第三，从社区工作角度出发，链接社区资源，帮助留守儿童建构社区支持网络。随着城市化的推进与市场经济的发展，基于熟人社会的农村社会支持网络遭遇严峻挑战。社会工作通过开展社区工作，使社区支持成为构建留守儿童支持体系的重要环节，具体来看：一是协助农村社区成员组织起来，加强成员间的互动沟通，培养成员的社区共同体意识；二是充分动员农村社区内部资源，加强社会互助行为的文化宣传，为农村留守儿童营造互帮互助的和谐氛围；三是在社区成员支持下设立儿童或青少年活动中心，既可以增进留守儿童与其他群体间的联系，增强人们对留守儿童的了解和认知，减少留守儿童心理、精神等问题的产生，也可将这些活动中心作为获取外界社会资源的平台，促进其生存境况的改善。[①]

社会工作可以通过对留守儿童的帮助辅导，加强家庭、学校和社区之间的互动与联系，构建起留守儿童多元化社会支持网络。

第五节　参与特殊困难人群关爱服务

除了一般贫困人群和留守儿童之外，贫困地区还存在一些特殊困难群体，包括贫困老年人、贫困妇女以及有不良行为的青少年、社区服刑人员、刑满释放人员等，这些群体更是贫困群体中的弱势群体，更需要来自社会各界

① 张军、王进文：《农村留守儿童问题的社会工作介入研究——基于关系为本的实务视角》，载《天津行政学院学报》2016 年第 5 期。

的帮助。社会工作的核心理念就是扶贫济弱，帮助弱势群体。社会工作可以为贫困地区特殊困难老年人提供精神慰藉、生活照顾、权益保障、临终关怀等服务；为贫困地区特殊困难妇女提供精神减压、心理支持、亲职辅导、权益维护等服务；对贫困地区有不良行为的青少年、社区服刑人员、刑满释放人员等特殊人群强化心理社会支持，帮助其改善家庭和社区关系，恢复和发展社会功能。

一、为特殊困难老年人提供服务

建立健全贫困地区特殊困难老年人关爱服务体系是复杂的社会系统工程，需要各种社会力量和专业力量的广泛参与。社会工作能够综合利用专业理念、知识、方法和技巧为老年人提供相关社会工作服务。

一是提供精神慰藉服务。精神慰藉是针对老年人的认知、情绪和情感问题，为其提供认知调节、情绪疏导、情感支持、心理辅导、自我尊严和价值实现等专业服务，促使老年人精神健康和身心愉悦，愉快度过晚年生活。老年人精神慰藉服务的主要内容有：第一，对老年人的认识、情绪、情感等问题进行评估，识别其中的问题并进行诊断；第二，为老年人提供不良情绪宣泄、非理性认知矫正和心理辅导等服务，协助老年人走出无助、无力、孤独、焦虑和无望等精神问题困扰；第三，组织开展各种康乐活动，充实老年人的精神文化生活，让他们在健康有益的娱乐活动中得到精神慰藉，并通过老年组织实现互助，使他们获得心理支持；第四，以社区为依托，扩大老年人社区人际交往范围和交往深度，促使其获得同辈群体的支持和尊重，获得邻里的守望相助和社会的关爱；第五，积极联系和协调留守老人的子女为老人提供亲情支持与精神安慰;第六,协助老年人认识并积极适应老年角色的转变,认识老年生活的价值所在,增强老年生活的自信心,帮助他们学会自我接纳,实现生命的自我完善。

二是提供生活照顾服务。日常生活照顾是针对老年人照顾资源缺失或不足而提供的社会工作服务,旨在满足老年人日常生活照顾基本需求。贫困地区老年人身体机能逐渐衰弱,是疾病高发群体。与此同时,很多老年人的子女都在外务工,只能是老年夫妇相互照顾,或是丧偶老人独身一人,勉强自我料理。农村老年人日常生活照顾服务的主要内容如下:第一,分析老年人日常生活照顾的主要问题并评估其照顾需求,为特殊困难的老年人建立日常照顾档案,实行分类照顾管理服务;第二,根据老年人的日常生活照顾需求,通过在其亲属中寻找生活照顾资源、链接包括邻里在内的志愿者、建立老人互助组织、直接提供服务等方式为有需要者提供生活照顾;第三,通过专业知识培训,提升老年人照顾者的照顾能力和水平,为老年人提供合适的服务。

三是提供权益保障服务。权益保障是针对老年人的人身、精神、财产、赡养、婚姻、社会参与等权益受损或受侵害的现象,为其提供政策支持和法律援助,从而维护老年人的正当权益的服务。老年人权益保障服务的主要内容有:第一,对老年人的权益现状进行评估,为老年人提供咨询;第二,开展宣传教育,营造维护老年人正当权益的家庭氛围和社区氛围;第三,及时上报并干预侵害老年人合法权益的行为,同时为老年人提供法律援助;第四,协助符合条件的老年人享受各项养老服务,获得老年人补贴和高龄津贴等;第五,进行防诈骗宣传教育,防范老年人遭受各种诈骗侵害和消费欺骗,对诈骗行为进行及时举报并为老年人提供法律援助。

四是提供临终关怀服务。临终关怀是帮助濒临死亡的老年人面对死亡过程和处理善后事宜的专业服务，旨在帮助老年人正确理解死亡并克服对死亡的恐惧心理，维护其生命尊严，协助其安宁走完生命最后历程。老年人临终关怀服务的主要内容有：第一，帮助老年人及其家属理性地认识病情及病情进展情况，开展生命教育，帮助病人树立理性的生死观，密切关注病人的情绪和心理变化，为其提供相应的情感和心理支持；第二，协调医护人员和病人家属做好病人临终期的生活照料和痛症舒缓管理，避免过度治疗，缓解病人极端的疼痛；第三，协助病人完成未了心愿或订立遗嘱等法律事务，协助病人做好与家属告别等事宜。[①]

二、为特殊困难妇女提供服务

由于传统的性别分工和性别观念仍然普遍存在，因而在贫困人群内部，女性处于更加弱势的地位。一是女性通常比男性有更大的致贫风险；二是在同样贫困的条件下，男女两性对贫困后果有着不同的承担方式和体验。农村妇女承担着生育抚养、家庭生产和社区参与等多重角色，在职业、社区参与、经济发展、家庭生活等方面均具有特殊性，现实中虽然女性的社会地位已显著提高，但是农村妇女在接受教育、社区参与、资源获取和支配、接受市场信息和服务、生殖健康等权利方面仍然受到制约，在家庭、社区、市场和社会中更容易处于弱势地位和陷入贫困。社会工作可以运用专业理念、方

① 仰和芝：《农村留守老人社会工作服务的类型和内容探讨》，载《井冈山大学学报（社会科学版）》2019 年第 3 期。

法和技巧，为贫困地区特殊困难妇女提供相关的社会工作服务。

一是提供精神减压服务和心理支持服务。精神减压是指对于贫困妇女在家庭关系、生计发展、社区参与等方面受到限制或不公平对待而产生的精神压力和紧张心理，社会工作有针对性地提供专业服务，帮助贫困妇女减压，以更好地应对生活困难。第一，对妇女的精神压力和紧张心理进行评估，识别导致贫困妇女精神压力的各类影响因素并进行诊断。例如，在教育上，农村妇女受教育程度普遍低于男性；在夫妻关系和家庭地位上，农村妇女处于从属地位；在公共参与上，农村妇女的人数明显少于男性，农村妇女的政治参与欠缺；在外出就业上，农村妇女劳动力的流动性显著低于男性，而且农业劳动力呈现女性化趋势；在个人权益上，农村妇女的地权、继承权等常被忽略，这反映了她们在法律上的弱势地位。第二，通过倾听和适当的同理表达，为贫困妇女的精神减压和心理宣泄提供渠道，帮助贫困妇女将内心的精神压力释放出来；传授情绪管理方法，让贫困妇女摆脱不良情绪困扰，走出孤独、焦虑、紧张、无力的心理状态，保持愉悦轻松的心情。第三，丰富贫困妇女的精神文化生活，组织开展各种交流小组与娱乐活动，使贫困妇女在小组中可以相互倾诉心声，将自己的劳累与辛酸讲给同伴听，在情感共鸣中实现相互安慰和支持。第四，帮助贫困妇女发掘自我潜力，促进社会参与。社会工作者可以带领妇女们分析她们在家庭、社区、社会中的角色与重要性：在个体层面，改变贫困妇女的观念，促进贫困妇女性别意识的觉醒，提高贫困妇女的受教育水平和健康水平，保证她们有公平的机会获得疾病预防、医疗保障等服务，提升贫困妇女的人力资本；在社区层面，鼓励贫困妇女参与社区事务管理，增强贫困妇女在发展中的话语权、利益分享权，增加贫困妇女的社会资本。

二是提供亲职辅导服务。亲职辅导是指为将为人父母者或已为人父母者提供有关子女教养、亲子沟通和父母角色认知等方面的知识与技巧，以达到帮助其“做好父母”和“教好子女”的目的的一种教育活动。亲职辅导旨在通过对父母的辅导来帮助父母成为称职的父母，进而促进孩子的健康成长与发展。在目前我国子女照顾的家庭分工方面，妇女明显在照顾子女方面承担着更为关键的角色。社会工作可以为贫困妇女提供三大类亲职辅导服务：其一，补救性的亲职辅导，此类辅导是针对已经出现较严重问题的家庭采取的矫正措施，服务的领域会涉及较严重的家庭问题与子女行为问题，如家庭暴力、儿童虐待、心理疾病、网络成瘾、吸毒偷窃等，目的在于修复家庭功能。其二，预防性的亲职辅导，此类辅导是为某些可能会发生问题或出现轻度问题的家庭提供的家长服务。服务的领域包括由于家庭结构、孩子成长环境、父母或孩子自身方面的特殊性，子女今后的发展较易出现问题的家庭，比如贫困家庭、单亲家庭、离异家庭等，目的在于防患于未然，或者早期发现早期解决，避免问题的恶化。其三，发展性的亲职辅导，此类辅导主要针对社会适应正常化的家庭，这类家庭中的子女不存在通常意义上的心理问题或行为问题，目的在于为父母提供相关指导，使父母角色功能得到良性发挥，以培养身心健全、品行优良的子女，促进家庭的和谐与美满。①

三是提供权益维护服务。权益维护是指通过社会工作介入，为贫困妇

① 刘华丽：《社会工作视野下的亲职辅导》，载《华东理工大学学报(社会科学版)》2010年第6期。

女在政治、经济、文化、社会、家庭等领域享受合法权益提供支持，为合法权益受到侵害的妇女链接政府和社会资源，提供政策支持和法律援助。第一，社会工作者了解贫困妇女权益保障的整体状况，包括权益享受和权益受损情况，可以通过个案工作"一对一"了解贫困妇女个体的权益保障和权益侵害情况，通过小组工作让贫困妇女群体交流分享关于妇女权益保障的相关话题，通过社区工作了解当地的妇女权益保障的整体状况，推动形成维护妇女权益保障的社区氛围。第二，社会工作者可以向贫困妇女宣传关于妇女权益保障的国家政策和法律法规，使贫困妇女能够知晓妇女权益保障的相关知识，帮助农村留守妇女提高思想认识水平，提升她们自觉维护自身合法权益的能力，使其在权益受到侵害的时候能够勇于站出来，利用法律武器维护自身合法权益。第三，社会工作者可以为权益受到侵害的妇女提供支持，引导妇女向中华全国妇女联合会和其他部门寻求帮助，协助有关部门加强贫困妇女的人身财产安全、受教育权等相关权益保障工作力度。

三、为其他特殊困难群体提供服务

对于贫困地区有不良行为的青少年、社区服刑人员、刑满释放人员等特殊人群，社会工作可以综合运用专业理念、方法和技巧，聚焦问题领域，强化对他们的心理社会支持，帮助其改善家庭关系和社区关系，恢复和发展社会功能。

一是青少年不良行为纠偏。青少年不良行为又称偏差行为或越轨行为，是指违反或背离正常社会规范的行为。按照《中华人民共和国预防未成年人犯罪法》的规定，青少年的不良行为分为"不良行为"和"严重不良行为”。青少年不良行为的产生原因复杂，受到个人、家庭、同伴、学校和社会多方面因素的影响。就贫困地区具有偏差行为的青少年而言，家庭教育方式不当、家庭结构不完整、家庭照顾不足、学校管理薄弱、社会不良风气熏染、不良同伴群体影响、自我约束力不足等都是导致其产生不良行为的诱因。社会工作对青少年偏差行为进行介入时，要了解青少年的心理特点，及时把握其心理动向，运用科学方法对其偏差行为加以预防或纠正，要引导青少年树立正确的世界观、人生观和价值观。

社会工作介入青少年不良行为纠偏，可以综合运用个案工作、小组工作和社区工作三大方法。第一，运用个案工作方法为问题青少年提供一对一的服务，深入了解他们的身心状况，有针对性地制定合适的纠偏方案，帮助其更好地认识自我和周围的环境，消除其思想、观念、心理、情绪、行为中存在偏差的部分，建立正确的思维模式和行为模式，达到人格的统一，培养良好的社会适应性。第二，运用小组工作方法创造同辈环境，通过有目的的小组活动，引导他们分享经验，发展面对和解决问题的能力，增强适应能力，恢复和提高自信心，形成正确的道德感、理智感，改变不良行为。第三，运用社区工作方法，将偏差青少年组织起来，有计划、有步骤地开展活动，使其接受不同内容的培训，提高其重新融入社会的技巧和能力，获得改善自我形象、树立信心的机会，并建立和强化参加者的社区支持网络，为他们正常融入社会奠定基础。

二是参与社区矫正。社会工作参与社区矫正通常被称为矫正社会工作，是指社会工作者运用专业理论与技巧，协助社区服刑人员进行自我改造，矫正其行为模式，重建符合社会规范的生活方式，恢复个体正常的社会工作功能。传统的社区矫正方式强调矫正对象存在的问题，并着力帮助其解决问题，在这一过程中，矫正人员很容易带给矫正对象一种高姿态的权威者的感觉，容易让其产生恐惧、厌恶甚至反抗的情绪。社会工作从优势视角出发，从矫正对象的优势和资源出发，而不是诊断其所存在的问题，因而可以较好地规避传统社区矫正方式的弊端。社区矫正与社会工作在理念、工作目标、功能、介入过程上具有高度的统一性，都是以人为本的社会发展理念的重要体现。

社会工作参与社区矫正，可以综合运用多种工作方法和技巧。第一，运用个案工作方法，了解矫正对象的所思所感，面对矫正对象暂时处于弱势地位，面临特殊问题及需要这一情况，社会工作借助优势视角，仍然可以通过社会工作者这面镜子，反映其优势，给予赞赏，将矫正对象消极、被动的因素变成积极因素，使矫正对象的地位由被动变为主动，帮助其重建信心并减轻矫正过程中的心理负担，帮助矫正对象形成正确的自我认知，改变其偏差的价值观念，增强矫正对象的社会融入能力。第二，运用小组工作方法，将特征相近的矫正对象聚集起来形成小组，创造平等、信任、相互尊重与支持的小组环境，帮助矫正对象在与他人的互动中重新发现自己，通过小组活动的交流分享，提高适应能力，恢复自我信心，增强社会功能。第三，运用社区工作方法，建构社会支持网络。社会工作可以发掘并利用社区的内部资源，重构矫正对象的社会支持网络，为矫正对象提供一个能够发挥其优势的平台和环境，同时帮助他们积极争取社会保障政策，为其解难帮困，调节家庭关系和社区关系，使矫正对象与其家庭、社区和社会重新建立起一种连接，逐渐实现正向的再社会化。

第八章　反贫困社会工作过程

贫困作为全球性的世界难题，受到世界各国的高度重视。消除贫困，促进人类社会全面发展、进步和繁荣是国际社会共同的价值追求。反贫困与社会工作具有同源特点，社会工作起源于对贫困群体的救济。时至今日，反贫困社会工作被定义为社会工作者秉承专业价值理念，应用专业方法和技巧，帮助贫困群体解决问题、提升自我能力、缓解贫困程度的过程。也就是说，反贫困社会工作是将贫困群体作为特定的服务对象，运用了社会工作的各种工作方法。从这个意义上来讲，反贫困社会工作与其他领域的社会工作相同，具有社会工作干预的普遍意义。但与此同时，由于贫困人口是特殊群体中最具代表性的一类，这样一来，以其为对象的社会工作也因此而别具声色。[①] 具体而言，反贫困社会工作的整合性特点要求社会工作在介入反贫困的过程中既要遵循社会工作的通用过程，又要根据实际情况做出适当的调整和适应。作为社会工作的重要分支领域，一方面，反贫困社会工作不仅需要遵

① 王思斌、李越美：《社会工作专题讲座：第十八讲 反贫困与社会工作》，载《社会工作(实务版)》2011 年第 2 期。

守科学的社会工作程序,规范化通用过程,还需要注重个性化和场景化的具体情境,依据服务对象的特殊性和实际需要有针对性地开展专业服务;另一方面,反贫困社会工作应注重将外生性资源转换为贫困人口自我发展的内生性动力,提升农村扶贫开发工作的人性化程度,激发农村贫困人口的脱贫主动性,有效促进农村贫困人口的脱贫致富并助力贫困村落的乡村振兴。实践证明,反贫困社会工作服务的开展是一个有计划、循序渐进的过程。本章着重介绍反贫困社会工作过程,根据社会工作实务通用过程模式将反贫困社会工作过程分为需求评估、制订计划、项目实施和总结评估四个阶段。

第一节　需求评估

社会工作的起源和发展是与反贫困紧密结合在一起的。利用社会工作开展反贫困的切入点在于为贫困群体提供一个“支持性环境”(包括支持性的法律政策环境和社会环境)。社会工作以弱势群体为主要服务对象,与贫困群体有着密切的接触,更能够评估和把握他们的真实需求,做好“对症下药”。社会工作者作用的发挥必须依托于“反贫困工作计划”的制订,依赖社会工作价值观的确立,依赖社会工作的专业方法和技术。贫困问题长期影响着社会的进步,阻碍经济的发展,从传统社会的救济开始,到现在大规模的扶贫开发、精准扶贫,我国在不同时期始终坚持长期扶持贫困人口的理念。“社会工作能够在扶贫中发挥重要作用。我国目前的扶贫没有脱离传统的救济式扶贫政策的影响,克服扶贫政策的缺陷与不足,需要专业社会工作的介入。社会工作的介入,是修正与弥合扶贫政策不足、提升扶贫对象能力的重要举措。”①

精准把握服务对象的需求是社会工作服务有效开展的前提和基础，若需求评估方向出现大的偏差，无论后续计划设计多么合理，都难以真正解决服务对象的问题。反贫困社会工作需求评估是指社会工作者通过收集和分析贫困群体的相关资料，并将贫困群体放置在特定的情景中更加准确地描述其问题、确定需求，以改善贫困群体处境的过程。在这个过程中，反贫困社会工作强调基于赋权理论和优势视角来看待贫困群体，激发其内在潜能，帮助贫困群体实现“自助”。反贫困社会工作和普通社会工作一样，在开展服务之前，需要对服务对象进行需求评估，需求评估是反贫困社会工作过程的首要步骤，主要包括以下三个方面的内容：第一，需要借助专业的测量工具和方法明确服务对象的问题或需求；第二，进行原因分析，重点找出核心致贫原因；第三，在原因分析的基础上辨别可控与非可控因素，为计划制订提供基础。社会工作者需要具体了解社区或者群体的贫困现状、社会人口学特征、致贫原因以及之前得到过哪些帮扶等。对贫困社区或者困难群体进行入户调研，建立一户一档，详细掌握该社区或者群体的现状和需求。此外，在开展评估之前，社会工作者应该有基本的理论预设，但这并不代表着社会工作者只套用理论来对困难群体或者贫困现状进行切割或者分析。

一、需求评估的内容

需求评估的首要目标是，明确当地社区最基本的需求是什么。其次是

① 向德平、姚霞：《社会工作介入我国反贫困实践的空间与途径》，载《教学与研究》2009年第6期。

明确该社区致贫的客观原因是什么，是基础设施落后还是受教育水平低？再次是明确该社区致贫的主观原因是什么，是社会劳动参与度低还是“等靠要”思想严重？明确目前最紧迫的干预项目该如何开展。最后，根据现实条件，通过专业的社会工作方法找到精准扶贫的切入点。社会工作者可以通过实地走访、调查问卷等形式掌握贫困村和贫困户的具体现状，如具有何种资源，因何致贫，达到何种贫困程度等；可以将致贫原因简单归类，如身患疾病、劳动力不足、缺少资金、缺少市场经验和有子女上学等。

二、需求评估分类

在明确了需求内容的基础上，社会工作者需要对贫困群体的各种需求类型进行分类，如最常见的宏观层面的需求与微观层面的需求。宏观层面的需求评估是针对贫困群体的需求评估，即对某一区域贫困群体整体的构成情况、生存状况、地理位置、所具有的硬件资源、可控与非可控的资源、社会组织和地区精英等进行宏观评估。微观层面的需求评估是针对贫困个人的需求评估，即从贫困者生理、心理和社会三个方面进行微观评估。

三、需求评估的过程

通常来讲，需求评估需要经过四个切实有效的阶段，包括收集、分析贫困人口的基本资料，界定贫困人口的问题，进行致贫原因分析，形成评估报告。每一阶段的操作重点如下所述。

1. 收集资料

社会工作者可以通过实地走访、问卷调查和政府资料查阅等方法了解和掌握贫困人口的相关资料，主要包括个人基本情况，如年龄、民族、受教育程度、健康状况、工作状况、个人经济收入及来源等；家庭基本资料，如家庭人口数量、家庭经济状况、家庭成员关系、家庭成员受教育程度、交通工具、耕地面积等；村落基本资料，如发展历史、地理空间位置、总人口数量、贫困人口比例、基础设施状况、特色产业和文化、村民组织状况等。资料分析是对上述零散的资料进行脉络梳理、整合，发现各个部分之间的逻辑关系，从整体上把握贫困人口的相关情况，在此基础上，将可能成为问题或能够缓解问题的因素进行分类标记。

2. 界定问题

一方面，社会工作者在走访和收集分析相关资料的过程中，会凭借主观直觉形成对贫困群体问题的初步界定；另一方面，在访谈过程中，贫困人口也会主动向社会工作者表达其所认识到的自身存在的问题。但这或许都不是贫困人口真正的问题所在，问题的界定是社会工作者与贫困人口共同商讨决定的过程，双方需要把想到的问题逐一列出，并根据重要性和紧急程度进行排序，进而确定贫困人口真正的问题所在。

3. 致因分析

造成贫困问题的原因经常是错综复杂的，社会工作者在进行有关原因分析时需要把握以下几点：第一，需要辨别致贫的主客观因素，例如，客观因素是基础设施落后还是地理位置差？主观因素是求助意愿低还是文化水平低？第二，需要了解贫困人口之前是否有为解决自身问题做出过努力，以及导致贫困人口解决问题失败的原因是什么，是对致贫原因的主观认识存在偏差还是解决问题的手段或方法不恰当？第三，还需以优势视角看待贫困人口，即使是处在困境中的贫困人口也仍有解决问题的力量和能力，因而要重点关注贫困人口及其所在环境系统中的优势和资源。

4. 形成报告

需求评估报告是将贫困人口的基本资料、问题、原因分析和需求以书面的形式呈现出来，以便后续工作计划的有序衔接。需求评估报告的结构主要分为两个部分。一是资料和事实，这部分主要是对问题的呈现，包括贫困问题的持续时间及涉及的人和系统、贫困人口的背景（如家庭背景、村落背景、教育背景和就业背景等）。二是专业判断，主要包括以下内容：(1) 对资料的理解；(2) 对问题的评估；(3) 对问题形成原因的分析，对问题原因的理解和解释；(4) 判断改变的可能性和改变的益处；(5) 总结优势和资源，形成“暂时性假设”或“行动方向上的建议”。①

四、理论框架与案例

下面，我们以广西贺州市富川瑶族自治县“精准扶贫背景下落后地区留守老人生活需求问题及养老模式研究”项目为例②，来看如何运用马斯洛需求层次理论进行需求评估。该项目随机选取了富川瑶族自治县的 2 个乡镇作为研究对象，通过随机抽样和实地访谈的方式调查落后地区留守老人的生活状况，运用马斯洛需求层次理论分析老人们在生理需求、安全需求、社交需求、尊重需求和自我实现需求方面出现的问题。从生理、安全、社交、尊重和自我实现五个方面建立富川留守老人需求层次指标体系，其中生理需

① 董云芳：《个案工作》，山东人民出版社 2012 年版，第 78 页。
② 熊慧琦：《基于马斯洛需求理论的国家级贫困县留守老人的需求问题研究》，载《当代经济》2019 年第 9 期。

求主要包括生活费用、居住条件和自来水供给三个具体指标；安全需求主要包括医疗水平、健康水平、安全知识普及和养老模式倾向四个具体指标；社交需求主要通过子女回家次数、邻居间相处程度两个具体指标来体现；尊重需求主要通过自我评价、他尊度两个具体指标来体现；自我实现需求则主要通过锻炼习惯、学习习惯和旅游经历三个具体指标来体现。

1. 生理需求

从富川留守老人的生活费用来看，留守老人生活费用为400元以下的有10人，占比约为13.69%；费用为400～600元的有19人，占比约为26.03%；费用为600～800元的有29人，占比约为39.73%；费用为800～1 000元的有12人，占比约为16.44%；费用为1 000元以上的老人有3人，占比约为4.11%。从调查结果来看，有50%以上的老人生活质量有所保障，但处在温饱线和贫困水平的老人人数仍然很多，相较于达到小康水平的老人而言，这部分留守老人生活困难；有配偶的老人可以相互照顾，而丧偶的留守老人一旦生病或是生活不能自理，其境况则会更加糟糕。从居住条件来看，居住土砖房的留守老人有3人，占比约为4.11%；居住砖瓦平房的留守老人有64人，占比约为87.67%；居住楼房的老人有6人，占比约为8.22%。可见，大部分留守老人仍居住在砖瓦平房中。富川瑶族自治县气候湿热，少数房屋遭遇侵蚀，有霉点出现。从自来水供给来看，留守老人基本上可以使用自来水，仅有2.74%的家庭还没有自来水供应，依旧使用过去老式的取水方法。研究人员在调查过程中发现，虽然有些留守老人家中可以使用自来水，但是设备陈旧，对于老人来说，并不是十分便利。可见，该县的基础设施还不够完善，相应的保障制度也不够健全。

2. 安全需求

留守老人在安全方面的需求能否得到满足很大程度上取决于当地的医疗水平。医疗卫生条件作为安全保障因素，对落后地区留守老人来说尤为重要。经走访发现，富川瑶族自治县医疗水平较低，卫生所设备不完善，虽然可以治疗一些小病，但对于大病基本束手无策。有 53.4%的留守老人患有慢性疾病和严重疾病，17.83%的留守老人身体健康状况一般，仅有28.77%的留守老人表示自己的身体处在健康状态。留守老人的大部分费用都花费在了医疗方面，加上相关医保制度的不健全，只能报销部分费用，这加重了他们的负担。与此同时，有 95.9%的留守老人反映，近几年当地没有开展过关于安全教育的讲座和培训，这在一定程度上致使他们在安全方面的意识十分淡薄。当下中国贫困地区传统的养老模式正遭受着前所未有的冲击，这主要源于两个方面的原因：一是贫困地区青壮年大量外出务工，家庭养老模式因为缺乏必要的人力支持而难以为继；二是贫困地区留守老人自身观念的落后，给养老工作增添了新的难题。

3. 社交需求

子女回家看望留守老人多选择在春节或者其他节日，大多数子女一年回家 1～2 次，占比约为 91.8%，回家次数在 3 次以上的子女占比约为6.8%，还有 1.4%的子女 1 次都没有回去过。富川瑶族自治县下辖的各乡镇中没有满足留守老人的娱乐活动，即使有些村民家中配有电视机，但那也只是供家中小孩娱乐消遣的工具，老人的娱乐消遣方式可谓少之又少。老人们多依靠聊天来消遣，这种时候邻居间的相处显得尤为重要，87.6%左右的老人表示能与邻居维持较为良好的关系。

4. 尊重需求

在留守老人对自身的评价方面，自我评价良好的有 16 人，占比约为 21.9%；自我评价一般的有 52 人，占比约为 71.2%；自我评价差的有 5 人，占比约为 6.9%。大多数留守老人在日常生活中能够受到较高尊重，但也存在部分留守老人不受尊重的现象，5.5%的留守老人认为自己得到了极大的尊重，76.7%的留守老人认为自己受到了一般的尊重，17.8%的留守老人认为自己没有得到应有的尊重。调查发现，留守老人的自我评价和他尊度与他们对社会和国家的贡献程度相关，一般来说，贡献度高的留守老人的自我评价、他尊度也比较高。例如，一位当过农村妇女主任、生产大队干部的老奶奶在访谈过程中表现得比较自信，而她在很多方面也能得到他人的信赖和尊重。

5. 自我实现需求

绝大多数留守老人没有锻炼的习惯，共有 68 人，占比约为 93.15%；有锻炼习惯的留守老人有 5 人，占比约为 6.85%。在学习习惯方面，有 8 位留守老人有平时看新闻、看报纸的习惯，占比约为 10.96%，大多数留守老人不会主动学习。在旅游经历方面，仅有 2.74%的留守老人有过旅游经历，97.26%的留守老人没有过旅游经历。此外，农村娱乐设施较少，这说明留守老人在休闲娱乐方面有很大的缺失。

第二节　制订计划

对上述情况进行了摸底排查之后，社会工作者需要根据掌握的信息，制定服务目标。在充分了解贫困人口现状、明确扶贫目标的基础上，撰写扶贫规划，主要包括贫困人口的基本情况、问题和需求、计划目标、介入的具体方法、时间计划表以及预期风险六个方面的内容。一方面，社会工作参与精准扶贫要求社会工作者发挥专业优势，在科学认定贫困致因方面发挥专家的作用和功能，在规定的期限内完成预定的扶贫任务，实现扶贫目标，这就需要社会工作者明确总体目标和具体工作目标，富有成效地工作，同时配备相应的人力与物力；另一方面，社会工作者不能单打独斗，更不能一意孤行，需要与当地的政府部门、村干部、村民代表共同讨论社会工作者融入的切入点，探讨扶贫规划的可行性、存在的不足与漏洞，进一步完善扶贫规划，不断激发参与对象的参与动能和内部活力。

一、制定目标

目标分为总体目标和具体目标。所谓总体目标是指比较抽象的长远目标，很难用具体指标测量，如能力提升等；所谓具体目标是指为了达成总体目标而设置的近期目标，是可以观察和测量的，如完成了多少个个案等。

1. 总体目标

社会工作按照基本服务“托底”，优势视角“引路”，链接资源“铺路”的原则，科学设计服务项目，满足贫困社区基本生活服务需求，将工作重点放在激发贫困群众改变的内在动力方面，实现贫困群众自我成长、自我发展和自我奋斗的长远目标，即使后期社会工作者逐步撤出，贫困群众也能够自主解决问题。社会工作者应运用社会工作“助人自助”的价值理念，针对贫困群众或贫困地区的切实需求，采用适合的社会工作方法和技巧，提供专业服务，帮助其解决基本生存问题，扮演好服务提供者的基本角色；运用优势视角理论，看到每个贫困者和贫困社区自身的优势与资源，应注重发掘当地社区优势，培养当地贫困群众积极乐观的生活态度，引导其强化劳动意识，促进其能力提升；帮助贫困群众链接社会资源，扩大正式和非正式社会支持网络，建立长效机制和途径，助力其精准脱贫。

2. 具体目标

首先，优化完善基本服务，精准对接需求。社会工作者应通过深入细致的调研，精准对接需求，科学设计项目服务方案，确保所提供的服务专业、精准。社会工作介入精准帮扶过程也就是反贫困社会工作服务提供的过程，与政府服务提供注重物质层面不同的是，反贫困社会工作服务提供更强调贫困人口的精神层面，注重内在动力和潜能的激发。张和清通过 15 年的长期蹲守研究指出，在当前强调“精准扶贫”的大背景下，社会工作要有效助力国家的扶贫济困事业；除了必须扎根城乡社区，准确界定扶贫对象，以村居和家户为单位，具体落实国家的各项扶贫资金到位和扶贫政策执行之外，还必须发挥社会学的想象力，在深入理解有关致贫的社会根源的基础上，采取社会工作的专业方法“对症下药”，切实将扶贫工作落到实处。[①] 在目标设置时需要注意，目标的设定和完善应是社会工作者、当地政府部门，尤其是贫困人群共同参与、商讨和制定的过程；在具体目标的制定上，应紧紧围绕总体目标，根据当地及机构所拥有的资源和能力，切合实际，合理设置分目标，切不可制定脱离现实的理想化的目标。

① 张和清：《社会工作如何助力扶贫济困——基于广东绿耕在云南平寨等地实践的思考》，载《中国社会工作》2016 年第 13 期。

其次，在服务项目设置上，针对当地社区致贫的主要原因开展有针对性的服务项目，确保资源精准投入。具体来说，就是运用个案工作方法，注重贫困者心理、人格、动机、态度的改变，重点做的是“扶贫先扶志”的工作；运用小组工作方法，通过建立贫困群体互助小组、子女辅导小组，以及贫困群体及其子女与其他社会成员组成的互助小组，使贫困群体及其后代能够挖掘、积累和运用社会资本，促使贫困家庭最终走出贫困的恶性循环；运用社区工作方法，注重居民参与、居民合作、社区自助、领袖培训等，增强社区凝聚力和社区意识，推动实施与脱贫攻坚有关的社会行动及社区发展方案。① 严樨聚焦成都市第三圈层农村地区小学儿童，以“流动教室项目”为研究对象，针对处于第三圈层的成都市金堂县、彭州市贫困地区四所农村小学的学校社会工作服务实践的行动进行研究。研究发现，成都市第三圈层农村学校社会工作介入过程有三个主要特征：社会工作介入内容为学生一般性需要回应，社会工作介入方法以小组工作为主、社区工作为辅，社会工作介入形式为轮换式接力服务。②

再次，定期为当地贫困社区居民举办技能培训活动并加强其心理建设，帮助其建立同伴支持网络，培养积极乐观的生活态度。社会工作者在选择技能培训种类时，需根据贫困群众真实需求，结合当地生产特色，与贫困群众共同商讨、决定其最需要的、最实用的技能，使其通过技能的掌握，获得谋生手段，逐步摆脱贫困状态，减少目前存在的一些贫困群众不愿意参加技能培训的现象。扶贫不只是物质上的帮扶，要想实现长期稳定脱贫，最重要的

① 李迎生：《社会工作概论(第二版)》，中国人民大学出版社 2010 年版，第 53 页。
② 严樨：《成都市第三圈层农村学校社会工作模式研究——以“燃亮号”流动教室项目为例》，载《西南石油大学学报(社会科学版)》2013 年第 6 期。

是从贫困群众的主观思维上加以引导，将扶贫与扶智相结合，改变“等靠要”思想，帮助其树立自力更生的观念，调动其自主脱贫的主动性。社会工作者的核心能力是社会工作服务有效提供和发挥作用的前提，因而社会工作者应加强对相关扶贫理论和知识的学习，找准社会工作介入精准扶贫的着力点。刘斌志等人认为，需要以“价值—知识—技术”三位一体的能力框架为基础，从共同富裕、城乡平等、内源发展的价值理念层面，社会政策、生计发展、服务管理的知识层面，精准识别、跨界融合、统筹整合、评估跟进的实务技术层面，构建精准扶贫社会工作者的核心能力体系，并通过专业教育、继续教育、实务拓展和政策引导来培养、提升、拓展和巩固社会工作者核心能力。①

最后，链接资源，建立渠道。搭建贫困社区“公共贸易”平台，鼓励、引导贫困社区的贫困群众根据自身优势选择合适的工作，实现在家灵活就业，增加收入来源；建立社会支持网络，为有就业意愿的贫困群众提供服务，形成长效帮扶机制；链接外部社会资源，开展精准扶贫政策的导入和扶持工作；利用大数据信息网络，为贫困群众提供有效、及时的信息资讯，实现信息的对称性。例如，长沙民政职业技术学院深入湖南湘西翁村（化名），以社区治理为视野，以社会工作方法为工具，以城乡公平贸易为平台，采取文化引导的方式，以社会工作服务站为载体，以生态合作社为基础，重建农村社会互帮互助支持网络，通过为农村留守人员提供社会工作专业服务，提升和改善

① 刘斌志、吕静淑：《精准扶贫社会工作者的能力建设：核心能力及其培育策略》，载《西华大学学报（哲学社会科学版）》2018 年第 3 期。

他们的生活质量。[①] 又如，2009 年，广东绿耕社会工作发展中心承接了广州市民政“城乡合作、公平贸易、共创生态文明与可持续生活”的农村社工试点项目，项目点选择在广州市从化区较偏僻的良口镇仙娘溪村和乐明村。仙娘溪村位于良口镇北部，属于山区，地处广州市流溪河国家森林保护区和广州水源林保护区。乐明村距离仙娘溪村仅 4 千米，其辖区内有 6 个经济社，共有居民 700 人；仙娘溪村有 4 个经济社，共有居民 400 人。两村村民主要经济来源都是种植砂糖橘和外出务工。两村人口流动性不大，是较为封闭的传统村庄。广东绿耕社会工作发展中心首先入驻仙娘溪村，从培育村民组织入手，先后成立了乡村旅社妇女小组、生态种植小组、青梅产品加工互助组、返乡青年文化导赏小组等。2014 年，在华南理工大学建筑学院教师的专业指导下，广东绿耕社会工作发展中心协助村民将最老的围屋“新龙围”修整一新，使其成为社区公共空间。仙娘溪村的整村营造和提升计划从村民组织培育着手，把贫困社区村民组织化，并将村民组织作为连接贫困人口和社区的中介，通过村民组织活动的开展，发掘村民领袖和社区精英，发挥好其带头示范作用；树立村民间的合作互助精神，培养社区参与意识，建立长期稳定的脱贫机制，为乡村振兴奠定坚实基础。

二、整合与评估资源

在制定目标之后，社会工作者需要对现存的资源（主要包括社会工作机

① 史铁尔、蒋国庆：《社区营造视野下的农村留守人员社会工作服务》，载《中国社会工作》2014 年第 6 期。

构、当地社区和贫困者自身等方面的资源）进行有效评估，如对社会工作机构所拥有的物质资源和硬件条件与完成服务目标所需资源的供求进行匹配；评估社会工作者的数量和质量，尤其是要评估社会工作者所具有的专业能力能否胜任工作，实现目标；评估当地所具有的自然资源优势，利用自然条件气候的优势发展旅游业或者特色产业（如重庆酉阳县的农家乐、高山蔬菜）；评估贫困者自身所具有的优势，借助劳动力资源优势对贫困者进行就业引导或对其进行技能培训。

三、确定最佳方案

首先，利用头脑风暴法等技巧将所有想到的方案全部列举出来；其次，将每种预设方案的优势、劣势和可能的结果进行详细对比，并逐一进行原因分析；最后，在大家共同探讨商量之下确定最佳方案。在这个过程中需要注意的是，方案的制订必须严格与贫困者或者贫困地区的真实需求相对接，从需求端着手是方案制订的基础和前提；必须是社会工作者和贫困者共同参与的过程，贫困者才是解决自身问题的专家，社会工作者应重视其主体性的发挥，将贫困者看作有能力且有价值的个体。

四、制订详细计划

在上述步骤完成之后，社会工作者可以根据掌握的信息和资源制订详细的工作计划，计划内容共有六大部分。一是贫困人口的基本资料，包括个人背景资料、家庭背景资料和所在村庄的资料等。二是贫困者的问题及需求。社会工作者应将问题按照主次轻重程度进行排序，并对问题进行原因分析,识别影响问题的主客观因素,明确贫困者的真实需要。三是制定工作目标。工作目标有总体目标和具体目标之分,总体目标的制定应该紧紧围绕贫困者的真实需求,具体目标是实现总体目标的分支,工作目标的制定需要社会工作者和贫困者共同参与制定,这有助于计划执行期贫困者主体性的发挥。四是介入的具体方法。社会工作者需要灵活运用社会工作的三大专业方法,通过个案工作疏导贫困者的消极情绪,帮助其树立自信心;通过小组工作将贫困人口组织化,借助小组活动的开展,培养贫困人口的互助合作意识,增强组织凝聚力,促进小组成员的地区参与,协力解决贫困问题,实现集体富裕;通过社区工作,开展社区活动,挖掘社区资源,扩大社区参与,提升社区发展能力,促进社区整体水平的提升。五是时间安排表。将每个阶段的目标和任务按照目标之间的逻辑性和相关性进行时间安排,在时间分配上应将社会工作者的工作效率、贫困者的接受能力等多个方面因素纳入考虑范围。六是预期风险及解决计划。社会工作者应有风险防范意识,在服务开展之前,尽可能地将各种突发问题列举出来,并逐一制订解决策略,以保证活动的正常有序开展。

五、服务计划书案例

下面,我们以陈家桥街道(隶属重庆市沙坪坝区)社会救助社会工作服务项目“助力健康扶贫”救助对象疾病预防小组为例,介绍反贫困小组工作计划书的撰写步骤和规范。

1. 背景介绍

2011 年,陈家桥撤镇建街道,由一个农村城镇变成了城市的一部分。陈家桥街道下设的社区，除学苑社区和官房寺社区属于商品房社区外，剩下的都是安置房、旧城集中的老社区。社会工作者通过走访社区民政人员和实地调研收集到一些数据，数据显示陈家桥街道辖区内共有 85 名低保人员、1 名特困供养人员和 11 户民政建档特殊困难家庭登记在册。对于陷入困境中的贫困群众来说，他们需要政府和社会提供不间断的支持和帮助才能彻底改变境遇，提高生存能力，改善自身生活质量。重庆仁爱社会工作服务中心承接了陈家桥街道社会救助社会工作服务项目，该项目是为陈家桥街道低保人员、特困供养人员和民政建档特殊困难家庭提供专业服务，以协助服务对象解决实际困难、提升服务对象自救能力、促进服务对象社会融入为目标。

2. 案例分析(预估)

在项目前期调研中，社会工作者对 100 户家庭进行了调研，包括低保户、民政建档特殊困难家庭和社区建档困难家庭。调研结果显示，有 30 户家庭都是因病致贫，因病致贫率高达 30%，且救助家庭里的成员出现患病人员的频率较高，较多家庭的医疗费用支出较大，其中患有“三高”(高血压、高血糖和高血脂)、骨科类疾病、心脑血管疾病等常见疾病的人数在患病人数中占到 70%以上的比例。慢性病患者和重病患者长期受疾病的折磨，他们在疾病预防、康复和日常保健等方面的知识储备不足。经济困难的家庭难以承受家庭成员因生病带来的经济压力，所以学习疾病预防等健康知识，把疾病扼杀在萌芽中，在他们眼中尤为重要。为提高辖区内困难家庭成员在疾病方面的预防意识和自救能力，项目社会工作者计划组织开展“助力健康扶贫”救助对象疾病预防小组，让辖区社会救助家庭成员学习更多疾病预防知识，提升健康意识，进而注重增强体质，预防疾病的产生。

3. 服务计划

其一，服务理念。社会工作者采用社会支持理论和马斯洛需求层次理论开展小组工作。前者强调通过干预个人的社会网络来改变其在个人生活中的作用，小组组员们在疾病预防、康复和日常保健等方面的知识储备不足，所以社会工作者搭建此平台，链接相关医疗资源，通过医生、高校志愿者及社会工作者讲解和组员间交流分享等形式，扩展组员们在健康方面的社会支持网络，从而提高组员们在疾病方面的预防和自救能力。后者表明辖区社会救助对象家庭成员中出现患病人员的频率较高，各类慢性病频发，他们的安全需求未得到满足，开展此小组旨在让他们学习到更多疾病预防、康复和日常保健等方面的知识，从而满足其安全需求。

其二，小组目标。小组总体目标是让救助对象家庭成员学习到季节性疾病、“三高”、心脑血管疾病、风湿病等疾病的预防、日常注意事项等知识，丰富其健康知识储备量；搭建沟通交流平台，让辖区内社会救助家庭相互交流，相互促进，共同进步；增强和完善辖区内社会救助家庭的社会支持网络。小组具体目标如下：(1) 链接医疗资源，对救助对象家庭成员进行健康指导；(2) 让救助对象家庭成员学习春季疾病预防知识；(3) 让救助对象家庭成员学习日常生活中易突发疾病的防控和救治方法；(4) 让救助对象家庭成员熟知“三高”、心脑血管疾病、风湿病等疾病的预防和治疗知识；(5) 通过互相交流学习，增强辖区社会救助对象家庭的朋辈支持网络。

其三，小组性质：支持性小组。

其四，小组对象：陈家桥街道社会救助对象家庭成员。

其五，小组时间：2019 年 2 月 21 日至 2019 年 3 月 28 日，每周四下午 2：30—3：30。

其六，小组时间表：

2019 年 2 月 14 日，与督导商讨小组服务的可行性、理论使用、总体安排计划等；

2019 年 2 月 15 日，撰写小组计划书和小节计划表；

2019 年 2 月 18 日至 2019 年 2 月 19 日，招募组员，与社区进行对接，对接内容包括活动时间、内容、场地等；

2019 年 2 月 20 日，确定参加人员的名单，准备物资；

2019 年 2 月 21 日至 2019 年 3 月 28 日，开展各节小组活动并记录；

2019 年 4 月 1 日，撰写小组评估报告；

2019 年 4 月 3 日，整理所有与小组相关的资料并进行存档。

其七，预期风险及解决计划。一是招募小组成员数量不足，应对措施是加大宣传力度，利用社区电子屏幕、宣传栏、微信群和微信公众号等媒介扩大宣传；二是资金出现短缺，应对措施是提前联系好当地及社区经常合作的企业，与其进行合作、拉取赞助。

第三节　项 目 实 施

“西方专业社会工作的发展历程表明，反贫困一直是其重点关注并发挥作用的领域之一。显然，精准扶贫、打赢脱贫攻坚战为社会工作介入并发挥作用提供了难得的机遇和发展空间。我国专业社会工作发展的时间虽不长，专业社会工作介入反贫困的实践还很有限，但业已取得了值得总结的经验。"①在价值观方面，社会工作"助人、利他"的核心价值观与反贫困秉持的为贫困人群改善基本生活、增加福祉的价值理念相一致；在工作关系方面，双方都强调与贫困群众的平等性和合作性；在反贫困目标方面，二者都强调提升贫困群众的内生动力，建立脱贫的稳定长效机制。以上方面的吻合性为社会工作介入反贫困领域提供了契机，为反贫困社会工作项目的精准实施奠定了良好的环境基础。

首先，依照规划书，针对不同类型的贫困人群，遵循个别化的原则，利用个案工作方法、小组工作方法以及社区工作方法开展各种活动，解决贫困群众的问题，改善贫困个人及贫困家庭的生活状况，培养并增强当地村民、贫困户的接纳与认同能力，提高村民的整体凝聚力，推进乡村的整体生活水平提升，增强地区福祉。其次，通过开展一些比较"接地气"的专业活动，在活动过程中善于发现"积极分子"，挖掘乡村领袖，通过社会工作者有意识地对乡村能人或乡村领袖能力的培养，使这些乡村能人和乡村领袖充分发挥带头和示范作用，吸引和动员更多贫困群众主动参与到反贫困工作中来，实现贫困群众主动脱贫、真脱贫的目标。再次，积极开展心理疏导、心理讲座，对贫困群众进行心理培训，使其增强脱贫致富的信心，增强社会适应能力和可开发能力。贫困群众长期处于贫困而极易产生自卑心理，个案工作是社会

① 李迎生、徐向文：《社会工作助力精准扶贫：功能定位与实践探索》，载《学海》2016 年第 4 期。

工作传统方法之一，社会工作者可以运用个案工作专业方法为贫困群众进行心理疏导，适当采用自我披露、同理心和倾听等技巧，逐步帮助其建立自信心。最后，积极提供资源链接、生计发展等服务内容，搭建对贫困群体的社会支持网络。在此阶段，社会工作者在实践介入中，可以通过推动组建社区综合服务中心、村民小组活动中心、金融扶贫社区组织等方式，协力村民自助互助、创业致富。在积极改善村民生活条件的同时，注重有效激发贫困者的自主脱贫意识。在搭建社会支持网络时，不仅要增强以政府机构、村委会等为主的正式支持，而且要加强以家人、亲戚和朋友为主的非正式支持，实现正式支持和非正式支持的整合，扩大贫困群众的社会支持网络，为其解决贫困问题。

一、"量身定做"开展个案工作

个案工作主要针对贫困群众主观贫困或者精神贫困开展干预活动。由于贫困群众大多将贫困归咎于命运，因而他们主动寻求帮助的意愿较低，找专业人员帮忙的情形较为少见；同时，虽然部分贫困者把各项福利措施视为理所应当，对服务具有较强的依赖性，但大多贫困者对接受帮助的期待不高，因为他们认为所得福利对贫困问题本身没有帮助，问题是很难解决的，对贫困境遇抱有一种悲观失望的态度。①

在专业发展中，社会工作形成了个案工作、小组工作和社区工作不同层级的专业工作方法，可以以多种模式从物质、精神等多方面对贫困进行干预。在使用过程中，多种模式可以交互使用，产生协同效应。由此，社会工

① 王思斌：《社会工作要积极、创造性地参与脱贫攻坚》，载《中国社会工作》2017 年第 25 期。

作者在对贫困者进行个别辅导与服务时应特别注意以下几方面。

（1）要尽可能设法接触贫困者，对其说明为何要接受专业人员的帮助，并说明这种帮助的性质与程序。在此过程中，社会工作者要特别警惕受助者尊严受损情况的发生，不使用颐指气使的语气和不耐烦的肢体动作与表情，不给贫困者随意地贴上标签。社会工作者应该遵循平等、尊重和接纳的原则，将贫困者看作有尊严、有价值的独一无二的人，在此基础上，向贫困群众介绍社会工作服务的目的、性质和内容，转变贫困群众的受助意愿，使其从被动变为主动，积极解决贫困问题。

（2）与贫困者建立良好的专业关系。专业关系存在于个案服务的全过程，是指社会工作者与贫困者在专业服务过程中基于对双方的认知和了解共同建立的工作关系。积极正向的工作关系有助于贫困者敞开心扉，向社会工作者表达自己内心的真实想法，便于社会工作者对其进行心理疏导和引导，协助贫困者解决问题，促进其能力的提升。

（3）注重对贫困者的引导。从与贫困群体接触开始，社会工作者就要同他们一起商量探讨目前面临的问题、所处的情况以及应努力的方向。在此过程中，社会工作者要使用积极正面的语汇和非批判的社会工作原则，给予贫困者正面的暗示和积极的导向，引导其相信自己，还要善于发掘贫困者及其所处环境中的优势和资源，从优势着手，通过专业的方法引导贫困者改变对自己的消极认知，使其相信自己即使处于困境中也仍具有自己解决问题的能力和力量。

（4）正视贫困者的实质需要。社会工作者要及时满足贫困者在物质以及精神方面的实质需要，首先解决低层次的、表面的物质需要。例如，对一个饥饿中的贫困者，要给予其充饥的食物；对一个身上有病痛的贫困者，要帮助他获得应有的治疗，然后再满足其精神方面的需要。在此过程中，社会工作者要遵循社会工作中生命至上的原则，当有危及贫困者自身或者他人生存的极端情况发生时，要果断采取措施进行紧急救助，保证贫困者或他人的生命安全。

(5) 注重资源协调。贫困者的问题常常是有多方面诱因的，因此社会工作者要协调有关的社会资源。社会工作者的力量毕竟有限，而贫困通常是多种原因导致的，因此，要积极动员社会的力量，“众人拾柴火焰高”。具体而言，社会工作者可以通过链接企业资源，为贫困者提供基本的物质帮助；链接高校资源，为贫困者提供工作技能等方面的培训；链接志愿者资源，开展相关的专业活动。除了直接为贫困个人提供服务外，团体工作方式也是十分经济、可行且有效的途径。比如，团体工作程序可使贫困家庭的子女在互相接纳、彼此支持中，培养积极的生活态度、良好的社会人际关系以及健全的人生哲理信念，这是比较有效的“治贫”方法之一。这种信念可运用于学校和邻舍组织内贫困家庭子女的团体工作服务方案中。又比如，在西方国家很多贫困家庭是以女性为户主的，将这些妇女以群体的方式组织在一起，共同讨论其面临的问题与需要，对缓解其心理压力、提高生活信念及学习具体的应对困难的技巧等具有非常重要的作用。[①]

二、倡导外链资源，开展社区工作

社区是社会的子细胞，社区生活是人们社会生活的“缩影”。社会人的许多需求都是通过社区或者说是以社区为载体得以满足的。社区发展项目能够帮助贫困农户发展生产，增加收入，并提供技术、技能培训，提高其素质

① 王思斌：《社会工作概论(第三版)》，高等教育出版社 2014 年版，第 83 页。

与能力，促进当地经济的发展，实现脱贫致富和持续发展。中国扶贫基金会致力于社区发展项目，支持社区基础设施建设，协助社区改善物质、文化、生活条件；支持社区经济发展项目，促成社区群众经济收入的提高和社区整体经济的发展；在项目实施过程中培养社区群众的自主参与意识，鼓励社区群众积极参与社区的公共事务，提升社区群众的归属感和社区的凝聚力。社区发展强调居民参与、居民合作、社区自助、领袖培训等主题，强调经济社会协调发展，在方法上注重教育与组织的双重作用。

在许多发展中国家的反贫困项目中，多有社区发展之要义。美国学者柯林纳德(Clinard)在其所著的《贫民区与社区发展》中，以其在印度担任德里市社区发展顾问的实践经验，指出社区发展的原则方法有助于都市贫民区问题的解决。他通过对贫民区进行深入分析比较后，认为贫民区反映了一种社会现象与文化现象，也可以说是映射出了一种生活方式。它通常所显示的是：简陋的设施，拥挤脏乱的环境，艰难困苦的生活，居民边际偏差的行为与漠视的性格，居民普遍存在着冷漠、依赖、怀疑、贪图近利的心理状态。由于缺乏自信，贫困人群常常以一种无助、无望的心情来承受一切命运的安排。柯林纳德认为，贫民区问题并不是单靠社会福利计划或经济就业机会就能解决的。他主张推行低收入社区自助教育，培育当地人才，创立新组织，给予贫困者荣誉。地区发展模式是社区工作者在贫困地区最常采用的社区工作模式，它强调村民是应该并愿意参与社区事务的，如果能通过发动村民参与，改善沟通和加强合作，社区问题便能获得解决。[①] 将地区发展

① 甘炳光、梁祖彬、陈丽云等：《社区工作：理论与实践》，香港中文大学出版社 1994 年版，第 61 页。

模式运用到贫困地区中应注重推动当地村民的广泛参与，培养互助合作意识，凝聚社区力量，协力解决贫困问题，实现共同富裕。

三、参与设计并实施反贫困计划

各种反贫困计划特别是社会计划的各种项目中，多有社会工作者参与设计并实施计划，特别是一些社会组织，在反贫困计划中发挥了格外重要的作用。我国的民间组织发展起步较晚，与发达国家的民间组织相比，成熟度相对较低，专业性不强。从目前来看，我国民间组织参与扶贫工作的类型主要分为：政府主导的扶贫民间组织、兼业型扶贫民间组织和专业型扶贫民间组织。从政府主导的扶贫民间组织，到兼业型扶贫民间组织，再到专业型扶贫民间组织，可以看出我国的扶贫民间组织在不断发展。兼业型扶贫民间组织以美国福特基金会北京办事处为代表，这是典型的国外扶贫资金中国化的过程，体现出我国民间组织参与扶贫工作的国际化程度，也能够体现我国民间组织自身的成长。① 专业型扶贫民间组织以中国扶贫基金会为代表，成立于 1989 年 3 月，该民间组织主要是对国内外的扶贫资金进行整合管理，自身为非营利性组织，并以国内外的管理基金为基础进行相关的扶贫工作。从成立至 2013 年，中国扶贫基金会已经开展了 500 多项的扶贫项目，年均扶助对象约达 10 万人，扶贫的项目主要有 7 大类 31 项。

1. 项目规划设计

具体项目要落实到基层，一项计划实则由一组项目群组成。许多亚洲

① 向德平、黄承伟：《中国反贫困发展报告(2016)——社会组织参与扶贫专题》，华中科技大学出版社 2016 年版，第 43 页。

国家的实践计划，特别是一些以社区为单位的综合发展项目大多是在当地进行具体设计的。社会工作者深入社会最底层，了解社区和村民的问题与需要，甄别贫困家庭，确定扶持对象，与村民共同讨论并逐渐形成设计方案。在这一过程中，社会工作者十分重视村民的认识与感受，根据他们的切实需要，确定改进与发展的方向。项目的方案设计并非一经完成便一劳永逸了，在整个实施过程中，社会工作者还会与村民一起不断发现新问题，根据实际情况，对方案加以修订与改进。广泛动员全社会力量共同参与扶贫开发，是中国特色扶贫开发道路的重要特征。将社会工作服务纳入扶贫开发整体规划，倡导社会工作机构与其他社会组织一道参与扶贫开发，将进一步丰富和优化反贫困行动主体。社会工作机构依赖自身专业手段，通过促进贫困案主能力提升和参与治理，推动内源扶贫。因此，在精准扶贫、脱贫攻坚中，社会工作机构能发挥巨大作用。中国扶贫工作长期以来表现出主体单一、手段单一的问题，区域发展缺乏内生动力。① 社会工作机构作为反贫困的参与主体之一，通过社区资产建设和能力提升，通过可持续性的发展，促进社区内源性发展②，必将有利于这种状况的改善。社会工作的专业优势，亦即社会工作与反贫困工作的耦合性③，与社会治理的同构性④，是社会工作机构参与扶贫开发的专业能力和专业价值，在一定程度上能够保证社会工作机

① 辜胜阻、李睿、杨艺贤等：《推进“十三五”脱贫攻坚的对策思考》，载《财政研究》2016年第2期。

② 苏海、向德平：《社会扶贫的行动特点与路径创新》，载《中南民族大学学报(人文社会科学版)》2015年第3期。

③ 向德平、金旖：《社会工作介入减贫的实践与探索》，载王思斌、邹文开主编《回顾 反思 展望——中国社会工作辉煌发展的十年(2006—2016)》，中国社会出版社2016年版，第102页。

④ 顾东辉：《社会治理及社会工作的同构演绎》，载《社会工作与管理》2014年第3期。

构反贫困工作的效果。

平寨村位于云南省东北部曲靖市境内，与贵州省和广西壮族自治区毗邻，全村共有1 500多人，其中有85%以上的村民是壮族人。在8个自然村（村民称为寨子）中，有6个壮族村，2个汉族村。平寨村是一个典型的山寨，壮族村民和汉族村民分别聚居在“槽区”（山间盆地）及贫瘠的石山上，传统产业以种植业为主。2008年，全村实现了水、电、路、电视、电话五通。在社会工作机构入驻之时，平寨村基本上是一个在温饱线徘徊的贫困山村。2001年，广东绿耕社会工作发展中心进入平寨村，经过15年的坚守，探索出一套农村社会工作行之有效的方法，并在机构其他项目中得以实践和检验，如成立老年人协会，将协会成员染制的五色花米饭、织出的纯手工土布，通过昆明的店铺走向市场。手工产品传播着村寨文化，也给老人们、协会和寨子带来了一定的经济回报，提升了村民的文化认同。广东绿耕社会工作发展中心组织平寨村村民成立了平寨生态养殖专业合作社、平寨生态种植专业合作社、妇女养殖小组。近年来，在广东绿耕社会工作发展中心的支持下，社员们逐步发展组织并最终独立运营合作社。为了推动新的理事会真正承担起合作社事务，社会工作者开始调整工作方法：任何需要推动的事，社会工作者先与理事长商量并达成共识，然后由理事长组织理事会来共同完成。落实种植计划、病虫害防控、召集小组会议、对外接待与交流、筹备合作社集体活动、分配产品订单、举办大型城乡互动庆丰收活动等完全由理事会推动执行，理事们配合默契。终于，平寨生态种植合作社走上了自主运作的道路。[①] 但是如何实现经济利益呢？单靠城乡互动会、不定时的农夫集市

① 黄亚军：《合作之路：平寨种植合作社的历程》，载《中国社会工作》2013年第6期。

等方式，辐射范围太有限。2014年，广东绿耕社会工作发展中心在昆明建立了公平贸易店。公平贸易店主要与农民专业合作社及小农户合作，以“老品种”和“生态”两个标准来遴选食材，支持村民发展生态农业，保护村庄环境。在实际运营中，店铺将销售额的70%返还给村民，其余的用来支付店铺经营的开支成本。公平贸易店最重要的动机是连接农村与城市，促进城乡互动。店铺带来的稳定销售是生计项目的关键一步。因为市场需求具有多样性，所以村民不断扩大组织规模、丰富农副产品种类，这也增强了村民生态种植的信心。如此一来，一方面，村民运用长期积累的传统智慧，恢复老品种的种植和养殖，提供安全营养的生态农产品给城市居民；另一方面，在公平贸易的原则上，村民们共商农产品价格，保证了农户得到合理的报酬。通过城乡合作的平台，城乡居民有机会相互理解、接纳，通过生产—消费领域的合作建立城乡居民互惠互利的信任关系，逐步实现社会融合。

2. 贫困人口的能力建设

近年来，我国的脱贫攻坚工作取得了长足进展，但仍然面临着很大困难，距离实现全面脱贫的目标还存在着相当大的差距。这在很大程度上源于我国贫困问题的复杂性。贫困人群收入低下只是致贫的直接原因之一，贫困群众和贫困地区缺乏可持续性的自我发展能力才是我国贫困问题的最大症结。当前我国贫困地区的发展现实决定了脱贫攻坚的基本目标是解决温饱问题，但从长远角度来看，相对贫困、培育地区可持续发展能力应被视为反贫困工作的重中之重。① 在社会工作的理念中，人占据了核心位置。反

① 关信平：《论现阶段我国贫困的复杂性及反贫困行动的长期性》，载《社会科学辑刊》2018年第1期。

贫困工作必须以人为基础,以人为中心。这一思想不仅使得社会工作者能深入贫困群众之中,恰当地为贫困群众提供他们所需要的帮助,而且使得社会工作者在工作中极为重视目标人群的参与,这也是目前各国反贫困活动的共同趋势。

社会工作者不把贫困群众简单地看作被救济的对象,而是鼓励与激发他们的自信心,为其创造条件,使之加入反贫困活动的各个过程之中,成为主动的参与者。这种主动的参与机制是以不断加强贫困群众的能力建设为前提的。首先,建立贫困群众的主体意识。针对贫困群众听天由命、无所作为的惰性心理,能力建设的第一件事就是激励贫困群众,令其觉悟,使其认识到造成贫困的原因不是命运或天命,自己才是自己命运的主宰。社会工作者作为来自外部的鼓动者、使能者和推动者,与目标群体相互作用,促成贫困群众能力的提升和内在动因的形成。其次,建立参与组织。有组织的活动有利于贫困农民集体意识和民主观念的形成,也有利于培育领导者。因此,社会工作者在反贫困实践中把建立贫困群众的参与组织作为工作过程的重要环节,将组织作为载体和平台,并在组织中帮助成员学会相互信赖,共同做出决议,逐渐养成自我管理、自我发展的能力。最后,贫困群众生产生活以及各方面活动技能的培养也是能力建设的重要内容。社会工作者直接面向贫困群众,向其传授诸如识字、管账、家庭卫生以及农林牧副渔生产等多方面的实际技能,增强贫困群众改善现实生活的自信心与能力。从贫困群体的角度来看,整合的可行能力也是必要的。现代反贫困理论都把贫困群体置于主体地位,这是正确的。贫困群体具有哪些可行能力,贫困群体自己是清楚的,有时又是不清楚的。在熟悉的生产生活领域中,贫困群体对自己可行能力的认知是清楚的;面对开放和变化的外部经济社会环境,他们对自己的可行能力的认知则可能是模糊的。在未来的脱贫攻坚过程中,扶贫者既要尊重贫困群体的主体性,又要把他们看作受助对象;既不能越俎代庖,也不能尸位素餐。而贫困群体,既要着眼于最迫切、最需要解决的现实问题,又要有一定的前瞻性,要把眼前利益与长远的脱贫和可持续发展目标结合起来。这说明贫困群体同样需要从整体性的角度来看待问题。把贫困群体的现有能力与发展起来的能力联系起来考虑,就是贫困群体可行能力的整合。①

3. 技能培训

培训是保证反贫困工作取得成功的主要手段,在反贫困计划的实施中占有极其重要的位置。培训活动的对象包括规划人员、项目官员、执行人员、社会工作者、贫困群众等。社会工作者所承担的工作主要是针对贫困人群的培训。进行培训之前,社会工作者先要评估培训需求,以确定培训对象、选择培训内容与形式。对贫困者的培训内容要根据其改善生活状况的需要制定,最好由贫困者自己提出。培训的具体方法可采用授课、小组讨论、案例研究、角色扮演、实地考察等多种形式。2009 年,四川省成都市青白江区的妇联主席夏昌菊组织启动了"妇女蜀绣培训计划",该培训计划由中国妇女发展基金会支持,目的是帮助当地妇女"居家灵活就业",居家就业就是让妇女在家里挣钱。该培训计划主要针对三类群体:一是在城市化过程中失去土地的广大农村妇女,二是包括流动妇女在内的城镇失业妇女,三是

① 王思斌:《农村反贫困的制度—能力整合模式刍议——兼论社会工作的参与作用》,载《江苏社会科学》2016 年第 3 期。

聋哑人或者肢体不健全的残疾人。通过“授人以渔”的方式，这一培训计划帮助当地的妇女提升素质，弘扬传统文化，掌握蜀绣手工编织技能，发展壮大一批妇女手工编织企业和妇女手工编织带头人，带动和帮助更多妇女实现创业就业。让妇女既能把孩子带好，减少留守儿童的产生，又能有一定的经济收入，帮助家庭脱离贫困。据统计，每年有 2 万名女性从该项目中获得帮助。①

湖北省洪湖市实施“两个课堂”助创业、“三个对接”促脱贫，驱动就业创业精准扶贫。“两个课堂”是流动课堂和实训课堂，流动课堂采取先调研，后按照贫困人员对就业创业技能需求和地域经济特色确定题目，选择合适的培训地点，再确定培训机构、专业教师或聘请专家开班授课的模式，培训下村到组；根据贫困人员的分布情况，确定在较为集中的村组开班，开展分类培训，时间为 1 至 3 个月，让贫困人员既能参与培训又能顾及家庭，在家门口享“技能大餐”，学习和生产两不误，并且不用为培训支付任何费用。搭设实训课堂，实训跟着课堂走，让技能培训实现“理论实践两结合”。由于贫困人员文化水平普遍偏低，为了达到应有的培训效果，必须把实训放在首位；培训机构上理论课时需图文并茂，多上实训课，把理论融入实训中，手把手传授技能。在洪湖市峰口镇延华新村和新沟村，育婴的成套实训模具被搬进了月嫂培训班的课堂；在沙口镇董口村和瞿家湾镇戴杨村，贫困人员的“虾稻连作”水稻田成了水产养殖培训班的实训基地；在龙口镇和燕窝镇，幼儿园也自然成为保育员培训班的实训园了，保育员的实际操作技能在这里得到强化。“三个对接”畅通就业创业直通车，一是“订单式”培训，企业根据贫

① 资料来源：中国妇女发展基金会，http://www.cwdf.org.cn/。

困人员的就业意愿、年龄和文化程度，拿出8个工种、100多个岗位，洪湖市人力资源和社会保障局为贫困人员制订个性化的培训计划，确保“培训一人，合格一人，就业一人”；二是“点单式”培训，洪湖市人力资源和社会保障局整合培训资源，组织专业教师和水产专家上门按需施教、以训促学，基本上做到了实用技术培训与产业创业的无缝对接；三是“定向式”培训，洪湖市就业训练中心把“精准就业扶贫月嫂培训班”的“大篷车”开进乡村，以帮助贫困妇女实现就业。①

第四节　总结评估

社会工作扶贫项目的结束并不意味着社会工作服务的结束，社会工作者要在服务结束的一段时间内，对该项目开展的过程和结果进行反思与总结。例如，反思该项目的投入产出比如何，是否达到了预期的效果，在项目开展过程中采用的方法技巧是否恰当，贫困群体的脱贫能力是否实现了提升，等等。反贫困社会工作评估是指对社会工作开展的扶贫项目效果进行评估。评估主要涉及项目出资方、社会工作机构和服务对象三个利益直接相关者，项目出资方（政府或基金会）作为项目的购买者，希望了解扶贫项目的效果如何，是否达到预期的结果，服务质量如何，以及实际受益对象的数量等；社会工作机构作为扶贫项目的实施者，希望发现和了解自身在扶贫项目实施过程中存在的优势和不足，服务方法和手段是否恰当，并在此基础上

① 陈绪华、梁曙光：《“两个课堂”助创业　“三个对接”促脱贫——洪湖市专项技能培训驱动就业创业精准扶贫》，载《中国就业》2016年第12期。

对发现的问题及时进行反思并改正，为后续项目实施积累经验；服务对象作为项目的直接受益者，他们所感受到的切实变化和满意度是评估的关键，反贫困社会工作同样强调服务对象的主体性，一切以服务对象为中心。反贫困社会工作评估需特别注意第三方评估的专业性和独立性，评估活动不应带有个人主观色彩和偏见，而应确保评估客观诚信，评估结果合理可靠。

一、评估主体

评估主体是指对反贫困社会工作项目进行评估的主体。一般而言，评估主体可以是社会工作机构或社会工作者，也可以是第三方（专门的评估机构），还可以是服务对象（贫困群体）。社会工作机构或者社会工作者作为评估主体属于内部评估，其优势是对于自己执行的扶贫项目十分熟悉，无论是整体还是细节都能够有很好的了解和把握，其劣势是评估过程中可能会带有个人主观色彩，评估客观性和准确性有待商榷。第三方评估属于外部评估，往往是项目投资者委托专业的评估机构进行项目评估，需要注意的是，第三方评估主体与项目出资者和执行者不能有相关的利益关系，只有这样才能够保证评估结果的客观、合理和可靠性。服务对象，即贫困群体，作为项目开展的直接对象，其参与式评估对于项目评估来说至关重要。反贫困社会工作项目就是以贫困群体为中心，着重解决其问题，促进其能力提升，贫困群体在这一过程中的真实感受、态度、改变和对项目的评价都是对项目的有效评估。

二、评估类型

本章将社会工作评估分为过程评估、结果评估和效益评估三种类型。

1. 过程评估

过程评估又叫作形成性评估，是在服务提供或者项目执行过程中开展的一种评估活动。[①] 过程评估可以贯穿项目开展的全过程，对项目在具体实施过程中的情况进行及时检查，发现存在的问题，并根据项目目标调整策略方案，保证项目有效实施，顺利完成目标，实现社会工作“助人自助”的目的。这里需要指出的是，过程评估的有效性的实现有两个前提。其一，过程评估结果必须具有专业性。只有专业的评估结果才能对社会工作项目提供正面的支持，反之则可能无法提供正面的支持，甚至提供负面的支持。其二，评估结果必须反作用于该项目的后续实施工作。[②] 因此，社会工作扶贫项目的过程评估应采取内外部评估主体相结合的形式，以确保评估的准确性，内部评估主体主要是指社会工作机构自身，外部评估主体是指项目出资方(一般是政府部门)、第三方或者服务对象。对社会工作扶贫项目进行过程评估后，社会工作者应该根据评估结果反映出的问题及时调整和修改后续的介入策略，保证服务目标的有效实现。

2. 结果评估

结果评估是指在扶贫项目结束后，对扶贫项目的服务效果和影响进行的一种评估，旨在考察贫困群体受益的范围和数量；项目目标的完成情况；贫困群体的主要问题和需要是否得到解决，得到多大程度的解决；贫困者的经济状况是否有所改善；贫困者的精神面貌、情绪问题、脱贫能力和内生性动力是否有所提升；贫困地区的整体经济和精神面貌是否有所变化；等

① 顾东辉：《社会工作评估》，高等教育出版社 2009 年版，第 45 页。

② 艾志斌：《社会工作项目过程评估存在的问题与对策研究——以“流浪乞讨人员回归温馨家园”项目为例》，载《井冈山大学学报(社会科学版)》2014 年第 6 期。

等。同时，结果评估是社会工作机构面向扶贫项目出资方和社会公众的一种说明和交代，也是社会工作机构对自身优劣和工作方法的总结和反思。

3. 效益评估

效益评估是对扶贫项目的投入资源和产出之间关系的评估，它可以在资源有限的情况下，对比抉择出最优的项目方案，以最低的成本投入换取最大的效益。效益评估主要分为经济效益评估和社会效益评估，就目前情况而言，反贫困项目的经济效益评估指标相对健全，各地区效益评估体系的一个共同特点是经济效益方面的指标构建几乎替代了扶贫效益评估体系。[①]经济效益评估的重要性不言而喻，但也不能忽略了社会效益评估。社会效益评估是对项目投入资源的成本与产生的社会效果之间关系的评估，扶贫项目的社会效果主要体现在贫困群体或贫困地区的社会保障、社会稳定程度、思想观念、生活方式、地区文化保护和社会公众评价等方面。郭佩霞基于对西部民族地区扶贫开发的综合效益研究，着重从经济发展（如增收服务、扩大就业、资源开发、农业发展和市场化以及小城镇发展等）、社会进步（如教育改善、医疗卫生改善、生活环境改善和思想观念的转变等）、政治稳定（如民族融合、国防安全等）、环境保护（如生物多样性、森林覆盖率等）、文化传承（如民族文化保护等）五个方面构建了民族地区的扶贫效益评估体系。[②]

三、评估程序

社会工作项目的评估类型不同，程序也不尽相同。总体而言，评估过程

①② 郭佩霞：《民族地区扶贫效益评价体系的构建》，载《西南民族大学学报（人文社会科学版）》2009 年第 9 期。

大致可分为准备阶段、设计阶段、实施阶段和总结应用阶段。在准备阶段，委托方通过邀请、指定、招标等方式确定评估主体，评估主体与委托方共同商量明确评估目的，再进一步确定评估的具体问题。在设计阶段，评估主体要完成确定对象、选择方法、选择工具、收集资料、设计评估方案等工作。评估主体可依靠贫困群体、资助者、工作者、普通村民等对象获取相关信息，实验法、问卷法、访问法、观察法等方法是资料收集和分析的常用方法。① 在实施阶段，评估主体要在明确评估什么，如何评估的基础上，进入评估现场，按照评估计划，运用专业评估方法对项目展开细致化的评估。在这一阶段，评估主体需要注意与项目相关者建立良好的专业关系，方便评估现场双方的及时沟通，提高评估的精准性。在总结应用阶段，评估主体要针对评估的情况和结果撰写评估报告，评估报告必须规范标准，在结构上要合理，内容上要真实完整②，问题表述上要清晰明确，对策建议上要科学合理，等等；评估结果还须得到应用，一是项目相关者和评估主体可以就结果进行商量讨论，提出相关建议以改善扶贫项目，提升贫困者的福利水平；二是在第三方评估中，评估主体可以将结果进行公布，借助公众监督和舆论压力来推动、优化宏观环境。③

随着党和国家对贫困村社会治理工作的重视，社会工作在其中将发挥越来越重要的作用，这对于社会工作发展来说既是挑战也是机遇。社会工作在践行贫困乡村社会治理路径中，应该明确自己的角色和定位，在介入贫

① 顾东辉：《社会工作项目的结果评估》，载《中国社会导刊》2008 年第 24 期。
② 时立荣：《社会工作行政》，中国人民大学出版社 2015 年版，第 44 页。
③ 全国社会工作者职业水平考试教材编写组：《社会工作综合能力(中级)》，中国社会出版社 2018 年版，第 23 页。

困乡村社会治理的过程中既要基于国家政策背景开展传统的救济式扶贫工作，又要注重创新方式方法开展开发式扶贫；既要着眼于贫困乡村的贫困治理工作，又要兼顾贫困乡村的振兴发展；既要保证外来扶贫力量介入的有效性，又要注重本土力量培育的可持续性。[①] 为了更好地在新形势下做好扶贫济困工作，参与扶贫的社会工作者应该深入思考中华人民共和国成立以来各级政府部门和民间组织在全国各地区持续不断开展的扶贫工作，要从以往的扶贫工作中吸取经验教训，只有这样社会工作者才能够突破传统扶贫的局限性，发展和创新社会工作服务方法，丰富社会工作的实践领域，真正助力中国扶贫济困事业的可持续发展。

① 穆莉萍、唐佳：《社会工作介入贫困乡村社会治理的路径分析——以重庆市城口县反贫困社会工作项目为例》，载《中国社会工作》2018 年第 6 期。

第九章　反贫困社会工作政策

社会工作专业人才是为贫困群众提供心理疏导、精神关爱、关系调适、能力提升等社会服务的重要力量，在帮助贫困群众转变思想观念、树立自我脱贫信心、提升自我脱贫能力、拓宽致富路径等方面能够发挥积极作用。我国政府高度重视社会力量参与反贫困工作，先后出台了一系列政策，动员并组织包括社会工作在内的各种社会组织和专业力量参与脱贫攻坚，构建政府、市场和社会共同参与、协同推进的大扶贫格局。《中共中央 国务院关于打赢脱贫攻坚战的决定》(中发〔2015〕34 号)、《中华人民共和国国民经济和社会发展第十三个五年规划纲要》和《国务院关于印发“十三五”脱贫攻坚规划的通知》(国发〔2016〕64 号)对实施社会工作专业人才服务贫困地区计划、支持专业社会工作和志愿服务力量参与脱贫攻坚提出了明确的要求。本章将从政策演进、政策目标、政策内容、政策效果等方面来论述社会工作参与反贫困的一系列政策。

第一节　反贫困社会工作政策的演进

一、中国反贫困的历程

中华人民共和国成立以来，我国不断推进反贫困工作，探索出了一条有中国特色的反贫困道路。根据社会发展与减贫政策的变化，我们可将中国反贫困历程分为社会主义革命和建设时期的反贫困探索阶段(1949—1978.11)、改革开放后的体制改革推动扶贫阶段(1978.12—1985)、大规模开发式扶贫阶段(1986—2000)以及新世纪的脱贫攻坚阶段(2001—　)。

1. 反贫困探索阶段(1949—1978.11)

这一阶段，我国实施的反贫困措施基本是广义的"输血型"救济扶贫，贫困问题的普遍性与严重性反映了高度集中的计划经济体制下开展的减贫行动不能从根本上解决贫困问题。中华人民共和国成立初期，中国社会经济形势十分严峻，贫困与落后是当时最基本的国情。在那个时期，反贫困的根本任务是如何让人民群众吃得起饭、穿得起衣，如何让人民群众实现生产上的自给自足，给人民群众提供最基本的生存保障。当时政府采取的反贫困措施大多是应急性的，所采取的政策多是短期的救济与救急手段，或是通过整体性的经济增长来缓解贫困。这些做法在一定程度上缓解了局部贫困和部分经济问题，但并不能大面积、深层次地解决中国社会的贫困问题。1978年，中国共产党第十一届三中全会召开，中国进入改革开放的新时代。而后，经济领域的体制改革推动了社会领域、政治领域和思想领域的改革。这主要表现在，党和政府为应对计划经济体制后期的社会矛盾、市场经济体制改革初期的社会问题，推动了就业制度、住房制度和企业制度的改革,打破了国家统包统揽的单位制福利体系。此后,社会工作作为福利供给主体之一,开始凸显其重要性。

2. 体制改革推动扶贫阶段(1978.12—1985)

以中国共产党第十一届三中全会和1979年通过的《中共中央关于加快农业发展若干问题的决定》为标志,中国拉开了农村经济体制改革的帷幕,农村扶贫工作开始了以体制改革推动扶贫的崭新阶段。首先,农村体制改革是反贫困的最大推动力,从以人民公社为主的集体经营体制到家庭联产承包责任制,这一转变实现了农民的劳动成果与利益的平衡,极大地激发了农民生产经营的积极性,调动了农民的竞争意识,释放了农村生产力。农村的社会总产值上升,农村经济发展发生翻天覆地的变化。从扶贫角度来看,经济的增长与繁荣是消灭贫困的必要条件。农村经济的发展为反贫困提供了物质保障,更为社会组织参与农村反贫困工作提供了经济支持。其次,农贸市场改革提高了农产品收购价格,促进了农村和农业的发展。农产品增产激发了市场的活力,在有序竞争的前提下,政府鼓励开拓市场,增强市场的自由度,放宽和调整对农产品的价格管理。市场机制在农业资源的配置及农村经济发展的推动方面发挥了重要的作用。自由、活跃的市场为农民带来了更多的交易机会和收入,使众多农民摆脱了贫困,甚至走上了致富之路。农民的富裕在一定程度上使其提高了脱贫意识,农民互助型组织、自组织得以发挥反贫困作用,这为社会工作参与反贫困提供了组织支持。最后,开发式扶贫模式对过去救济式扶贫模式进行了改革和调整,不再单纯依靠实行生活救济缓解贫困,而是将脱贫目标与区域经济发展、农村生产经营体制改革联系起来,通过与农民切身利益挂钩,调动其生产、生活的积极性,从而以发展生产、扩大就业和增加收入的方式来缓解农村贫困。[①] 发展式扶贫政策更加符合农村脱贫要求，社会工作的“发展式”理念为反贫困工作提供了思想支撑。

这一时期是社会变迁的关键时期，各类社会矛盾频发，维护社会的稳定成为当时重要的政治任务。特殊的社会背景为社会工作的发展提供了极为重要的社会基础。1987 年，民政部邀请社会学和社会工作专家，联合国家教育委员会有关部门负责人在北京马甸举行了社会工作教育论证会，这就是中国社会工作发展史上著名的“马甸会议”。这一会议决定恢复社会工作教育，因而以北京大学为主的部分高校开始重设社会工作专业，社会工作专业得以恢复和重建。社会工作在反贫困领域的合法性身份得以确认。

3. 大规模开发式扶贫阶段(1986—2000)

1985 年开始，制度改革所释放出来的动力逐渐减弱，中国农村减贫速度趋于缓慢，减贫速度放缓，扶贫成效也有所减弱。同时，受自然、生态、经济区位条件的限制，“老、少、边、穷”地区的贫困问题开始凸显出来，经济发展拉大了这些地区与其他地区的差距，不同区域间出现贫富不均问题，内陆地区、边远山区等地受自然资源、环境交通等因素的制约，发展状态远远落后于平原地区与沿海地区，不同区域间的减贫难易程度逐渐拉大。在这种情况下，仅采用以往全面扩张经济的手段，对改善落后地区的经济情况无甚助益。为提高减贫成效，解决社会经济发展不平衡问题，我国开始实施政府主导的大规模开发式扶贫战略。1986 年，我国开始了有计划、有组织、大规模

① 王朝明：《中国农村 30 年开发式扶贫：政策实践与理论反思》，载《贵州财经学院学报》2008 年第 6 期。

的开发式扶贫工作。原国务院贫困地区经济开发领导小组负责组织有关贫困地区的调查研究，制定贫困地区发展的方针、政策和规划，协调解决有关贫困发展的重大问题，监督检查有关工作，总结交流经验。[①] 中国不仅制定了贫困标准，瞄准最需要帮扶的困难地区，重点关注老革命根据地和少数民族地区，还推出了一系列减贫政策和措施，又以“促进区域经济增长”为主要战略，投入专项资金，实行对口帮扶。1994 年至 2000 年，中国政府相继出台两份纲领性文件，指导中国在这一时期的扶贫开发工作。这两份文件分别是 1994 年的《国家八七扶贫攻坚计划（1994—2000 年）》和 1996 年的《中共中央 国务院关于尽快解决农村贫困人口温饱问题的决定》。两份文件的颁布实施，标志着中国农村减贫行动已基本实现规范化和制度化体系建设。《中共中央 国务院关于尽快解决农村贫困人口温饱问题的决定》更提出要“坚持动员社会力量参与扶贫”。在上述两份文件的指导下，我国重新调整了国家重点扶持贫困县的标准，确定了扶贫开发分级负责、以省为主的首长负责制，推进了社会扶贫的发展。

在这一阶段，党和政府越来越重视社会组织在反贫困工作中的作用，不仅动员和组织社会组织参与到经济社会建设中，还积极推动其更加深入地参与减贫行动。《中共中央 国务院关于尽快解决农村贫困人口温饱问题的决定》强调：要把解决农村贫困人口温饱问题作为首要任务。从 1997 年开始，我国确立了“责任到省、任务到省、资金到省、权力到省”的“四到省”原则，逐年增加了财政投入，制定扶贫到村到户、定点扶贫和对口扶贫政策，激

① 国务院贫困地区经济开发领导小组办公室：《中国贫困地区经济开发概要》，农业出版社 1989 年版，第 14 页。

发社会活力，鼓励社会参与，强调区域间的协作等。社会工作参与反贫困有了充足的政策依据。

4. 脱贫攻坚阶段(2001—　)

进入21世纪后，我国的经济建设步入了一个全新的阶段。为了顺应时代发展的要求，紧跟经济发展的步伐，解决农村地区的贫困问题，2001年，中央扶贫开发工作会议对21世纪第一个十年的扶贫工作进行了全面部署。国务院据此精神颁发了指导农村扶贫的第二个纲领性文件《中国农村扶贫开发纲要(2001—2010年)》，对未来十年的农村扶贫工作做了规划，提出了中国农村扶贫开发的战略目标、指导方针、具体措施，力求“消灭贫穷，达到共同富裕”。《中国农村扶贫开发纲要(2001—2010年)》肯定了改革开放以来中国扶贫工作取得的重大成就，指出中国的扶贫开发是一个长期的历史任务，继续深入推进扶贫开发意义重大。在这一阶段，社会力量获得广泛参与扶贫工作的空间和机会，以社会工作为代表的社会组织为脱贫攻坚工作做出了显著的贡献。

二、反贫困社会工作政策的演进

2006年10月，《中共中央关于构建社会主义和谐社会若干重大问题的决定》(简称《决定》)出台，标志着中国专业社会工作时代的到来。《决定》指出，建设宏大的社会工作人才队伍，造就一支结构合理、素质优良的社会工作人才队伍，是构建社会主义和谐社会的迫切需要。国家要充实公共服务和社会管理部门的社会工作专门人员，提高专业化社会服务水平。《决定》还提出，要坚持协调发展，加强社会事业建设，加大扶贫力度，完善扶贫机制，加快改善贫困农民生产生活条件。总体来看，社会工作专业人才队伍建设与扶贫机制建设之间存在一定的关联，为推动扶贫事业发展提供了人才支撑。

2010 年，《国家中长期人才发展规划纲要（2010—2020 年）》指出，为适应建设社会主义和谐社会的需要，应以人才培养和岗位开发为基础，以中高级社会工作人才为重点，培养造就一支职业化、专业化的社会工作人才队伍；推进公益服务类事业单位、城乡社区和公益类社会组织建设；引导人才向农村基层和艰苦边远地区流动，实施边远贫困地区、边疆民族地区和革命老区人才支持计划。为促进边远贫困地区、边疆民族地区和革命老区加快发展，实现基本公共服务均等化目标，国家在职务、职称晋升等方面采取倾斜政策，每年引导 10 万名优秀教师、医生、科技人员、社会工作者、文化工作者到边远贫困地区、边疆民族地区和革命老区工作或提供服务；每年重点扶持培养 1 万名边远贫困地区、边疆民族地区和革命老区急需紧缺人才。

2011 年，《关于加强社会工作专业人才队伍建设的意见》提出，以基层为重点配备社会工作专业人才，为适应社会主义新农村建设要求，加大为农村特殊群体和困难群体提供服务的社会工作专业人才培养力度，在乡镇和有条件的农村社区探索吸纳和使用社会工作专业人才；建立健全领导体制和工作格局，坚持党管人才原则，切实加强党对社会工作专业人才队伍建设的领导，建立组织部门牵头抓总，民政部门具体负责，机构编制、发展改革、教育、公安、司法、财政、人力资源社会保障、卫生、人口计生、信访、扶贫等部门以及工会、共青团、妇联、残联等组织密切配合，社会力量广泛参与的工作格局。

2012年，中央组织部、中央政法委、中央编办、国家发改委等19个部委和群团组织联合发布了《社会工作专业人才队伍建设中长期规划（2011—2020年）》，该文件提出：要精心组织实施“社会工作专业人才服务社会主义新农村建设计划”，以支持国家扶贫开发重点县为重点，使专业社会工作服务惠及农村人口，促进城乡专业社会工作协调发展；要精心组织实施“社会工作专业人才服务边远贫困地区、边疆民族地区和革命老区计划”，认真完成选派（培养）任务，推动欠发达地区的专业社会工作发展。

2013年，《民政部关于做好首批边远贫困地区、边疆民族地区和革命老区社会工作专业人才支持计划实施工作的通知》下发，该文件指出，民政部支持第一批选派1 000名社会工作专业人员到国家确定的中部和西部地区集中连片特殊困难地区覆盖的县、国家扶贫开发工作重点县以及新疆生产建设兵团困难团场提供专业服务，同时为这些困难地区培养500名社会工作专业人才。该文件还提到，实施“边远贫困地区、边疆民族地区和革命老区社会工作专业人才支持计划”，是中央做出的重要决策部署，是支持边远贫困地区、边疆民族地区和革命老区社会工作事业发展的重要举措，对推动实现基本公共服务均等化目标、促进区域协调发展、全面建成小康社会具有十分重要的意义。

2015年11月，《中共中央 国务院关于打赢脱贫攻坚战的决定》强调：要健全社会力量参与机制。鼓励支持民营企业、社会组织、个人参与扶贫开发，实现社会帮扶资源和精准扶贫有效对接；引导社会扶贫重心下移，自愿包村包户，做到贫困户都有党员干部或爱心人士结对帮扶；吸纳农村贫困人口就业的企业，按规定享受税收优惠、职业培训补贴等就业支持政策；落实企业和个人公益扶贫捐赠所得税税前扣除政策；充分发挥各民主党派、无党派人士在人才和智力扶贫上的优势和作用；工商联系统组织民营企业开展“万企帮万村”精准扶贫行动；通过政府购买服务等方式，鼓励各类社会组织开展到村到户精准扶贫；完善扶贫龙头企业认定制度，增强企业辐射带动贫困户增收的能力；鼓励有条件的企业设立扶贫公益基金和开展扶贫公益信托；发挥好“10·17”全国扶贫日社会动员作用；实施扶贫志愿者行动计划和社会工作专业人才服务贫困地区计划；着力打造扶贫公益品牌，全面及时公开扶贫捐赠信息，提高社会扶贫公信力和美誉度；构建社会扶贫信息服务网络，探索发展公益众筹扶贫。

2016 年，《中华人民共和国国民经济和社会发展第十三个五年规划纲要》强调：要健全东西扶贫协作和党政机关、部队、人民团体、国有企业定点扶贫机制；鼓励支持民营企业、社会组织、个人参与扶贫开发，引导社会扶贫重心下移，实现社会帮扶资源和精准扶贫有效对接；创新参与模式，鼓励设立产业投资基金和公益信托基金，实施扶贫志愿者行动计划和社会工作专业人才服务贫困地区计划；着力打造扶贫公益品牌。2016 年 3 月，民政部把“发展社会工作，助力扶贫济困”作为第十个“国际社工日”的宣传主题，在全国范围内组织开展宣传活动，并在活动期间举办了“专业社会工作与扶贫攻坚专题研讨会”，就专业社会工作在扶贫攻坚中的角色与作用、方向与路径、模式与机制等进行了研讨。

2016 年 11 月，《国务院关于印发“十三五”脱贫攻坚规划的通知》明确指出：要进一步发挥社会工作专业人才和志愿者扶贫作用。制定出台支持专业社会工作和志愿服务力量参与脱贫攻坚专项政策；实施社会工作专业人才服务贫困地区系列行动计划；鼓励发达地区社会工作专业人才和社会工作服务机构组建专业服务团队、兴办社会工作服务机构，为贫困地区培养和选派社会工作专业人才；实施脱贫攻坚志愿服务行动计划；鼓励支持青年学生、专业技术人员、退休人员和社会各界人士参与扶贫志愿者行动；充分发挥中国志愿服务联合会、中华志愿者协会、中国青年志愿者协会、中国志愿服务基金会和中国扶贫志愿服务促进会等志愿服务行业组织的作用，构建扶贫志愿者服务网络。2016 年 12 月，《关于进一步加强东西部扶贫协作工作的指导意见》指出，扶贫工作要动员社会参与，即帮扶省市要鼓励支持本行政区域内民营企业、社会组织、公民个人积极参与东西部扶贫协作和对口支援；充分利用全国扶贫日和中国社会扶贫网等平台，组织社会各界到西部地区开展捐资助学、慈善公益医疗救助、支医支教、社会工作和志愿服务等扶贫活动；实施社会工作专业人才服务贫困地区计划和扶贫志愿者行动计划，支持东部地区社会工作机构、志愿服务组织、社会工作者和志愿者结对帮扶西部贫困地区，为西部地区提供专业人才和服务保障；注重发挥军队和武警部队在西部贫困地区脱贫攻坚中的优势和积极作用，因地制宜做好帮扶工作；积极组织民营企业参与“万企帮万村”精准扶贫行动，与被帮扶地区贫困村开展结对帮扶。

2017 年，《民政部 财政部 国务院扶贫办关于支持社会工作专业力量参与扶贫攻坚的指导意见》明确提出，打赢脱贫攻坚战需要社会各方面力量的参与。社会工作专业人才是为贫困群众提供心理疏导、精神关爱、关系调适、能力提升等社会服务的新兴力量，在帮助贫困群众转变思想观念、树立自我脱贫信心、拓宽致富路径、提升自我脱贫能力等方面可以发挥积极作用。党中央、国务院十分重视社会工作专业人才服务贫困地区工作,《中共中央 国务院关于打赢脱贫攻坚战的决定》《中华人民共和国国民经济和社会发展第十三个五年规划纲要》《国务院关于印发"十三五"脱贫攻坚规划的通知》对实施社会工作专业人才服务贫困地区计划、支持专业社会工作和志愿服务力量参与脱贫攻坚提出了明确的要求。

2018 年,《中共中央 国务院关于打赢脱贫攻坚战三年行动的指导意见》指出:要激励各类企业、社会组织扶贫,即实施社会工作"专业人才服务三区计划""服务机构牵手计划""教育对口扶贫计划",为贫困人口提供生计发展、能力提升、心理支持等专业服务;加强对社会组织扶贫的引导和管理,优化环境、整合力量、创新方式,提高扶贫效能;落实社会扶贫资金所得税税前扣除政策。该文件还提出,要大力开展扶贫志愿服务活动,即动员组织各类志愿服务团队、社会各界爱心人士开展扶贫志愿服务;实施社会工作专业人才服务贫困地区系列行动计划,支持引导专业社会工作和志愿服务力量积极参与精准扶贫;推进扶贫志愿服务制度化,建立扶贫志愿服务人员库,鼓励国家机关、企事业单位、人民团体、社会组织等组建常态化、专业化服务团队;制定落实扶贫志愿服务支持政策。

2019 年,《民政部办公厅关于印发〈2019 年中央财政支持社会组织参与社会服务项目实施方案〉的通知》下发,附件中指出中央财政拟资助社会组织开展社会工作服务活动,即以社会救助对象、城市流动人口、农村留守人员、老年人、儿童青少年、残疾人、社区矫正人员、优抚对象和受灾群众等特殊群体为重点服务对象,针对需求提供包括矛盾调处、人文关怀、心理疏导、行为矫治、关系调适等在内的社会工作专业服务项目。

伴随着国家层面社会工作反贫困政策的出台，地方纷纷制定出一系列反贫困政策，重视社会工作在脱贫攻坚阶段的作用，不断激励社会工作在参与减贫与发展中发挥专业力量；将社会工作与扶贫紧密联系起来，不断尝试运用社会工作力量提高贫困群众的内生动力，促进其主体性的生成。

第二节　反贫困社会工作政策的目标

社会工作是以利他主义为指导，以科学的知识为基础，运用科学的方法助人的服务活动；社会工作专业人才是掌握一定社会工作专业知识和技能的专业服务提供者。社会工作在解决贫困问题中发挥着重要的作用，能够为我国当前正在开展的脱贫攻坚工作提供更多的专业人才和专业技能。反贫困社会工作政策的根本目标是关注贫困群众的实际需求、提升贫困群众的内生动力、加强贫困群众的能力建设等。

一、关注贫困群众的现实需求

关注贫困群众的现实需求，其目的就是要通过“精准识别”实施“精准帮扶”。社会工作凭借自身专业优势，积极参与“精准识别”工作，通过“精准识别”实现“精准施策”的目标，最大限度地关注到贫困群众的需求。

首先，满足贫困群众的生存需求。贫困群众的基本需求主要体现在衣、食、住、行等方面。《中国农村扶贫开发纲要（2011—2020年）》提出，到2020年我国扶贫开发的总体目标是，稳定实现扶贫对象不愁吃、不愁穿，保障其义务教育、基本医疗和住房。2015 年 11 月召开的中央扶贫开发工作会议强调，“十三五”期间脱贫攻坚的目标是，到 2020 年稳定实现农村贫困人口不愁吃、不愁穿，农村贫困人口义务教育、基本医疗、住房安全有保障；同时实现贫困地区农民人均可支配收入增长幅度高于全国平均水平、基本公共服务主要领域指标接近全国平均水平。反贫困社会工作坚持以人为本、精准服务，科学评估贫困群众需求，分类制定个性化帮扶方案，有效配置扶贫资源，灵活选择服务方式，开展有针对性的个案服务、团体服务和社区服务，助力精准扶贫、精准脱贫。

其次，解决贫困群众的精神问题。贫困是多维的，既表现为物质、经济方面的贫困，也表现为精神、文化方面的贫困。有些贫困群众“等靠要”思想严重，过度依赖扶贫资源，或思想观念落后，不信、不敢脱贫。这些贫困群体的精神贫困问题较为突出，这不仅会影响脱贫目标的实现，也埋下了返贫乃至贫困代际传递的隐患。因此，解决精神贫困是提升脱贫攻坚质量、推进全面建成小康社会的关键。“扶贫先扶志，治贫先治愚”，社会工作者在扶贫实践中注重贫困群众的心理、精神支持和价值、能力提升，运用“助人自助”和“优势视角”理论，为贫困群众提供精神康复、心理疏导、人文关怀等方面的服务，通过团体辅导与治疗和个案辅导等方法，鼓励贫困群众转变观念，改变精神面貌，以乐观正面的态度面对困境，增强主动脱贫意识，提高参与扶贫的积极性与主动性，有效解决精神贫困问题。

二、提升贫困群众的内生动力

提高贫困群众的内生动力是摆脱贫困的关键。社会工作在关注贫困群众基本需求的同时，尤其重视贫困群众的内生动力问题。一方面，社会工作参与脱贫攻坚能够有效调动贫困群众脱贫的主动性。社会工作者与贫困群众建立专业服务关系，可以为贫困户及其家庭成员精准把脉，准确评估贫困群众的致贫原因，发掘贫困群众自身的内生力量，鼓励其积极投身到生产中去，改变贫困状况，提高生活水平。社会工作善用扶贫资源，引导贫困群众主动参与脱贫，变“消极性贫困救助”为“积极性贫困救助”，变“输血型”扶贫为“造血型”扶贫。另一方面，社会工作参与脱贫攻坚，能够提升贫困群众脱贫的积极性。中共中央、国务院在《乡村振兴战略规划（2018—2022 年）》中明确指出，要巩固脱贫攻坚成果，注重扶志扶智，引导贫困群众克服“等靠要”思想，逐步消除精神贫困。参与式扶贫能够有效激发贫困群众的积极性。参与式扶贫是指在扶贫项目的设计、规划、实施、监管和验收过程中，充分吸纳贫困群众参与其中，尊重贫困群众的主体意志，根据贫困群众的需求，选取适宜的扶贫方式。参与式扶贫改变了传统的“自上而下”的决策模式和行动模式，将贫困群众视作帮扶主体，在帮扶的过程中发挥贫困群众的主观能动性。社会工作重视贫困群众的参与，通过专业方法和手段调动贫困群众的积极性，提高贫困群众的参与度。一是通过个案工作的方式，帮助贫困群众认识自身的优势和潜能，调动贫困群众参与脱贫的积极性；二是运用小组工作、社区工作等方法，以团体合作、互助、互惠的方式，帮助贫困群众理性分析现状，合理规划未来，激发贫困群众参与发展的积极性。

三、加强贫困群众的能力建设

能力建设强调通过提升发展能力，摆脱对外界的依赖，实现内源发展。

能力建设是促进贫困群众实现独立发展的重要路径。贫困群众的能力建设主要体现在培育可行能力、积累人力资本两方面。阿马蒂亚·森认为，贫困必须被视为基本可行能力的被剥夺，而不仅仅是收入低下。① 舒尔茨认为，贫困的根源在于人力资本的质量较低，要摆脱贫困，必须提高人口质量，增强知识技能，提高人口素质。② 因此，社会工作必须综合运用文化扶贫、教育扶贫、就业扶贫等多种路径，提升贫困人口的可行能力和人力资本质量，并将能力培养与脱贫致富结合起来。贫困人口的参与能力也是能力建设的重要内容，社会工作应通过"赋权"，推动贫困人口参与到反贫困项目制定、实施和评估的过程中来，提升贫困人口的主体意识和话语地位，实现共建共享。

社会工作注重挖掘与培养贫困群众的能力，发展贫困群众的内在潜力，将依托行政强制的外部支持转化为依托贫困地区及贫困人口的自主发展。社会工作通过有针对性地开展个案工作、小组工作以及社区工作等专业服务活动，帮助贫困群众转变思想观念，发掘自身潜能，消除救助依赖心理。同时，社会工作者可以帮助贫困群众学会谋生技能，发展生计项目，并利用团体辅导等方法对贫困群众进行职业技能培训和脱贫创业知识讲授，培养其脱贫致富意识和抗风险意识，提高其自我发展能力，最终实现贫困群众的自主脱贫。

---

① ［印］阿马蒂亚·森：《以自由看待发展》，任赜、于真译，中国人民大学出版社 2002 年版，第 85 页。

② Theodore W. Schultz, "Investment in Human Capital", *American Economic Review*, 1961(1).

第三节　反贫困社会工作政策的主要内容

社会工作不断地回应社会问题和社会需求，社会工作队伍逐渐壮大，社会工作政策和法规体系也在这个发展过程中逐渐形成，有了更多且更丰富的内容。总体来说，改革开放以来，社会工作政策的发展呈现出从无到有、从宽泛到精细、从综合到专项的发展规律。① 2017 年，《民政部 财政部 国务院扶贫办关于支持社会工作专业力量参与脱贫攻坚的指导意见》明确了反贫困社会工作政策的主要内容，现将该文件的主要精神摘录如下。

一、总体要求

支持社会工作专业力量参与脱贫攻坚工作，要坚持党政引领、协同推进，将发展专业社会工作纳入当地党委政府关于脱贫攻坚的总体安排中，同其他扶贫工作一同部署、协同推进；坚持以人为本、精准服务，科学评估贫困群众服务需求，分类制定个性化扶贫方案，有效配置扶贫资源，灵活选择服务方式，开展有针对性的个案服务，助力精准扶贫、精准脱贫；坚持东西协作、广泛参与，充分发挥东部发达地区社会工作专业人才、资源优势，采用定点帮扶、对口支援、结对共建等方式帮助西部贫困地区发展壮大社会工作专业力量，开展专业社会工作服务；坚持群众主体、助人自助，发挥社会工作专业人才组织协调、资源链接、宣传倡导的优势，激发贫困群众的内生动力，帮助贫困群

① 李迎生、李冰：《走向系统：近十年来中国社会工作政策发展的轨迹》，载《社会科学》2016 年第 12 期。

众建立健全社会支持系统，支持贫困群众提升自我脱贫、自我发展能力。

二、明确社会工作专业力量参与脱贫攻坚的服务内容

社会工作专业力量要在贫困地区党委政府领导下，围绕脱贫攻坚的实际需求，重点开展以下服务。

其一，参与贫困群众救助帮扶。配合社会救助经办机构对贫困群众开展需求评估、分析致贫原因、制定救助方案，促进救助对象的精准识别和精准管理，推动贫困群众服务需求与扶贫资源精准对接。为社会救助对象提供心理疏导、社会融入、团体互助、宣传倡导等服务，推动健全物质资金帮扶与心理社会支持相结合、基本救助服务与专业化个性化服务相补充的新型社会救助模式。

其二，参与贫困群众脱贫能力建设。配合相关部门、会同相关社会力量帮助有劳动能力的贫困群众转变思想观念，增强脱贫信心和内生动力，促进其发挥潜能、提升技能、互帮互助、积极就业创业，通过增加稳定收入脱贫致富。

其三，促进易地搬迁贫困群众融合适应。帮助因自然条件恶劣需易地搬迁的贫困群众疏导不良情绪，加强关系调适，联系就业资源，发展自助互助组织，重构社会支持网络，促进其更好地融入新的社区生活。

其四，参与贫困地区留守儿童关爱保护。联合相关部门、会同相关力量开展贫困村留守儿童及家庭的监护随访、调查评估、监护指导等工作，督促指导农村留守儿童家庭承担监护主体责任。以困境儿童为重点，开展成长辅导、法制宣教、临界预防、行为矫正、社交指导、情绪疏导等服务。配合学

校和社区做好适龄儿童“控辍保学”工作和成长关爱服务。

其五，针对其他特殊困难人群开展关爱服务。为贫困地区特殊困难老年人提供精神慰藉、生活照顾、权益保障、临终关怀等服务。为贫困地区特殊困难妇女提供精神减压、心理支持、亲职辅导、权益维护等服务。对贫困地区有不良行为的青少年、社区服刑人员、刑满释放人员等特殊人群强化心理社会支持，帮助其改善家庭和社区关系，恢复和发展社会功能。

三、扶持壮大贫困地区社会工作专业力量

其一，支持贫困地区加强社会工作专业人才队伍建设。各级民政部门和扶贫部门要将贫困地区社会工作专业人才队伍建设纳入部门的议事日程，在有关培训中加入社会工作专业课程。贫困地区民政部门要加快本地社会工作专业人才的培养，将社会服务部门、基层群众性自治组织、农村社区服务机构、基层群团组织、相关事业单位和社会组织中从事社会管理与服务工作的人员纳入社会工作专业培训范围。鼓励符合条件的人员参加全国社会工作者职业水平考试和接受社会工作学历学位教育，着力提升应用社会工作专业理念、知识与方法开展扶贫工作的能力。各地要通过合理开发公益性岗位、机构派驻、挂职锻炼、对口援建、城乡共建等方式，支持贫困地区引进社会工作专业人才开展服务。

其二，支持贫困地区加强社会工作组织建设。发挥中国社会工作联合会、中国社会工作教育协会、中国社会工作学会等全国性社会团体和各省级社会工作领域社会组织的枢纽作用，促进贫困地区社会工作领域社会组织发展。加快贫困地区社会工作服务机构发展，鼓励社会工作领域社会团体、

志愿服务组织、公益慈善类社会组织、企事业单位和个人通过对口援建、项目合作、定向帮扶、捐资创办等方式扶持发展一批面向贫困地区的社会工作服务机构，依托乡(镇)社会救助站、综合服务设施等建设一批社会工作服务站点。

四、支持实施社会工作专业力量参与脱贫攻坚重点项目

其一，实施社会工作教育对口扶贫计划。发挥中国社会工作教育协会的推动作用，支持和鼓励高校社会工作专业院系与贫困地区合作建立社会工作专业培训、教师实践和学生实习实训基地，帮助贫困地区培养社会工作专业人才。支持高校社会工作专业教师到贫困地区开展专业督导，引导社会工作专业在校生到贫困地区进行社会实践。支持鼓励社会工作专业毕业生到贫困地区就业。到2020年，促成至少200所高校与贫困县建立社会工作专业培训、教师实践和学生实习实训基地。

其二，实施社会工作服务机构“牵手计划”。从2017年到2020年，从发达地区共选择300家管理规范、服务专业、公信力强的社会工作服务机构，与贫困地区社会工作服务机构、儿童福利机构、老年人福利机构、救助保护机构、特困人员救助供养服务机构、优抚安置服务机构、残疾人福利与服务机构、农村社区儿童之家等开展结对帮扶，通过人才支持、项目支持、督导支持、培训支持等方式，将受援机构的社会工作服务水平提升到一个新高度。

其三，实施社会工作专业人才服务边远贫困地区、边疆民族地区和革命老区计划。按照《边远贫困地区、边疆民族地区和革命老区人才支持计划社会工作专业人才专项计划实施方案》(民发〔2012〕170号)规定程序和经费安

排，从 2017 年到 2020 年由中央财政和省级财政继续支持，每年选派 1 000 名社会工作专业人才，深入中西部艰苦贫困地区，扎根贫困村开展社会工作服务。

其四，实施面向贫困地区的社会工作服务示范项目。积极利用各渠道资金，每年支持实施一批农村特殊困难群体救助帮扶示范项目，重点为因灾、因残、因病等陷入贫困、失去生活来源的扶贫对象提供生计发展服务；支持实施一批农村留守儿童、困境儿童社会关爱示范项目，重点为贫困地区儿童提供成长支持、精神关爱和社会保护服务；支持实施一批农村特殊困难老年人社会工作服务示范项目，重点为特困老年人和空巢、失独、病残、失能老年人开展生活照护、社会参与、生命关怀、精神慰藉等服务。

五、加强反贫困社会工作的组织保障

首先，加强组织领导。民政、财政、扶贫等部门要加强沟通，密切合作，共同协商研究解决重点、难点问题。各级民政部门要发挥好统筹推进社会工作发展的职能作用，牵头研究制定具体实施意见，进一步加强广大贫困地区社会工作专业人才、组织和平台建设，支持和引导社会工作专业力量参与实施脱贫攻坚项目、开展扶贫济困服务，为到贫困地区开展服务的社会工作专业力量解决实际困难、提供必要保障。各级财政部门要充分发挥政府购买服务的作用，完善社会工作服务成本核算制度，为社会工作专业力量参与脱贫攻坚提供支持。以财政资金为牵引，引导整合各类慈善资金、社会资金投入扶贫社会服务。各级扶贫部门要加强宏观指导和统筹协调，将社会工作专业力量参与脱贫攻坚纳入总体工作部署，并会同民政部门按照《关于进一步加强东西部扶贫协作工作的指导意见》(中办发〔2016〕69号)要求,将社会工作专业力量参与脱贫攻坚纳入国家东西部协作扶贫和对口支援工作范围。鼓励各地各有关部门将社会工作专业力量参与脱贫攻坚列入经济强县(市)与贫困县"携手奔小康"行动任务中。

其次,加强服务协同。建立健全社会工作专业人才和志愿者协作扶贫机制,充分发挥社会工作专业人才在志愿者招募、注册、培训、管理等方面的作用,发动和组织志愿者有序开展扶贫志愿服务,加快孵化培育扶贫志愿服务组织,通过购买服务、公益创投等方式支持志愿服务组织实施扶贫志愿服务项目。支持贫困地区建立健全农村社区、社会组织和社会工作联动机制,加快形成社会工作专业力量协同参与脱贫攻坚格局。将社会工作专业力量作为慈善资源的有力补充,鼓励在慈善扶贫社会组织和服务项目中吸纳使用社会工作专业人才。

再次,加强激励保障。对在脱贫攻坚中做出重要贡献、成绩显著的社会工作专业人才和机构根据国家有关规定给予奖励,将表现优异、贡献突出的社会工作专业人才纳入国家和地方脱贫攻坚表彰范围。鼓励有条件的企业、社会组织和个人依法设立社会工作扶持奖励基金,对在脱贫攻坚中有突出贡献的社会工作专业人才和机构进行奖励。对到贫困地区开展服务、带动贫困群众就业增收的社会工作组织,严格落实税收减免等相关支持政策。对自愿长期留在贫困地区工作的优秀社会工作专业人才,当地民政和扶贫部门要根据有关政策协助其解决住房、子女就学、配偶就业等事宜。

最后,加强宣传引导。充分利用各类媒体,多渠道、多角度宣传社会工作专业力量助力脱贫攻坚的典型案例和先进事迹,不断激发社会工作专业力量服务贫困地区的热情，努力营造关心、支持社会工作专业力量助力脱贫攻坚的浓厚社会氛围。引导贫困地区的群众有困难找社会工作者，形成“社会工作者＋贫困群众＋非贫困群众”的协作互助局面。

2017 年 7 月，民政部、教育部、财政部、共青团中央、全国妇联联合印发了《关于在农村留守儿童关爱保护中发挥社会工作专业人才作用的指导意见》，该文件指出，社会工作专业人才是开展农村留守儿童关爱保护的新兴力量，在回应农村留守儿童心理社会服务需求、促进农村留守儿童全面健康成长中具有积极作用。该文件还明确了社会工作专业人才在农村留守儿童关爱保护中的主要任务，即协助做好救助保护工作、配合开展家庭教育指导和积极开展社会关爱服务。除此之外，党和政府在其他群体需求层面亦不断强化社会工作力量的支持，这为反贫困社会工作在贫困地区发挥专业作用提供了强有力的组织保障。

第四节　反贫困社会工作政策的效果

随着全面建成小康社会到全面深化改革、社会建设到社会治理等一系列国家战略的提出，党和政府越来越认识到社会工作在应对社会转型问题与实现这些战略任务中的独特优势和可能贡献。[①] 当前，我国贫困“存量”与“增量”的严峻形势及行政动员式反贫困存在各种先天性不足，社会工作等

① 冯元、彭华民：《中国社会工作政策发展的背景、动力与价值》，载《中州学刊》2016 年第 1 期。

力量介入反贫困实践变得十分必要与迫切。[①] 反贫困社会工作政策为社会工作参与脱贫攻坚工作提供了指导和依据,取得了显著的效果。

一、为社会工作反贫困行动提供指引

以反贫困社会工作政策为行动依据,社会工作参与反贫困有了明确的方向和目标,有了明晰的任务和内容,社会工作力量在反贫困领域扮演着越来越重要的角色,发挥着越来越重要的作用。

一方面,反贫困社会工作政策拓展了社会工作反贫困行动的可及性。可及性指涉反贫困社会工作介入服务与扶贫对象之间的匹配程度,具体包括以下几个方面:一是时空可及性,又称可接近性,即扶贫对象能够及时而方便地获取社工服务;二是经济可及性,又称可承受性,即扶贫对象可以最小化地承担社工服务的经济成本,乃至免费享受相关服务;三是内容可及性,又称可获得性,即所供给的社工服务符合扶贫对象的需求量和脱贫要求;四是方式可及性,又称可适合性,即扶贫对象适应并认可社工服务的供给方式;五是结果可及性,又称可满意性,即扶贫对象在参与社会工作的反贫困介入服务中,对自身脱贫能力的提升和生存境况的改善感到满意。就供给方而言,制度环境、资源配置、财税支持、服务能力、供给流程等因素都会影响社会工作介入反贫困服务的可及性。就需求方而言,可及性的影响因素主要表现为扶贫对象的个人特征(如受教育程度、对社会工作服务的认

① 李迎生、郭燕:《推动社会工作精准介入反贫困实践》,载《中国人民大学学报》2018 年第 5 期。

识和态度)及其所处的社会文化环境。

另一方面,反贫困社会工作政策完善了反贫困行动的服务体系。反贫困社会工作政策是衡量社会工作实际介入扶贫行动服务成效的重要依据。反贫困社会工作在找准角色定位、发挥比较优势、正视实践困境的同时,需要推动自身的服务体系精细化发展,全面提高服务的专业化水平。第一,在实现反贫困服务的可接近性方面,通过加强顶层设计,完善社会工作介入反贫困的具体制度建设,从国家发展战略和整体规划层面,推动本土化的专业社会工作者和在地化的专业社会工作机构均衡分布、深入基层、持续服务。第二,在实现反贫困服务的可承受性方面,通过完善财税支持政策,设立专项发展基金,在加大政府购买相关服务项目力度的同时,开拓社会捐赠、公益创投、网络众筹、社会企业资助等替代性经济来源,以保障公益性原则。第三,在实现反贫困服务的可获得性方面,通过加强能力建设,提升社会工作者的专业水平和职业技能,打造社工机构的规范治理结构和服务网络品牌,开展一系列"接地气"的介入活动,以满足扶贫对象的实际脱贫需求。第四,在实现反贫困服务的可适合性方面,通过创新服务供给模式和策略,在加大舆论宣传力度、提高扶贫对象对社会工作承认度的同时,培养社会工作者的文化敏感性,推动社区为本的社会工作扶贫模式,促进扶贫对象在社区参与中提升自身的脱贫能力。第五,在实现反贫困服务的可满意性方面,通过加强质量监控、评估与反馈,在健全政府对社会工作反贫困服务的监管制度、加强社会工作行业组织的自律约束的同时,完善社会监督机制,引入第三方监督评估制度,提高扶贫对象的满意度。

二、为农村社会工作反贫困事业做出谋划

反贫困社会工作政策不仅关注社会工作介入扶贫对象的脱贫问题，还重视社会工作在反贫困事业中的发展，反贫困社会工作政策为社会工作参与反贫困事业做出了规划和部署。

首先，推动了农村反贫困社会工作队伍建设。在相关政策的指导和支持下，高校社会工作专业团队积极开展贫困地区社会组织和社会工作机构的能力建设，通过培训、交流、实习等方式培育当地社会工作力量，培养了一批在地化的社会工作机构和本土社会工作人才；各地政府积极吸引当地户籍、学习社会工作专业的学生毕业之后回乡发展，培育本土社会工作的师资力量，解决贫困地区社会工作力量薄弱的问题。反贫困社会工作还通过开发公益性岗位、机构派驻、挂职锻炼、对口援建、城乡共建等方式，支持贫困地区引进社会工作专业人才开展服务；通过对口援建、项目合作、定向帮扶、捐资创办等方式扶持发展一批面向贫困地区的社会工作服务机构，依托乡(镇)社会救助站、综合服务设施等建设一批社会工作服务站点。

其次，构建了贫困群众社会支持系统。社会工作参与脱贫攻坚以来，实施了一系列特殊困难群体救助帮扶项目，为因灾、因残、因病等陷入贫困、失去生活来源的扶贫对象提供生计发展服务；为贫困地区儿童提供成长支持、精神关爱和社会保护服务；为特困老年人和空巢、失独、病残、失能老年人开展生活照护、社会参与、生命关怀、精神慰藉等服务，建立健全了以基本权利保障为基础，帮扶广覆盖、低成本、高效率的社会支持系统，促进了精准扶贫与社会保障、社会服务的有效衔接。

三、为脱贫攻坚事业注入专业力量

反贫困社会工作政策为社会工作介入脱贫攻坚事业提供了政策依据，为脱贫攻坚事业注入了专业力量。

其一，发展性社会工作对脱贫攻坚具有重要意义。发展性社会工作以行动与变迁为取向，以生产性活动和社会投资策略为核心，通过有利于经济社会发展的社会工作实践，提升整体性社会福利。[①] 贫困问题的解决需要社会工作的参与，在发展性社会工作的指导下，我国反贫困领域的社会工作以整合社会发展和经济发展为目标，以社区为基本介入单元，以多重社会工作干预联动为方法，以能力提升和可持续生计为策略，不断提高贫困地区及贫困人口的反贫困能力，取得了显著的成效。

其二，创新性工作方法对脱贫攻坚产生积极影响。社会工作在反贫困实践中，探索出了一系列创新性的工作方法。社会工作重视对问题的评估，依据评估结果，制定合适的服务方案，运用专业的工作手法和技巧开展服务，通过跟踪反馈机制落实服务效果，确保实现服务目标。社会工作通过制定有针对性的服务方案，灵活运用小组工作、个案工作、社区工作等专业方法，辅助以个案辅导、团体技巧、社会资源调动、咨询、培训等多样化的介入技巧，为贫困人口提供适切服务；社会工作能够广泛地动员社会力量，为贫困人口链接社会资源，建立关系网络，建构社会支持系统；社会工作还可以依据专业方法为贫困对象提供有针对性的服务与帮助，开发其潜在能力，增

① 向德平、程玲：《发展性社会工作的脉络、特点及其在反贫困中的运用》，载《西北师大学报(社会科学版)》2019 年第 2 期。

强其自我发展能力，帮助他们缓解贫困、摆脱贫困。

其三，多元化介入途径对脱贫攻坚发挥显著效用。社会工作是参与脱贫攻坚事业的重要力量，是构建政府、市场和社会共同参与、协同推进的大扶贫格局的重要组成部分。社会工作能够整合内外资源、联动多方力量、协调扶贫方法、统筹减贫能力。社会工作还可以与其他扶贫主体优势互补、资源共筹，充分发挥系统、综合的减贫效应。介入途径的丰富和优化为社会工作更好地在减贫领域发挥作用提供了机会与途径，社会工作通过多元化渠道介入脱贫攻坚，不仅提高了反贫困工作的专业化能力和专业化水平，而且提升了政府、市场和社会组织减贫的效率与效益。

社会工作介入是社会力量参与精准扶贫实践的重要组成部分，社会工作参与是社会化扶贫、合作型扶贫的内在要求和必然产物。

主要参考文献

一、中文文献

(一) 著作类

［1］ 向德平，黄承伟. 中国反贫困发展报告(2012)[M]. 武汉：华中科技大学出版社，2013.

［2］ 王思斌. 社会工作概论[M]. 2 版. 北京：高等教育出版社，2006.

［3］ 郑杭生. 社会学概论新修[M]. 3 版. 北京：中国人民大学出版社，2003.

［4］ 全国社会工作者职业水平考试教材编写组. 社会工作实务(中级)[M]. 北京：中国社会出版社，2014.

[5] 张帆. 现代性语境中的贫困与反贫困[M]. 北京：人民出版社，2009.

[6] [美]詹姆斯·N. 罗西瑙. 没有政府的治理[M]. 张胜军，刘小林，等译. 南昌：江西人民出版社，2001.

[7] [美]奥利弗·E. 威廉森. 治理机制[M]. 王健，方世建，等译. 北京：中国社会科学出版社，2001.

[8] [日]青木昌彦. 比较制度分析[M]. 周黎安，译. 上海：上海远东出版社，2001.

[9] 毛寿龙，李梅，陈幽泓. 西方政府的治道变革[M]. 北京：中国人民大学出版社，1998.

[10] 俞可平. 治理与善治[M]. 北京：社会科学文献出版社，2000.

[11] 中共中央党史和文献研究院. 习近平扶贫论述摘编[M]. 北京：中央文献出版社，2018.

[12] 世界银行. 2000/2001 年世界发展报告：与贫困作斗争[M]. 北京：中国财政经济出版社，2001.

[13] 向德平，黄承伟. 减贫与发展[M]. 北京：社会科学文献出版社，2016.

[14] 高鉴国. 社区工作[M]. 济南：山东人民出版社，2013.

[15] 文军. 西方社会工作理论[M]. 北京：高等教育出版社，2013.

[16] 陈成文. 社会弱者论[M]. 北京：时事出版社，2000.

[17] [德]马克思. 资本论(第一卷)[M]. 中共中央马克思恩格斯列宁斯大林著作编译局，译. 北京：人民出版社，2004.

[18] [美]约翰·杜威. 确定性的寻求：关于知行关系的研究[M]. 傅统先，译. 上海：上海人民出版社，2004.

[19] 许莉娅. 个案工作[M]. 北京：高等教育出版社，2004.

[20] 黄维宪，曾华源，王慧君. 社会个案工作[M]. 台北：五南图书出版公司，1995.

[21] 李迎生. 社会工作概论[M]. 2 版. 北京：中国人民大学出版社，2010.

[22] 李增禄. 社会工作概论[M]. 台北：巨流图书公司. 1995.

[23] 金耀基. 从传统到现代[M]. 北京：中国人民大学出版社，1999.

[24] [印] 阿马蒂亚 · 森. 贫困与饥荒[M]. 王宇，王文玉，译. 北京：商务印书馆，2001.

[25] 关怀. 劳动法[M]. 北京：中国人民大学出版社，2001.

[26] 王思斌. 社会工作导论[M]. 北京：北京大学出版社，2011.

[27] 朱眉华，文军. 社会工作实务手册[M]. 北京：社会科学文献出版社，2006.

[28] 全国社会工作者职业水平考试教材编写组. 社会工作综合能力(中级)[M]. 北京：中国社会出版社，2015.

[29] [美] 莱斯特 · M. 萨拉蒙. 公共服务中的伙伴——现代福利国家中政府与非营利组织的关系[M]. 田凯，译. 北京：商务印书馆，2008.

[30] 古学斌. 幸福像花一样：一份中国农村文化、妇女与发展的实践记录[M]. 北京：北京大学出版社，2014.

[31] 李迎生. 社会工作概论[M]. 2 版. 北京：中国人民大学出版社，2010.

[32] 甘炳光，梁祖彬，陈丽云，等. 社区工作：理论与实践[M]. 香港：香港中文大学出版社，1994.

[33] 王思斌. 社会工作导论[M]. 北京：高等教育出版社，2004.

[34] 王思斌. 社会工作概论[M]. 3 版. 北京：高等教育出版社，2014.

[35] 向德平，黄承伟. 中国反贫困发展报告(2016)——社会组织参与扶贫专题[M]. 武汉：华中科技大学出版社，2016.

[36] 向德平，金旖. 社会工作介入减贫的实践与探索[M]//向德平，邹文开. 回顾 反思 展望——中国社会工作辉煌发展的十年(2006—2016). 北京：中国社会出版社，2016.

[37] 时立荣. 社会工作行政[M]. 北京：中国人民大学出版社，2015.

[38] 全国社会工作者职业水平考试教材编写组. 社会工作综合能力(中级)[M]. 北京：中国社会出版社，2018.

[39] 顾东辉. 社会工作评估[M]. 北京：高等教育出版社，2009.

[40] 国务院贫困地区经济开发领导小组办公室. 中国贫困地区经济开发概要[M]. 北京：农业出版社，1989.

[41] [印] 阿马蒂亚·森. 以自由看待发展[M]. 任赜，于真，译. 北京：中国人民大学出版社，2002.

[42] 董云芳. 个案工作[M]. 济南：山东人民出版社，2012.

[43] [英] 马尔科姆·派恩. 现代社会工作理论[M]. 3 版. 冯亚丽，叶鹏飞，译. 北京：中国人民大学出版社，2008.

[44] 何雪松. 社会工作理论[M]. 上海：上海人民出版社，2007.

[45] 童敏. 社会工作理论：历史环境下社会服务实践者的声音和智慧[M]. 北京：社会科学文献出版社，2019.

[46] [英] Barbra Teater. 社会工作理论与方法[M]. 余潇，刘艳霞，黄玺，译. 上海：华东理工大学出版社，2013.

[47] [美] Dennis Saleebey. 优势视角——社会工作实践新模式[M]. 李亚文,杜立婕,译. 上海：华东理工大学出版社,2004.

[48] [英] Lena Dominelli. 女性主义社会工作：理论与实务[M]. 王瑞鸿,张宇莲,李太斌,译. 上海：华东理工大学出版社,2014.

[49] [美] 林南. 社会资本：关于社会结构与行动的理论[M]. 张磊,译. 北京：社会科学文献出版社,2020.

[50] [美] 查尔斯·H. 扎斯特罗,等. 社会工作实务：应用与提高[M]. 7版. 晏凤鸣,译. 北京：中国人民大学出版社,2005.

[51] 吕学静. 日本社会保障制度[M]. 北京：经济管理出版社,2000.

[52] 康晓光. 中国贫困与反贫困理论[M]. 南宁：广西人民出版社,1995.

(二) 期刊类

[1] 高飞,向德平. 专业社会工作参与精准扶贫的可能性与可及性[J]. 社会工作,2016(3)：17-24,124.

[2] 刘继同. 英美社会工作实务范围内容演变与现代社工实务概念框架建构[J]. 社会工作,2013(3)：3-15,150-151.

[3] 张和清,杨锡聪,古学斌. 优势视角下的农村社会工作——以能力建设和资产建立为核心的农村社会工作实践模式[J]. 社会学研究,2008(6)：174-193,246.

[4] 王思斌. 积极发展农村社会工作[J]. 中国社会工作,2015(7)：61.

[5] 向德平,姚霞. 社会工作介入我国反贫困实践的空间与途径[J]. 教学与研究,2009(6)：22-26.

[6] 姚霞. 反贫困与社会工作的介入[J]. 社会工作下半月(理论),2009

(7)：24－27.

[7] 向德平，华汛子，金旖. 视角转换与方式创新：减贫社会工作的本土实践[J]. 社会工作与管理，2017(6)：5－11，18.

[8] 田凯. 中国的非营利部门与城市反贫困治理[J]. 学术探索，2004(3)：38－40.

[9] 王小林，Sabina Alkire. 中国多维贫困测量：估计和政策含义[J]. 中国农村经济，2009(12)：4－10.

[10] 刘敏. NGO 与贫困治理：以香港为例[J]. 兰州学刊，2008(8)：73－76.

[11] 彭华民，黄叶青. 福利多元主义：福利提供从国家到多元部门的转型[J]. 南开学报(哲学社会科学版)，2006(6)：40－48.

[12] 徐进. 一个简明述评：福利多元主义与社会保障社会化[J]. 西南石油大学学报(社会科学版). 2019(3)：29－36.

[13] 熊跃根. 转型经济国家中的"第三部门"发展：对中国现实的解释[J]. 社会学研究，2001(1)：89－100.

[14] 翁士洪，顾丽梅. 治理理论：一种调适的新制度主义理论[J]. 南京社会科学，2013(7)：49－56.

[15] 魏崇辉. 当代中国政治语境下的治理理论研究——一个分析框架构建的尝试[J]. 政治与法律，2009(4)：44－50.

[16] 李龙，任颖. "治理"一词的沿革考略——以语义分析与语用分析为方法[J]. 法制与社会发展，2014(4)：5－27.

[17] 格里・斯托克，华夏风. 作为理论的治理：五个论点[J]. 国际社会科

学杂志(中文版),1999(1):19-30.

[18] 向德平,苏海."社会治理"的理论内涵和实践路径[J].新疆师范大学学报(哲学社会科学版),2014(6):19-25.

[19] 郭建宇,吴国宝.基于不同指标及权重选择的多维贫困测量——以山西省贫困县为例[J].中国农村经济,2012(2):12-20.

[20] 顾东辉.精准扶贫内涵与实务:社会工作视角的初步解读[J].社会工作,2016(5):3-14.

[21] 李迎生,郭燕.推动社会工作精准介入反贫困实践[J].中国人民大学学报,2018(5):92-103.

[22] 陈全功,程蹊.空间贫困及其政策含义[J].贵州社会科学,2010(8):87-92.

[23] 王国敏.农业自然灾害与农村贫困问题研究[J].经济学家,2005(3):55-61.

[24] 周怡.贫困研究:结构解释与文化解释的对垒[J].社会学研究,2002(3):49-63.

[25] 师海玲,范燕宁.社会生态系统理论阐释下的人类行为与社会环境——2004年查尔斯·扎斯特罗关于人类行为与社会环境的新探讨[J].首都师范大学学报(社会科学版),2005(4):94-97.

[26] 韩克庆,郭瑜."福利依赖"是否存在?——中国城市低保制度的一个实证研究[J].社会学研究,2012(2):149-167,244-245.

[27] 牛玉兵.沟通理性应成为农民理性维权的建构基点[J].理论导刊,2011(9):61-63.

[28] 徐烽烽，李放，唐焱. 苏南农户土地承包经营权置换城镇社会保障前后福利变化的模糊评价——基于森的可行能力视角[J]. 中国农村经济，2010(8)：67－79.

[29] 程萍. 社会工作介入农村精准扶贫：阿马蒂亚·森的赋权增能视角[J]. 社会工作，2016(5)：15－23，125.

[30] 王英，谭琳. 赋权增能：中国老年教育的发展与反思[J]. 人口学刊，2011(1)：32－41.

[31] 王思斌. 精准扶贫的社会工作参与——兼论实践型精准扶贫[J]. 社会工作，2016(3)：3－9，123.

[32] 陈树强. 增权：社会工作理论与实践的新视角[J]. 社会学研究，2003(5)：70－83.

[33] 银平均. 社会排斥视角下的中国农村贫困[J]. 思想战线，2007(1)：11－19.

[34] 黄匡时，嘎日达. 社会融合理论研究综述[J]. 新视野，2010(6)：86－88.

[35] 宋月萍，陶椰. 融入与接纳：互动视角下的流动人口社会融合实证研究[J]. 人口研究，2012(3)：38－49.

[36] 陈成文，孙嘉悦. 社会融入：一个概念的社会学意义[J]. 湖南师范大学社会科学学报，2012(6)：66－71.

[37] 丁宇，姜丹. 社会融合的理论类型和政策实践原则[J]. 学习与实践，2019(3)：73－83.

[38] 叶青，苏海. 政策实践与资本重置：贵州易地扶贫搬迁的经验表达

[J]. 中国农业大学学报(社会科学版),2016(5): 64 - 70.

[39] 郑志龙. 社会资本与政府反贫困治理策略[J]. 中国人民大学学报, 2007(6): 58 - 65.

[40] 李玉恒,王艳飞,刘彦随. 我国扶贫开发中社会资本作用机理及效应[J]. 中国科学院院刊,2016(3): 302 - 308.

[41] 周治勇. 社会资本理论视角下的反贫困工作[J]. 改革与开放,2011(18): 150 - 151.

[42] 林闽钢,陶鹏. 中国贫困治理三十年回顾与前瞻[J]. 甘肃行政学院学报,2008(6): 51 - 56.

[43] 李晓红,龙游宇,雷德宇. 论社会资本对经济发展的影响[J]. 南昌大学学报(人文社会科学版),2006(1): 80 - 85.

[44] 陈辞. 社会资本视角下的反贫困瞄准机制研究[J]. 理论月刊,2011(9): 65 - 67.

[45] 周红云. 社会资本: 布迪厄、科尔曼和帕特南的比较[J]. 经济社会体制比较,2003(4): 46 - 53.

[46] 周晔馨,叶静怡. 社会资本在减轻农村贫困中的作用: 文献述评与研究展望[J]. 南方经济,2014(7): 35 - 57.

[47] 杜双燕. 新一轮西部大开发背景下贵州社会扶贫的机遇和挑战[J]. 理论与当代,2011(2): 24 - 28.

[48] 王思斌,夏学銮. 社会工作专题讲座: 第三讲 社会工作的价值体系[J]. 社会工作上半月(实务),2008(3): 42 - 45.

[49] 王思斌. 试论我国社会工作的本土化[J]. 浙江学刊,2001(2):

56 - 61.

[50] 汪三贵,郭子豪.论中国的精准扶贫[J].党政视野,2016(7):44.

[51] 卢成仁.社会工作的源起与基督教公益慈善——以方法和视角的形成为中心[J].华东理工大学学报(社会科学版),2013(1):44 - 52,95.

[52] 黄承伟.激发内生脱贫动力的理论与实践[J].广西民族大学学报(哲学社会科学版),2019(1):44 - 50.

[53] 向德平,程玲.发展性社会工作的脉络、特点及其在反贫困中的运用[J].西北师大学报(社会科学版),2019(2):47 - 52.

[54] 古学斌.道德的重量:论行动研究与社会工作实践[J].中国农业大学学报(社会科学版),2017(3):67 - 78.

[55] 唐任伍.元叙事语境下后小康时代"精神贫困"治理研究[J].贵州省党校报,2019(4):5 - 12.

[56] 程玲,向德平.能力视角下贫困人口内生动力的激发——基于农村反贫困社会工作的实践[J].中国社会工作研究,2018(2):115 - 139.

[57] 关信平.当前我国城市贫困的新特点及社会救助改革的新方向[J].社会科学辑刊,2019(4):81 - 89.

[58] 刘欣.近40年来国内妇女贫困研究综述[J].妇女研究论丛,2015(1):116 - 123.

[59] 蔡生菊.精准扶贫视角下对农村妇女贫困问题的审视与思考[J].社科纵横,2016(12):81 - 84.

[60] 张颖莉,游士兵.贫困脆弱性是否更加女性化?——基于CHNS九省

区 2009 年和 2011 年两轮农村样本数据[J]. 妇女研究论丛，2018(4)：33-43，121.

[61] 邢成举. 村镇工厂与农村女性反贫困研究[J]. 妇女研究论丛，2020(1)：47-55.

[62] 张时飞，唐钧. 中国的贫困儿童：概念与规模[J]. 河海大学学报(哲学社会科学版)，2009(4)：42-46，94.

[63] 孙莹. 我国城市贫困家庭第二代就业问题研究[J]. 青年研究，2005(9).

[64] 冯晓杭，于冬. 城市贫困儿童：问题现状与解决对策[J]. 东北师大学报(哲学社会科学版)，2008(6)：38-43.

[65] 徐静，徐永德. 生命历程理论视域下的老年贫困[J]. 社会学研究，2009(6)：122-144，245.

[66] 林瑜胜."贫困沉淀"与农村老年人反贫困制度构建[J]. 山东社会科学，2019(12)：96-100.

[67] 陈倩文. 我国农村残疾人家庭反贫困经验研究[J]. 当代经济，2019(3)：100-102.

[68] 廖娟. 残疾与贫困：基于收入贫困和多维贫困测量的研究[J]. 人口与发展，2015(1)：68-77.

[69] 孙莹. 社会工作者在我国城市反贫困中的使命和角色[J]. 华东理工大学学报(社会科学版)，2005(1)：29-34.

[70] 杨晶. 社会工作与中国农村减贫：来自湖南省贫困村的证据[J]. 中南财经政法大学研究生学报，2016(1)：15-19.

[71] 王思斌.农村反贫困的制度—能力整合模式刍议——兼论社会工作的参与作用[J].江苏社会科学,2016(3):48-54.

[72] 程胜利.论专业社会工作在城市反贫困中的作用[J].社会工作,2004(2):18-21.

[73] 原会建.专业社会工作介入社会救助的路径与策略[J].人民论坛,2014(35):149-151.

[74] 刘群,韩锋.发展型救助与社会工作介入[J].东岳论丛,2012(6):113-116.

[75] 关信平.社会工作介入社会救助的需求、能力及体制机制分析[J].湖南师范大学社会科学学报,2017(1):32-38.

[76] 杨荣.社会工作介入社会救助:策略与方法[J].苏州大学学报(哲学社会科学版),2014(4):29-34.

[77] 张勇,陈太勇.中国农村贫困社区“六轮驱动”扶贫模式研究——以XMN中国扶贫发展项目为例[J].开发研究,2017(2):23-29.

[78] 席晓丽.社会工作助力精准扶贫的“嵌入”和“浸润”路径[J].贵州社会科学,2018(5):164-168.

[79] 郑瑞强,王英,张春美.扶贫移民适应期生计风险、扶持资源承接与政策优化[J].华中农业大学学报(社会科学版),2015(4):101-106.

[80] 王春蕊.易地扶贫搬迁困境及破解对策[J].河北学刊,2018(5):146-151.

[81] 向德平.社会工作助力开启易地扶贫搬迁群众的新生活[J].中国社会工作,2019(22):1.

[82] 刘辉武,吴晓萍.论促进扶贫移民社会适应的政策选择[J].贵州师范大学学报(社会科学版),2019(4):42-50.

[83] 沈冠辰,陈立行.社会工作介入我国农村留守儿童的实务模式研究[J].吉林大学社会科学学报,2018(6):116-124,206.

[84] 张军,王进文.农村留守儿童问题的社会工作介入研究——基于关系为本的实务视角[J].天津行政学院学报,2016(5):70-75.

[85] 仰和芝.农村留守老人社会工作服务的类型和内容探讨[J].井冈山大学学报(社会科学版),2019(3):69-74.

[86] 刘华丽.社会工作视野下的亲职辅导[J].华东理工大学学报(社会科学版),2010(6):16-20,28.

[87] 王思斌,李越美.社会工作专题讲座:第十八讲 反贫困与社会工作[J].社会工作(实务版),2011(2):20-24.

[88] 熊慧琦.基于马斯洛需求理论的国家级贫困县留守老人的需求问题研究[J].当代经济,2019(9):148-151.

[89] 张和清.社会工作如何助力扶贫济困——基于广东绿耕在云南平寨等地实践的思考[J].中国社会工作,2016(13):21.

[90] 严樨.成都市第三圈层农村学校社会工作模式研究——以"燃亮号"流动教室项目为例[J].西南石油大学学报(社会科学版),2013(6):58-62,83.

[91] 刘斌志,吕静淑.精准扶贫社会工作者的能力建设:核心能力及其培育策略[J].西华大学学报(哲学社会科学版),2018(3):30-39.

[92] 史铁尔,蒋国庆.社区营造视野下的农村留守人员社会工作服务[J].

中国社会工作,2014(6):17-18.

[93] 李迎生,徐向文.社会工作助力精准扶贫:功能定位与实践探索[J].学海,2016(4):114-123.

[94] 王思斌,社会工作要积极、创造性地参与脱贫攻坚[J].中国社会工作,2017(25):1.

[95] 辜胜阻,李睿,杨艺贤,等.推进“十三五”脱贫攻坚的对策思考[J].财政研究,2016(2):7-16.

[96] 苏海,向德平.社会扶贫的行动特点与路径创新[J].中南民族大学学报(人文社会科学版),2015(3):144-148.

[97] 顾东辉.社会治理及社会工作的同构演绎[J].社会工作与管理,2014(3):11-13.

[98] 黄亚军.合作之路:平寨种植合作社的历程[J].中国社会工作,2013(6):19-20.

[99] 关信平.论现阶段我国贫困的复杂性及反贫困行动的长期性[J].社会科学辑刊,2018(1):15-22,209.

[100] 陈绪华,梁曙光.“两个课堂”助创业　“三个对接”促脱贫——洪湖市专项技能培训驱动就业创业精准扶贫[J].中国就业,2016(12):38-39.

[101] 艾志斌.社会工作项目过程评估存在的问题与对策研究——以“流浪乞讨人员回归温馨家园”项目为例[J].井冈山大学学报(社会科学版),2014(6):57-60,75.

[102] 郭佩霞.民族地区扶贫效益评价体系的构建[J].西南民族大学学报

（人文社会科学版），2009(9)：52－55.

［103］ 顾东辉.社会工作项目的结果评估[J].中国社会导刊，2008(24)：61.

［104］ 穆莉萍，唐佳.社会工作介入贫困乡村社会治理的路径分析——以重庆市城口县反贫困社会工作项目为例[J].中国社会工作，2018(6)：15－17.

［105］ 王朝明.中国农村30年开发式扶贫：政策实践与理论反思[J].贵州财经学院学报，2008(6)：78－84.

［106］ 李迎生，李冰.走向系统：近十年来中国社会工作政策发展的轨迹[J].社会科学，2016(12)：74－83.

［107］ 冯元，彭华民.中国社会工作政策发展的背景、动力与价值[J].中州学刊，2016(1)：62－68.

［108］ 孙莹.社会工作者在我国城市反贫困中的使命和角色[J].华东理工大学学报(社会科学版)，2005(1)：29－34.

［109］ 程胜利.论专业社会工作在城市反贫困中的作用[J].社会工作，2004(2)：18－21.

［110］ 文军.论社会工作理论研究范式及其发展趋势[J].江海学刊，2012(4)：125－131.

［111］ 黄耀明.社会工作理论发展模式及其基本特征[J].北京科技大学学报(社会科学版)，2008(1)：6－9，39.

［112］ 卓彩琴.生态系统理论在社会工作领域的发展脉络及展望[J].江海学刊，2013(3)：113－119.

［113］ 何雪松.迈向中国的社会工作理论建设[J].江海学刊，2012(4)：

140 - 144.

[114] 童敏. 社会工作本质的百年探寻与实践[J]. 厦门大学学报(哲学社会科学版),2009(5): 60 - 67.

[115] 钱宁. 农村发展中的新贫困与社区能力建设：社会工作的视角[J]. 思想战线,2007(1): 20 - 26.

[116] 王思斌. 混合福利制度与弱势群体社会资本的发展[J]. 中国社会工作研究,2002(1): 1 - 21.

[117] 王思斌. 社会生态视角下乡村振兴发展的社会学分析——兼论乡村振兴的社会基础建设[J]. 北京大学学报(哲学社会科学版),2018(2): 5 - 12.

[118] 文军,何威. 灾区重建过程中的社会记忆修复与重构——以云南鲁甸地震灾区社会工作增能服务为例[J]. 社会学研究,2016(2): 170 - 193,244 - 245.

[119] 刘梦,张叶芳. 中国社会工作本土化过程分析[J]. 中华女子学院学报,2001(6): 27 - 34.

[120] 罗竖元. 专业社会工作介入贫困救助领域实践中的制约因素研究——以深圳、长沙、贵阳的社会工作试点地区为例[J]. 广西社会科学,2010(2): 130 - 134.

[121] 李文祥,吴征阳. 社会工作方法创新与扶贫创业模式精准化探索——基于农村扶贫创业的实践研究[J]. 社会科学战线,2018(11): 238 - 246.

[122] 朱海波,聂凤英. 深度贫困地区脱贫攻坚与乡村振兴有效衔接的逻

辑与路径——产业发展的视角[J]. 南京农业大学学报(社会科学版),2020(3):15-25.

[123] 李莉,张璐瑶. 社会工作价值观的中西方差异及本土化发展[J]. 人力资源管理,2015(3):17-18.

[124] 何历宇. 社会主义核心价值观与中国社会工作伦理之构建[J]. 浙江学刊,2012(4):114-121.

[125] 黎小青. 价值中立在社会工作实务中的运用[J]. 社会工作下半月(理论),2009(9):18-21.

[126] 王思斌,阮曾媛琪. 和谐社会建设背景下中国社会工作的发展[J]. 中国社会科学,2009(5):128-140,207.

[127] 罗肖泉,齐飞. 论中国社会工作之和谐价值理念[J]. 社会科学家,2009(5):45-47.

[128] 李少琳,高文侠. 我国社会工作价值观的建构[J]. 山东师范大学学报(人文社会科学版),2008(3):87-90.

[129] 文军. 个体主义还是整体主义:社会工作核心价值观及其反思[J]. 社会科学,2008(5):69-73.

[130] 胡玉松. 从西方社会工作的价值观看中国社会工作的本土化[J]. 安徽文学(下半月),2008(4):371-372.

[131] 左鹏. 基督教伦理与社会工作价值观——从中国社会工作教育的现实困境谈起[J]. 北京科技大学学报(社会科学版),2007(3):1-5.

[132] 黄春梅. 试论社会工作价值观的本土化[J]. 哈尔滨学院学报,2007(7):19-23.

[133] 史铁尔,高桂贤.论社会工作的价值观融合[J].安徽农业大学学报(社会科学版),2007(3):30-33.

[134] 卫小将,李建权.试论我国社会工作价值体系的构建[J].中共山西省委党校学报,2007(2):41-43.

[135] 陈莹.从个人与社会的关系看社会工作价值观及其冲突[J].社会,2004(12):27-31.

[136] 蒋荣华.从社会控制到人道主义——社会工作价值观的转型[J].社会,2004(11):34-36.

[137] 张莉萍,范志挺,黄晶晶.建构中国大陆社会工作价值与伦理体系的思考[J].社会工作,2004(7):26-28.

[138] 顾东辉.社会工作的价值观、冲突及对策[J].北京科技大学学报(社会科学版),2004(2):1-4.

[139] 江娅.社会工作的伦理基础[J].道德与文明,2003(5):31-34.

(三) 学位论文

[1] 姚华平.国家与社会互动:我国社会组织建设与管理的路径选择[D].武汉:华中师范大学,2010.

二、外文文献

(一) 著作类

[1] Noel T. Social Work Values: An Enquiry[M]. London: Routled & Kegan Paul,1983.

[2] Levy C S. Social Work Ethics[M]. New York: Human Science

Press,1976.

（二）期刊类

[1] Kooiman J. Social-political Governance: Overview, Reflection and Design[J]. Public Management,1999(1).

[2] Johnson G W, Kettl D F. Sharing Power: Public Governance and Private Markets[J]. American Political Science Association, 1994(6).

[3] Rosenau J N. Governance in the 21st Century [J]. Global Governance,1995(14).

[4] Schultz T W. Investment in Human Capital [J]. American Economic Review,1961(1).

附录：社会工作者职业道德指引

中华人民共和国民政部

第一章　总　则

第一条　为加强社会工作者职业道德建设，保证社会工作者正确履行专业社会工作服务职责，根据国家有关规定，制定本指引。

第二条　本指引所指的社会工作者是指通过全国社会工作者职业水平评价，提供专业社会工作服务的人员。

第三条　社会工作者应热爱祖国、热爱人民、拥护中国共产党领导，遵守宪法和法律法规，贯彻落实党和国家有关方针政策。

第四条　社会工作者应践行社会主义核心价值观，遵循以人为本、助人自助专业理念，热爱本职工作，以高度的责任心，正确处理与服务对象、同事、机构、专业及社会的关系。

第二章　尊重服务对象　全心全意服务

第五条　社会工作者应以服务对象的正当需求为出发点，全心全意为服务对象提供专业服务，最大程度地维护服务对象的合法权益。

第六条　社会工作者应平等对待和接纳服务对象，不因民族、种族、性别、户籍、职业、宗教信仰、社会地位、教育程度、身体状况、财产状况、居住期限等因素而区别对待。

第七条　社会工作者应尊重服务对象知情权，确保服务对象在接受服务过程中，了解自身和机构的权利、责任和义务，以及获得服务的情况和可能由此产生的结果。

第八条　社会工作者应在不违反法律、不妨碍他人正当权益的前提下，保护服务对象的隐私，对在服务过程中获取的信息资料予以保密。

第九条　社会工作者应培养服务对象自我决定的能力，尊重和保障服务对象对与自身利益相关的决定进行表达和选择的权利。

第十条　社会工作者不得利用与服务对象的专业关系，谋取私人利益或其他不当利益，损害服务对象的合法权益。

第三章　信任支持同事　促进共同成长

第十一条　社会工作者应与同事建立平等互信的工作关系。

第十二条　社会工作者应主动与同事分享知识、经验、技能，互相促进，共同成长。有责任在必要时协助同事为服务对象提供服务，接受转介的工作。

第十三条　社会工作者应尊重其他社会工作者、专业人士和志愿者不同的意见及工作方法。任何建议、批评及冲突都应以负责任、建设性的态度沟通和解决。

第十四条　社会工作者应相互督促支持，对同事违反专业要求的言行予以提醒，对同事受到与事实不符的投诉予以澄清。

第四章　践行专业使命　促进机构发展

第十五条　社会工作者应认同机构使命和发展目标，遵守机构规章制度，按照机构赋予的职责开展专业服务。

第十六条　社会工作者应积极维护机构的形象和声誉，在发表公开言论或进行公开活动时，应表明自己代表的是个人还是机构。

第十七条　社会工作者应致力于推动机构遵循社会工作专业使命和价值观，促进机构成长、参与机构管理，增强服务能力、提高服务质量。

第五章　提升专业能力　维护专业形象

第十八条　社会工作者在提供专业服务时，应诚实、守信、尽责，积极维护专业形象。

社会工作者应在自身专业能力和服务范围内提供服务。

第十九条　社会工作者应不断内化和践行专业理念，持续充实专业知识和技能，提升专业能力，促进专业功能的发挥和专业地位的提升。

第二十条　社会工作者应继承中华民族优良传统，借鉴国际社会工作发展优秀成果，总结中国社会工作经验，推动中国特色社会工作发展。

第六章　勇担社会责任　增进社会福祉

第二十一条　社会工作者应运用专业视角，发挥专业特长，参与相关政策法规的制定和完善，维护社会公平正义，增进社会福祉。

第二十二条　社会工作者应正确鼓励、引导社会大众参与社会公共事务，推动社会建设。

第二十三条　社会工作者应推广专业服务，促进社会资源合理分配，使社会服务惠及社会大众。

第七章　附　则

第二十四条　本指引自发布之日起施行。①

① 编者注：该指引颁布时间为 2012 年 12 月 28 日。

后　记

贫困是国际社会面临的共同挑战。中国政府始终将反贫困作为国家发展的重要目标和任务，动员全社会力量参与脱贫攻坚，构建政府、市场和社会共同参与、协同推进的大扶贫格局。社会工作在反贫困工作中扮演着重要的角色，发挥着重要的作用。研究社会工作反贫困的理论和实践问题，既是社会工作学科发展的需要，又是脱贫攻坚实践的需要。本书运用了社会工作理论和方法来分析贫困问题，阐述了社会工作参与反贫困的价值观、伦理，梳理了反贫困社会工作的理论、要素和内容，探讨了反贫困社会工作的模式、方法和过程。

本书由中国社会工作教育协会反贫困社会工作专业委员会组织编写。参与写作的人员为：第 1 章《反贫困社会工作概述》，向德平；第 2 章《反贫困社会工作理论》，苏海；第 3 章《反贫困社会工作价值》，向雪琪；第 4 章《反贫困社会工作方法》，宋雯；第 5 章《反贫困社会工作模式》，田丰韶；第 6 章《反贫困社会工作要素》，顾永红；第 7 章《反贫困社会工作内容》，胡振光；第 8 章《反贫困社会工作过程》，高飞、王雪；第 9 章《反贫困社会工作政策》，刘凤。

本书是国家社科基金重大项目“精准扶贫战略实施的动态监测与成效评价研究”（16ZDA022）、教育部哲学社会科学发展报告建设（培育）项目“中国反贫困发展报告”（11JBGP038）的研究成果。

感谢中国社会工作教育协会、华东理工大学出版社对本书编写与出版的支持。

向德平

2020 年 9 月